地域主権型道州制の総合研究

――社会経済分析の視点から――

江口克彦 著

中央大学出版部

装幀　道吉　剛

はしがき

　五年ほど前になる。筆者がまだシンクタンクPHP総合研究所の社長のときであるが，地域主権型道州制の研究プロジェクトを主宰している頃，参加して頂いていたメンバーの学者，有識者の二，三人の先生方から，博士論文を書いたらどうかという言葉をかけられることがあった。もちろん，いま思えば，雑談での話であったので，その先生方が本気で言われたかどうかは，疑わしく思う。

　しかし，もう，そのときまで，数十年も「道州制」に取り組み，数冊の同テーマの著作も上梓していたので，単純に，挑戦してみようと受け止め，思うようになった。そのころから，密かに，ゆるりゆるりと部分的に書きまとめ，そして，また書きまとめ，書きためていた。

　三年前に，政治家になって，ほとんどその進行は止まってしまったが，国会で，道州制を主張し，筆者自身が議員連盟を呼びかけ，共同代表の立場にたつ，あるいは，「道州制移行のための基本法案」の起案者になるなどの状況になって，ふと，折角，それなりにまとめ，それなりに形になっている論文を完成してみたいと思うようになった。そこで，尊敬している大学教授，評論家に相談，そして，時折，指導を受けながら，政務に支障のない時間をみつけては，書き直し，書き続け，一時は，挫折しそうになりながら（事実，挫折し，他力を考えたこともあったが），かなりの時間をかけて本論文をまとめ上げた。

　著書としてまとめた本論文の目的は，次の通りである。
　現在のわが国の統治機構は，中央集権体制＝官僚体制である。140年も続いたこの体制は，1980年代まで，わが国・日本にとって，極めて有効に機能した。その結果，明治のわが国は，列強と伍する強国へ発展し，また，太平洋戦争で灰燼に帰したわが国は，奇跡の復興を遂げ，世界第2位の経済大国にまで

駆け上った．しかし，その後，すなわち，1980年代以降は，この中央集権体制＝官僚体制が，「発展の足枷」になってきた．わが国の経済発展は停滞し，国民はやる気を失い，若者は閉塞感に打ちひしがれ，都市と地方の格差は拡大の一途をたどり，地方は疲弊し，人口減少が続き，結果，わが国は，国家として，極めて歪な「国のかたち」になってしまった．

まさしく，中央集権体制＝官僚体制の弊害が，ここに来ていっきに噴出してきたのである．すなわち，国家による管理監督，指示命令は国民，地方に依存心を植え付け，また，官僚による省益優先，規制万能，責任回避，秘密主義，前例主義，全国一律主義，画一主義，規格主義は，国民を閉塞感と将来不安に陥れ，加えて「やる気」を奪う状況を生み出している．ために，1980年代以降，この国は停滞し，国民もまた自主独立の気概を失い，国際社会においても，「憧憬の日本」，「尊敬する日本」から「失望の日本」，「無関心の日本」へ変わりつつある．

このような日本を，われわれの子どもたち，そのまた子どもたちに手渡してはならない．なんとしても，発展する日本，尊敬される日本にしなければならない．そのためには，どうすべきか．長い研究と思索の結論として，筆者は，日本の「国のかたち」を，「地域主権型道州制」，すなわち，国民が自主の気概が持てる統治機構，地方が元気になる国の体制に転換しなければならないという結論に達した．

「地域主権型道州制」という用語は，筆者が，わが国ではじめて用いた．言い換えれば，筆者のオリジナルの用語である．この用語が，今日，各方面で，たとえば，マスコミで，経済界で使われるだけでなく，政治の世界でも，頻繁に使われるようになった．しかし，誤解されて使用されている場合も多く，また，学術用語として確立されているとは言いがたい．

当然である．過去に学術研究として，「地域主権型道州制」について，その蓄積は極めて乏しいからである．しかし，だからこそ，正確に理解ができる論文を書き上げて，学界に一石を投じたいということが，本論文の目的の一つ目である．

そして，当該分野について，長らく研究し，現在，立法過程に携わっている筆者として，「地域主権型道州制」という概念を論文として，正確にまとめおくことによって，現在，あるいは将来を含め，「道州制」を研究する後輩の学徒たちに役立ちたい，あるいは，不正確な認識をしている人々に，正確な用語の内容を理解して貰いたいという目的が二つ目である。

　本論文が，日本の「国のかたち」を，中央集権体制＝官僚体制から「地域主権型道州制」の日本に変える出発点になることを三つ目の目的にしている。

　なお，本書は，中央大学博士（経済学）の学位を取得した論文「地域主権型道州制の総合研究――社会経済分析の視点から――」の公表を兼ねている。

　本書が，「道州制」あるいは「地域主権型道州制」を研究する方々の，多少なりともお役に立つならば，望外の幸せである。

　最後になるが，貴重な助言を頂いた，中央大学の佐々木信夫教授，片桐正俊教授，田中廣滋教授，立教大学の外山公美教授に感謝を申し上げたい。特に佐々木教授には，時折であるが，厳しい叱咤叱責と温かい激励，さらに適切な示唆を頂いた。厚くお礼を申し上げる。

　　平成26年3月20日

　　　　　　　　　　　　　　　　　　　　　　　　江　口　克　彦

目　　次

はしがき

第1部　道州制の背景と要因

序　章 …………………………………………………………… 3

第1章　道州制研究の意義 ……………………………………… 17
　1．問題の認識 ……………………………………………… 17
　2．研究の経緯―道州制へのかかわり ………………… 18
　3．「地域主権」の概念について ………………………… 25
　4．道州制論議―さまざまな考え方 …………………… 33
　5．再起動，実現に動く道州制 ………………………… 38
　6．道州制の提言及び先行研究 ………………………… 41

第2章　東京一極集中の構造 …………………………………… 51
　1．東京への一極集中 ……………………………………… 51
　2．大都市一極集中の説明モデル ……………………… 53
　3．東京一極集中の実際 ………………………………… 57
　4．企業本社等集中の構図 ……………………………… 60
　5．高層ビルの林立 ……………………………………… 63
　6．なぜ地方は衰退する―その図式 …………………… 64

第3章　中央集権システムとその限界 ………………………… 69
　1．明治維新と国家総動員法 …………………………… 69
　2．中央地方関係の捉え方 ……………………………… 72
　3．中央地方関係の構図 ………………………………… 76

4．日本の中央地方関係 ………………………………………… 79
　　5．地方発展の阻害要因 ………………………………………… 84
　　6．フルセット型行政で財政悪化 ……………………………… 87
　　7．特殊法人という奇妙な企業 ………………………………… 91
　　8．規制行政と保護行政が生む非競争 ………………………… 92
　　9．高度化・高速化時代に対応できない ……………………… 95

第4章　財政面からみた中央統制システム ……………………… 99
　　1．相反する二つの原則 ………………………………………… 99
　　2．「自治の原則」より「平衡の原則」………………………… 101
　　3．三割自治とされる自治体財政 ……………………………… 103
　　4．国と地方の財政関係 ………………………………………… 105
　　5．深刻化する国，地方の財政危機 …………………………… 108
　　6．地方交付税制度―「貧乏」自治体に手厚く ……………… 112
　　7．国庫支出金―無駄と利益誘導を招く ……………………… 114
　　8．地方債―地方で自由にならない借金 ……………………… 116
　　9．自治体―自律性なき地方議会 ……………………………… 118

第5章　「地方分権」改革と限界 ………………………………… 123
　　1．地方分権をめぐる動向 ……………………………………… 123
　　2．地方分権一括法の施行と限界 ……………………………… 130
　　3．「地方分権一括法」の効果とは何か ……………………… 138
　　4．税源移譲なくして「分権なし」…………………………… 140
　　5．構造改革特区の試みと限界 ………………………………… 143

第2部　道州制の設計と分析

第6章　道州制の意義と諸論点 …………………………………… 149
　　1．道州制の定義 ………………………………………………… 149

2．府県制度の歴史と道州制 ……………………………………151
　　3．道州制設計上の諸論点 …………………………………………154
　　4．地域主権型道州制—その概略 ………………………………164

第7章　道州制と区割り，税財政 ……………………………………183
　　1．区割りの意義 ……………………………………………………183
　　2．道州の区割り ……………………………………………………185
　　3．区割りと地域特性 ………………………………………………198
　　4．道州制と税財政 …………………………………………………206
　　5．中央・地方の深刻な財政危機 …………………………………208
　　6．道州の役割と自立型税財政 ……………………………………210
　　7．道州間の税財政調整システム …………………………………218
　　8．地域主権型道州制の税財政の考え方 …………………………229

第8章　道州の統治システム …………………………………………235
　　1．統治システムの原則 ……………………………………………235
　　2．二元代表制の機構 ………………………………………………240
　　3．統治システムの前提条件 ………………………………………253
　　4．組織能力の向上 …………………………………………………264

第9章　道州制と大都市，市町村 ……………………………………275
　　1．変貌する市町村 …………………………………………………275
　　2．膨張する東京，大都市圏 ………………………………………279
　　3．道州制と東京問題 ………………………………………………288
　　4．都区制度の問題 …………………………………………………291
　　5．東京圏を分断する問題 …………………………………………300

第10章　道州制と社会的，経済的効果 ………………………………303
　　1．道州は広域政策の中核 …………………………………………303
　　2．地域が変わる，日本にダイナミズム創出 ……………………306

3．世界の競争に伍する道州競争 …………………………… 309
　4．新たな区割りと各道州の活力 …………………………… 311
　5．家はその土地の大工に建てさせよ ……………………… 328

第11章　道州制の立法過程―現在と道州制批判への反論 …… 331
　1．立法過程に法案が提出 …………………………………… 331
　2．道州制への国民の合意 …………………………………… 332
　3．立法過程と道州制 ………………………………………… 334
　4．道州制基本法の論点 ……………………………………… 338
　5．道州制をめぐる否定的意見 ……………………………… 348
　6．国民の疑問へどう答えるか ……………………………… 363
　7．首相の決断・国会の議決 ………………………………… 372

終　章 ……………………………………………………………… 375

初 出 一 覧 ………………………………………………………… 383
参 考 文 献 ………………………………………………………… 384
索　　　引 ………………………………………………………… 393

第 1 部

道州制の背景と要因

序　　章

　本書は，経済学の観点から道州制とりわけ地域主権型道州制について，その概念を確立し，その社会経済的な分析を通じて道州制移行の意義を明らかにしようとするものである。特に従来の閉鎖型の垂直型統治機構論としてではなく，競争原理を基礎に開放型の水平型統治機構論として，新たな公共部門の再構成を構想することを狙いとしている。その点，公共部門の公共経営の側面もあるが，それを超えた公共部門の再構成を通じて国民経済全体を活性化しようとする公共経済の側面から論証しようとするものである。

　これからの日本の発展を考えると，いまから20年前，この中央集権体制はすでに限界にきており，地方分権体制に変えようと衆参両院で国会決議として「地方分権の推進に関する決議」をしたのが平成5年（1993年）であった。自民党単独政権（宮沢喜一内閣）の終わる，平成5年（1993）の通常国会に共産党を除く全会派が衆参両院でこの決議に賛成した。そこには「中央集権的行政のあり方を問い直し，21世紀にふさわしい地方自治を確立することが現下の急務である」――こう国会決議には書いてある。

　それから平成25年（2013年）を節目に，ちょうど20年目に当たる。それまでの間，平成12年（2000）の「地方分権一括法」の施行など，歴代内閣はそれなりに分権改革に取り組んできている。しかし，「21世紀にふさわしい自治」が確立されたとは到底言えない状況にある。分権型国家（筆者のいう地域主権型国家）の切り札とされる道州制が，ようやくここにきて，「道州制基本法」など新たな国のかたちを形づくるであろう法案として国会に提出される段階にきた。わが国の地方自治，統治機構のあり方を問う，大きな時代の節目にきていると強く感ずる。そうした時代感覚の中で本書は書かれている。

　もとより，立法過程までには至らなかったが，これまでも道州制は幾度も提

案され議論されている。しかし，いまだ実現していない。この実現していない道州制について，実現に向けた国，道州，基礎自治体を含む日本の統治機構全体の改革工程とそれに絡む立法過程，税財政，区割り，地域圏形成，道州政府の統治機構など，道州制全体を構想する際必要な諸論点について具体的な提案を実践の観点から行い，道州制の実現に向けて，何らかの学術的貢献を行う必要がある。筆者が長らく抱いてきた問題意識である。そうした改革実現の企図も込めながら学術的に整理してみたい，しかもなるべく理論と実証を融合させた形で論証してみたい。そのことから，本書の元をなす博士論文の主題を社会経済分析の視点から捉えた「地域主権型道州制の総合研究」としたのである。

ただ，道州制問題は政治的な扱い方もむずかしいが，学術的観点からの取り上げ方もむずかしい。学問分野からしても，例えば，国家の統治機構改革すなわち行政改革の一環として政党会派をめぐる政治学的な取り上げ方をすることもできるし，あるいは分散型国土形成の切り札として都市工学，社会工学的な観点から取り上げることもできよう。あるいは，より絞り込んで明治維新以降の中央集権体制の解体と，それに代わる地方分権体制移行の切り札として，行政学的に取り上げることもできる。

さらにはM.ウェーバー流の官僚制研究の一環として，集権的官僚制から民主的官僚制への転換として社会学的に捉えることもできる。また，憲法の一部を含む行政組織法，公務員法，地方自治法など行政法学の再編として道州制を取り上げることも可能である。さらに公共分野の合理的，効率的経営の実現という観点に着目するなら，経営学とりわけ公共経営学として取り上げることもできよう。

そうした中，本書では，経済学とりわけ公共部門の経済学（つまり公共経済学）の視点から道州制問題を取り上げている。公共部門にある種，市場メカニズムが働くよう地域間競争の原理を入れ，道州政府間の政策競争，各道州広域圏の圏域間競争といった，水平的な競争関係を生み出す統治システムへの転換を「地域主権」という概念を打ち建てることで構想し，国民経済，地域経済の活性化により国民生活を豊かにする切り札として「地域主権型道州制」を取り

上げようとするものである。地域主権型道州制はヨコ型の地域間競争メカニズムを作動させることで，従来のタテ型の集権的統治システムから地域圏を開放し，元気な日本をつくろうという，ある種公共分野に市場メカニズムの発想を持ち込もうという考え方に立脚している。それゆえ，経済学としての地域主権型道州制研究なのである。

　一般に，政府は国民全体の利益のために活動していると想定される。しかし，現実の公共部門は鉄の三角同盟と言われるように政・官・財（業）の癒着構造があったり，選挙に有利な集票活動に結びつく政策のみが行われたり，企業，特定業界に有利な補助金，減税策が行われたり，あるいは特定の有力政治家によって特定地域を優遇する社会資本の整備が行われるなど，利益誘導型政治が行われる場合もある。公共部門での政府の役割は民間では供給されないであろうサービス供給を行うことを基本的な役割とするが，サービス供給自体が政党政治や政治力によって歪められる「政府の失敗」領域が多く存在する。その現実を修正，調整する役割も政府に期待されていると言えよう。また，現実社会は各種業法など規制行政の網の目が広く及ぶことから，民間活動と言えども経済学で想定する完全競争モデルが作用する領域は限定的とならざるを得ない。

　公共経済学では，政治家，官僚，企業者の活動が政策形成にどのような影響を及ぼすか，さらにそれによって資源配分や所得配分にどのような影響を及ぼすかといった分析も重要であり，国，地方の統治システム全体を望ましい方向に改革し，経済活動がスムーズに動くよう再設計していくことも重要と考える。このような領域を政治経済学と呼ぶ言い方もあるが，本書では公共経済学の視点から，硬直した中央集権体制に組み込まれた諸資源の有効な活用方法を地方分権体制，その統治形態として地域主権型道州制と捉え，議論を深めていきたい。

　政府，とりわけ中央政府に政府機能の権限や税財源が極度に集中している状況を中央集権体制と呼ぶが，戦後日本は税収の多くを国が集め，それを補助金，交付金で地方に配分する集権的な財源配分が行われてきた。それは地方か

らすると，公平性，統一性を担保するツールとして評価しながらも，地域が多様化，価値観が多元化した高度都市国家に移行した現在，むしろ多様性，問題処理の迅速性，住民参画が望まれるようになり，地方独自の政策ができにくいことに多くが不満を抱くようになっている。それ自体が資源配分の不合理と映っているのである。

　つまり，これまでの日本は，国と自治体が別々に置かれながら，実体としては国と地方が一体化・融合化し，あたかも「日本官僚制」というひとつのピラミッド構造の中に組み込まれた護送船団のような動きしかできなくなっていたのである。多元化，多様化した国家に変容したにもかかわらず，依然，統一性，公平性のモノサシしか適用できないとすれば，それは資源配分の点でも，財源の効率的運用の点でも極めて不合理なものとなる。また面積，人口などの規模にかかわりなく都道府県，市町村という自治体毎に多くの施設等をフル装備する，いわゆるフルセット型行政が行われてきた結果，類似の社会資本（空港，港湾，道路，公共施設など）の乱立や二重，三重行政により，利用率の極端な低下が生じている。日本官僚制は制度疲労が色濃い状況にある。

　これを地域圏に統治権を与え，各圏域が自立的な政策主体として活動する地域主権型国家に代えることは，競争型の資源配分の視点からも極めて重要なこととなる。そこで140年近く，不変の地域割であった47都道府県体制に代わる，広域の約10の道州に権限，財源，人間の3ゲンを与える地域主権型道州制へ移行することは急務の課題と言える。公共部門に地域間競争を起し，公共部門に道州間の市場メカニズムが働くよう改革措置を講ずることが，公共領域を設計する政治の役割と言える。それが，筆者の言う地域主権型道州制への移行である。筆者が経済学的視点から道州制を取り上げようとするのは，分権，分散型国土の形成に寄与する，国民を元気にする地域主権型道州制というソフトインフラの整備が，従来の硬直化した競争原理の全く働かない中央集権型国家体制に代わるものとしてふさわしいと考えるからである。

　周知の通り，道州制問題は，日本の統治機構のあり方として幾度も議論されながら，いまだ実現していない。歴史をひも解くと，日本で「道州制」と呼ば

れる構想は，これまで何度も浮上しては消え，消えては浮上してきた歴史がある。ただ，一括りに「道州制」と呼んでも，多種多様なものである。最初の構想は1927年（昭和2年），田中義一内閣の「州庁設置案」であった。戦後まもなく，1945年には地方総監府設置案（昭和20年），第4次地方制度調査会の「地方庁」案（昭和32年）と続き，その後も，経済界や国，自治体，民間団体，シンクタンクなど，各種の機関から種々の道州制案が繰り返し提唱されてきた。

これだけ構想が続きながら，なぜ実現していないか。理由はいろいろ考えられるが，さまざまな利害対立もあり，また大胆な改革であることから，それを主体的に進める強い政治力を持つ内閣の形成も容易でない状況にあったと言えよう。

だが，地方分権国家を目指し，地域主権の国家を確立する地方分権改革が2000年以降政治主導で進み始めたことから，従来の政治環境とは大きく変わり，道州制移行も視野に入ってきている。事実，道州制基本法案の提案を主要政党が公約し，すでに一部政党は当該基本法案を国会に提出済みである。今後，道州制国民会議が設置され，実現に向けた本格的な議論が始まる段階にきたのである。現実は，学術研究の現状より一歩も二歩も前に進み始めたのである。

しかし，筆者は「理論なき道州制」，なし崩し的に道州制移行が行われていくことは望ましくないと考えている。ひとつ間違うと地方分権の推進どころか，中央集権体制の再強化につながる改革すらあり得るのである。そこで，過去に学術研究として極めて蓄積の乏しい当該分野について，長らくシンクタンク研究者として道州制を研究し，現在，立法過程に携わっている者として，単に政治的妥協の産物として道州制が実現するのではなく，国の「新たなかたち」と言える道州制，「地域主権型道州制」という新しいタイプの道州制が実現することを望むものである。

中央集権体制に押し込められてきた地方が，そこから解放され，各地域圏が自ら政策を構想し，内政の中心となって各道州が自立的に活動していくなら，

必ず日本にダイナミズムが生まれる。「理論なき道州制」を避け，中央集権の足場としての道州ではなく，地域圏の政策官庁になりうる地域主権型道州を実現すべきであると考えるのである。そこに学術研究として公共経済学の視点から，道州制問題に取り組む意義がある。同時に，立法過程に身をおく現在，その実現可能性を睨みながら，データ分析などを根拠にさまざまな制度設計を提案し立法案を含め，筆者なりに実現に向けて行動することが課せられた使命だと考えている。この理論と実践の視点から構想したのが，筆者の言う「地域主権型道州制」である。

　振り返ると，日本は2000年の「地方分権一括法」の施行に伴い，それまでの大臣の地方機関として公選知事，市町村長を手足のように使う「機関委任事務制度」は全廃された。国が上級官庁，地方が下級官庁とされ，大臣の命令（通達）で国の業務を地方に大幅に執行委任する制度は廃止されたのである。これをもって地方分権の時代が始まったと多くの者が認識している。もとより，まだ10年余の改革過程であり，ポイントとなる税財政の分権化については改革の足取りすら見えにくい状況にある。しかし歴史の流れは後戻りしない。地方分権を進め，地域主権を確立する方向に歴史は動いていく。そのためには地方分権をしっかりと進める必要がある。それには次の3つの点を同時に行うことが必要である。

　第1は，中央政府からの補助金や交付税を減らしていくことで，中央政府への財政的依存度を弱めることである。

　第2は，中央政府から地方自治体へ権限を移していき，地方独自の政策を行いやすくすることである。

　第3は，地方自治体の財政的自立が可能なよう，国税として中央政府に入る税源の一部を地方に移して，それぞれ地方自治体が独自に税収を確保できるようにすることである。

　中央政府から相対的に地方自治体へ権限，財源を移していくことを地方分権ないし地方分権改革とするなら，そうした改革手段を通じて地方自治体の統治権を確立し，自治体経営の自立性を高めていくことが地域主権である。地方分

権は手段であり，目的は「地域主権」の確立なのである。

　その地域主権の確立を，細切れの47都道府県ではなく，約10の広域の地方自治体（道州）に確立した姿が「地域主権型道州制」という国家体系である。この姿を目指して改革を進めることを道州制改革と呼んでもよい。筆者が本書で一貫して述べている地域主権国家の形成，地域主権型道州制の確立とは，そのことを主張し，例証しようとするものである。

　改革手段として地方分権を進めていくことで，各地域圏に自己決定，自己責任，自己負担という自治の3大原則が作動するようにするには，その地域圏をマネージメントする自治体の規模と能力が問題となる。明治23年から始まる農業国家にふさわしい47府県割は，その後の交通革命を見ても，通信革命をみても，産業構造の第3次産業化へ大幅シフトをみても，広域自治体としての単位としてはあまりにも細かすぎる。住民や地域企業の活動範囲は広まっている。大都市圏などはサラリーマンの日常において越境通勤が一般的であり，企業に至っては都道府県の境界を遥かに超えた活動が一般化しているのである。

　原理的に言うなら，「統治の単位」を考える際，生活圏を包括する単位で行政圏を設定することが望ましい。とするなら，現状は広域化した生活圏の中にいくつもの行政圏（府県）が混在している姿と言える。その変則的になった状況を解消しようというのが，基礎自治体レベルで行われた平成の大合併（3,232市町村の1,719市町村への再編）である。市町村については明治の大合併，昭和の大合併，平成の大合併と三度も広域化していく生活圏に対し行政圏をリセットしてきた。

　だが，府県制度についてはこれまで一度もそれが行われていない。140年近くも放置されてきた広域自治体の47都道府県体制を大胆に再編すべきだという根拠は，経済活動の合理性を実現する意味でも，行政活動の効率性を実現する意味でも，いまや不可欠なのである。そこに道州制移行の基本的な根拠がある。広域自治体は基礎自治体を補完し，基礎自治体ではできない広域行政，広域政策を行うことが使命である。しかし，現状は狭すぎる都道府県を広域自治体と呼ぶこと自体できない状況と言える。

地方分権を進め，高い能力と広い守備範囲を持った広域自治体にふさわしい，いわゆる「地方政府」をつくる，それが地域主権型道州制への移行である。しかも，多様化した都市国家にふさわしい国家体系をつくるためには，内政の権限は基本的に多様な特徴を備えた各広域地方圏に移すことが望ましい。このことで，政策面での有効性も高まり，税財政の効率性も高まる。要は公共分野のムダ遣いが大幅に減るということにつながる。同時に，広域地方圏が競争力を持ち，海外との競争も含め，水平的な都市間競争を強めていくことになる。こうした経済状態をつくりだす改革が地域主権型道州制への移行であり，道州制問題を経済学的に研究する意義である。

もとより，日本でこうした発想が全くなかったかと言えばそうではない。実は何度も民間の経済界から経済圏の広域化を睨んだ道州制移行論が提唱されてきた。しかし，残念ながらそこには広域圏形成の発想はあっても，広域自治体に統治権を移し確立するという地域主権構想が欠落していたのである。しかも，高度経済成長の勢いにこうした改革構想はかき消されがちであった。何も変えなくとも経済は成長するし，人口は増えるのではないか，という声がそれである。

しかし今や，時代状況は大きく違う。少子高齢化の進行は著しく，日本経済は縮小の兆しが著しい。このままでは，国，国の出先機関，府県，府県の出先機関，そして市町村という4層制にも5層制にもなった統治機関の維持に多くの税収が消え，タコが自分の足を食って生き延びていく状況に似てくる。中国やインドの経済成長をみると，かつて輝いた日本もやがて「極東アジアの二流国」に転落していく危険性が高い。それを食い止めるにはどうすべきか。簡素で効率的な，増税なき賢い政府機構に全体を置きかえることが必要ではないか。筆者はそう考えている。

もちろん，一口に「道州制」といっても，その形態はさまざまである。都道府県合併のようなものもあれば，国の出先機関的な地方庁案のような「中央集権型道州制」もある。あるいは，州憲法や州軍隊を前提とする連邦国家を前提とする「連邦制型道州制」もある。しかし，筆者が本書で論じようとするの

は，それらとは全く異なり，分権国家を形成する「柔らかな広域行政」，広域圏政策によって地域間競争が可能な「地域主権型道州制」である。

いまだに実現していない「道州制」を「幻の改革構想」とみる必要はない。2000年の「地方分権一括法」の施行以降，実現可能な構想となってきている。事実，憲政史上初めて2012年3月29日，一つの政党（みんなの党）が「道州制への移行のための基本法案」を国会に正式に提出したし，続いて2013年6月に入り，通常国会のさなか，日本維新の会，みんなの党が共同で予算を組み入れた「道州制移行改革基本法案」を立法府に提出している。政権与党の自公両党も，今後，道州制推進基本法案を共同提案する動きにある。このように立法過程において制度設計が具体化する動きになってきているのが今日の姿である。明治以降，140年の間，考えられなかった出来事である。

少し私事にわたるが，筆者が道州制研究にかかわるようになったのは，昭和44年，松下電器産業株式会社の創業者で，PHP総合研究所の創設者でもある松下幸之助の秘書となり，その仕事の一環として彼の「廃県置州論」を研究するよう指示された時からである。以来40年近く，この課題テーマの研究に間断なく取り組んできた。したがって，松下の「廃県置州を研究せよ」という一言が，本書へ繋がりその後の筆者の「地域主権型道州制」に取り組む活動と原点になっていることは間違いない。

筆者は，それから松下幸之助の考えを発展させ，「道州制」，続いて「地域主権型道州制」として，さらに深耕し，PHP総合研究所の経営者（社長）に就任すると直ちに各界の有識者を糾合し，「道州制研究プロジェクト」を発足させ，また，第1次安倍内閣で設置された内閣官房『道州制ビジョン懇話会』の座長として，議論，研究，検討を続けてきた。その取り組みは国会議員（参議院議員）となった今日，今度は立法過程のなかで法律の立案作業や審議などとして続いている。

したがって本書は，筆者のその長きにわたる研究成果の集大成である。資料，データなど実証分析を加えながら，学術書として纏めたものである。

現在，第2次安倍内閣は，総務大臣に道州制担当を兼務させ，積極的に取り組む姿勢を示している。さらに超党派で「道州制懇話会」（議員連盟）が発足し，170名近い国会議員が道州制実現に向けて参画し，発言，啓蒙活動を行っている。道州制は，まさに，いま日本改革の切り札として，これからのわが国の飛躍のための，大きなうねりの始まりになってきたと言えるのでなかろうか。

もとより各界各層の提案が多い割に，学術研究の分野においては蓄積が乏しいように思う。検索してみると，学会や学術論文，学術的著書など学術研究の蓄積はそう多くない。そこに筆者のいう「理論なき道州制」論の感を禁じ得ない点がある。そうあってはならないというのが，筆者の主張である。ここに筆者が博士学位論文として正面から「道州制」を取り上げようとした狙いがある。そのことで学術研究の分野にも一石が投じられ，より論争が活発化していく，そう期待してのことである。

本書の構成についてであるが，それは大きく2部構成からなっている。

うち，第1部は道州制の背景と要因について，それを受けて第2部は道州制の設計と分析について論述している。第1章から第5章までを第1部とし，第6章から第11章までを第2部としている。具体的な章建てとして，第1章は道州制研究の意義，第2章は東京一極集中の構造，第3章は中央集権システムとその限界，第4章は財政面からみた中央統制システム，第5章は「地方分権」改革と限界，第6章は道州制の意義と諸論点，第7章は道州制の区割り，税財政，第8章は道州の統治システム，第9章は道州制と大都市，市町村，第10章は道州制と社会的，経済的効果，第11章は道州制の立法過程―現在と道州制批判への反論の構成となっている。

最後に，以下の章で展開される内容について本書の結論的なもの，論文のオリジナリティないし新たな知見をまとめて述べておきたい。

筆者が本書で明らかにしようとしている点は，以下の諸点である。

第1．「地域主権」という用語を，筆者がわが国ではじめて平成9年（1997）使用したという点である。それまでは，「地方主権」「地方分権」という用語が

一般的に使用されていた。しかし，筆者は，「地方」という言葉自体が，「中央」に対して「下位の立場」を意味し，また，「分権」という用語が，「国から分与される権限」を意味すると考える。中央集権体制＝官僚体制の統治機構を打破し，全国各地域の住民が主体になるとともに，幸せになり，そして，国家が繁栄発展する「新しい国のかたち」を形成するためには，そうした「地方」「分権」という言葉は使うべきではないという結論から「地域主権」という用語を使用していることである。いままでの「道州制論」には全くなかった「地域にも主権がある」というトックビル Tocqueville（仏）やワイツ Waitz（独）の「分割主権論」を根拠に「地域主権」という概念をつくりあげていることである。

第2．多くの道州制論者が，「財政再建」を第一の理由にその実現を主張しているが，筆者の「地域主権型道州制」は，自由競争の原理を公共部門に入れる経済学的な視点に立って「国民を元気にすること」を第一の理由にしていることである。すなわち，日本にいくつかの繁栄拠点をつくり，地域住民を元気にさせ，ひいては，日本全体を活性化すること。第二に，それによって，財政基盤が確立した道州をつくり，住民の意志と地域の特性が活かせる体制を創ること。そして，第三に，地域の特性を活かした制度や政策を独自に考え採用することで，各地域に適した国際競争力のある産業や人材を育てること。第四に，全国一律の官僚規格，官僚支配を廃することで，行財政を簡素化し，財政赤字体質を払拭すること。この目的の順番が，国民の元気，国民のやる気，国民の豊かさが実現し，その結果，「財政再建」は実現されるというのが筆者の政治経済哲学である。

第3．「補完性の原理」を前提としつつ，「国の役割」を明確に16項目（皇室，外交，防衛，通貨，移民政策，最低限の生活保障等）に限定するとともに，広域行政，住民行政は，道州，基礎自治体に完全委譲する，地域主権の考え方を徹底していることである。国の役割以外の政策については，財政も含めて，道州間の「水平調整会議」（円卓会議）を設置し，そこでの相互調整を前提にし，「国は相談に応じるが，道州，基礎自治体に干渉せず」という「縦型調整の排

除の原則」を主張していることである。

　また地域，すなわち道州，基礎自治体に，役割に即した権限，財源に関する租税権の移譲，そして法律に対し条例の上書き権を求めるということを主張している点である。

　第4．道州の区割りについても，多くの論者の場合，都道府県の合併を前提にしているが，筆者は，都道府県の枠をはずし，白地図に新たに道州制の区割りをすべきと考えている。すなわち，経済的，財政的自立が可能な規模，人，物の移動，歴史・文化・地理の一体性・地域の人々の一体性等を前提に，道州の区割りを考えるのである。したがって，実際に現在の県が分割される場合も出てくることである。

　つまり，新たな道州制の区割りは，新たな国のかたちを創造するという視点から，次代にふさわしい区割りとして設定されるべきであるということである。

　いま世の中では，「地域主権型道州制」という用語が当たり前のように使われている。しかし，まだ学術用語として認知されているとは思われない。本書を機に「地域主権型道州制」が専門書の辞書にも学術用語として使われるようになるなら，幸せである。その理論構築を実証的，理論的，さらに実践的に書き収めたのが本書である。今後，学術研究の分野ではもとより，これからの立法過程における道州制の立案，権限・財源移譲，区割りなど具体化の過程，そして国民への理解を進めていくうえでも参考になるなら幸いである。本書がわが国の「道州制実現」に大きく資することができるなら望外の幸せである。

　なお，本研究は，多くの権威ある有識者（造詣の深い大学教授，評論家）の指導を受けつつ，また優秀な研究スタッフの協力を得て進めてきたものである。その研究成果に依拠しながら学位論文として筆者が独自にまとめたものである。博士論文の作成過程で既刊の拙著『地域主権型道州制』をはじめ，多くの拙著から引用しており，それら著作が論文の基礎をなしている点も，あらかじ

めお断りしておきたい。
　筆者自身，多くの著書を書き発刊してきたが，経営者のほか公務多忙の折は筆者自身が口述し，研究スタッフに素稿をまとめさせ，それをもとに筆者自身が何度も何度も推敲し，加筆修正して自身の原稿として完成し，そして上梓して出版するという手順を踏んだものも含まれている。もちろん，それらを含め本書で述べている内容についてはすべて筆者が責任を負うものであり，本書は筆者の考え方，思想，理論，提案を総合して博士学位論文としてまとめたものである。

第 1 章　道州制研究の意義

1．問題の認識

　わが国では戦後，幾度も都道府県制度の見直しを中心に「道州制」に関する論議が行われてきた。高度成長期には経済界から府県が狭すぎ経済活動の広域化に合わない，一方，景気低迷期には財政再建など行政の簡素化，効率化の主張として政界，シンクタンクなどから，都道府県制度の廃止，道州制移行が提唱されてきた。地方分権一括法の施行された 2000 年以降は，地方分権改革の究極の姿として道州制を位置付ける論調も目立つ。

　平成の大合併といわれる市町村合併が進むにつれ，次は都道府県合併がくるのではないかと警戒する声も現場にある。特に町村など小規模自治体を抱える地域や県からそうした声が反対論として打ち出され，それに乗ずる学者も少なくない。「自治は小規模程よい」という認識がそうした声となって出てくる。

　その論議の正当性は後に論ずるとして，なにはともあれ，道州制論議は実現性の乏しい改革論議として，これを巷間では「蜃気楼のような話」と呼ぶ者さえいる。国民の中でもその程度の認識が多いかもしれない。いずれ経済改革，行政改革として道州制が提案されることは必定と思われるが，にもかかわらず，いざ学術研究となると，現在のところ，政治学会，行政学会，経済学会など社会科学系の諸学会をみてもその動きは鈍い。2013 年 11 月に日本学術会議政治学委員会が「新たな統治機構改革―道州制をめぐって」と題する学術シンポジュームを開催しているが，これは稀有な例である。

　現状は総じて言うと「理論なき道州制」論といってもよいのが実際のようにみえる。率直に言うと，わが国には改革テーマとしての道州制論議は盛んであるが，学術研究の視点からみると，本格的に「道州制研究」を取り上げた実績

はないに等しいと言っても過言ではない。道州制を主題とする博士論文は存在していない。この状況を少しでも変えることはできないか，筆者の論文執筆のひとつの動機がそれである。

ところで，筆者の考える道州制を一言で言えば，中央＝国が，地方＝自治体をコントロールするという，これまでの中央集権的な国家の統治システム，すなわち「垂直型統制システム」を根本から変えるということ，強いて言えば，これまでの国のあり方，すなわち，中央集権体制，官僚制を破壊し，それに代え，地域は地域で地域住民たちが自主独立の気概を持ち，自分の責任と独自の判断，アイディアで，住民自らが納得し満足する政治を行って政策を展開することが可能なシステム，すなわち相互の地域政府間の「水平型競争システム」へ変えていくことである。

そのなかで，国は国民を纏め，国全体にかかわる機能だけに役割を限定し，徹底的に国家国民の安全を守り抜く仕組みをつくることである。国の役割を限定する分，道州政府及び基礎自治体が内政の中心的な役割を果たしていくことである。こうした転換を筆者は「地域主権型道州制」改革と呼んでいる。その背景や理由は詳しくは後に述べるが，端的に言えば，明治半ばに始まる中央集権的な統治システムも，府県制度をかたちづくってきた府県割りも，もはや時代に合わなくなったということである。

2．研究の経緯―道州制へのかかわり

筆者が，なぜ，「地域主権型道州制」に取り組んでいるのか，その原点になったのはなにか，は先述の通りである。すなわち，松下幸之助から，「廃県置州論」を研究するように指示され，昭和44年（1969）以降，そのテーマの研究に取り組んだことがきっかけとなっている。その後，国のかたちを中央集権から地方分権，地域主権の体制に変えていくことが不可欠と考えるようになり，爾来，長い間道州制研究に取り組むことになった。ひとつの動機づけから道州制研究を本格的に行うようになった，それが本研究の原点になっていると

いうことである。

　松下幸之助が，なぜ廃県置州（道州制の意味）を主張し始めたのか。それは次の松下自身の論文から窺える。昭和43年（1968）7月号の月刊誌『PHP』の「日本の繁栄譜」[1]という連載シリーズに『"廃県置州"で新たな繁栄を』と題して次のような論文を書いている。

　少し長めの引用になるが（一部，中略），本研究の，実際の原点でもあり，極めて示唆に富む内容を含み，現在の道州制論議の核心をも突いているものなので，あえて要約をせず，本文（松下幸之助）のまま紹介してしておきたい。以下がそれである。

　　◇「80年間そのままの府県制」
　　この「日本の繁栄譜」では，20年後，30年後のわが国がいかにすれば繁栄し，住みよい世の中になるか，ということについて考えている。そして前回まで41回にわたって政治，経済その他の各面にわたる諸問題についての私なりの意見を述べてきたわけであるが，今回は，われわれの日常生活と密接に結びついている都道府県の問題，つまり，これからのわが国の地方自治政治というものについて，私が日ごろ考えていることの一端を述べて，皆さんにも，ともにお考えいただきたいと思う。
　　この地方自治制度の問題については，これまで多くの人々によっていろいろと意見が出されてきている。たとえば，昭和28年（1953）に総理大臣の諮問機関として発足した地方制度調査会は，この十数年のあいだに何回か審議，答申を重ねてきているし，新聞，雑誌等にも多くの意見を発表しておられる。それらの内容については，人それぞれの立場の違いによってさまざまだが，その中で最近かなり大きく取り上げられているのは，府県合併の問題というか，いわゆる広域行政の問題であろう。
　　つまり，現在の都道府県という地方行政の単位は狭すぎて何かにつけて不便であるから，その合併を促進するなりあるいは新たな区画割りをするなりして，もっと広い地域を地方行政の単位にする必要がある——そういうこと

が，今日の地方自治制度改革についての主な意見のひとつになっているのではないかということである。現に首都圏整備法（東京周辺の衛星都市を開発し，首都圏を一体的に整備するための基本法として，昭和31年（1956）4月に交付された日本最初の大都市圏整備法）とか近畿圏整備法（近畿大都市圏を整備するための基本法として，昭和38年（1963）7月に公布された法律）といったものなども制定され，より大きな地域を単位とする行政が考えられるようになっているわけである。

　これについては基本的には当然そういう方向に進んでいくべきだと思う。わが国では明治4年（1872）に廃藩置県が行われ，当時300ほどあった藩が3府72県になり，さらにそれが明治22年（1889）にいたって3府43県に生まれ変わったという。その後，府県制について多少の変更はあったが，区画はほとんどそのままで今日にいたっている。

　その間すでに80年，今日の社会の姿は当時とは比較にならないほど格段の進展を遂げている。早い話，交通機関ひとつについてみても，当時は馬や船，あるいは人力車といったものが中心で自転車や鉄道はまだ草創期にあったが，今日ではその鉄道が大幅に発達，しかも自動車や飛行機なども出現，大いに活用されるに及んで，日本の国は時間的に非常に狭くなったと言える。また社会の各面で起こったニュースなどにしても，昔であれば広まるのに相当長い時間がかかったものが，電信電話あるいは放送などの進歩発展によって，まさに一瞬のうちに日本じゅうに伝わるようになっている。

　そして，そういう非常に進歩した科学技術を駆使して繰り広げられるお互いの国民の諸活動は，多くの場合一都道府県内にとどまらず，総統広い地域にわたって行われるようになってきているのである。

　そういう実状の中では，80年前に定められた都道府県の境界線を，今日の実情に即応した，より経済性の高いものに改変していくことが，国家国民の繁栄，発展のためにきわめて大事なことだと思う。特に今日のように，何かにつけてテンポが速く変化の激しい時代においては，府県制度に限らず，国家運営あるいは自治体運営の組織や機構について，絶えず検討を加え，

刻々に修正を加えていかなければならない。さもなければ，それらはどんどん時代に合わないものになってしまう。だから，これからのわが国の地方自治制度の方向としても，まず何よりも現在の府県制度を再吟味し，これをより広い，いわゆる適正規模の単位にしていくことが望ましいと思うのである。

◇**国内政治の主体を州に置く**

　そういう意味から私（松下）は，今日のわが国はいわゆる"廃県置州"というものを断行すべきときに来ているのではないかと考える。つまり，現在の都道府県制を廃止して，全国を10なら10の州に分ける。その分け方は，都道府県をいくつかずつまとめるという方式でもよいし，あるいは新たな構想のもとに地理的，経済的その他いろいろの条件を総合的に勘案して，最も最適な境界を定めるということでもよいが，いずれにしても新たに州というものをつくってこれを行政の単位にするのである。

　そしてその際，私が特に大事だと思うのは，州制をしくことによって単に行政規模の適正化を図るだけでなく，それらの各州に国内政治の主体を置くようにするということである。今日のわが国では，政治の主体は都道府県の自治体よりもやはり中央政府にあると考えられるが，新しい州制を実施するに際しては，この関係を逆にして政治の主体を州に置くことにする。つまり，今日，中央政府が中心になって進めている仕事を大幅に各州の政庁に委譲し，税金もすべて州が集めるようにする。そして，州それぞれが，その自主性に基づいて日々の政治活動を営むようにすべきだと思うのである。

　もっともそうは言っても，日本の国全体に共通する国防や外交，治安や教育行政，あるいは基本的な国土建設といったものは，各州ごとにやるより中央政府が行ったほうが効果的である。そこで，そういったものについては中央政府が担当することにし，それぞれの州はその費用として，集めた税金の一部を中央政府に納めることにする。つまり，州は中央政府に対して，「地域内の政治」は自分たちで行いますというのである。

しかし、こと外交とか国防とかいったことは、州ごとに単独でするのではなく、中央政府が請け負ってください。そのための費用には、「私どもが得た税収の一部を国家に納めますから、これをあててください」といった関係が成り立つようにするのである。

これはいいかえれば、現在のわが国の、実質的に中央集権的な色彩の強い政治制度を根本的に改めて、各州に独立国的な性格を与えるということであるが、もしこのような地方の自主性を大幅に認めた廃県置州というものを実施するならば、私はそこに従来にはなかった、さまざまの効果を期待することができるように思う。

◇高まる国民活動の生産性

例えば、そのように各州が独立性を持って政治活動をするようになれば、その州の実情に即した時宜を得た政治がさらに力強く営まれることであろう。

今日よく見られるように、各府県の関係者が何度も東京へ出かけて、中央政府と折衝しなければ事が運ばないといった傾向もなくなり是正されるだろう。そうなれば、それだけ時間的にも経費的にも能率よく仕事を進めていくことができ、国全体としての政治の生産性が大幅に向上するのではないだろうか。

また、各州がそれぞれに自主性を持って、みずからの責任において州の政治にあたるということになれば、それぞれの州がそれぞれに持っている特色を生かして、なんとかより大きな発展をしよう、住みよい環境をつくろうと賢明になり、互いに競い合うという姿が生まれてくるに違いない。そういう競争が盛んになれば、各州間にいわゆる切磋琢磨の姿が現れ、そこにさまざまな創意工夫が生まれてきて、この面からも政治の生産性というものが非常に高まってくるし、いきおいその州に住むお互いの生活も、いろいろの面でより向上するといえるであろう。

もちろん、こうした競争の姿は、今日の制度のもとでもある程度見られる

し、各府県はそれぞれの住民の福祉向上のために大いに努めているわけであるが、現在の制度では"三割自治"という言葉が示すように、その主体性が相当限られている。だからこれを"七割自治"といえるような姿、制度に変えていくならば、各州間の競争はもっと効果的で、成果の大きなものになってくると思うのである。

さらに、地方の自治体がそういう姿になれば、中央政府も、より少ない人数で重点的に政治活動を営むことになるであろうし、そのように国全体、地方全体の政治の生産性、国民活動の生産性が向上すれば、その活動の所産というか成果も高まってくる。そして税金ひとつにしても、今より相当安い税金ですみ、しかも国民の活動がさらに活発になることによって、国民の所得がいっそう増大し、より多くの税収入を得ることができるということも大いに考えられる。

私（松下）は、廃県置州というものは、一見われわれの生活とはそう関係が深くないように思えても、実際は、このようにお互い国民の日々の生活に極めて身近な、直接のプラスをもたらしてくれるものだと思う。それだけにお互い、この問題に深い関心をもち、政府に対しても要望すべきは力強く要望して、その改善を図る努力をすることが肝要だと思うのである。

◇命をかける思いで

ところで、廃県置州がそのように非常に効果の大きいものであるとしても、その実施はなかなか容易ではない、と感じられる人が少ないであろう。確かに、この新制度を実施していくためには、むずかしい問題もいろいろあると思う。その実施の過程では、必ずしもプラス面だけでなく、マイナス面も生まれてくるだろうし、人情としても、長い間慣れ親しんできた制度を変えるということはなかなか容易なことではない。

(中略)

わが国は本年、明治100年を迎えたが、今日のわが国の実情をいろいろの面から眺めてみるとき、今やお互い国民はこの地方自治制度の改革に、大き

な勇気と強い信念を持って取り組むべきだということを痛感するのである。

　もちろん，私（松下）がこれまで述べてきたことは，一産業人，一国民としての私なりの考えであるが，お互い国民一人ひとりがこの地方自治の問題を，日々の生活に密接に結びついている重要な問題として，改めて考え直すべきではないだろうか。そして，政府や国会に対しても要望すべきは強く要望し，その早急な実現を図っていくことこそ肝要だと思う。

　また，各政党としても，こうした問題についてそれぞれ真剣に検討を加えるべきであり，そういうところに与野党を問わず，今日の政党としての一つの大きな役割があると考える次第である。

　この松下幸之助の論文は，当時，大変大きな反響を呼んだ。賛否など，ずいぶんと多くの意見が寄せられた。その割合は，賛成6割，反対3割，あとの1割は，賛成でもなく反対でもなく単に感想と言った内容であったと記憶している。読者の反応に，松下は，翌昭和44年（1965）の同誌の5月号で，「続・廃県置州論」と題し，重ねて廃県置州についての論文を掲載し，北海道を例に次のように論じている。

　　――もし，北海道が日本の国の一地方でなく，完全に独立した国家であったならば，あるいは，北海道独自の自主独立の行政が行うことができたならば，スウェーデン，ノルウェー，フィンランド，あるいはデンマークといった北欧の国々に匹敵するような発展をするのではないか――
と述べ，改めて"廃県置州"の必要性，広域行政の重要性を説き，一刻も早く，国のかたちを変えるべきであると論じている。（松下幸之助「続・廃県置州論」冒頭部分の文章『月刊誌PHP』昭和44年（1965）5月号」）[2]

　松下幸之助は筆者（江口）に対し，自分（松下）の"廃県置州"の考えが，理論的にまとめられないか，指示してきた。そして国のやるべきことは，具体的にどのようなものか，あるいは，現行憲法の範囲内で実行できるのか，ブロ

ックをどのようにしたらいいのか，時を見つけては折々にお互いに意見を交換した。さらに，お互いに質問し，また，納得できないことについては筆者に調べ続けるよう，指示し続けたのである。

　松下幸之助との検討のやり取りのなかで，この"廃県置州"について，筆者一人では対応しきれないこともでてきた。そこで筆者は，有識者を糾合し研究会[☆1)]を組織して研究を深めてきた。さらに個人的なプロジェクトチームをつくり，数十回に及んで検討を重ねてきた。PHP総合研究所の主要な研究テーマとして常にそれを取り上げ，この過程で筆者自身の考えを深めるため，研究所スタッフの優秀な研究員たちの意見も求め，あるいは時に協力を求めて，必要に応じ詳細な経済効果，財政分析など技術的な面での研究指導，あるいは助言を受けながら，研究を続けてきた。

　その後，内容を自分なりの考えに基づく道州制論に昇華させ，そして「地域主権型道州制」として理論展開し，発展させてきたのである。それが本書の成立過程である。

3．「地域主権」の概念について

　さて，本書のキーワードとなっている「地域主権型道州制」という用語について述べておきたい。「地域主権」という用語はいまだ学術用語として認知されているとは思えないが，実際，政界，官界，経済界，地方自治体の中で多く使用されている。この用語について，わが国で，いつ，誰が，どのような場ではじめて使ったのか，使われたのかと言えば，まぎれもなく筆者である。筆者は，平成8年（1996）に，『地域主権論〜関西独立のすすめ』を上梓出版しているが，これによって，わが国ではじめて「地域主権」という用語が登場したということである。また「地域主権型道州制」という用語は，平成19年（2007）2月に岡山市で行われた「経済同友会中四国地区会合」で，筆者（江口）が講演した折，「道州制は論者によって異なるのではないか。一言で言えば，先生（筆者）の道州制はどう表現すればいいのか」と参加者のひとりから質問を受

けたことに端を発する。その質問に対し、筆者は「私の考えている道州制は、連邦制型でも中央集権型でもない、いわば地域主権型道州制である」と応じた。それは筆者が長年温めてきた考え方を凝縮した造語である。それが「地域主権型道州制」を多くの人たちが使うようになった発端であり、政府の道州制ビジョン懇談会の座長の時、中間報告で「地域主権型道州制」を明記したことから、さらに広く社会に広まることとなったのである。

それまで「地方分権」(decentaralization)と言われていたが、調べて見ると「地方主権」という用語はあったが、「地域主権」という言葉はなかった。そして道州制についても、単なる都道府県合併を指すものから、米国のような連邦制国家を意識した構想まで、さまざまであった。一般的に「道州制」は、集権体制を強化する府県合併と連邦制を模した道州制の中間にあると理解されるが、そこにも地方分権を徹底したタイプから国の出先機関を束ねたような国主導・官僚主導のタイプまであった。

しかし、地域主権型道州制はそれとは異なり、「官僚主義を廃止、地域の自主自立を徹底した道州間に水平的競争関係をもたらす」、新たな道州制と定義できる。日本全体を一色に塗りつぶす中央集権型の統治体制を根本的に改め、国民一人ひとりが自助の精神を持ち、地域の政治・行政に主体的に参加し、みずからの創意と工夫で地域の特性に応じた地域づくりを行える統治体制、すなわち、国政機能を分割して自主的な地域政府たる「道州」を創設することである。

なぜ、筆者が「地域主権」(regional sovereignty)という用語を使用しているかと言えば、そもそも先述の松下幸之助の"廃県置州論"も、その後発展させた筆者の"道州制論"も、前提にしているのは、あらゆることを国が決めることは時代錯誤であり、そのためには、あらゆることを国が、地方に命令、支配、管理、統制、干渉する統治機構である中央集権体制、官僚制を打破しなければならないという点に着目しているからである。中央集権体制という統治機構を改め、地域のことは地域で、地域住民が主体となって、自主独立の気概で地域行政を行ってはじめて、効率のよい政治・行政、そして地域づくりができ

ると考えるからである。それで若者や高齢者が張り合いのある日々を送ることができる。すなわち，地方が元気になり，若者がやる気を出す行政を行うことができるということ，中央に支配される地方ではなく，国と地方が役割を分担して，横の関係になることができるということなのである。

これまで使われてきた地方分権でいう「地方」という用語，地方主権でいう「地方」という言葉は，中央が地方を蔑視するニュアンスを感じさせる。そのために，ますます地方から元気を奪い，高齢者から生甲斐を失わせ，若者から元気を喪失させていること，また中央・地方という言葉は，中央と地方の上下関係・縦関係を表す，そういう意味合いを感じさせるものであると筆者には思えてならなかったのである。

そうではなく，国家も極めて重要だが，地域，地方も同じように重要ではないか。そういう認識が生まれて始めて，21世紀，日本はグローバル化する国際社会のなかで，それこそ「然るべき地位」を占めていけるのではないか。それが筆者の考える道州制であったからである。だから地域主権型道州制なのである。

その思いを前提に，考えを深めていた故に，「地方」という，「中央」に対する下位を感じさせる「地方」という言葉を「地域」という言葉に変え，さらに，あくまでも自助共助が出発の地域行政，そして，あくまでも地域の住民が，自ら納得し，満足する地域に密着した地域住民主体の行政を行う，文字通り，地域住民が，自らを統治していく行政，そういう考えで，敢えて「主権」という用語を用いたのである。ゆえに，地域主権型道州制になれば，国は国の役割，道州は道州の役割，基礎自治体は基礎自治体の役割に限定され，役割においては，三者は横の関係になるのは必然となる。

筆者がはじめて使用した「地域主権」という用語が，その後多く使われるようになったのは，多くの方々が地方分権，地方主権でいう「地方」という表現にどこか中心，主体ではないわき役的な意味を感じ取っていたからではないかと思う。それを脱皮する意味で地域の主体性を取り戻す「地域主権」という表現が支持されたのだと考えている。地域主権が世の中で多く使用されるように

なったのみならず，政界でも頻繁に，あるいは時折，公文書にも記載されるようになった。多くの政党が比較的理解共鳴してくれたが，興味深いことは，当時，野党の民主党は，それまで党内にあった「地方分権推進本部」の名称を，筆者の説明を聞き終わるや否や直ちに「地域主権推進本部」に変える決定をしたことである。それだけでなく，政権交代して，民主党政権ができると，就任間もない国会で鳩山由紀夫首相が所信表明のなかで「地域主権改革が改革の1丁目1番地である」と述べ，政権公約にするまでになった。

もとより，これは政局用語として使った感が強く，それゆえ筆者自身，その真意，使い方に異論がないわけではない。民主党の場合，単に自民党の「地方分権」に対し，対抗差別化するために「地域主権」と言葉を用いた感が強かったように思う。「地域主権改革を断行（手段）し，地方分権の国家を確立（目的）する」という説明であったからである。筆者の考えからするとこの使い方は正しくない。「更なる地方分権改革を続けること（手段）で地域主権国家を実現（目的）する」というのが正確な使い方だと考えるからである。民主党政権の使い方は，手段と目的が逆転している，ないし手段と目的を混同していた。だから意味不明の地域主権改革という表現が取られるのである。中央集権体制を解体する地方分権改革（手段）を進め，地域主権国家（目的）を形成する。それが「地域主権型道州制」への移行なのである。

ただ，この「地域主権」という用語について，異議を唱える学者もいる。また，保守系政治家の中には，地域主権は「国家主権」を否定する考えだとして用語自体を否定する者もいる。

しかし，この用語はすでにヨーロッパの政治学者の中では既知のものである。ドックビル（仏）やワイツ（独）らが，すでに分割主権論（divided sovereignty）として「国家も各州（地域）も完全なる主権を有しているのではなく，主権が双方の間に適切に分割されている」と主張していることは，政治学者であれば，賛否はともかく，承知のはずである。

わが国の憲法をみても，前文で「主権が国民に存することを宣言」という言葉はあるが，国家主権という言葉はどこにもない。しかし，だからと言って，

国家主権を否定しているのではないか，あるいは国民主権と国家主権が並存し得るかという問いは成立しない。

国家主権は国家が存在すれば，当然，自然権として国家に宿る既定の権力である。地域主権型道州制に否定的な憲法学者の小林節慶應義塾大学教授（当時）は，「主権は，領土と国土を統治する権力である」と定義し，「国民主権は，国民が国民（自ら）を統治することである」（小林節ほか『憲法』南窓社，2004 年 7 月）[3]と定義している。

それならば，筆者は「地域主権は，地域の住民が地域住民（自ら）を統治することである」ということになるのではないかと考える。地域主権という用語が，成り立たないことはない。なかには，地域主権という用語は，国家分裂につながると主張をする人たちもいるが，国家の役割は，国家国民全体にかかわる皇室，外交，防衛，移民，通貨，金融，国民福祉サービスなどは国家が担当する，いわば「扇の要」を日本国家が担うわけであるから，その可能性は全くない。むしろ，今よりももっと，「日本という意識」が強くなるであろう。

筆者なりに，さらに考察を深めておきたい。というのも，憲法上，日本は戦前の天皇主権国家では，天皇は国家元首であり，すべての統治権の総覧者であった。しかし，戦後の国民主権国家であり，国民が参政権を有しその行使を通じて国家を統治することとなっている。

国家主権という表現は現行の「日本国憲法」上の規定にはないが，先に「自然権」と表現したように，それは国家という独立国が存在する以上，他国との関係において自ら統治する権利を有し，侵害されない権利を有するという点で国家主権という考え方は成り立つのである。

これまで言われてきた「地方分権」だと，それは国家の持つ統治権を分け与えるという意味であり，多分に中央集権体制を前提としていると考えられる。すなわち，地方分権は中央地方関係に上下主従の構造を持ち込んでいることが前提となっていると言えるだろう。そこで言われる地方分権改革は手段ではあるが，地方分権の国を創ると言われても，所詮それは国と地方を上下主従の関係に固定したなかでの国家像に過ぎない。そうではなく，地方分権改革を進め

る目的は，地域の自治体が主体的に政治や行政を営める自立した統治体にするためである。繰り返して確認しておくが，地方分権を進めて（手段），地域主権国家を確立する（目的）という理解が正しいのである。

　戦後日本は，天皇主権ではなく，国民主権の国に変わっている以上，統治権は国民一人ひとりにある。その延長線で国民が自ら地域を治める統治権を持つ，その統治権を身近な政府である自治体に託すると考える。それゆえ，国民に統治権を認め，身近な自治体を地方政府と捉え地域に統治権を認めるなら，「地域主権」という考え方を採用しても問題はないのである。

　その考え方の根底には，広域圏を一つのマネージメントの主体（統治主体）として置くという考え方がある。地域主権型道州制は公選知事，公選議会を置く内政の拠点性になる広域自治体を創る。そこを政治行政の主体にしていこうという考え方である。

　この発想は，戦前の日本がモデルにしたフランス，ドイツなどの大陸系諸国の集権国家，つまり統治権は国家のみに存在するという考え方ではなく，イギリス，アメリカなど英米系諸国の分権国家に近い。つまり権限を上位政府から分け与える，上から下へという発想ではなく，もともと市民主権の下で市町村を国民がつくり，そこで処理できない広域の問題を自治体に委任し，さらに外交，防衛等，国全体に関わる問題を中央政府に委任するという，下から上へという，国民主権の発想が基本になっている。いわゆる「補完性の原理（principle of subsidiarity）」という考え方がそれである。市町村を基礎自治体とし，それを補完する広域自治体が道州（現在は都道府県）であり，それを内政について補完するのか国の役割であると捉える考え方である。これは行政学会では，地方自治を語る際の常識的な見方となっている。

　その点，地域主権型道州制は，大陸系ではなく英米系，もっと言えば，日本の戦後憲法が目指した「民主国家，国民主権の建設」に合致したものと言える。

　もう一つ，補説しておこう。明治10年（1877）の11月，慶應義塾を創設した福沢諭吉は，その著『分権論』で，国権には「政権」と「治権」があると

し，次のように説いている。すなわち，政権とは全国一律で行う国の仕事を指し，法律の制定，軍事，外交，金融などを例示している。一方，治権とは地方ごとに実施する仕事で，道路などの建設や警察，学校，衛生を挙げている。士族の反乱が相次ぐ世相のなかでの提案である。

分権を求める福沢の主張とは裏腹に，明治政府は中央集権国家の確立に邁進し，自治は大幅に制約された。それは戦後の日本も大なり小なり同じだった。経済が豊かになれば国民は豊かになる，こうした発想から経済成長を目標に政府主導で全国一律・画一の政策を展開してきた。そして，その体制は成功した。

しかし，その中央集権体制も1980年代を境に「体制疲労」を起こしはじめ，有効に機能しなくなってくる。これからの日本の発展を考えると，この中央集権体制では，ダメだと衆参両院で「地方分権の推進に関する決議」をしたのは，自民党単独政権（宮沢喜一内閣）の終わる，平成5年（1993）の通常国会においてであった。

「中央集権的行政のあり方を問い直し，21世紀にふさわしい地方自治を確立することが現下の急務である」。国会決議にはこう書いてある。それから平成25年（2013）でちょうど20年である。平成12年（2000年）の「地方分権一括法」の施行など，歴代内閣はそれなりに分権改革に取り組んできたが，「21世紀にふさわしい自治」が確立されたとは到底言えない状況にある。ようやくここにきて，「道州制基本法」など新たな国のかたちを形づくるであろう法案が国会に提出される段階にきているのである。大きな時代の節目であると感ずる。

それはともかく，福沢諭吉は「治権」の目的を各地の事情に応じて政策の優先度を決めて「人民の幸福を謀ること」と書いている。なぜ分権が必要なのか，分権型国家とは何なのか。そのための「国のかたち」をどう改めるべきなのか。原点に立ち返って問い直すべきである。筆者（江口）の述べる「地域主権型」の国のかたちは，福沢の言う「治権」そのものを体現した表現，概念と考えるものである。

縷々述べた点からして,「地域主権」という考え方,用語は,学術的にも十分説明できる用語法として使われてよいのではないか。公用語としても,学術用語としても,正式に「地域主権」という表現は「21世紀にふさわしい自治」を表すものとして普遍化されてよいのではないか。これまでのように「地域主権」という用語は,政治用語としてはともかく,法律用語としては熟しておらず使うべきでないと否定する必要はないのではないか。むしろ中央集権のままの地方分権国家より,地域住民が主体となる地域主権国家という表現の方が,立法権を持つ国会の1993年決議の趣旨にも合うものであると考える。

さらに,参議院法制局の見解によると,地域主権型道州制は,現行憲法の改正を必要とせず廃県置州,地域主権型道州制への移行は現行憲法の枠内で可能であるとされる。憲法92条に「地方公共団体の組織および運営に関する事項は,地方自治の本旨に基づいて,法律でこれを定める」とある。道州を地方公共団体と位置づけることにより,法律で道州制を導入することは可能である。

また,国と道州との事務配分を踏まえ,全国で統一的に行うもの等の国が引き続き行うもの以外は,道州内での自治立法が可能になる。憲法94条に「地方公共団体は,その財産を管理し,事務を処理し,及び行政を執行する機能を有し,法律の範囲内で条例を制定することができる」とある。したがって事務配分,財源配分は法律で規定すればよい。各個別法で国から道州に権限・事務を移譲すれば,条例の「上書き権」を認める・認めないの議論と関係なしに,道州が都道府県を超える自治立法権を行使することが可能であると考えられる。

加えて,現在の区割りは,地方自治法第5条に依拠しているが,道州の区域は新たに法律で定めればよい。よって,道州制は,必ずしも現行憲法の改正を必要としないと言える。

政治の動きにふれると,平成19年(2007),第一次安倍内閣は,内閣官房に『道州制ビジョン懇談会』(道州制担当大臣の諮問機関)を設置した。その座長に筆者が就任することになった。平成19年1月26日に報道発表され,第一回の懇談会は翌月2月23日,そして32回の議論を重ねた。平成21年8月4日が

最後の懇談会になった。平成20年（2008）3月には，中間報告書を総務大臣に提出した。

　しかし，平成21年，政権交代で民主党政権が誕生すると，この『道州制ビジョン懇談会』は，政局の激変の影響を受けて廃止された。したがって，「最終報告」を提出することはできなくなった。そこで筆者はPHP総合研究所から，多くの人たちの協力を得て，『地域主権型道州制―国民への報告書』（2010年2月17日）を，その最終報告書の代替としてまとめ，筆者が代表監修者として上梓した。ある意味，未完の最終報告書ではあるが，座長を務め，取りまとめに当たった筆者としての責任であるという意識もあり，事実上，これが『道州制ビジョン懇談会』の最終報告といっても過言ではない。また，これに対する強い思い入れもあり，550頁余の大著として上梓したものである。本書でも随所でその考え方，データを引用し，地域主権型道州制の理論モデルの構築に努めている。

　ともかく，この『道州制ビジョン懇談会』[☆2)]は，賛成派と反対派が拮抗し，毎回激論の連続であったが，『中間報告書』は，事務方の官僚及び反対派の委員の抵抗のなか，筆者自身が自ら書き纏めた。

　このビジョン懇談会「中間報告書」及びその後のPHP総合研究所刊『国民への報告書』は，その後の道州制議論の原点となったことだけは事実である。内閣におかれた立法化を想定した初めての懇話会としては一定の成果を得，国民世論の形成にも，その後の政治への影響にも大きなインパクトをもたらしたと考えている。その点，筆者は道州制論形成に一定の役割を果たしたと思う。

4．道州制論議―さまざまな考え方

　「地域主権」および「地域主権型道州制」という，筆者の主唱する道州制論に踏む込みすぎた感があるが，先に少しふれたように，これまでも道州制論議は多種多様な形でこれまでも展開されてきた。わが国で「道州制」と呼ばれる構想は，何度も浮上しては消え，消えては浮上してきた。しかも，その中身

は，一括りに「道州制」と呼んでも，多種多様なものがあるのである。

のちに第6節の先行研究のところでもう少し整理して述べるが，先述のように，最初の構想は昭和初期に遡る。戦前の1927年（昭和2年）に田中義一内閣のもとで「州庁設置案」があった。

戦後まもなく1945年に地方総監府設置案（昭和20年）が，その後，第4次地方制度調査会答申（昭和32年）をはじめ，経済界や国，自治体，民間団体，シンクタンクなど，さまざまな機関，団体から種々の道州制（ないし地方制）構想が繰り返し提唱されてきた。

しかし，いまだ実現しない「幻の改革構想」と言ってよい。もとより，幻のように消えてしまうものかと言えば，そうではない。地域主権国家づくりを目指すなら，究極のかたちは「道州制」しかないとの見方もある。

さまざまな構想からなる「道州制」をひとことで定義するのはむずかしいが，共通点をあげるなら「現行の都道府県の区域より管轄区域の広い，道ないし州と呼ばれる新しい広域自治体を設置する」という点にある（西尾勝『地方分権改革』東大出版会，2007年7月）[4]。ただその中身となると，道州の性格が自治体なのか，国の出先機関なのか，連邦制的な道州なのか，首長は官選なのか民選なのか，担当業務はどのようなものか，構想ごとにみな違うといってもよい。

そうしたなか，政府の審議会（総理大臣の諮問機関である地方制度調査会）が道州制を打ち出したのは，2006年2月，小泉内閣に提案した第28次地制調答申ではなかろうか。そこでは道州制を次のように位置づけている。

「広域自治体として，現在の都道府県に代えて道または州（仮称，「道州」）を置く。地方公共団体は，道州及び市町村の二層制とする。

道州は，基礎自治体にあたる市町村と適切に役割分担しつつ，地域における行政を自主的かつ総合的に実施する役割を広く担うものとする。」

これがどのような意味を持つのかは，のちに類型化して説明するが，これまでの道州制論議は，現在の道又は数都府県の区域に一定の総合的な権能を持つ行政主体を設けることを，広く道州制と捉える考え方があった。東北，近畿，

九州といったブロック単位に国の総合出先機関「〇〇地方府」（現在の各省庁の地方支分部局を統合した組織）を設けることも道州制としてきた。いわゆる中央集権的な道州制という性格のものである。

それらと一線を画する形で，実現可能な地方分権的な道州制として提案したのが第 28 次答申であり，現在の都道府県に代えて広域自治体としての道州を置くというものであった。

その後，先に紹介したように第 1 次安倍内閣での道州制担当大臣のもとでの『道州制ビジョン懇話会』が，これをより進めて「地域主権型道州制」という提案をしたのである。政府の『道州制ビジョン懇談会』（中間報告）は，これを「新しい国のかたち」と位置づけ，「中央政府の権限は国でなければできない機能に限定し，日本の各地域が，地域の生活や振興に関しては独自の決定をなしうる権限を行使できる"主権"をもつ統治体制」，それが道州制であると最終的に定義したのである。

現在の都道府県は，歴史的にいうと，明治 4 年の廃藩置県の際には 3 府 302 県であったものを府県統合で 3 府 72 県に，さらにその後分割，統廃合を行い，明治 21 年頃，ほぼ現在の都道府県の区域が確立されたものである。その後，沖縄県の帰属を除いては特段の変化はない。そこから 140 年近くにわたって，都道府県は極めて安定的なものであったと言えよう。

もとより，その間，府県制度の性格そのものは大きく変化した。明治憲法下の府県制は，国の総合出先機関（地方行政官庁）の性格が強く，それに少しだけ地方公共団体の性格が加わったものだった。官選知事の時代がそれである。

戦後それを民選知事に変え，国からは独立した完全自治体としての性格をもつに至った。公選の首長，議会を置くと言う点では完全自治体だが，中身となると，各省大臣の地方機関として公選知事を位置づけ，国の業務を大量に府県に委任する機関委任事務制度が導入され，民選知事になったとは言え，実質は国の業務を八割近く受け持つ自治団体に止まってきたと言える。

ともかく，戦後も府県制度をめぐっては，「区域が狭すぎる」「行財政権限が弱い」「市町村と二重行政」「国の出先機関と競合」といった批判は戦後間もな

くから鳴りやまず，幾度となく改革案が提案されてきた。その多くのものを「道州制」と一括りで呼んでいるのである。

政府において，府県制度廃止，道州制移行にに踏み込みそうになった時期がある。政府の第4次地制調答申（昭和32年10月）時，現行都道府県を廃止し，中間団体として「地方」を置く案をめぐって，賛否の投票が行われたのである。この種の審議会で採決が行われるのはめずらしいが，賛成票が反対票を1票上回り，「地方」案が採用される状況になった。しかし，実際は両論併記の形に終わり，実行には移されなかった。背景として考えられるのは，高度経済成長期を目前にした日本は経済優先を国民が求め，統治機構改革などの大きな変化を望まなかったともいえよう。

そこで提案された「地方」案とは，次のようなものであった。
① 現行の都道府県を廃止し，国と市町村との間に「地方」（仮称）を置く
② 「地方」の性格は，地方公共団体としての性格と国家的性格を併せ持つものとする
③ 区域は，全国を7ないし9ブロックに区分したものとする
④ 「地方」には公選の議会を置く。執行機関の地方長（首長）は議会の同意を得て内閣総理大臣が任命する（国家公務員とし，任期は3年）
⑤ 業務は国の出先機関の処理しているものの多くと，府県が処理しているもののうち，市町村に移管することが望ましくないものを担当する

これは，戦前の「府県」に似た性格の「地方」案であり，戦後民主化政策として始まった地方自治の強化充実を否定する，逆コースの考え方だと強い批判を浴びた。その後，この種の国が任命する道州知事（官選）といった提案は影をひそめるようになった。

繰り返すが，平成18年（2006）2月に第28次地方制度調査会の「最終答申」は，現行の47都道府県制度を廃止し，それに代わる広域自治体として9〜13の道ないし州を置くことが望ましいと具体的に例を挙げ提案している。これを受けて，安倍内閣（第1次）で同年9月以降，道州制担当大臣がおかれた『道州制ビジョン懇話会』では，3年以内に道州制ビジョンを公表するとし，平成

30 年（2018）に道州制へ移行する目標まで示すに至った。

　しかし，この中間報告（08 年 3 月）が「2018 年に都道府県を廃止し地域主権型道州制へ完全移行すべきである」と述べているにもかかわらず，平成 21 年（2009）8 月の総選挙で政権与党自民党は大敗し，民主党への政権交代が行われたことで，最終答申も出されないまま終わった。移行目標自体，道州制を否定する民主党政権のもとで消え去ったのである。

　このことで，わが国の道州制論議はいったんお蔵入りした感じになる。しかし，平成 24 年（2012 年）12 月の総選挙で，民主党は大敗，自民党政権が復活するのである。しかも第 1 次安倍内閣で道州制を提唱した安倍晋三が再び内閣総理大臣に指名され，第 2 次安倍内閣はスタートするのである。このことで道州制論議は再び活発化する様相になる。

　現在の第 2 次安倍内閣の官房長官である菅義偉（平成 25 ～ 26 年現在）は「国のシステムが制度疲労を起こしているのは間違いない。地域が特色を出し，物事を決める仕組みが大事だ。私自身は道州制が行き着くところだと思う」（日本経済新聞　2013 年 4 月 25 日）と，道州制に関する方向性を述べている。その点，現在でも理念として『道州制ビジョン懇話会』の「中間報告」で述べた「地域主権型道州制」は間違っているとは全く思わない。

　そこでは，「各道州に密着し，各道州が主体となって，それぞれの地域住民が納得し満足する，効率的で無駄のない行政が行われる「国のかたち」」と定義しており，次のような基本理念に立つものだからである。

① 　現存する都道府県の合併ではなく，国の権限や機能，真に国家に必要な分野に限定
② 　地方自治の基本は，基礎自治体（市町村）であり，道州は広域補完体として機能
③ 　国と道州は，原則として平等で自立した存在。道州の意向によって国の政策や方針が決定される連邦制は採らない。また，国の命令によって道州の政策や制度が決定されることはない

5．再起動，実現に動く道州制

　政府，内閣の動きとは別に，政党レベルでも自民，民主両党の憲法改正案に道州制が謳われ，特に自民党政権下での自民党道州制推進本部「第3次中間報告（08年7月）」では2015年から2017年を目途に道州制移行をめざす」と具体的目標まで示していた。この動きはわが国の新たな「国のかたち」として結実していくのか，注目を集めたのであった。

　しかし，先述のように政権交代でこの動きは休止したようにみえた。しかし，2012年12月16日の総選挙で自民党が大勝し，再び安倍政権が復活したことで道州制に向けた力が生まれ動き出した。しかも新党である，みんなの党，日本維新の会も「道州制」移行を唱えている。連立与党の公明党もそうである。現在，自公政権は道州制を再度明確に公約していることもあり，第2次安倍内閣でも道州制担当大臣（総務大臣兼務）を置き，また自民党内にも道州制推進本部を設置している。

　このような状況から考えると，むしろ以前の3年半前の自公政権時代より道州制論議は勢いを増す流れとなっている。ちなみに，この総選挙で，選挙公約に，道州制を掲げた政党だけが，議席を伸ばしたことは記憶しておいてよいのではないか。

　そのように選挙公約に4党が道州制を掲げたことで，平成25年（2013）5月前後から道州制についての議論は国会内で頻繁に行われるようになる。みんなの党は，先述の通り，平成24年（2012）3月29日に正式に参議院に『道州制への移行のための基本法案』を提出している。結局，少数政党の案として議院運営委員会で取り上げられることはなかったが，国会史上，はじめて「道州制」が国会に登場したことは画期的なことである。その後，筆者はその基本法案の内容を予算関連法案に改定し，その改定案（江口私案）を平成25年（2013）3月に自民党，公明党，日本維新の会に提示した。各党は，江口私案を下敷きにしながら，それぞれの基本法案を作成し，5月には，自公の基本法案，維新

の基本法案が非公式で筆者に提示された。

　道州制基本法をめぐる政治過程における各党調整について記しておきたい。日本維新の会（以下，維新）は，みんなの党（筆者）に法案一本化を申し込んできた。これに応じて，両党は数回にわたる協議を重ねて，自公案をも加味しながら，みんなの党・維新共同の基本法案を作成した。6月にはいると，みんなの党と維新は，自公に協議を申し入れ，自公もこれを受けて同意を一度はしたものの，自民党が党内をまとめきれず，協議中止を申し入れてきた。みんなの党・維新の『道州制への移行改革基本法案』と，自公の『道州制推進基本法案』の違いは幾つかあるが，重要な一点のみをあげるとすれば，みんなの党・維新案は，道州制の実施時期に踏み込んで明記しているのに対し，自公案は，道州制の法整備に止（とど）まっていることである。

　それを受けて，みんなの党と維新は，2党共同で協議調整した『道州制への移行改革基本法案』を衆議院に提出することを決め，実際，6月21日に提出している。6月26日，通常国会が閉幕したため，未審議のまま，継続審議，いわば「預かり」という状況になったが，これについては，みんなの党も維新も織り込み済みで，臨時国会ないし2014年の通常国会で4党での協議が再開され，立法過程に入っていくのではないか。

　かくの如く国会でも道州制の議論は，紆余曲折しながら，続けられている。経済界からもさまざまな提案がなされてきている。日本経団連が『道州制の導入に向けた第2次提言』（08年11月）[5]をしている。同提言では，道州制の目的を「地域において，多様な就業機会が確保され，人々が安心して定住するに相応しい安全で快適な地域を，住民自治を基本としてつくりあげること」としている。経済活性化の視点から道州制移行を謳う点，経済界の提言に共通している視点といえよう。

　政権交代で一時的に道州制論議が休止したとはいえ，このところの「道州制」導入の動きは，これまでの経済界や地方制度改革の一環として提案されてきた動きと異なり，政治の舞台，立法機関で本格的に論議されるようになってきた。この点は従来と異なる点だと筆者はみている。

その背景には，時代背景が大きく変わったことを指摘できよう。
① 地方分権改革が本格化し，それに伴い平成大合併による市町村数が大幅に減少し，府県機能の空洞化が著しくなったこと
② 地方の疲弊が著しく進行し，東京都との格差が極大化し始めたこと
③ 交通通信手段の革命により，広域生活圏，広域経済圏が成立し，もはや明治半ばにつくられた47の府県の区割りは狭域となり，住民のための効率的効果的行政を行うには，時間的にも空間的にも時代に合わなくなったこと
④ 1,000兆円にも及ぶ債務残高を抱え，未曾有の国家財政危機を救う改革手段として考えられるようになったこと
⑤ 主要政党が，その政策公約に，道州制を掲げ，その改正に向けた具体的な動きが始まったこと

これらが，複合的な要因が織り成すかたちで道州制を，主要な与党も野党，経済界も主張するようになったのである。そして「道州制基本法」が政権党及び野党の共同提案で立法過程に乗るところまで来ている。いよいよ，これらの動きが一つの改革方向に収斂していき，国民及び各界に理解が浸透したとき，道州制移行が現実のものとなる。筆者は，その時間軸はそう遠くないところにあるとみる。

ともかく，20世紀の中央集権体制から21世紀は地域主権体制の国づくりが新たな方向である。その改革方向が大まかに国民合意として存在する点から，以前と違い道州制導入が現実味を帯びる社会環境が整いつつあると思われる。学術研究として道州制をさまざまな角度から深化させなければならない背景も，実は熟していると言わなければならない。

もとより，道州制移行については，時期尚早であり，都道府県連合など現行の府県制度の見直しで対応すべきだという意見も根強い。政府与党からは平成大合併の一段落する2010年以降，道州制導入の動きを加速すべきだという意見が根強いが，都道府県の公選職を構成団体とする全国知事会や全国都道府県議会議長会の意見は半分に割れたままであり，一つの方向に収斂するには至っ

ていない．全国町村会，全国町村議長会などは反対声明を出し反対運動を展開し始めている（全国町村会『道州制の何が問題か』平成24年11月）．その是非論はここでは論じないが，端的にいうと道州制の捉え方，受け止め方に対する違いが運動論の背景にあるように思う．

すなわち，大都市は府県制度の壁が取り払われることに賛成であり自由度が増すと考える．他方，町村など小規模自治体を抱える地方は，道州制移行となるとさらなる規模拡大，強制合併などが行われる危険性が増すと危惧し，地方自治の危機を唱え反対に回る傾向にある．ともかく，こうして大都市を抱える都市的都府県と過疎地を抱える農村的県では，賛否を含めそれに対する認識が大きく異なっているというのが現状であろう．

とは言え，明治23年に47府県制度がスタートし140年近い．経済環境も産業構造も交通通信手段も大きく変わり，府県の果たす機能も大きく変化している．平成大合併という市町村再編が行われ，これから都道府県から市区町村に大幅に事務の移譲と行財政権限の移譲が行われ，基礎自治体が強化されるだろう．すると，府県制度の見直しは必至となる．

地域分権改革は，市町村への事務事業，権限移譲後，そこでなし得ない業務を府県の役割とし，さらにそれで解決できない分野を限定し国家が担うべきだという「補完性の原理」に立った方向で今後とも改革が進んでいくだろう．これまでの中央集権体制下で繰り返されてきた道州制論議と，いま始まった分権時代に入った中での道州制論議を同一線上で捉えることはできない．

与えられる分権化ではなく，主体的に獲得する地域の主権化といってもよい．その方向に大きくパラダイム転換が始まった，それが中央集権下の道州制論議とは大きく異なる点であると筆者は捉えている．

6．道州制の提言及び先行研究

（戦前，戦中）

本章を閉じるに当たり，道州制研究の先行研究を整理しておきたい．

何度か触れたように道州制をめぐる議論は，戦前から見られた。代表的なものとして，昭和2年に田中義一内閣の行政制度審議会がまとめた「州庁」設置案（府県をそのまま完全自治体とし，それとは別に国の行政機関として州庁を置く案）がある。当時与党であった，立憲政友会は地方分権を掲げ，知事公選論や地租・営業収益税の地方移譲論などを唱えていた。こうしたことから，地方分権や自治権拡充が求められたことから同案が策定されたものの，実施されることはなかった。

その後，主として経済行政の統制について府県相互間の連絡調整協議会が設けられ（昭和18年（1943）には，各地方における国の出先機関の長を加えた地方行政協議会に発展した。）, 昭和20年（1945）6月には，本土決戦体制の一環として，地方行政協議会に代わり，都道府県を残したまま，国の出先機関として全国に8つの地方総監府が設けられた（これは，地方総監府官制によるものだが，終戦により昭和20年（1945）11月6日に廃止され，新たに全国7カ所に地方行政事務局が昭和22年（1947）4月まで設置された）。

この段階での道州制研究は，学術上，戦時統制下にあったこともあり，ほとんど論文らしいものは発表されていない。

（戦後〜昭和30年代前半）

戦後，官選であった都道府県知事を公選制とするなど，都道府県の完全自治体化が図られたものの，規模の小さい県をどうするかといった課題などが指摘されていた。そのため，都道府県制度のあり方が活発に議論され，国，市町村，経済界からさまざまな道州制案が提案された。例えば昭和23年に国の行政調査部（のちの行政管理庁。現在の総務省行政管理局）から，①都道府県廃止，地方公共団体としての「道」設置，②都道府県廃止，国の行政機関としての「州」設置，③都道府県存置，国の行政機関としての「地方行政庁」設置の3案が発表されている（第4次地方制度調査会「地方制度改革に関する答申」昭和32年10月の資料参照)[6]。

その後も，昭和32年に，第4次地方制度調査会（以下，「地制調」という）が，

都道府県を廃止し，国と地方公共団体の性格を併せ持つ「地方」(仮称) を設置することとする答申をまとめた (この時，3ないし4の府県を統合した地方公共団体としての「県」(仮称) の設置案も少数意見として付されている。)。

この種の調査会としては珍しく地方案に賛成か反対かを委員の採決に付している。賛成票が一票上回り，実施される方向に動くかと見られたが，調査会は「両論併記」にとどめ，「実施すべきである」という答申は見送っている。

この「地方」案について，全国知事会は「府県制度改革に関する意見」(昭和32年10月)[7] を出し，①現行都道府県制度を廃止して，官治的な「地方」(仮称) を設けることは，現行憲法制度の精神に反し，違憲の疑いがあること，②「地方」(仮称) に国家的性格をもたせることは，中央集権を強化し，民主政治の根本に逆行するものであること，などを理由に反対している。同様の意見が全国都道府県議会議長会からも「府県制度の改革に関する意見」(昭和32年11月) として出されている。

こうして全国知事会等の反対もあり，答申が具体的に検討されることはなかったのである。この時期の議論の特徴としては，国の行政機関として「道州」を設置する案がみられたこと，それに対し戦後民主化の売りとして始まった憲法の地方自治保障条項 (憲法第92条〜95条) の「自治権」を盾に自治体側が反対するという構図が浮かび上がる。

(昭和30年代後半〜50年代)

高度経済成長とともに水資源対策の必要性 (人口増加や工業生産の発展に伴い水不足が課題となった) や大都市圏整備など都道府県の区域を越える広域行政需要の増加が問題となり，それに対する対応策として都道府県の連合や都道府県合併，国の総合出先機関の改設などが提言されている。例えば，第9次地方制度調査会「行政事務再配分に関する答申」(昭和38年12月) や，第10次地方制度調査会「府県合併に関する答申」(昭和40年9月) がそれである。また，国の総合出先機関として昭和38年10月の (第1次) 臨時行政調査会第2専門部会は「地方庁」案を出している。

しかし，実際の対応は，都道府県の権限の国への引き上げや国の地方支分部局や公団・事業団の設置，拡充が行われたに止（とど）まっている。権限の引き上げ例として，これまで都道府県知事による河川管理が原則とされていたが，昭和39年（1964）の河川法改正により，一部（1級河川）について国の管理となった。また昭和38年（1963）の地方農政局設置や昭和37年の水資源開発公団の設立などがある。

昭和56年（1981）11月に第18次地制調の小委員会報告において，現在の都道府県制度を「国民の生活及び意識の中に強く定着し，その間において，府県の地位も重要性を増すに至っている」と評価し，「住民意識が行政需要の動向とかかわりなく府県制度の改廃を考えることには，重大な問題があるとする意見が大勢を占めた」（第18次地方制度調査会「地方行財政制度のあり方に関する小委員会報告」昭和56年11月）として，都度府県制度の維持が強く示されている。

この時期，経済界等からは，例えば関西経済連合会「地方制度の根本的改革に関する意見（昭和44年10月）や日本商工会議所「道州制で新しい国づくり」（昭和45年1月）など，都道府県を廃止し，地方公共団体としての「道州」を置くなどの道州制導入の提言が相次いだが，地制調報告を受け，国レベルでの道州制の議論は下火に向いたとされる。

（平成年代，現在）

平成の時代にに入り，中央集権的な体制への批判が高まり，地方分権改革の機運が高まってくる。1993年（平成5年）の衆参両院での地方分権推進の国会決議を受けて，95年に地方分権推進法が成立し，改革設計を担う地方分権推進委員会が設置され，数次の勧告を受けて2000年（平成12年）に「地方分権一括法」が施行されるという流れができる。

道州制についても，国と地方の関係及び地方制度の抜本的改編とその後の制度等のあり方として，国や各界にその検討が要請され，国，経済界，各地方自治体，シンクタンク，有識者などから道州制案や連邦制案などの多様な提言がなされた。

例えば，PHP総合研究所編『日本再編計画』(1996年) では，12州（広域自治体）と257の「府」（基礎自治体）が提唱され，読売新聞社編『21世紀への構想』(1997年) では12の州と300程度の「市」（基礎自治体）構想が出されている。また日本青年会議所編『変えてしまえ！日本』(1990年) や行革国民会議『地方主権の提唱』(1990年11月)，岡山県21世紀の地方自治研究会編『連邦制の研究報告書』(1991年) では，いずれも都道府県を廃止，7～15の「州」（連邦制の邦）を置くべきと提言している。

同時に，都道府県の自主合併や都道府県連合の是非なども議論され，平成7年には広域連合の制度化が行われている。

平成13年6月の地方分権推進委員会の最終報告において，第1次分権改革後の「残された課題」として，市町村合併の帰趨を慎重に見極めながら，道州制，連邦制論など，さまざまな提言の当否について，改めて検討を深めるべきであるとの指摘がなされている。

平成15年11月，第27次地制調は，①現行の都道府県に代わる広域自治体として道州制の導入を検討する必要があること，②連邦制は制度改革の選択肢として適当でないと考えられること，③都道府県の自主合併の手続き整備について検討すること（これは平成16年の地方自治法改正で制度化），などを答申としてまとめている（「今後の地方自治制度のあり方に関する答申」）。

道州制については引き続き調査審議が行われ，第28次地制調は，平成18年 (2006) 2月，広域自治体改革を「国のかたち」にかかるものと位置づけるならば，具体策として「道州制導入が適当」とする答申をまとめている（「道州制のあり方に関する答申」）。答申では，道州制は現在の都道府県に代えて広域自治体として道州を置くものとされ，その具体的な制度設計や課題が示されている。

その後，平成15年 (2003) 12月の経済財政諮問会議などから提案され，平成18年 (2006) 12月に，いわゆる「道州制特区推進法」が成立し，北海道がその対象とされた。また，平成19年 (2007) 2月には，道州制担当大臣の下に私的諮問機関として『道州制ビジョン懇談会』（以下，「ビジョン懇」という）

が設置された。その座長に筆者，江口克彦が就任している。ビジョン懇は，平成20年3月に中間報告をまとめ，時代に適応した「新しい国のかたち」として「地域主権型道州制」を掲げた（道州制ビジョン懇談会「中間報告」参照）[8]。

ただ，平成21年（2009）9月の民主党への政権交代後，同年12月に総務省と日本経済団体連合会（以下「経団連」という）による道州制に関する作業部会が設置された一方，道州制担当大臣は設けられず，平成22年（2010）2月に最終報告を出すことなくビジョン懇は廃止されている。民主党政権のもとでは，「地方や関係各界との幅広い意見交換を行いつつ，地域の自主的判断を尊重しながら，道州制についても検討を射程に入れていく」とする「地域主権戦略大綱」を閣議決定している。

（各種団体，経済界，有識者）
こうした政府の動きに乗ずる形で，全国知事会が平成19年1月に，「道州制に関する基本的な考え方」をとりまとめている。その中で次のような基本原則を示している。
① 地方分権を推進するためのものである
② 道州は都道府県に代わる広域自治体であり，道州と市町村の2層制とする
③ 国と地方の役割分担の抜本的見直し，内政に関する事務は基本的に地方が一貫して担うものとする
④ 事務の執行管理を行う国の「地方支分部局」の廃止，企画立案を担う「中央省庁」の解体再編を含めた中央政府の見直しを行う
⑤ 内政に関する事務について，国の法令の内容は基本的事項にとどめ，広範な条例制定権を確立する
⑥ 自主性，自立性の高い地方税財政制度の構築を図る
⑦ 道州の区域について，地理的，歴史的，文化的条件や地方の意見を十分に勘案して決定する

これについては，筆者も異論を持つものではない。むしろ「地域主権型道州

制」の内容と極めて類似性が高いと考える。この全国知事会の「基本原則」論は，政府等の関係機関に対し道州制を検討するにあたっての課題等を提示したものであるが，必ずしも道州制導入を受け入れるとか拒否するとかいう「是非論」には踏み込んでいないと思慮される。ちなみに，平成19年（2007）1月18日の共同会見では「導入の是非は道州制の中身次第である」と述べている（全国知事会「共同記者会見の概要について」）。

これが小規模自治体を抱える町村などになると，話は全く逆の方向を辿る。平成20年（2008）11月，全国町村会は，

ⅰ．（一部の道州制案に市町村の数や規模が盛り込まれていることに対して）人口が一定規模以上でなければ基礎自治体たり得ないとの考え方は，現存する町村と多様な自治のあり方を否定するものであること，

ⅱ．道州政府と住民との距離が一段と遠くなること，

などを理由に「強制合併につながる道州制には断固反対」の姿勢を示している。

この点は最後の章でも扱うが，道州制の設計上，慎重に取り扱うべき論点であることは間違いない。全国町村議会議長会も同調し，平成20年11月に「第52回町村議会議長会全国大会」を開き，その席上，「断固反対」論を表明している。

一方，民間の経済界の場合，比較的道州制導入に好意的な提言が多い。経団連は平成19年3月に「道州制の導入に向けた第1次提言」を出し，平成20年（2008）11月の第2次提言では道州制を「究極の構造改革」と位置づけ，都道府県廃止，11～12の道州と東京特別州（広域自治体）を提唱している。日本商工会議所も「地域活性化に資する地方分権改革と道州制の推進について」（平成21年（2009）4月）という提言のなかで，「広域的課題に効率的，効果的に対応していくためにも，道州制（都道府県に代わる広域自治体）の導入が有効であるとしている。2008年7月に関西経済連合会が「分権改革と道州制に関する基本的な考え方」を発表し，広域連合が道州制の代わりになるのではなく，道州制へのステップであるとの見方を示している。

平成 21 年（2009）12 月には経団連，日本商工会議所，経済同友会が「地域主権と道州制を推進する国民会議」を発足させている。

政党については，道州制に関する姿勢はさまざまであるが，道州制の理念や推進，審議体制などを盛り込んだ「道州制基本法」案が平成 25 年（2013）6 月の国会に日本維新の会，みんなの党の共同提案で行われるなど，立法過程に道州制移行の論議が本格的に入ってきている。実現はしなかったが，自民，公明両党も内部調整を経たうえで平成 25 年（2013）10 月からの臨時国会に法案を出し，4 党で修正のうえ，道州制基本法が可決成立を目指した。

もとより，有識者のなかでは，佐々木信夫中央大学教授が『新たな「日本のかたち」──脱中央依存と道州制』（角川 SSC 新書，2013 年 3 月），『道州制』（ちくま新書，2010 年 10 月）[9] を出版するなど積極的な推進の論陣を張る者もいる。

その一方で，例えば，西尾勝「基調講演『道州制』について，私はこう考える」という論文を『都道府県制に未来はあるか』（東京市政調査会，2004 年）[10] を発表し，そもそも道州制には現在に至っても多様な構想が混在し，「道州制とはどのような制度のことを指すのかについて，共通了解は成立していない」と指摘するなど消極的な発言も見られる。また兵庫県知事の井戸敏三は「道州制に代えて広域連合を提案する」（『Voice』371 号，2008 年 11 月）といったように，道州制に消極的な論調を示す者，代案として都道府県連合の推進を主張する向きもある。

なお，他の論文，資料は可能な限り集め，本書の参考としているので，巻末の参考文献一覧に掲載することで先行研究の一部としておきたい。

ともかく道州制にかかわる提言等は，数として 100 をこえる。しかし学術論文となると，批判的な視点からのものが散見されるが，絶対数としてはそれほど多くはない。都道府県制度の定着を理由にその改善を工夫すべきだとか，広域連合を進めるべきだという論調の者が多い。政治学，行政学，経済学といった社会科学に限定してもそうである。これが博士学位論文となると，正面からそれを取り上げたものは未だない。

こうした現状で「理論なき道州制」が政治的に進むことは望ましくない。学

術分野の先行研究がより活発なるよう望まれる。それが筆者の願いであり，筆者も何らかの貢献をしたいと思い，学術論文としてはじめて博士学位論文を書いた次第である。それを著作にまとめたのが本書である。

注
1) 松下幸之助「日本の繁栄譜」(1)」(月刊誌『PHP』1968 年 7 月号)。
2) 松下幸之助「続・廃県置州論」(月刊誌『PHP』1965 年 5 月号)。
3) 小林節ほか『憲法』南窓社，2004 年 7 月) 参照。
4) 西尾勝『地方分権改革』東大出版会，2007 年 7 月) 156 頁。
5) 日本経団連『道州制の導入に向けた第 2 次提言』(08 年 11 月)。
6) 第 4 次地方制度調査会「地方制度改革に関する答申」昭和 32 年 10 月。
7) 全国知事会「府県制度改革に関する意見」(昭和 32 年 10 月)。
8) 道州制ビジョン懇談会「中間報告」(平成 20 年 3 月)。
9) 佐々木信夫『新たな「日本のかたち」——脱中央依存と道州制』(角川 SSC 新書，2013 年 3 月)，同『道州制』(ちくま新書，2010 年 10 月)。
10) 西尾勝『道府県制に未来はあるか』(東京市政調査会，2004 年) 参照。

☆1) 主な研究協力者として黒川和美（法政大学教授），林宏昭（関西大学教授），佐々木信夫（中央大学教授），林宜嗣（関西学院大学教授），堺屋太一（作家，元経済企画庁長官）加藤寛（慶應義塾大学名誉教授）。
☆2) 道州制懇話会の委員〜座長：江口克彦（PHP 総合研究所代表取締役社長），石井正弘（岡山県知事，全国知事会道州制特別委員会委員長），岩崎美紀子（筑波大学大学院教授），金子仁洋（評論家），鎌田 司（共同通信社編集委員兼論説委員），草野満代（フリーキャスター），河内山哲朗（山口県柳井市長，全国市長会副会長），堺屋太一（作家），末延吉正（立命館大学客員教授），高橋はるみ（北海道知事），中村邦夫（松下電器産業代表取締役会長），長谷川幸洋（東京新聞・中日新聞論説委員），宮島香澄（日本テレビ報道局記者）。

第2章　東京一極集中の構造

1．東京への一極集中

　道州制導入の背景には，東京一極集中の問題と中央集権体制の制度疲労がさまざまなひずみを生み出しているという問題があり，その改革方法として地域主権型道州制への移行を論じている。そこで道州制の制度論に入る前に，本章ではまず東京一極集中の構造について実態を把握し，問題点を明らかにしてみたい。

　「東京一極集中」とは，ヒト，モノ，カネ，情報が他の諸都市に対比して東京という大都市に過度に集中し，集積している状態を指している。それは一般論として言えば首都であることの特性でもあるが，わが国の場合，江戸幕府の時代から，事実上，東京が首都の役割を負ってきた400年以上の歴史の蓄積が深くかかわっていると言えよう。現在，東京には政治，行政，情報，文化などの高次中枢機能（意思決定機能）が一極集中している。それは経済面，財政面で見ても明らかである。行政エリアとしての東京都でみると，2010年段階でみても，GDP（国内総生産）の約2割，株式売上高の約9割，本社・本店，外国企業の5割，情報サービス業（売上）の5割，銀行貸出残高の4割，商業販売高の3割，そして国税収入の約4割を占めている。国公私立の大学有名校の多くも東京にあり，大学生の4割近くが東京に学び，そしてその多くが東京に就職している状況にある。

　主要テレビのキー局はすべて東京から電波を出しており，全国規模の新聞，雑誌，出版物の多くも東京から発信され，情報発信力が非常に強い。地方で採れた特産物ですら東京の市場（店）を経由したほうがよく売れるとされる。事実，都民の胃袋を賄うはずの都の築地市場は，築地ブランドと称し全国レベル

で水産物の多くを賄っているのが実際である。

　対外的には，金融市場もニューヨーク，ロンドン，東京の動きが大きく影響する。もし経済の大きさを都市の力とみるなら，GDP換算で現在，下記の図のように，東京都は世界第13位に位置している（図2-1）。アメリカ，中国，日本，ドイツ，フランス，イギリスと続き，第13位が大都市東京である。

　江戸から東京へ400年以上も実質上首都として機能してきた東京の強み，いわゆる「東京ブランド」がこうした東京一極集中を生み出している要因と言えるのではないか（佐々木信夫『新たな「日本のかたち」』26頁など参照）。

図2-1　東京都の経済的地位

都内総生産と世界各国のGDPとの比較

- 1位 アメリカ　13兆8636億ドル
- 2位 日本　5兆444億ドル
- 3位 中国　4兆9902億ドル
- 12位 豪州　1兆19億ドル
- 13位 東京都　9181億ドル
- 14位 メキシコ　8797億ドル
- 15位 韓国　8341億ドル

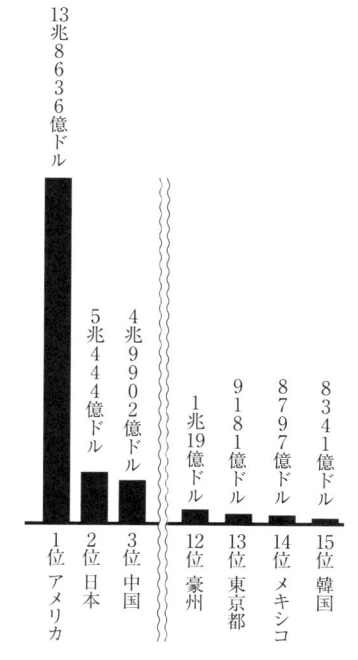

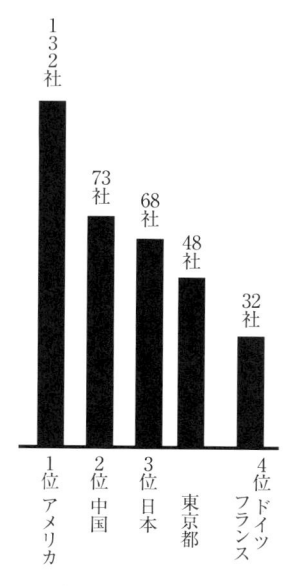

OECD（経済協力開発機構）とBRICs諸国。2009年内閣府調べ

「世界の500社番付」の本社が多い国

- 1位 アメリカ　132社
- 2位 中国　73社
- 3位 日本　68社
- 東京都　48社
- 4位 ドイツフランス　32社

2012年米誌「フォーチュン」調べ
出所：朝日新聞（2012年11月20日付）

2．大都市一極集中の説明モデル

　なぜこうした一極集中が起こるのか，少し理論的な考察を加えておきたい。
　現代の東京を特徴づけている「東京一極集中」のメカニズムについて，いろいろな切り口が考えられるが，筆者は次のような大都市機能の集積メカニズムが分かりやすい説明だと考えている。『都市行政学研究』[1]という著作を著している行政学者・佐々木信夫の研究などのヒントをえ，筆者の考え方を説明しておこう。以下，同氏の『都市行政学研究』から引用しながら記述する（同書110 〜 112頁）。
　一般に大都市には大きく2つの機能が混在していると考えられる。1つは，本来どのような都市でも備えている「基本的な都市機能」である。もう1つは，大都市であるがゆえに備わってくる「高次的都市機能」である。そして，それは性質別にみると中枢管理機能，生産業務機能，国際的機能，生活消費機能の4つに分けることができる（図2-2）。
　とくに東京一極集中を説明する場合注目されるのは，第1の中枢管理機能である。ここでいう中枢管理機能とは，組織の重要な意思決定を担う機能であり，企業の本社や中央官庁，政党本部，高等教育・研究機関などの役割がこれに当たる。これはそれぞれ，経済，政治，行政，文化の領域に認められる。図でいう第2の生産業務機能は，企業の製造部門や製品管理の機能がこれに当たる。工場などの直接的な生産機能も重要だが，それ以上にそれを制御統制している間接生産的な機能の集積が大都市の特徴をなす。第3の国際的機能は，国際社会に開かれた経済金融活動や株価，文化等の国際交流の機能がこれに当たる。第4の生活消費機能は，人口規模が巨大なだけにその「胃袋」も大きい。そこでの商品流通や市民すべての巨大な消費活動がこれに当たる。
　さて，これらの諸機能が東京集中とどう結びつくかと言えば，それにはもう1つ都市機能が分化・発展していくメカニズムを理解する必要がある。とくに都市機能集中メカニズムの中で，都市形成に大きな影響を与えるのが中枢管理

54　第1部　道州制の背景と要因

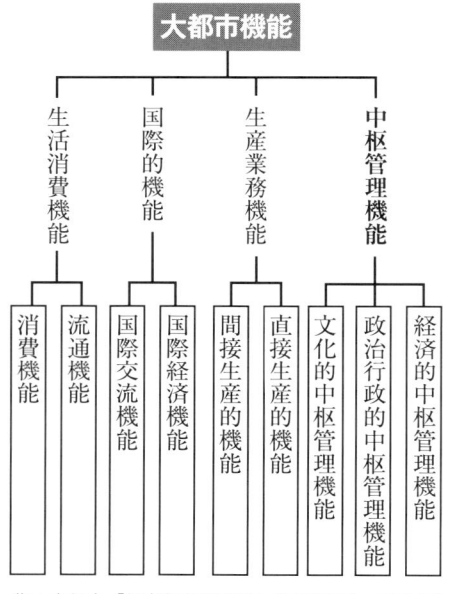

図 2-2　大都市機能の類型

```
                    大都市機能
    ┌──────────┬──────────┬──────────┐
  生活消費機能  国際的機能  生産業務機能  中枢管理機能
  ┌──┴──┐  ┌──┴──┐  ┌──┴──┐  ┌────┼────┐
 消費  流通  国際  国際  間接  直接  文化的  政治行政的  経済的
 機能  機能  交流  経済  生産的 生産的 中枢管理 中枢管理  中枢管理
           機能  機能  機能  機能  機能   機能    機能
```

（資料）　佐々木信夫『都市行政学研究』（勁草書房，1990年）110頁

機能である。

　一般に大都市圏は，核となる中心都市を軸に半径数10キロの範囲で放射状に広がる構造をなしているが，東京大都市圏の場合，核（コア）となる東京都心部（区部）を軸に半径50〜70キロに及ぶ影響圏を形成しており，その圏域のなかに大宮，浦和，千葉，川崎，横浜など準核都市とも呼ぶべき都市が幾つか衛星的に存在している。そしてこの大都市圏では，核都市の中枢的諸機能が牽引力となって，都市集積がどんどん進行していくのである。"集積が集積を呼ぶ"メカニズムの構造はここにあろう。佐々木信夫はこれを「大都市（東京）説明モデルA」と呼称し，そのメカニズムを論証している[2]。

　そのうち中枢管理機能は，一般市民の個々の生活レベルには直接関係ないが，都市形成という面では，その大都市に集積したさまざまな分野の専門的か

つ高度な技術や情報を通じて極めて広範囲にわたって影響力，支配力を持ち，他地域における諸機能までをも直接・間接にコントロールする力を持つだけに，現代では都市発展に欠かせない機能となっている。

その中枢管理機能は，都市化の段階をⅠ，Ⅱ，Ⅲの3つに分けて捉えると，都市形成に大きな役割を果たしていることが理解できる（図2-3参照）。

まず工業など第2次産業が都市化の牽引力である都市化Ⅰの段階では，中枢管理機能は生産業務機能と混然一体として存在しており，まだ未分化の状態にある。

だが，これが第3次産業の発達した都市化Ⅱの段階になると，生産業務機能とそれをコントロールする中枢管理機能が分化し始め，次第に中枢管理機能に階層性が生ずるようになる。そして，中枢管理機能は直接生産部門の所在する都市を離れて，他の中枢管理機能が集積し交通の結節点たる利便性の高い都市に集積し始める。これが大都市を成長させる要因となる。大都市に磁力が働く形で中枢管理機能が集積していく。

そして，高度に都市化が進展した都市化Ⅲの段階になると，それぞれの都市機能がより専門分化していくが，とりわけ中枢管理機能にあっては低次，中次，高次という3つのレベルに分かれるようになる。低次中枢管理機能は各県

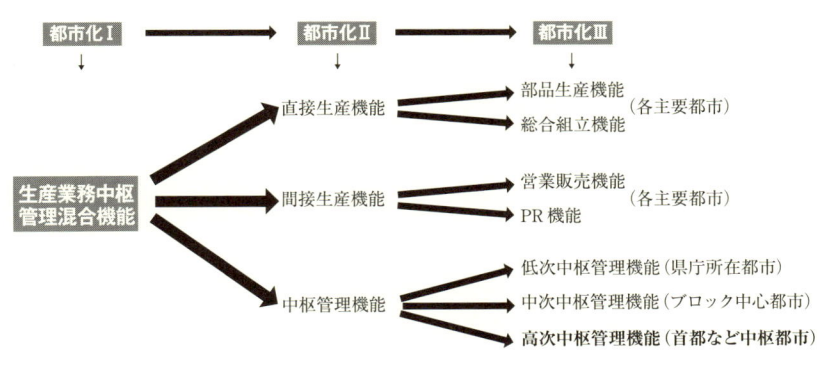

図2-3　中枢管理機能の集積メカニズム

```
都市化Ⅰ ───→ 都市化Ⅱ ───→ 都市化Ⅲ
  ↓           ↓
              直接生産機能 ──→ 部品生産機能
                              総合組立機能      （各主要都市）

生産業務中枢     間接生産機能 ──→ 営業販売機能
管理混合機能                    PR機能          （各主要都市）

              中枢管理機能 ──→ 低次中枢管理機能（県庁所在都市）
                              中次中枢管理機能（ブロック中心都市）
                              高次中枢管理機能（首都など中枢都市）
```

（資料）　佐々木信夫・前掲書111頁

庁所在都市に集積し，また，中次中枢管理機能は関東圏とか近畿圏といったブロック圏域の中心都市へ集積するようになり，さらに全国レベルの意思決定や企業の生死を左右する高次中枢管理機能は，東京や大阪などナショナル・レベルの大都市に集積するようになるのである[3]。

　実は，こうなると，各種の中枢管理機能は一点に集まれば集まるほど，集積のメリットを高めていくことから，「集積が集積を呼ぶ」論理が貫徹するようになる。東京一極集中のメカニズムは，この「中枢性」の高次化作用に依拠すると思われ，これが今日起きている東京一極集中の構図のひとつの側面を表しているとみることができよう（図2-3）。

　もう一つ，現代の高度情報社会においては，「情報」の性質に着目した大都市集中のメカニズムを説明するモデルを考えることもできる。簡単にふれるなら，「情報」というのは，一つに『標準化され機械化しうる定形的な情報』であり，これを情報Xと呼ぶ。もう一つは，「情報の存在そのものが価値を持ち，情報の意味内容が重視される非定形情報」であり，フェイス・ツウ・フェイスで伝わるこの情報をY情報と呼ぶ。佐々木信夫はこれを「大都市（東京）説明モデルB」と呼称し，そのメカニズムを論証している[4]。

　高度情報社会は，多様な情報通信手段の発達，情報ネットワーク化の進展で地理的，物理的制約条件が緩和され，情報アクセス機能の広域化，大衆化か進む社会である。しかも，グローバリゼーションの進行によって地球規模で情報が駆け巡る社会になっていく。もとよりこれは情報Xを中心とした量的拡大現象を説明している側面である。

　しかし，もう一方で，情報Yというものが存在する。インフォーマルな人間関係，面談，会議を通じて伝達されるから，物理的な距離を克服できない性質をもつ。つまり人に会わないと伝わらない情報とも言える。中枢管理機能というのは，じつは情報Yの性格が強いだけに，情報社会が高度化すればするほど，情報価値が高まり，「集中」（concentration）を免れることはできない。政治的な駆け引き，人事決定，金融の利率変更，政党本部の幹部情報などの中枢管理機能に当たる情報は，Y情報としてその場にいる人しか得ることができ

ない。実は，日本銀行周辺の兜町に証券会社が多く群れるのも，中央省庁の霞が関に全国から陳情請願客が群れるのも，Ｙ情報の存在が大きいからである。Ｙ情報こそ，中枢管理機能の本質とも言える。各分野の高度のＹ情報を高次中枢管理機能と定義するなら，それが東京に一極集中している現象，これが東京一極集中の核心をなしていると言えよう[5]。

3．東京一極集中の実際

　さて，こうしたメカニズムの働く大都市において，どのような事象が東京一極集中として現れているのか，筆者の体験を含め具体的な実例で説明していこう。

　まず，言えるのとは，東京には世界中のモノが集まっているということである。例えば，世界的な大都市であるニューヨークの五番街に行かなくとも，世界のトップブランド商品がすぐ手に入るし，わざわざパリに行かなくとも，ミシュランのレッドブックにランクされてもおかしくないフレンチレストランが幾らでもある。日本文化の伝統である和食はもちろんのこと，洋の東西を問わず，世界各国の料理を堪能できる。パソコンのスイッチを入れて『ぐるなび』をクリックするだけで，簡単に洋食ではフランス料理を筆頭に，世界各国のレストランが紹介されているのである。

　もちろん，「ぐるなび」に載っていないレストランもたくさんある。世界の秘境と言われるチベットやブータンの料理を出すレストランさえある。食に関してこれほどバリエーションのある国は世界中どこを探しても東京以外にはないだろう。世界の大都市を凝縮したミニ地球都市，それが東京といっても過言ではない。

　同じように，美術や芸術の世界も同様である。ルーブル美術館やメトロポリタン博物館，ボストン美術館，あるいは，エルミタージュ美術館や大英博物館をもってくることはできないが，東京にはいくつもの国立の美術館や博物館があり，外国所蔵品を莫大なお金を使って空輸し，その美術館や博物館で，特別

の展示がなされている。いまは門外不出となっているあのレオナルド・ダ・ヴィンチの『モナリザ』でさえ，かつて東京・上野の国立博物館で展示されたのである。さらに，あの台湾の故宮博物院展も，はじめて平成24年6月に日本での開催が決まった。

　また，ヨーロッパ各地にあるオペラハウスやニューヨークのカーネギーホールで演じられる世界のアーティストたちのオペラや音楽，バレエは東京にいくつもあるホールで堪能することができる。例えば，赤坂のサントリーホールや初台（渋谷区）の新国立劇場ではウィーン・フィルハーモニー管弦楽団やベルリン・フィルハーモニー管弦楽団等世界のトップクラスのオーケストラや著名なアーティストの公演が毎晩のように行われている。

　こうした世界のトップブランドやレストラン，文化芸術が東京に集まる大きな理由は東京が大消費市場，つまり非常に大きなマーケット，すなわち，日本の全人口約1億2,700万人の約1割，1,350万人（2013年）が都民であるからである。1,350万人と言えば，ギリシア，ポルトガル，ベルギー，チェコ，ハンガリーといったヨーロッパ諸国の人口をしのぐ多さである。ちなみに東京都の面積は，日本の総面積約38万平方キロメートルのわずか0.5％にすぎない。その狭い地域に日本人10人に1人が住んでいることになる。

　これに止（とど）まらない。1都3県が大都市圏を形成し，日本の全人口の27％にあたる約3,450万人が東京圏（東京都，神奈川県，千葉県，埼玉県）に集中しており，その2割は昼間都民として東京に職場や学校に毎日通っている。さらに首都圏（1都3県に茨城県，栃木県，群馬県，山梨県を加えた地域）では全人口の3分の1にあたる約4,240万人が居住している。4,240万人と言えば，カナダ，アルゼンチン，スペインの人口より多く，人口4,860万人の韓国にも届きそうな規模である。

　世界の都市圏，つまり主要都市とその周辺の郊外都市を含んだ地域の人口を比較すると，首都圏はもちろんヨーロッパと比較してもダントツの1位で，2位のメキシコシティ圏の2,300万人を大きく引き離している。ちなみにアメリカ最大のニューヨーク圏でも2,230万人であり，それは東京圏の65％にすぎな

い。首都圏全体の半分程度でしかないのである。

　日本は現在，少子高齢化が進み，人口はすでにピークを通り越しており，ほとんどの道府県で人口減少が始まっているが，にもかかわらず，東京圏・首都圏の人口だけは，いまだ増え続けている。特に東京都の人口は毎年確実に増え続けているのである。このままだと東京一極集中はますます強まるのではないか。

　この動きを歴史に照らしてみるとどうか。東京の場合，明治 21 年（1888）の東京府と現在のそれを比較すると，全人口が 3,963 万人から 13,000 万人に増えており，その増加率は 3.25 倍になっている。

　これを都道府県別にみると，歴史上，もっとも増加しているのが北海道で 18.2 倍，第二位が神奈川県の 9.6 倍となっており，大阪府（7.1 倍），埼玉県（6.8 倍），千葉県（5.2 倍）と続いている。北海道は開拓のための移住政策をとっていたので，この人口増加を例外とすれば，東京都とその隣接県の人口増加が著しいことが分かる。

　同様の比較を大戦直後の昭和 17 年（1945）ですると，全体の人口は 7,200 万人から 1.8 倍の増加となっている。

　都道府県別に見ると，神奈川県が第一位で 4.7 倍，東京都が第二位で 3.6 倍，埼玉県が第三位で 3.5 倍となっており，以下，大阪府（3.2 倍）千葉県（3.1 倍）と続いている。移住政策が終わった北海道は 1.6 倍と全体の伸びより小さくなるが，東京都とその周辺における人口の伸びは依然として変わらない。一方，伸び率が低いところをみると，島根県と山形県が 1.0 倍を割って 0.9 倍となり，日本全体としては人口が増えているにもかかわらず，人口が減っているのが分かる。

　さらに 1995 年から 2005 年までの 10 年間では，全体の人口は 1.02 倍になっているが，この伸び率を超えている地域を見ると，滋賀県，沖縄県，東京都，神奈川県が，1.07 倍，そのあとは愛知県（1.06 倍），埼玉県，千葉県（共に 1.04 倍）と続く。滋賀県と沖縄県の人口が以前より増えているのが目立つが，依然として東京都とその隣接県の人口は他の地域を圧倒して増えていることがわか

る。そして，ここで特に注目すべきは，この 10 年の期間に 47 都道府県のうち，実に 27 県が 1.0 倍を割っていること，つまり，人口が減少しているという事実である。

このように，東京都及びその隣接県は長い歴史の中で一貫して人口が増え続けている。

4．企業本社等集中の構図

もう一つ，東京に人口が集まる理由は，東京に働く場，多くの企業が集中しているということである。中枢管理機能と並んで多くの企業が東京に集中している[6]。日本には約 162 万の企業があるが，そのうちの 17％が東京に集中し，第二位の大阪の 7.5％の 2 倍位以上に及んでいる。さらに，神奈川，埼玉，千葉を入れた東京圏では，30％を超える。また，売上高トップ 100 社のうちの 71 社が，さらには上場企業の 47％が東京に本社を置いている。

有名企業で東京以外に本社を置くのは，自動車産業では愛知県豊田市のトヨタ，広島県安芸郡府中町のマツダくらいで，日産もホンダも三菱も東京に本社を置いている。電気産業では，Panasonic が大阪の門真市に本社を置いているものの，ソニーも東芝も日立も三菱も NEC もみな本社は東京。また，都市銀行では，りそな銀行が大阪市，埼玉りそな銀行がさいたま市に本店を構えているが，みずほ銀行，三菱東京 UFJ 銀行，三井住友銀行などは東京都，しかもそれらは千代田区に集中している。また，東京に本社を置かない大企業でも，本社と同等の機能と人材を東京に置いているところがたくさんある。

アメリカの場合はどうか。自動車産業では，GM がミシガン州デトロイト，フォードも同じミシガン州のディアボーン，さらにクライスラーもミシガン州オーバーンヒルズと三大企業がすべてミシガン州に集中している。電機関連産業はどうかといえば，世界最大の複合企業となった GE はコネチカット州フェアフェールド，コンピュータ関連企業をみると，デルはテキサス州ラウンドロック，ヒューレット・パッカードはカリフォルニア州パロアルト，IBM はニ

ューヨーク州アーモンク。それぞれ全くバラバラである。銀行はと言えば、シティグループとJPモルガン・チェースがニューヨークだが、バンク・オブ・アメリカはノースカロライナ州のシャーロットに本拠地を置いている。

こうしてみて分かることは、確かに、ミシガン州の自動車産業、ニューヨークの金融等、産業集積や情報集積が必要な分野については、その産業の関連企業が集中する傾向はあるが、日本のようにすべての産業の本拠地が一つの都市、東京に集中するという状態ではない。これはアメリカにかぎらず、ヨーロッパの国々をみても同じことが言える。

では情報産業に関してはどうか。これは元・経済企画庁長官で評論家の堺屋太一も、研究会等でしばしば指摘、触れているが、日本においては、情報を発信する役割をもつテレビ・ラジオ・新聞・出版などマスメディアの80％が東京に集中している。

たしかにテレビ局は日本各地に存在しているが、その主な役割は、ただ単に東京のキー局からの情報の中継になっている。NHKの場合、東京の渋谷区にNHK放送センターという総本部があり、各県にある放送局はその支部になっている。つまり、放送センターをハブとして放射状の組織になっているのである。各県の放送局はきわめて限られた時間にローカル番組を流すだけで、ほとんどはNHK放送センターで制作された番組を放送している。

民間テレビ局の場合は各地域にあるテレビ局は一応別組織ではあるが、そのほとんどが東京にあるフジ、TBS、日テレ、テレ朝などのキー局のネットワーク下にあって、番組もCMもほとんどはキー局がつくったものを放映しているという状態である。確かに東京MXテレビ、テレビ埼玉、千葉テレビ、テレビ神奈川、三重テレビ、KBS京都、サン・テレビジョンなど、キー局のネットワークに属さず、独自の番組制作を行なっているテレビ局もあるが、その活動と影響力は、キー局やそのネットワークにあるテレビ局とは格段の開きがある。いわゆるローカルテレビの影響力は地域限定に止まる。要は全国区のキー局の集中が情報社会で巨大な影響力を有しているのである。

他の国々では、社会主義国や全体主義的な国でない限り、制作、ネットワー

ク，放送が分離していて，NHK やキー局のようにみずから制作し，それをみずからのネットワークを使って全国に放送するということはない。

新聞の発行部数も東京でつくられる「読売」と「朝日」の二つの全国紙が合わせて 2,000 万部で地方紙を加えた日本全国の新聞発行部数のほぼ半分を占め，これに「毎日」「日経「産経」を加えると実に 75％ になる。全国紙には地方版があるが，それは 40 頁ほどある紙面の 2〜3 頁でしかない。つまり，日本国民のほとんどが東京から発信される情報だけにしか接していないということになる。

ちなみにアメリカ唯一の全国紙「USA トゥデイ」は 200 万部以下，「ニューヨーク・タイムズ」や「ワシントンポスト」，「ロサンゼルス・タイムズ」などはすべて地方紙で，部数も最大だが，「ニューヨーク・タイムズ」の 100 万部そこそこ。イギリスやフランス，ドイツでも少数の新聞が大きなシェアを占めることはない。

また，大学の数も東京やその隣接県が他の地域を圧倒的に凌駕している。日本には，国公私立を合わせて 753 の大学があるが（平成 19 年度現在）東京都にはその 17％，東京圏に 28％，首都圏に 32％ が集中している。また大学生の数をみると，全国 283 万人のほぼ 4 分の 1 にあたる 69 万 2,000 人が東京に集まっており，東京圏になるとそれが 40％ となり，首都圏では 43％ になる。東京都の人口が全国の約 10％，東京圏が 27％，首都圏が 33％ だから，いずれも大学生の集中度は人口の集中度を大きく上回っている。

大学が二番目に多いのは大阪府で 7％ だが，学生数では全体のたった 8％ でしかない。また，その次に大学が多く全体の 6％ を占める愛知県は，学生数においては全体の 7％ を占める神奈川県に負けている。大阪，京都，兵庫，奈良，滋賀，和歌山を足した関西地域全体になると大学数は全体の 20％ となり，ようやく東京都圏の半分でしかない。短期大学，専修学校や各種学校をみると集中度は若干下がるが，それでもやはり東京における数は圧倒的に他を引き離している。

他の国々の場合はどうかと言えば，アメリカでは，ハーバード大学やイェー

ル大学などが属する，あの有名なアイビーリーグは8大学が東海岸に集中してはいるが，ニューヨークといった同じ都市に集まっているというわけではない。そのほかにもミシガン大学をはじめとするビック・テンとよばれる10校やシカゴ大学などが五大湖周辺に集まっているし，西海岸にもカリフォルニア州を中心にスタンフォード大学やUCLA，UCバークレー校が属するパック・テンとよばれる10校をはじめ多くの大学が存在している。

ヨーロッパ諸国をみても，大学が集中している地域はあったとしても，日本のように東京という一つの都市に極端に集中しているところは，まずないだろう。

5．高層ビルの林立

なぜ東京に世界のブランドやレストラン，文化芸術が集まってくるかと言えば，このように日本の基幹ビジネスや高等教育の場が東京に集中し，それらに関する情報発信も東京からなされているからだが，それに止まらないわけではない。ビジネスや教育のチャンスが集中し，さらにそこから日本各地に向けて情報発信がなされるとすれば，必然的にヒトが集まり，またそれが新たなチャンスを生み，ヒトが集まってくる。それに関連し，あらゆるものが雪だるま式に東京に集中し，さらにそれを求めて世界からまた，さまざまなモノが東京に集まってくるのである。

1990年代前半にバブルが崩壊して，失われた20年と言われるように，日本全体が長い不景気のトンネルに入っていたが，そのような状況でも東京への一極集中は続いて来た。景気が回復基調となってからは，東京はビルの建設ラッシュを迎え，高層ビル・ゾーンが，いまも増え続けている。

東京タワーやスカイツリーに上ってみると，その景色がよく分かる。ニューヨークの摩天楼のように整然と碁盤の目のようには並んではいないが，高層ビルが並ぶサンシャインビル周辺，新宿の都庁を中心とした副都心，六本木ヒルズ界隈，マルビルなどの東京駅周辺，日テレなどのビルがそびえ立つ汐留付

近，品川辺りなど，東西南北に点在している。東京湾周辺では臨海副都心をはじめ，さまざまな開発が進められている。そして，その高層ビル・ゾーンをつなぐように高速道路が縦横無尽に張り巡らされ，近未来映画のさながらの景色をつくっている。

　その東京上空を夜間飛行でみると，都心は宝石箱をひっくり返したように七色にきらめき，そこからまるでミルキーウェイのような赤色や黄色やさまざまな色の明かりが瞬きながら，遥かかなた関東平野の果てまで連なっている。このような広大な規模で都市が発展している地域は外国にはあまり例がないだろう。

　東京都の域内総生産（2003年現在）は日本のGDPのおよそ17％で，東京に続く大阪府や愛知県の2倍以上となっている。東京都に神奈川県，埼玉県，千葉県を加えた東京圏の総生産は日本全体の31％，さらに栃木県，茨城県，群馬県，山梨県を加えた首都圏では37％となっている。

　ちなみに，地域の経済力を表わす指標ランキングをみると，東京が上位に位置しないのは，出生率や農業出荷額など，ごく一部の指標だけである。このことからも，いかに東京，そしてその近郊にあらゆるものが集中しているかが分かる。

　東京を中心とする地域は今日最も元気で活況のある，景気のいい地域になっている。この東京の状況だけをみれば日本は全国どこでも景気が良く，元気だと思うだろう。しかし，現実はどうか。地方は東京のように元気で景気がいいのだろうか。そうではあるまい。東京にヒト・モノ・カネ・情報が極端に集まる分，逆にほとんどの地方は衰退し，低迷している。つまり，「東京栄えて，地方は貧す」という，いわゆる地域格差が生じているのである。

6．なぜ地方は衰退する―その図式

　それでは，地方都市はどうか。東京にビジネスや人，そしてお金や情報が集中することによって，地方は逆にビジネスも人も，おカネも東京に吸い取られ

てしまっているのである。先程述べた通り，東京とその周辺だけに人口が集中して，多くの地域の人口は停滞もしくは減少している。特にこの10年間をみると，47都道府県のうち半数以上の件で人口が減少している。地元企業もいつの間にやら東京に移り，消費は低迷し，商売は成り立たなくなり，商店街は店を閉めて，シャッター通りと化している。筆者は，毎年120〜150回の講演を数年続け，全国各地を直接見て回ったが，地方の経営者や店主から商売の苦しさ，街の寂しさ，将来に対する不安，苦悩ばかり聞かされた。

　深刻なのは，東京に集まって来ている人たちの多くが若年層ということである。東京に若者を取られる日本各地には年老いた人達だけが残るという構造が問題なのである。若い人たちがいなくなれば，新しいものはなかなか生まれない。家業を継ぐ者も，産業を発展させる者も，起業する者もどんどん減って来て，その地域の活力がなくなっていく。そうなれば，ビジネスチャンスも少なくなり，また人もお金も集まらないという悪循環が発生する。まさに東京とは逆の現象が起きているのである。

　個別に具体的な例をあげたらきりがないが，日本全国を回ってみると，古くからある商店街が軒並み閉店し，シャッター通りとなったところがたくさんある。もちろん，この背景には自動車社会となって国道やバイパス沿いに駐車場完備のスーパーや店舗が進出してきたこと，また2000年に「大規模小売店舗法」が改正されたことによって，郊外に巨大ショッピングセンターが建設され，古くからある商店街が品揃えにおいても価格においても競争力がなくなったということがあるかもしれない。

　しかしながら，主な原因は，人口が地域の中心都市や首都圏に移動したことによって，産業が衰退し，需要自体がなくなって街が衰退していったということだろう。街が衰退すれば，また人がいなくなる。人がいなくなれば，行政サービスも低下していく。行政サービスが低下をすれば，また人がいなくなるのである。まさに悪循環である。

　このように東京への一極集中は，東京を魅力的な地域にしているが，それは「それだけ地方の犠牲の上に成り立っている」と言っても過言ではない。この

まま中央集権体制を続けて行けば，ヒト・モノ・カネ・情報は東京に集中し続け，確実に地域格差はますます拡大し，あと 20 年もすれば，人口の 50％が首都圏に集中し，それ以外の地域は，たとえ政令指定都市といえども減少傾向は止（と）まらないだろう。

　少子高齢化が大都市周辺自治体の財政を圧迫する動きも加速しよう。「団塊の世代」が 65 歳以上になるのも時間の問題である。職場を失った大量の団塊の世代は，地域に戻る。市民税をほとんど払わない世代層の急増である。ベッドタウンといわれた多摩ニュータウンなどは，シルバータウンどころか，ゴーストタウンに変貌する様相にある。関連する多摩市，稲城市，八王子市は財政ひっ迫が顕在化している。これが千里ニュータウンをかかえる大阪も同じだし，東京圏，名古屋圏，大阪圏すべてが周辺自治体の財政難となっていこう。

　東京一極集中は，日本の機関車として明治以降，そして第 2 次大戦以降，日本の繁栄をもたらしたが，オランダの都市学者クラッセンが指摘する通り，都市は「都心集中」→「郊外化」→「都心空洞化」→「都心回帰」→「郊外空洞化」という構造変化を起こし，最後は都市の死滅を迎えるという構図にある。日本の大都市，特に東京圏は既に都心回帰，郊外空洞化の段階に入ったとみてよい[7]。

　ただ，こうした 20 世紀の大都市・東京の繁栄はいつまでも続かない。否，続けることは国家の経営として望ましくない。地震国日本を考えても，首都直下型地震の発生ひとつを想定しても，国全体の機能がマヒするような恐ろしい事態が思い浮かぶ。2011 年 3 月 11 日に発生した東日本大震災の被害状況から見て，首都直下型の場合，何十倍，否，何百倍もの被害が想定される。その影響は世界にも及ぶのである。

　ここは，どうしても地方分散政策を考えないと，この国は立ち行かなくなる。しからば，どうすればよいか。中央集権体制をそのままにしての高速道，高速鉄道，高速空港，高度情報網など高速社会資本を進めた結果，各地の果実と人口がストロー効果を通じて東京に一極集中してしまっている。

　それを食い止め，分散型に変えていくには道州制移行の議論は解決の糸口の

一つを示しているのではないか。ここまで東京一極集中を起こしたか，それは明治以降の中央集権政策に起因しているところが大きいということは間違いないからである。

　ハード・インフラの整備のみを先行し，ソフト・インフラの分散型分極型整備（地域主権型道州制など）を怠った結果が，現在の東京一極集中を生み出していると言えよう[8]。

　そこで次章では，中央集権体制のメカニズムとそこから生まれる現象，問題点を理論と実際に即して検証することにしよう。

注
1) 佐々木信夫『都市行政学研究』（勁草書房，1990 年）第 2 章及び第 8 章参照。
2) 同・前掲書（1990 年）110 〜 112 頁。
3) 同・前掲書（1990 年）112 頁。
4) 同・前掲書（1990 年）112 〜 115 頁。
5) 同・前掲書（1990 年）114 頁。
6) 佐々木信夫『新たな「日本のかたち」─脱中央依存と道州制』（角川 SSC 新書，2013 年）25 〜 26 頁も同様の指摘をしている。
7) 佐々木『都市行政学研究』99 〜 102 頁。
8) 佐々木『新たな「日本のかたち」』も同様の認識を示している。

第3章　中央集権システムとその限界

1．明治維新と国家総動員法

　なぜ東京やその隣接県だけが繁栄するのか，前章では東京一極集中のメカニズム及び実態について実例を挙げて検証したが，前章の最後のところで述べたように，その根本的原因は，現在の日本が中央集権体制という統治形態を依然とり続けているからではないか，そこに筆者の問題認識がある。本章では中央集権体制の形成とその功罪，さらにいま始まった地方分権改革について述べてみたい。

　明治維新のとき，日本は列強と伍していくために，日本中の力を一つにまとめ，より強固な中央主権体制を確立する必要があった。ヒトもカネも乏しい当時の明治日本は，それらをバラバラに点在させるのではなく，一カ所にまとめて活用していかなければ，国力を高めていくことができなかった。そのために，明治政府は中央集権体制を敷いて，すべてのものが東京に集まるようにしたのである。そして，政府の指示が日本の隅々まで，もれなく行き届くように，みずからの手足になる人材を中央から地方に派遣したのである。

　具体的に明治政府がとった集権政策を追ってみよう。まずは版籍奉還で旧藩主を中央政府の任命する知藩事とした後，廃藩置県を行って，全国の藩を廃して県とし，今度は知藩事を廃止して新たに政府任命の府知事・県知事（後になって県令）を派遣して地方行政にあたらせた。

　江戸時代までの各藩にはそれなりの自治があったが，それを版籍奉還，廃藩置県という二段階の改革を通じて廃止し，中央が地方を完全にコントロールする体制をつくりあげたのである。そしてさらに，政府の財政を確立するために地租改正を行って，全国の土地を検査評価して地価を決め，その地価に対して

全国一律の税率で税金を課すようにした。

　また，「富国強兵」「殖産興業」というスローガンで知られるように，それまで藩がそれぞれにもっていた兵力を中央政府直轄による近代的な軍に変貌させ，さらにその軍事力を強化するために，政府主導で鉱山・造船・製鉄などの事業振興を行うとともに，官営工場を経営し近代工業の育成をはかったのである。

　その一方では，学制を発布して義務教育制の確立を目指すとともに，東京帝国大学をはじめとする帝国大学をつくることによって富国強兵，殖産興業に資する国民と指導者を育てあげることをはかっている。

　こうして日本は先進列強と同じような統治体制を短期間につくりあげ，近代国家に変貌したのである。その後の日本の国際社会における行動は，あたかも戦国時代の一国のようなもので，アジア太平洋地域で欧米列強と覇権争いを展開していく。そしてそのプロセスを通じて，日本はさらに中央集権的な体制を強化していくのだが，その極めつけとなったのが，昭和13年（1938），第一次近衛内閣時代に制定された「国家総動員法」である。

　この法律は，日中戦争を総力で遂行するために，日本中のすべての人的・物的資源を政府が統制管理し運用できるとしたもので，その範囲は労働，物資，金融・資本，産業，価格，言論と多岐に及んだ。また，「国家総動員法」の発令の後，陸運統制令や海運統制令によって陸上・海上輸送が国家の管理下に置かれることとなった。戦争遂行のために日本の隅々から兵隊となる若者を集め，さらに物資輸送や兵力輸送を国が一元的に統括するためである。採算などは考慮されず，ただ人を招集し，物資を輸送するためだけに鉄道が整備されて行った。

　要するに，ヒトもカネもモノも情報も東京に集中させ，人的資源，物的資源を一括管理し，言論を統制し，国民の自由を制限したのである。こうして国家が社会活動を広範囲にわたってコントロールするという全体主義的な体制が作り上げられた。軍事費を確実に調達するため，1940年に税金の源泉徴収制度が導入された。各会社は従業員の給与支払いの際，定められた所得税を源泉で

徴収し，国に納めるのである。この源泉徴収制度は納税者の納税意識を麻痺させ，民主主義の基本となる「参加なければ課税なし」の有権者意識の育つことを阻害する要因となっていく。ともかく，この軍国主義国家が制定した国家総動員法らによって組み立てられた中央集権体制は，筆者の認識では，いまだなお「亡霊」となって生き続け，今日の日本のあらゆる分野を徘徊し，混乱，混迷，低迷を引き起こし，人々の生きがいと夢と楽しさを奪い取っているのである。

　その後，アメリカとの戦争へと進んだ日本は，昭和20年（1945）に敗戦国となり，米軍を中心とした占領軍（進駐軍）の管理下に入る。占領軍は日本の社会主義的な中央集権体制が軍国主義を促進したとして，中央集権体制の根幹となっていた内務省を解体し，また中央から派遣していた県知事を県民による直接選挙で選ぶ制度に改めるなど，はじめのうちは地方分権を進めていった。

　しかしながら，アメリカは，中央が地方をコントロールするという体制は，自分たち占領軍が日本全国を管理するには極めて好都合であることに気付き，地方分権とは名ばかりで，実際は軍国主義時代に日本が強化した中央集権体制を自分たちの道具として活用し，日本を統治することとした。したがって大蔵省をはじめ行政各部門は，その基本的な姿をそのまま残すことになる。そして昭和26年（1951），サンフランシスコ講和条約の締結によって日本が独立を取り戻してからは，再び日本政府がその中央集権的なシステムを使って，国の再建を進めていくのである。

　敗戦直後の日本は貧困の極みにあり，経済復興のために，わずかな資源を効果的に活用していかなければならなかった。ある意味で，明治維新の時と同じような状態になったのである。わずかなヒト・モノ・カネを有効に使うためには，中央集権的なシステムのほうが優れている。すなわち，傾斜生産方式や護送船団方式として知られるように，政府が主導，統制，管理しながら基幹産業や企業を育て，さらに貿易の振興をはかり，生産物を海外に積極的に輸出する。そして，それによって得られた富を政府が国民や各地方に分配するような税財政システムをつくって，個人の所得や各地方の社会資本が平均化する社会

を築いて来た。

　結果は，周知の通り，敗戦後の間もない期間に日本はアメリカにつぐ経済大国に変貌すると同時に，累進課税の税体系によって富の平準化が行われ，世界的に見ると貧富の差が小さな「平等社会」となったのである（拙著『地域主権型道州制』，PHP新書，2007年 より修正加筆して引用）[1]。

2．中央地方関係の捉え方

　こうした状況を生み出した中央集権体制はどのように定義し，説明したらよいだろうか。ここで少し，中央集権体制（システム）とは何なのか，地方分権体制（システム）と対比しながらその定義づけをしておきたい。その上に立って，地方分権と地域主権型道州制の関係について，佐々木信夫の説明をもとに，筆者なりの理論化を試みてみたい。

　「一般に国（中央政府）と地方（地方政府）の関係を縦の関係という意味で垂直的政府間関係と呼ぶ。この国と地方の関係を行政学等では「中央地方関係」と呼んでいる。他方，A州（県）とB州（県）の関係，X市とY町の関係といった横の関係，これを「水平的政府間関係」と呼んでいる。また，これを地方政府間関係とか自治体間関係とも呼んでいる」[2]。

　ここでは前者の中央地方関係を扱う。現在の日本は，国，都道府県，市町村という3層制の政府体系からなっている。中央地方関係を日本ではよく「国と地方の関係」と呼ぶ慣わしがあるが，その場合の地方は都道府県，市町村をひと括りにしている場合が多い。本来なら，都道府県と市町村の間にも集権的な構造が潜んでいるが，学術上の慣わしとして都道府県，市町村を一括りに「地方」と呼んでいる。これは国からすると，いずれも下層に属する事業官庁的な役割を果たす自治体という目線から，そうした慣わしが形成されてきたと見ることができる。これは国家公務員か地方公務員かという場合も類似の感覚で，都道府県の職員と市町村の職員は意識も役割も異なるのに，国からすると，事業実施を主体とする地方の公務員ということなのであろう。国家公務員法，地

方公務員法という括りがそれを支えており、都道府県、市町村に勤務する職員はいずれも地方公共団体の職員という扱いになっているのである。

3層制の日本に対し、「フランスなどは国、道 (region)、県 (department)、市町村 (commune) の4層の政府体系になっており、イギリスの場合も、国、府県 (county)、市町村 (district)、そして農村地域ではその下に区 (parish) がおかれ、一部4層制になっている。逆にイギリスの大都市では大ロンドン都庁 (GLC) を廃止したことで、GLAという広域調整機構があるとはいえ、基本的に国と基礎自治体の2層制になっている」[3]。

いずれにせよ、一国の政府体系を構成する縦の政府間関係を中央地方関係と呼んでいる。

その意味で、中央地方関係はその国の地方自治制度と密接な関係にある。ただそれは、イギリス、フランス、日本といった単一主権国家の場合に言えるのであって、アメリカ、カナダ、ドイツ、オーストラリアといった連邦制国家の場合は様相が違う。連邦国家の場合、連邦を構成している州がそれぞれ主権と憲法を持ち、これら州がその主権の一部を連邦政府に委譲した形態になっている。連邦国家における中央地方関係は、連邦制度（連邦と州の関係）と地方自治制度（州と県・市町村との関係）という2段構造になっているとみることができる。

最近は、「EUというヨーロッパの多くの国が共同でつくった新たな国家レベルの広域連合政府も存在する。各国が主権を有したまま、一部通貨を共通化したり（ユーロ圏）、ビザを廃止したり、さらに通貨危機、経済危機に共同政策を採るといった「もう一つの政府」に近い機構を持つようになっている」[4]。

ところで、集権にせよ、分権にせよ、その国の統治システムを説明する仕方に、さまざまな理論がある。そのうち日本では大きく二つの説明の仕方がある。一つは財政学者の神野直彦の説明モデル、もう一つは行政学者の西尾勝の説明モデルである。以下、双方の比較を含め、そのモデルを長くなるが佐々木信夫著『日本行政学』から、引用して説明に替えたい[5]。

（１） 集権的分散システム

　その国の統治システムは公共サービスのあり方と提供の仕方に大きくかかる事柄と言えよう。

　日本の統治システムについて，１つは「集権的分散システム」であるという見方があるという。西尾勝『地方分権改革』の説明を引用すると，「政府体系を構成する各レベルの政府が，人々に提供する行政システムの提供業務が上級の政府に留保されている度合いが強ければ強いほど，『集中的なシステム』，その逆は『分散的システム』である。そして，これらの行政サービス提供業務の実質的な決定権が上級の政府に留保されている度合いが強ければ強いほど『集権的システム』で，その逆は「分権的システム」であるという説明である」[6]。財政学者の神野直彦の説明がこれに当たるが，それによれば，この集中・分散と集権・分権の両軸の組み合わせを類型化すれば，日本の統治システムは「集権的分散システム」に当たるというのである。

　確かにこの説明は事実を説明している。「日本の公務員総数に占める地方公務員の割合は約４分の３，国家全体の歳出額に占める自治体の歳出割合は約３分の２である。この代表的な指標に照らしてみれば，日本では行政サービス提供業務のおよそ７割が自治体によって担われていることになる」[7]。意思決定は国が行いながら，行政サービスの提供は地方自治体が中心的な役割を果たしている，この実態を当該モデルは説明している。

　しかし，地方自治体の量的活動量が多いからと言って，地方自治が充実しているということには必ずしもならない。日本の地方自治は量的には大きいが質的は低いと評価されることが多い。それは量的処理量の割に自己決定領域が小さいということを示している。

　というのも，地方自治体が担う行政サービス提供業務の範囲，仕組み，基準の設定，法制化はもとより，その執行に関する執行マニュアルの策定に至るまで，国が決定している度合いが強いからである。「事務事業は大幅に府県，市町村に分散しているものの，実質的な決定権が国に大幅に留保されていると言えるからである」[8]。

このことは，いま進められている地方分権改革をどう理解すればよいかにかかわる。日本の統治システムを先進国並みの水準にしようとすれば，何よりも重要なことは，行政サービス提供業務をこれまで以上に国から自治体へ移譲することではなく，すでに自治体の事務事業とされている行政サービス提供業務に対する実質的な決定権を自治体に移譲することにほかならない。それは行政に関わる裁量権，税財政にかかわる決定権の移譲を意味する。西尾はこれについて「集権的分散システムを分権的分散システムの方向に向けて移行させていくことなのである」[9]と述べている。

（2） 集権融合型システム

こうした集権的分散システムという見方に対し，日本の中央地方関係は「集権融合型システム」であるという見方がある（西尾勝『地方分権改革』東京大学出版会，2007年）。

これは集権・分権と分離・融合の両軸の組み合わせで説明しようとする[10]。すなわち，国の事務と分類される行政サービスが多ければ多いほど「集権型」，自治体の事務とされる行政サービス提供業務が多ければ多いほど「分権型」という。そして，国の事務は国の諸機関が直接執行し，自治体の事務は自治体が直接執行するというように，国と自治体の任務の分担関係が整然と切り分けられている度合いが強ければ強いほど「分離型」，これとは逆に，国の事務の執行をも自治体の任務にしており，国と自治体の任務分担が不明瞭な形態を「融合型」とする。そこで日本の統治システムは，これを組み合わせると「集権・融合型」になるというわけである。

神野直彦のいう集権的分散システムという説明は，もっぱら行政サービス提供業務＝事務事業の政府間の配分量を重視しているが，事務事業の法制度上の区分，決定権の所在についてはほとんど問題にしていない。これに対し，西尾勝の集権・融合型システムという説明は，国の事務と自治体の事務の法制度上の区分をも重視しているのである[11]。

観点を変えると，見せかけ上，自治体の事務であっても実質は国の事務で自

治体に委任されたもの（特に機関委任事務）が多いという点を重視しているのである。

昭和30年代から「三割自治」という表現があるが，もともとは国税と地方税の租税総額に占める地方税の割合が三割程度しかない状態を表す表現として使われたものだが，実態をみれば事務事業の決定権も三割程度しかないという解釈も成り立とう。三割自治は地方財政の脆弱性を表現した言葉だが，加えて集権的な仕組みを説明するには，自治体の業務量の多さの割合に決定権の少ない状態を表しているとも言えるのではないか。

以下では，中央集権体制の根幹に触れる機関委任事務制度などを問題視する行政学者の西尾モデルに沿う形で，集権化，分権化を説明してみたい。

3．中央地方関係の構図

（1） 集権化，分権化

中央集権のメリットとされる①統一性，②公平性，③国の指導力よりも，地方分権のメリットとされる①多様性，②迅速性，③市民との協働の方に相対的な価値を認める動きがある。大きな社会潮流がこれである（佐々木信夫『日本行政学』学陽書房，2013年)[12]。

ただ，集権体制に慣れている省庁官僚や族議員にとっては，集権のメリットは依然大きいとして既得権を死守しようとする。他方，分権体制に活路を見出そうとする自治体の首長や議員は分権のメリットを強調し，いろいろな改革提案をする。この構図を守旧派と改革派の攻めぎ合いとすると，それはさまざまな分野での中央と地方の戦いの構図とも見て取れよう。

ともかく，2000年の「地方分権一括法」の施行で「分権の矢」が放たれて以降，三位一体改革，交付税改革，税制改正と分権化を軸に次々と改革が行われている。行きつ戻りつの感はあるが，日本の改革方向は今後も「分権化」を軸に進むことは間違いない。

もとより，日本の分権改革は確たる「哲学」があるように見えない。地方分

権に踏み切った以上，後戻りはできないが，目指す分権国家のあり方について，そこに到る過程の改革について「合意」を得る必要があるのではないか。中央と地方の関係の形態について少し深めた議論が必要である。

　自治体の自治権は，どれぐらいの範囲と量の仕事をどの程度の裁量権を持って企画立案，実施できるかによって決まる。仕事の範囲と量は自治体の活動量を規定し，裁量権の程度は自治体の自律度を規定するが，この自治体の活動量と自律度が拡大する方向に向かうことを「分権化」といい，逆に縮減する方向に向かうことを「集権化」という。

　自治体が実施しうる権限を国の法律でどのように決めるか（授権方式）について，イギリスなどアングロサクソン系の国は制限列挙方式を採っているのに対し，フランスなどヨーロッパ大陸系の国では概括例示方式を採用している。

　前者のもとでは，自治体は法律で明示的に授権された事務権限しか行使してはならず，その範囲を逸脱すると越権行為となり，裁判で違法となれば無効となる。この方式の場合，国と自治体の事務権限は分離されており（制限列挙方式），国，都道府県，市町村はそれぞれ守備範囲内において自己決定・自己責任で行動することとなる。

　他方，後者のもとでは，自治体の事務権限を一つひとつ個別に列挙せず，例示をして国に属さないものを処理するように決めている（概括例示方式）。そのため，国と自治体の事務権限は整然と分離されず，同一の事務の処理に国，府県，市町村といった複数の政府が関与する融合や重複が起こりやすい。日本の場合，戦後は都道府県にも市町村にもこうした概括例示方式が大幅に適用され，かつ国の事務権限の施行を公選首長（地方機関とみなす）に委任するという機関委任の方式が多用されてきた。機関委任事務制度がそれである。各省大臣の地方機関（部下）として公選知事，市町村長を法的に位置づけ，各省の事務事業を執行委任させる方式で，都道府県行政などをみると8割近くがその処理に追われてきている。自治体に「自治はあったか」とさえ，問われる状況にあった。さいわい，これは2000年の「地方分権一括法」の施行で全廃されている[13]。

　さて，この事務処理における分離か融合かと，この権限配分における分権か

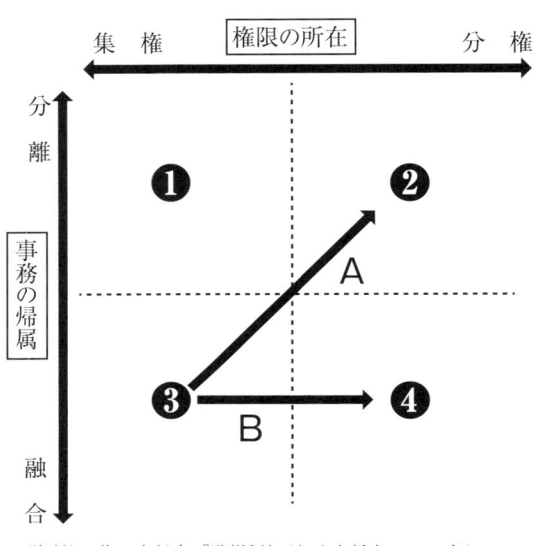

図 3-1 集権・分権の構図

(資料) 佐々木信夫『道州制』(ちくま新書, 2010 年)

集権かを組み合わせて，国家における統治形態を類型化してみよう（図 3-1）。

タテ軸に「事務の帰属」をとり，ヨコ軸に「権限の所在」をとると，4 つの事象が生まれる。事務の帰属について，自治体自らが独自に決定，実施できる裁量事務が明示的に決められている（制限列挙）場合，それを〈分離〉と規定し，他方，一つの事務に国と自治体がかかわって仕事が完結する（概括例示）場合，これを〈融合〉と規定して話を進めよう。

権限の所在については，相対的に中央政府（国）に権限が集中している場合を〈集権〉，逆に地方（自治体）に権限が集中している場合を〈分権〉としよう[14]。

図 3-1 の①の集権・分離型では，国がほぼ完結的に事務処理をしており，自治体は権限も責任も持たない。国は地域レベルまで出先機関を配置し行政を進めるから自治体の存在自体を必要としない場合も多い。社会主義国家などに見られる形態で，戦前の日本もこれに属していたとみることができる。

②の分権・分離型では，逆に，一定の領域について自治体の責任で事務処理が独自に行われ，国の関与は行われない。こうした形態では自治体の行うべき事務事業が制限列挙されている場合が多く，アメリカなど英米系の国家に多く見られる形態である。地方自治の質が高いと評価される国々である。ただそれは自治体の処理量が多いということを必ずしも意味していない。

③の集権・融合型では，ある事務処理について国が権限，財源を留保し，その執行だけを自治体に委ねるという事務処理の委任方式が採られる。政策決定は国で行われ，国に留保された権限，財源はその政策について自治体の行政執行をコントロールする手段に用いられる。この形態では，自治体に対する国の機関委任事務，団体委任事務が多くを占める。フランスなど大陸系の国家に多くみられる形態で，戦後の日本はこれに属しよう。

④の分権・融合では，ある事務処理について国は政策のガイドラインを示す役割や地域間の偏在する財源調整を行う役割をもつという点で外形上自治体に関与するが，実際の事務事業の企画，実施，評価に関する裁量権は自治体が有する。ヒモ付き補助金などで関与することはない。福祉国家化が進むスウェーデンなど北欧諸国に見られる形態である。

4．日本の中央地方関係

地方分権の国家として地方自治が充実している国々としては，分権・分離型国家（②）と分権・融合型国家（④）のいずれかを挙げることができる。

しからば，日本が目指すべき分権国家の方向はいずれなのか。佐々木信夫の『道州制』での議論も参考にしながら地域主権型道州制の議論と絡めながら述べておきたい。

「戦後，新憲法制定からまもなく地方自治のあり方，税財政のあり方を示すシャウプ勧告があった。アメリカからやってきたシャープ使節団の日本政府への勧告だが，そこでは市町村優先が掲げられ，国，府県，市町村の役割分担を明確化すべしとの勧告だった。そこから推し図ると，同勧告が日本に求めた国

家像は分権・分離型（②）であったと言えよう」[15]。

しかし，戦後日本が選択した道は依然中央集権体制を維持しようとし，大陸系の集権・融合型（③）の仕組みを選択している。国と地方を上下主従関係に固定し，国の事務を大幅に自治体に執行委任する機関委任事務や団体委任事務が自治体業務の大部分を占めたのである[16]。そこでの中央地方関係をみると，次の特徴がみられる。

① 法律的な上下関係（通達，許認可など）
② 財政的な上下関係（補助金，交付金など）
③ 人事的な上下関係（出向人事，必置規制など）
④ 行政指導の上下関係（特定の地域振興，行財政指導など）

その結果として，日本の中央地方関係には分権国家を形成すべきだという視点からみると5つの問題点があることを指摘できる[17]。

第1．国と地方が上下主従関係にあること
第2．首長に対し二重の役割，二重の責任を負わせること
第3．国と地方における行政責任の所在が不明であること
第4．各自治体の裁量権が狭く，行政が地域の実情に合わないこと
第5．各省のタテ割り行政が，地方自治体の行財政システムを硬直化させていること

日本では1993年の地方分権推進の国会決議以降，地方分権の推進を模索してきた。そして2000年から「地方分権一括法」の施行で分権化の幕開けとなるが，ただ問題はその2000年から始まる分権改革についてである。分権化という以上，指向するは②か④ということになるはずである。事実，1995年から始まった地方分権推進委員会はその「中間のまとめ」で，国の役割を限定し，自治体の裁量権，自治権を最大限に増やすよう求めている。その点，矢印のA（③から②への移行）を指向したように見える。しかし，実際の改革は国の役割を限定する方向はとらず，機関委任事務制度の全廃に見るように，自治体

への権限委譲と国の関与の縮小・廃止に止めている。その後の三位一体改革も同様に，一部の補助金廃止と税源移譲に止まっている。

　ここから読むと，わが国の分権改革は矢印Aの分権・分離型国家を指向してはおらず，矢印Bの分権・融合型国家を指向しているように思われる。しかしそれ自体がはっきりしないのである。もし，④を指向するならヒモ付き補助金制度の全廃や，国が設計し自治体に執行部分のみを認める事務事業の融合方式ではなく，政策のガイドラインを示すのみにとどめ，あとは自治体が自由に政策設計できる裁量権を大幅に拡大するよう，関係法令の廃止や規律密度を大幅に緩和する改革が必要だったはずである。日本の分権化は，現在でもそうだが，めざすべき分権国家像が国論として統一されないまま，なし崩し的に分権化を叫んでいるように見える[18]。

　確かに地方自治の質が高く，分権国家としての将来目指すべきは英米系の分権・分離型国家（②）であろう。というのも，府県，市町村が固有の権限と財源を保有し，地域住民の参画によって地域ニーズに沿った独自の政治行政が行われる，自己決定・自己責任・自己負担の原則が作動する地方自治が望ましいからである。答申だけに終わっているが，第2期改革と思われる地方分権改革推進委員会の報告では「地方政府」という言葉をキーワードに改革を進めようとしている。その点からすると，④指向とも受け取れる（「中央政府と対等・協力の関係にある地方政府」という表現を使っている）。

　しかし，実際の改革はそれを目指しているかとなると極めてあいまいである。民主党政権が地域主権改革と銘打ったことに自治体関係者は分権・融合国家像を目指し，補助金制度などを全廃すると期待したはずだが，そうはならなかった。

　ちなみに2000年に始まる第1期分権改革（475本の法律の一括改正，いわゆる「地方分権一括法」の施行）でどのような改革が行われたか。それは，概ね次の5点にまとめることができよう[19]。

　① 国と地方を法的に上下関係に固定してきた機関委任事務制度を全廃したこと

②　自治体の人事権を大幅に制限していた必置規制の緩和や廃止が行われたこと
③　通知，通達による介入を廃止し，介入は基本的に法律によるものとしたこと
④　基幹税ではないが，課税外目的税，同普通税など課税自主権を認めたこと
⑤　国と地方が争った場合，その係争を処理する係争処理機関を設置したこと

　加えて，分権の受け皿として市町村合併（平成の大合併）が進められ，また2004〜2006年にかけて三位一体改革（補助金，交付金，税源移譲）が行われたのである。
　これをどうみるかは評価が分かれるところだが，少なくも平成の大合併は自己決定・自己責任・自己負担の3大原則が作動する規模の自治体をめざそうとしたと言えるのではないか。いわゆる分権化の受け皿となる基礎自治体をつくるという改革である。しかし，筆者のいう，地域主権の確立という姿からはほど遠い段階に止まっている。以下で述べる第1期改革以降，あまり分権化は進んでいない。
　ともかく議論を整理すると，日本で2000年以降，地方分権化を進めたこと自体に問題はないが，問題は図3-1でいう矢印のAなのかBなのかがはっきりしない点である。最終的に分権・分離型国家（④）を最終目標とするも，現段階（21世紀前半）で日本が目指す分権改革の方向は分権・融合型国家（④）つまりBではなかろうか。というのも，都市と農村では不均衡が著しく経済基盤が大きく異なる。財政格差も非常に大きい。国家による財政調整なくして多くの自治体は行政が成り立たないからである。
　それゆえ，機関委任事務制度を全廃し，7〜8割近くを自治事務に置き換えた以上，それにかかわる法律の廃止や規律密度の大幅緩和は不可欠である。国は政策のガイドラインの作成や財政力格差の是正といった外形上の関与の役割

に限定する改革に踏み切るべきである。ひも付き補助金の改革で補助率を下げるだけで個別の行政関与権限を残そうとする，これまでの改革姿勢は基本的に間違っていると言わざるを得ない（以上，佐々木信夫『日本行政学』から引用）。

　ただ，地方側に問題はないかと言えば，そうではないのも事実である。自治体が地域主権の主体として，事業官庁から政策官庁に脱皮するよう求めるのが筆者の考えである。国の関与を外形上のものに限定するのはよいが，実質的に政策形成の権限を自治体に委ねた結果，今までの国が設計したナショナルミニマム以下に"政策が劣化"するなら，分権改革は失敗だったと評価されかねない。そうあってはならないと考える。

　否，分権改革を進めたら，これまで以上に政策の多様化が進み，問題処理が迅速化し，政策の総合化が自治体の手で行われ，国民の行政サービスに対する満足度が高まったという結果が生まれなければならない。残念ながら，日本は依然地方不信が強い。ただこれまでの「国が面倒をみる」といった，温情主義的な対応はもはや時代錯誤であるということである。それは地方に仕事を義務付け，すべての政策領域に微に入り細に入り関与するやり方（箸の上げ下げまで）は，自治体の政策能力が乏しかった時代の産物である。自治体が変わろうとしても，国の過剰介入が地方発展の阻害要因となる。社会人に成長した子供にいつまでも過剰な小遣いを与えるようなもの。親の温情が子供をスポイルするのと同じである。これではならない。今後は国家の役割を限定し，それを法律で制限列挙すべきである。この点については，地方自治体のあり方として後に述べたい。

　ともかく，わが国の地方分権改革はいまだ未完であると評価される（西尾勝『地方分権改革』東京大学出版会，2007年）[20]。筆者（江口）もそう考える。究極は地方分権改革（手段）を進めて地域主権の国家（目的）の形成というのが姿を明確化し，それに向けたさらなる分権改革が進められなければならない。

　もとより，地方分権を進めても，地方にできない領域があることは言うまでもない。当然，皇室，外交，防衛，危機管理，司法，金融，通貨管理，年金管理，大規模災害，移民問題など，政策の骨格をつくる役割は，国家経営の視点

から国が主導することが望ましい。また，その国家的視点から外国人参政権および外国人による不動産売買の禁止，麻薬や向精神薬の取り締まりなどは，国が決めることとする。その点からすれば，今後はより一層国と地方の役割分担を明確にする必要がある。

　地域主権国家を確立していく道のりは遠いが，まずは次のような改革課題を克服していくことではないか。ここでは項目のみを列挙しておきたい[21]。

① 　地方税財源の充実確保，新たな地方財政秩序の構築である
② 　法令による義務づけ，枠づけの廃止縮減，法令の規律密度の緩和である
③ 　さらなる事務権限の移譲（国から府県，府県から市町村へ）である
④ 　住民自治の拡充方策を考えることである
⑤ 　地方自治の充実を明確化する憲法改正も必要かもしれない
⑥ 　市町村の適正規模確保，府県制度の見直し，道州制移行を視野にいれる

5．地方発展の阻害要因

　話が少し理論面と改革面に傾いたが，話を戻したい。
　これまでの中央集権システムは，それはそれで日本の発展におおいに貢献したと評価すべきであるが，国民生活を豊かにするという目的が実現されたことによって，国民のもつ価値観が「豊かさ」という一元的なものから，「個性」や「らしさ」という多様化の時代になってくると，日本全体が一つの大企業のようになった一元的な統治システムは，むしろ社会発展の阻害要因となってしまう。もはや，中央集権は日本を繁栄発展させるシステムではなく，日本を衰退衰微させる以外のなにものでもなくなってしまっている。
　具体的に言えば，先に指摘したように，まずは東京への一極集中である。霞ヶ関にある中央官庁が，日本の社会・経済活動の多くを主導するのであるから，「司令塔」に近いところに，全国各地から情報を求めて，企業やヒトが集まるのは当然のことである。また一方では，政府は中央からのコントロールが

しやすいように，各産業における企業の団体などを東京に集約させる政策もとってきた。企業や人が集まれば，さらに仕事もお金も人材もどんどん集中することになる。

　日本中に高速道路が張り巡らされ，新幹線も整備され，各地に飛行場が建設されたが，「すべての道は東京に通ず」といった感じで，すべて東京からいわば放射状に伸びている。日本全国どこからでも東京方面に行くことを「上り」，東京から東西南北どの方向に向かうのでも「下り」と呼ぶ鉄道用語がその象徴である。そうした交通インフラを整備すればするほど，東京の情報だけが地方に流れて行き，逆にストロー効果やスポンジ現象と言われるように，ヒト・モノ・カネが東京に吸い取られていくのである。

　このように東京と隣接県だけが発展し，地方はどんどん衰退していくような仕組みがソフト・ハードの両面ででき上がっているのが今日の日本なのである。だから，極論すれば東京都の知事は誰もができる。もちろん優秀な指導者に越したことはないが，それが東京の発展の理由かと言えば，むしろ黙っていてもヒトもモノもカネも情報も集まってくるという日本の中央集権体制にその大きな理由がある。つまり，誰が都知事をやっても，東京は発展することになっているのである。逆に言えば，いかに地方に優れた指導者が現れようとも，日本が中央集権的な国であり続ける限り，その地域を発展させるのにはおのずと限界があるということである。これは筆者（江口）の持論である。

　地方は，今生き残りのためにさまざまな努力をしている。しかし，現在の中央主権体制が存続する限り，言い換えれば，日本が「地域主権型道州制」に「国のかたち」を変えない限り，それらのあらゆる努力は徒労に終わるに違いない。

　このほかにもまだまだ多くの弊害がある。例えば，官僚機構の効率低下である。中央集権とは行政だけではなく，経済活動やさまざまな社会活動を国＝「中央政府」が直接行ったり，主導していくということであるから，当然のことながら，それに携わる官僚機構は大きくなる。

　現在，国家公務員は約65万人，地方公務員は約300万人，合計365万人。

国民 28 に 1 人の公務員がいると言われている。この数字は国際的に比較して，多過ぎるとは決していわないが，しかし変化にはついていけず，効率性を失っている。わが国がほとんど単一民族，単一言語であること，そしてその国土の狭さからして，多民族で行政コストのかかる国々と効率性を比較して論ずるのは滑稽としか言いようがない。わが国は，多民族国家に比較しても，また現在の効率性と比較しても，はるかに高い効率性が求められるのは当然だろう。逆に言うと，これほどまでに公務員を雇う必要はないのである。

　民間企業であるならば，社会の変化に応じきれず組織の効率が悪くなれば，分社化やフラット化あるいは人員の削減などによって，柔軟に組織を再編成し，効率を取り戻すことを当たり前のように行う。しかし，国のシステムにおいては，それが放置されたままになっている。

　マックス・ウェーバーは，国のような巨大組織は，職務と権限が明確になった近代的官僚制で運営するのが合理的だと言っているが，官僚制は次第に，自己目的で活動するようになり，本来の機能を果たせない硬直的なものになっていく。しかも，シリコ・ノースコート・パーキンソンの第 1 法則（役人はライバルではなく，部下が増えることを望む。役人は相互に仕事を作り合う）の通り，理由をつけながら組織を細分化し膨張をつづけていく。日本の官僚制も例外ではない。

　行政の機能が縦割りになってしまい，セクショナリズムが生まれ，能率が悪くなり，本来の機能が果たせなくなっている。もうずいぶん昔から「省益あって国益なし」等と揶揄されてきたが，地域に住む住民や国全体の利益を考えずに省の利益を優先させ，省と省が予算や権益をめぐって争うようになり，その結果，各省庁それぞれが無駄なものをどんどんつくるようになった。多様化した国民のニーズに応じきれなくなっているのである。この仕組みが，地方を統制し，地方の活力を殺ぐ。地方発展の阻害要因になっている。

6．フルセット型行政で財政悪化

　例えば，一つあれば十分なのに，また新たな橋がかけられる。客が少なくて潰れるホテルが続出しているリゾート地に公共宿泊施設が建てられる。スーパー林道と言われる立派な道が，イノシシしか通らないような山奥に斜面を削って作られる。年に何隻も入港せず，普段は釣り人だけが使うような港ができる。地元の人すら遊びに行かないスキー場が，木をなぎ倒してつくられる。
　このような事例が日本の各地でみられる。府県行政の横並び主義，市町村行政の横並び意識がムダな公共施設を林立させる結果となった。その背後には各省の補助金誘導が結びついている。もらわなければ損だ，つくらなければ損だというメカニズムが働く。各自治体が規模にかかわりなく，すべて同じものを揃えようと競う，これを「フルセット型行政」というが，それが結果として財政悪化を誘発し，行政に非効率性を招来してきたのである。
　社会学者として有名な，コロンビア大学の教授も務めたロバート・キング・マートン（Robert King Merton）は，官僚機構は，規則万能，責任回避，秘密主義，画一主義，自己保身，形式主義，前例主義，セクショナリズムに陥りやすいと指摘している。これを「訓練された無能力」というが，中央集権によって形成された日本の官僚機構は，まさにマートンの指摘通りの弊害を内包しているのである。これでは国家国民のための政治行政が行われるはずがない。
　社会資本を整備するには，公債を発行して資金を調達する必要がある。道路や橋は将来的にも使うわけだから，次世代の人達にも負担をしてもらうということで次世代の人達の了承も得ず，長期的な「借金」をする。しかし，その数字があまりにも莫大なものになってしまうと，次世代の人たちに大きな迷惑がかかる。
　財務省によれば，2007年度末に，国と自治体と合わせた長期債務残高は約773兆円であった。GDP比率でいえば，およそ150％になる。EU加盟の基準が60％以下であることと比較すると，この数字が国際的にいかに異常なレベ

ルかが分かる。これを国民一人当たりに換算すると約650万円になり、四人家族で2,600万円の借金を背負っていることになる。しかしその後も借金は増え続け、ついに1,000兆円に達した。対GDP比率で200％を超える。国民の貯蓄額は1,500兆円以上もあり、借金はまだそこに達していないから、大丈夫だという議論もある。確かに国全体でみれば、いまのところ「借金」より「預貯金」の方が多い。

　しかし、実は、国と地方自治体を合わせた借金はこれだけではない。そのほかに財投債、政府短期証券、借入金などの借金があるから、それを合計すると1,200兆円を超える金額になる。国民一人当たりに換算すると、なんと約800万円になる。この国と地方の借金をどうするのか。中には極めて楽観主義者もいるが、安閑として手をこまぬいて眺めていていいのだろうか。

　このままでいけば、大増税をするか、ハイパーインフレ策を選択するか。いずれにしても国を破滅させ、国民に塗炭の苦しみを与えることになる。政府はそれでよしとするのか。このまま同じような状態を続けていれば、国と自治体の借金の合計は、すぐに実質2,000兆円になる。つい10年前までは、「借金」は現在の半分程度だったのである。

　さらに実際にその借金を負担する人達を考えると、事態はかなり深刻である。少子高齢化が進み、2000年に全人口の17.4％だった65歳以上の高齢者が、2014年には25％を超えてしまう。

　現在、生産労働人口（15〜64歳）4人で1人の65歳以上の高齢者を支えているが、この傾向が続けば、2025年には2人で1人を支えるということになる。つまり、負担をする人が減ることによって、一人当たりの負担額が激増するのである。

　これを租税と社会保障の負担を合わせた国民負担率でみると、現在は、およそ40％程度であるが、これが2025年になると、52.5％になると国は予測している。しかし、これは到底信じがたい。その人の所得などによって異なるが、大雑把に言ってしまえば、自分で稼いだお金の7割以上を税金や社会保険料として国に支払わなければならなくなるだろう。スウェーデンのように国民負担

率70％という国は確かに存在する。高負担でも十分な行政サービスが提供されるというのであれば、税金や保険料以外の個人負担は少なくなり、満足できる生活は営めるだろう。

　しかし、日本の場合は、昔つくった借金を返済するためだけの負担になるわけだから、行政サービスが悪くなることはあっても、良くなる事は絶対にない。つまり私たちの将来は、ただただ借金を返すだけの生活になるのである。こんな状態に私たちは耐えられるだろうか。

　いや、現実的にこうした状況に陥るのは、今の若い人たちや、これから生まれてくる人たちである。言い換えれば、私たちの子や孫たちである。つまり、財政赤字を増やしていくということは「孫子（まごこ）いじめ」に他ならない。自分たちは楽な思いをしておきながら、わが子や孫が苦しむのが目に見えているにもかかわらず彼らにツケをまわす。それで人の親、正常な人間といえるのだろうか。親である私たちが、私たちの子どもや孫のことを真剣に考えないから、子どもによる親殺しや、親いじめが起こる。これは子どもたちからの復讐と考えるべきだろう。大人たちの、子や孫を思うその気持ちの浅さ、無関心を考えれば、一概に子どもたちの好ましからざる行為を非難することはできないのではないか。

　日本の将来を、そして自分の子どもや孫のことを真剣に考えるのであれば、今自分たちがみずからの生活を正して、孫子（まごこ）にツケは回さない、という政策を取るのが当たり前、親としての責任、大人の責任のはずであろう。

　政府は現在、プライマリーバランスの均衡をめざして努力している。つまり、過去の債務への元利払いを除いた支出と公債発行などによる収入を除いた収支が均衡する状態、簡単にいえば、借金の返済を除いたその年の支出を、新たに借金をせずにその年の税収入等でまかなえるようにしようとしている。そうなれば、これ以上借金が増えることはないし、このバランスをさらなる税収増によって黒字化にすれば、債務の額は減っていくというのである。

　しかしながら、現在の中央集権的な国のかたちが変わらなければ、本質的な解決にはならない。経済財政諮問会議がつくられ、財政の基本方針がそれまで

の各省庁からの積み上げから，国全体の財政戦略に基づいた，トップダウン的な決定が行われるようなった。とは言え，日本各地の社会資本の整備を霞ヶ関で決めていく以上，現場の状況や需要を十分に把握することはできず，適切な整備はできない。現場に行かず，現場を知らないで，どうして効果的な，効率的な事業ができるというのだろうか。

　中央集権ゆえに政府，霞が関から現場が見えないのである。いや，中央集権では，机上の計画さえ上手くできればよいのであって，現場の状況，業者の実態，住民の要望などはどうでもよいのであると言っても過言ではあるまい。一方，もし「地域主権型道州制」になれば，道州の知事みずから，あるいは担当者がすぐに現地に飛んで，その状況をつぶさに把握し，効率が良く，住民も満足する対応を迅速に行うことができるだろう。

　1999 年に起こった台湾大地震はマグニチュード 7.6 であった。建築物約 3 万棟が倒壊し，死者行方不明者は 4,800 人を超えた。時の李登輝総統は，午前 1 時 47 分の地震発生後，まだ世が明けぬ早朝にヘリコプターに乗り込み，地震発生から 8 時間も経たないうちに激震地の中部南投県に降り立ち，現場を見ながら各地に適確な指示を出している。このような迅速適格な行動判断ができるのは，もちろん李登輝総統が希有な優れた指導者であったからということもあるが，台湾という広さが「地域主権型道州制」が想定する，ひとつの道州とほぼ同じ規模であり，かつまた現場主義が重視されていたからであろう。

　19 世紀のフランスの政治思想家，アレクシス・ド・トクビル（Alexis de Toqueville）は，その著『アメリカのデモクラシー』で「中央権力というものはどんなに開明的で賢明に思われようとも，それだけでは大きな国の人民の生活の，あらゆる細部まで配慮しうるものではない。そのような努力は人間の力を越えているから不可能なのである。中央権力が，国民生活の細部にいたるほど，複雑多岐な機構を独力で運営しようとしても，きわめて不完全な結果に甘んじるか，無益な努力のうちに疲れはててしまうかどちらかである」と言っているが，まさにその通りだと思う。

7．特殊法人という奇妙な企業

　中央集権体制は各省庁の下に特殊法人という奇妙な企業も生み出してしまった。特殊法人は，公益性が高く，国が行うべきと思われる仕事を，企業的経営で行った方が馴染むということで特別な法律によって成立されたもので，公社，公団，事業団，特殊法人，公庫，金庫，特殊会社といったものがある。
　特殊法人のなかには既に不要になったもの，あるいは経営事実上破綻しているようなもの，さらには国民に不利益をもたらすものもあるのだが，なぜそうなっているかと言えば，企業的経営で行った方がなじむと言いながら，企業的経営が行われてこなかったからである。
　第一に，企業的経営と言っても，みずからの判断ではなく，国からの「命令」によって事業計画が決められる。損失を出しても公的資金によってそれが填補されるという仕組みになっているために，生産性を高め，健全な経営を行おうという，企業経営において，もっとも基本的なモチベーションがなくなってしまうのである。一言でいえば，「親方日の丸」と言われるような放漫経営になってしまう。
　第二は，特殊法人が自分の傘下に子会社や孫会社，財団法人などをつくる。それらに仕事を発注することで仕事を独占し，民間企業のビジネスチャンスを妨害し，さらには一般消費者に高い商品やサービスを供給し，「不当」な利益をあげていることである。
　子会社がこうした独占を行なって潤い，一方の親会社は放漫経営で借金ばかりをつくっていることは，消費者である国民に二重の負担をさせているということでもある。国民は，子会社の高い商品やサービスを買わされ，親会社の借金を，税金を払って補填していることになるからる。
　さらに，特殊法人が官僚OBの天下り先になっていること。特殊法人は官庁から仕事をもらっている組織であるから，役所は特殊法人の親会社，特殊法人は役所の子会社のようなものである。官僚OBが特殊法人へ天下ることは役所

からみれば「当然」なのかもしれない。

　しかし，この結果，特殊法人やその傘下の企業をいくつも渡り歩いて，高額の給与，退職金を「稼ぐ」人がいる。この給与も退職金も結局は，消費者であり納税者である国民が払っているのである。また，こうした起業家マインドが欠落した人が特殊法人の経営者になるわけだから，特殊法人の経営が放漫になるのも当然だろう。

　特殊法人に対しては，こうした批判が集まったため，「特殊法人等改革基本法」が施行され，それに基づいて，特殊法人の事業については廃止，整理縮小，または合理化，他の実施主体への移管がなされ，組織形態そのものについて廃止，民営化，独立行政法人への移行などの措置がとられつつある。しかしながら，廃止，民営化はともかく，独立行政法人に移行し，名前が変わったとしても，中央集権体制がなくならないかぎり，その性質が根本的にかわるはずはない。

8．規制行政と保護行政が生む非競争

　政府による必要以上の「規制」や「保護」も中央集権のマイナス面である。

　規制や保護も特殊法人同様，最初はそれなりに意味があった。経済がまだ脆弱な頃には，国内産業の国際競争力を高めたり，一定の品質やサービスを保つために，特定の産業や事業に対して規制や補助金を通じた政府の指導が必要であった。

　しかし，現在のようにボーダレス化した経済社会においては，規制や保護は企業の独創性を阻害するばかりではなく，市場における自由な競争と発展を抑制する。自由な競争にさらされていないことが，日本企業・産業の競争力を弱めていると同時に，消費者もそうした競争によって供給される優れた商品やサービスを享受できなくなっているのである。

　もちろん，環境や消費者のために必要な規制や保護もある。しかしながら，日本国内の経済活動や社会活動に霞ヶ関から目を行きわたらせるのは事実上不

可能であろう。
　以前から，衛生管理に関する食品会社の不正問題が次々と出てきているが，これは規制の管理が十分にできていないことのあらわれである。各地域にある国の出先機関や自治体が国に代わって管理監督を行ってはいるが，現場と判断者，地方と中央の距離が遠くなればなるほど，気持ちも情報も同じ「温度」では伝わらなくなっていく。不正が長い間放置されていたのには，こうした要因もあったのではないか。
　規制や保護のもっとも大きなものは国有・国営化である。なぜなら，国有・国営化は国の投資によって民間が対抗できない程大きな企業をつくったり，国以外に市場参入を許さないことだからである。かつては，国鉄や電電公社という国有国営企業があり，大きな無駄や赤字を生んでいた。これらが民営化されることによって，赤字経営体質が改善され，サービスもよくなったことは周知の通りである。
　なぜ不要になった規制や保護が存在するかと言えば，権威や権限はもちろん，それによって獲得した有形無形の利益，すなわち既得権益を官僚たちが守ろうとしているからである。また，規制や保護によって利益を得て来た事業者や従業員も，それらを廃止することには抵抗するはずである。そして，そうした人達を支持者にもつ政治家も自分の政治基盤を維持することが優先となり，規制緩和や保護廃止を断行できないのである。そうでなかったら，無駄を引き起こし，経済発展を阻害する規制や保護は速やかに撤廃されていたはずである。
　縦割り行政，無駄な社会資本整備，危機管理体制，天下り，特殊法人，規制や保護といった問題については，バブル崩壊以降の歴代政権，特に橋本，小渕，小泉政権が，そして民主党政権すら，その改革に取り組んで来た。しかしながら，中央政府が社会のさまざまな側面に大きくコミットメントし，また地方に対しても大きな支配力をもつ現在の国の中央集権的統治制度そのものが継続される限り，いかに努力を重ねたとしても改革の効果はおのずと限度が生じる。中央集権の弊害をなくすためには，出て来た弊害に対処療法をするのでは

なく，中央集権という「弊害の根源」を崩し，「地域主権型道州制」に大きく国の舵を切らなければならないのである。

　要は，「地域主権型道州制」によって，「政治」という「まつりごとを治める」という発想から脱却し，日本株式会社という，いわば国そのものを民営化，すなわち，国を経営しなければならないということである。そうすれば，中央集権による弊害も，その裏表の関係にある官僚制による弊害もなくなり，自由と健全な競争が実現されるようになるだろう。

　その際，是非考えたいことは，日本人の精神の問題である。国が地方行政や企業活動，さらには個人の生活にまで，直接的であれ間接的であれ，強い影響をもたらす現在の日本の中央集権的なシステムは，日本人の精神構造まで歪んだものにしてしまったということである。

　自治体の首長も地方議員も永田町の議員会館や霞ヶ関の官庁を訪れ，地元への公共投資や補助金の交付など，ひたすら陳情するということを行って来た。このため国会議員のなかには，国が国として行うべき仕事はそっちのけで，地元利益の代表，特定産業・企業の利益代弁者のような活動に専念するようになってしまった。現職の国会議員の筆者として，極めて遺憾の思いが強い。

　また，霞ヶ関の官僚のなかには，自分たちこそが国の支配者であり，なんでも自分たちの好き放題にしてよいと勘違いする人たちすら出てきてしまった。癒着や汚職はそのあらわれにほかならない。

　一方，国民の間には自立心と責任感が消えうせ，「甘え」や「たかり」の精神，あるいは「あきらめ」や「無関心」が蔓延してしまった。「おカミのすることだから」「長いものにはまかれろ」，あるいは「おカミがなんとかしてくれる」「自分はやらなくても誰かがやってくれる」「何を言っても変わらない」といった意識である。

　もちろん，政治家，官僚，国民の全員がこのような状況にあると言っているわけではない。しかしながら，国の指導者である政治家が特定利益にとらわれ，公のために働く官僚が驕り，主権者である国民が自立心をなくしていては，せっかく戦後の貧困の極みから這い上がって築き上げた今日の日本の繁栄

も，将来にわたって維持できるとは到底筆者には思われないのである。

　筆者が講演の都度繰り返し訴えているのは，こうした理由から「中央集権は諸悪の根源」であると言っている。このことは，いくら強調しても強調しすぎることはないだろう。

9．高度化・高速化時代に対応できない

　このような現在の日本の状況をみると，戦前につくられ，戦後も形を変えながら維持されてきた中央集権的な国家体制は，かつては日本に高度成長をもたらし，国民を豊かにしたかもしれないが，今となっては日本を破滅に向かわせていると言える。その理由は大きく2つある。

　まず一つは，中央集権的な国家体制では，複雑かつ高速化し，さらに統合化されつつある国際社会，特に経済活動に対応できなくなっていることである。

　現在の国際社会は，国と国という関係だけではなく，異なった国の地域と地域，国民同士が国境を越えて直接的に相互活動を行っており，国からの中央集権的な制約はそうした活動の障害になっている。

　中国が発展している。その理由はなにか。かつては計画統制経済で北京政府が国中のすべての経済活動をコントロールしていたが，1992年の鄧小平によるいわゆる「南巡講話」のあと，改革開放政策が一気に加速したことによって，各地域がそれぞれに独自の活動を展開できるようになったことが，問題を含みつつも今日の著しい経済発展の大きな要因になっている。

　また，なんと言っても世界経済の牽引役であるアメリカは連邦国家であり，通貨をはじめ国として一つの経済インフラをもちながら，各州が独自な政策を展開してきた。それが民間企業の活動にダイナミズムをもたらしてきたと言えるだろう。

　もう一つの理由は，現在の中央集権的な国家体制によって，中央政府が肥大化し，国家財政を逼迫させていること。つまり，国が自治体の行財政をコントロールする現在の制度は，国の仕事とそのための資金需要を増やすと同時に，

負担と受益の関係を曖昧にし，結果的に効率の悪い公共投資や公共サービスを生じさせ，国民の負担を増やす一方となってしまった。財政赤字はもうこれ以上増やすことはできない。

そのためには，「ニア・イズ・ベター」，つまり「近いほうがいい」と言われるように，決定者と実行者，そして受益者と負担者の距離を短くすることが重要となる。現在の中央集権では，政治家や官僚たちも永田町や霞ヶ関からでは市町村や住民の現場は見えないし，国民も永田町や霞ヶ関の現場は遠すぎて見えない。

だから，お互いの距離を短くして，なんのためにどれくらいのお金が使われ，誰がどのくらいの利益を受け，誰がどのくらいの負担をしているのか，それを誰がどのように決定し，誰がどのようにそれを実行しているかを，よく分かるようにするのである。つまり，チェック機能が働くようにするのである。

そうなれば不要なことは行われなくなり，住民にとって必要なことを実施するとしても無駄が少なくなり，効率が高まるだろう。結果的に財政赤字の問題もおのずと解消される方向に進むはずである。それについては，後述の道州制の議論のなかで詳しく立証していきたい。

注
1) 江口克彦『地域主権型道州制』(PHP 新書，2007 年) 参照。
2) 佐々木信夫『日本行政学』(学陽書房，2013 年) 135 頁。
3) 同・前掲書 135 頁。
4) 同・前掲書 136 頁。
5) 同・前掲書 139 〜 140 頁参照。
6) 西尾勝『地方分権改革』(東京大学出版会，2007 年) 8 頁。
7) 同・前掲書 8 頁。
8) 同・前掲書 8 〜 9 頁。
9) 同・前掲書 9 頁。
10) 同・前掲書 10 頁。
11) 同・前掲書 10 頁。
12) 佐々木信夫・前掲書 (2013 年) 参照。
13) 西尾勝『行政学 (新版)』(有斐閣，2001 年) 64 頁参照。

14) 佐々木信夫『道州制』（ちくま新書，2010 年）39 〜 41 頁参照。
15) 同・前掲書 42 頁。
16) 同・前掲書 42 〜 43 頁。
17) 佐々木信夫『日本行政学』（学陽書房，2013 年）144 頁。
18) 同・前掲書 43 頁。
19) 同・前掲書 144 〜 145 頁。
20) 西尾勝『地方分権改革』（東京大学出版会，2007 年）参照。
21) 佐々木信夫『日本行政学』146 頁。

第4章　財政面からみた中央統制システム

1．相反する二つの原則

　中央集権体制を財政面から説明すると，より明確に中央集権体制の限界の構図が浮かび上がってくる。

　筆者は，ここまで「霞が関」という中央が地方をコントロールする中央集権体制が，東京を栄えさせる一方で，地方を衰退させる元凶であると繰り返し述べてきたが，具体的にはどのようなかたちで中央支配が貫徹しているか（拙著『脱「中央集権」国家論』，PHP研究所，参照）。

　まず，国とのかかわりで自治体政策の視点から説明しておこう。

　国と地方の関係において，国のとる自治政策の理念には，「自治の原則」と「平衡の原則」という基本的に相反する二つの原則がある。

　「自治の原則」（principle of autonomiy）とは，地域的な行政サービスは，地域の自己決定と自己負担の原則に基づいて供給されるべきと考える理念である。自己決定・自己責任・自己負担の原則だが，これにしたがえば，国が責任を負うべきサービスと自治体が責任を負うべきサービスが分けられると同時に，そのサービスの財源も国と自治体で分離されることになる。

　例えば，国が行うべき仕事は，安全保障や外交，司法といったように明確に限定され，そうしたサービスの財源は所得税，法人税などの国税で賄うとされる一方，地域的なサービスとその負担のあり方については，それぞれの地域住民が独自に決定できるような制度がつくられる。これによって，地域住民みずからが，高い税負担と充実した地域サービス，あるいは逆に低い税負担と必要最小限のサービスといった選択ができるようになる。

　もとより，この「自治の原則」を貫徹した場合，いくつかの問題が生じる。

まず，税源が地域によって偏在しているため，各自治体でサービスのレベルが異なってしまう点である。すなわち，人口規模が異なったり，高額納税者が多い地域とそうでない地域などがあるため，得られるサービスのレベルが自治体によって異なってくる。

　次に，住んでいる場所の変更は容易ではないため，不利益をこうむる住民が必ず生じるという問題がでてくる。居住地を自由に変えられるのであれば，住民は財政力が強くサービスの良い地域に集まり，財政力が弱くサービスが十分に供給されない地域には人が住み着かなくなる。

　理論的には，財政力の弱い自治体は自然に淘汰されがちとなる。弱い自治体が消えていく，最終的に強い自治体のみが残るということなら，自治体間の差はなくなっていくだろうが，実際にはそうはいかない。住民自身，居住地の変更は容易ではなく，財政力の弱い自治体に住む人たちは残る。弱い自治体の住む人々も，財政力の強い自治体に住む人たちと同じレベルの受益を求めるであろう。したがって財政調整機能は残さなければならない。

　一方の「平衡の原則」（principle of equalization）とは何か。これは，国民はその居住地にかかわらず同一水準の税負担で，同一水準のサービスを享受できるようにすべき，と考える理念である。昭和25年のシャウプ勧告の「地方財政平衡交付金」の趣旨を踏まえ現在地方交付税制度として定着している。これにしたがえば，すべての行政サービスの供給は国が全面的に責任を負い，税金もすべて国が集めることになり，自治体はいっさいの裁量をもたない国の出先機関，出張所といった機能だけを果たすことになる。

　ここで生じる問題は，まず，各地域によって異なる行政需要に対して，画一的なサービスしか供給できなくなる点である。つまり，都市と農村，あるいは北国と南国では，求められる行政サービスが全く異なるにもかかわらず，同じものが供給されることになり，地域によって無駄や不足が生じたりする。

　「自治の原則」を重視した自治政策を行うべきか，「平衡の原則」を重視した自治政策を行うべきか。長らく日本が採用してきた中央集権体制の下では，各自治体，各地域を「平衡の原則」が働くよう，さまざまな財政均衡措置をとっ

てきた。地方交付税はその代表的なものである。

　ただ,「平衡の原則」を重視すると,受益と負担の関係が曖昧になることによって,サービスの供給に無駄が発生するという問題も生じる。

　「自治の原則」のもとでは,住民の負担で地域サービスが提供されるが,「平衡の原則」のもとでは,国の財政によって全国画一のサービスが行われるため,サービスが誰の負担で行われているのかが曖昧になってしまう。負担者が分からなければ,住民は費用のことを考えず,またそれが自分たちの払う税金であることも忘れ,次々とサービスを求めるようになったり,加えて行政側も本来は無用のものを供給し,住民から身勝手な要求にまで対応するようになる。その結果,財政が破綻する恐れが生じるのである。

2.「自治の原則」より「平衡の原則」

　それでは,日本における国と自治体の関係は,二つの原則に照らし合わせてみると,どのように評価できるのだろうか。

　現在の日本には,地方自治体として1,719の市町村と47の都道府県が存在する(2013年末)。市町村は住民の生活に密着していることから基礎自治体として位置づけられ,「身近な政府」と呼ばれることもある。しかし,同じ基礎自治体でも,人口約200人の東京都青ヶ島村から横浜市のように367万人を超える政令指定都市まで,その規模には大きな隔たりがある。

　都道府県は市町村を包括する広域的な自治体であるが,やはりその規模には大きな差があり最小の鳥取県は人口約58万8,700万人(2012年3月31日現在),最大の東京都は約1,323万人(2013年4月1日現在)となっている。

　市町村も都道府県も普通地方公共団体と呼ばれるが,このほかに特別地方公共団体というものがあり,それには東京都の23特別区,地方自治体の組合などが含まれている。

　これら自治体と霞ヶ関にある「中央政府」＝国との関係を一言でいえば,第3章の神野モデルにあるように「集権的分散システム」と表現できよう。集権

的分散システムは，公共サービスに関する自治体の自己決定権が国の関与によって制約されている一方で，その公共サービス自体は，主として自治体が供給するという意味である。

すなわち，自治体は非常に多くの仕事をしていても，その仕事のあり方についてはほとんど国が決めており，自治体が自分の裁量で決めているものは少ないということである。いま述べた二つの原則の観点からみれば，「自治の原則」より，「平衡の原則」が重視されていると言える。

地域主権国家の形成は地方分権を進め，地域に統治権を確立し，地域が主体的に政治や行政を行えるようにする国家システムである。とするなら，今後は「平衡の原則」より，「自治の原則」に軸足を移した自治政策が求められることになる。

少し具体的に業務と財政（カネ）の観点から，国と自治体の関係をみてみよう。

まず，仕事の面について言えば，「地方分権推進一括法」（以下，一括法と呼ぶ）が 2000 年 4 月に施行されたことによって，国と自治体の仕事の関係は新たなものになったが，現実的にはそれほど大きな変化はない。これについては，改めて述べることにして，ここでは一括法以前の長期間にわたって維持されて来た国と自治体の関係からみてみることにしたい。

一括法以前の自治体の仕事は「機関委任事務」「団体委任事務」「行政事務」「固有事務」の四つに分類されていた。

機関委任事務とは，自治体の長に対して国の各省大臣から委任される事務のことで，計画は完全に国によって立てられ，自治体はその実施だけを行うというものである。

団体委任事務とは，国の事務であるもののうち，ある一部を国からの委任を受けて自治体が実施する事務で，計画については国と自治体双方が行い，実施は自治体が行う。

行政事務とは，公権力を背景とする規制的な事務のことである。この行政事務を計画するのは国と自治体双方であるが，規制の基準などは国が決め，計画

を実施するのは自治体となっている。

　固有事務とは，自治体の運営に関する事務や地域住民の生活・福祉等を向上させるための各種事務のことで，計画も実施も共に自治体が行う。

　端的にいえば，自治体が自分の裁量でできる仕事は固有事務だけだったと言っても過言ではなく，その他の仕事は多かれ少なかれ，国の関与があったということである。特に，一括法によって廃止された機関委任事務は，住民による選挙で選ばれた知事や市町村長を国の下部組織と見なして，国の事務を委任するものであり，自治が全くない仕事と言える。

　自治体の職員も住民も，自治体で行われている事務のすべてを自治体の仕事と考えているかもしれないが，実際は国の「下請け」が非常に多かったのである。

　これらの四つの仕事以外にも，国が自治体の独自の活動を縛る制度として「必置規制」というものがある。これは，国が自治体に対して，設置しなければならない行政機関や施設，特別の資格をもつ職などを法令によって定め，その設置を義務づけるものである。

　これも，「地方分権一括法」によって一部緩和されたが，例えば，児童相談所や病害虫防除所，検定所，あるいは食品衛生監視員，児童福祉司，建築主事などが必置規制で設置することが義務づけられてきた。自治体にとっては，必要も余裕もないものを置くことにもなるわけで，この必置規制も自治体の自主的な組織運営を規制していると言える。

3．三割自治とされる自治体財政

　財政を通じてみた国と自治体の関係はどうか。これについても，いわゆる三位一体改革など少しは変化した要因はあるが，ここでは長らく続いてきた「三割自治」といわれる基本的な関係について見ていきたいと思う。

　少し理論的な話をすると，「財政」という言葉は，実物を意味する「財」と，政治を意味する「政」から構成されているとされる。財政と言えば，「実物」

をイメージしがちだが、そこには政治的判断、意思が加わっている。政府の方針なり計画を実行する政策と、それに必要な経費を支出する政府の経済活動である財政とは表裏一体の関係にある。政策の実現には多くの場合経費の支出を伴う。その点、政策を離れた財政活動はあり得ないし、財政活動が政策と切り離された形で独自に展開されることもない。

　財政と市場経済を分けて捉える二元論にたつと、市場経済では「量入制出（入るを量って出ずるを制する）の原則」が支配しているのに対し、財政は「量出制入（出ずるを量って入るを制する）の原則」に基づいて運営される。というのも、行政需要の存在を前提にそれを賄う財源を保証しているのは財政だから「量出制入」なのである。

　各事業にはそれぞれ予算がつけられており、行政と財政は表裏一体の関係にある、これを捉え「行財政」と表現する場合もある。特に行政実務の中で「行財政」という表現がよく使われる。行政活動と財政活動は裏表の関係にあることを表したものである。

　公共政策の視点で述べると、マスグレィヴに従って機能的に整理すると、財政には大きく3つの機能があると考えられる。

　第1は、資源配分機能である。これは市場メカニズムを通じては調達できない公共財（public goods）、市場メカニズムでは十分供給されない準公共財（quasi-public goods）または混合財（mixed goods）を供給する機能である。

　市場原理において、財が市場で供給可能な民間財（private goods）であるためには、対価を支払わない者は消費から排除されるという排除性と、新たな財の消費が加わると、その分だけ消費からの利益が減少してしまうという競合性とが要求される。逆に市場で供給不可能な公共財とは、対価は支払わない者でも、消費から排除されないという非排除性と、新たに消費が加わっても、財の消費からの利益が減少しないという非競合性を備えた財であると説明される。典型例は防衛、警察、消防などの公共サービスがそれである。

　第2は、所得再配分機能である。生存権の保障を実体化するために、低所得者に対する非課税、高所得者に対する累進課税、社会保障関係費の支出などを

通じて，各社会階層間の所得を再配分する機能である。貧しい者が増え，生活保護受給者が230万人を超えたと報じられる現在，高額所得者等が納めた税金がその原資に充てられており，所得財分配機能が強く働いていると言えよう。

第3は，経済安定機能である。財政出動によって需要を創出するとか，財政カットにより需要縮小を図るなどの，いわゆる景気対策がこれに当たる。経済安定機能は一つの仕組みとしてすでに累進課税と失業保険給付などを通じて自動的に安定するよう内部に繰り込まれている。これを自動安定装置（ビルトイン・スタビライザー）という[1]。

ただ，かつてケインズ理論でいわれたように，有効需要の不足に対し，政府が1兆円公共投資を増やせば，乗数効果が働いて3兆円の需要を生み出し景気が回復するといった財政の安定機能は，日本のように第3次産業中心で経済が成熟した国ではそれ程の有効性はないとみられている。すなわち，乗数効果が1.0以上にはならないとみられており，景気刺激策がはずみとなって投資が投資を呼ぶ現象が起こりにくい状況になっているからである。

4．国と地方の財政関係

日本は現在，国家財政も地方財政も財政破綻の危機にある。東日本大震災復興にかかわる財源の捻出，中央集権体制に巣食う財政問題などさまざまな課題がある。

以下で各項目についてのちに問題点などを詳しく述べるが，そのまえにまず財政制度の概括的な説明と国と地方の財政関係についてポイントを整理しておこう[2]。

国と地方の財政関係の特徴を挙げると，以下の5点に要約されよう。

① ねじれ現象〜国は歳入(6)と歳出(4)で過剰歳入の状況にある。その過剰分を地方への補助金，交付金で分配している。地方は歳出(6)と歳入(4)で過少歳入の状況にあり，不足分を国の補助金，交付金に依存する形になっている。

② 国と地方は双方にもたれ合い〜全体として財政膨張メカニズムが働く仕組みである。例えば，行政全体の膨張体質として社会保障，生活保護，各種補助があり結果としてそれが財政膨張を促す。
③ 省庁割，事業割の普遍的均衡システム〜財政資源の適正配分を乱す仕組みである。内閣の財政統合機能が弱く，各省一律のカットなどしかできない。
④ 景気回復を優先する政治体質が強い〜国債，地方債への依存体質が普遍化している。財政縮減，財政規律をめぐる政党間競争がない。
⑤ 国の補助金制度が地方の起債を促す〜結果において財政膨張，事業の硬直化していく仕組みである。また国民の目線で財政統制を行うシステムがなく，野放し状態に近い。結果，1,000兆円の債務累積額へとなっている。

これを地方サイドからみた場合，その財政問題は次のような問題を抱えていると言える[3]。

1つは，歳入と歳出のズレが大きいことである。三割自治ともいわれ，結果として地方は国の財政に大きく依存せざるを得ない。

2つめは，歳出の自治を阻む使い勝手の悪い補助金制度の存在することである。自治体の予算編成が国の補助事業優先になりがちで，カネ目当ての予算編成に傾斜する。

3つめは，歳入の自治権が実質的に欠落していることである。所得税，法人税など基幹税はすべて国税となっており，法定外目的税，普通税の新税可能性も微々たるものである。

4つめは，税財源の分権化を謳った三位一体改革は，地方財政縮減（6兆円）に堕してしまったことである。

国と地方を集権的な構造で結びつけている制度に補助金制度（概ね18兆〜20兆円）がある。この補助金制度を，正確にいうと，国庫支出金。これは，ⅰ．国庫負担金，ⅱ．国庫委託金，ⅲ．国庫補助金の3類型となる。その中で，いわゆるひも付き補助金とされ自治体の事業をしばるⅲの国庫補助金が問題視されている。以下でも少し掘り下げるが，概括的に国庫補助金には次のような功

罪が見え隠れする。

　確かに功の面として，国の補助金は①自治体の財政補填，国として政策誘導として効果を有し，見方によっては自治体の財政（規律）統制が可能とも言える。自治体からすると，補助事業を優先し国の財源に依存できる安心感があり，予算審議において「補助事業であること」で地方議会の説得も可能となる効果もある。しかし罪の面として，そこには，①少額の補助金で地方の歳出構造に大きく関与できる，②補助金の申請から実施まで手続きが煩瑣，金額決定が年度末になる，③補助事業は国の縦割り行政の影響が大きく，類似事業が各省ごとに行われるなど非効率，無駄を発生させる温床と化している，などの問題がある[4]。

　もう一つ，国と地方を結びつけているのが地方交付税制度（概ね17兆〜18兆円）である。その財源は法定財源と呼ばれ，国の基幹税である所得税，酒税の32％，法人税の35.8％，消費税の29.5％，たばこ税の25％を原資に，地方自治体に毎年配分される税である。その狙いは，①自治体間の財政力格差を是正すること，②ナショナル・ミニマムを確保するための財源保障という二つの機能をもっている。しかし財政補填の機能はともかく，国が地方へ財政介入する大きな手段ともなっているのも事実である。

　しかし，地方交付税のあり方をめぐっては，例えば，①自治体の負担感を希薄にし，財政規律も弛緩（しかん）させてしまう，②ナショナル・ミニマムは十分保障されたので，地方交付税そのものを削減すべきである，③地方交付付税が聖域化している。つまり，国会審議も実質行われず，国の差配に服している，といった見方がある[5]。罪の面とはいえなくもない。筆者も，そうした見方を支持するものである。これについても，改めて触れてみたい。

　しからば，どのような地方財政の姿が望ましいのか。簡単に言えることではないが，ひとつの考え方として，①府県の法人2税（法人事業税，法人住民税）は不安定なので，国に返上し，代わりに消費税（5％，2015年から10％）をすべて地方税に移管したらどうか，②補助金制度を縮小，廃止し，大括りの一括補助金化にしたらどうか。そして現行の地方交付税は，もともと地方財源であ

ることから、地方が管理し、自治体間で水平調整する方式に切り替えたらどうか。③基幹税（所得，法人，酒税）の税源移譲も進めたらどうか。地方税は自治体の条例で自由に基幹税の税率を設定できるようにしたらどうか。このような考え方ができるのではないかと思う。

5．深刻化する国，地方の財政危機

　ともかく，繰り返すようだが，わが国の財政状況は財政危機ではなく，財政破綻に近い。バブル経済崩壊から約20年経つ。政府は税収不足と景気対策のすべてを借金で賄ってきた。景気対策と称し，安易に借金で公共事業に即効性を求めてきた財政運営によって，積もり積もった借金の山は国債，地方債，借入金を合わせ1,000兆円（2012年末）に達する。仮に来年度から国債，地方債の発行をゼロとし，国民の税金すべてを借金の返済に充てたとしても，その完済に12年はかかる。この間，国，地方のすべての行政サービスをやめ，365万人公務員のすべてを解雇しての話である[6]。もとより，現実にこうしたことはできない。

　手っ取り早く，2014年4月から消費税を8％に値上げし，2015年10月から消費税10％時代が始まる。社会保障と税の一体改革の中身が決まらないまま，増税のみ見切り発車した。モノを買う消費者には「同時履行の抗弁」という権利がある。代金の支払いだけ要求し，商品（社会保障サービス）そのものがはっきりしない，このような政治でよいかどうか。議会制民主主義のあり方そのものが問われている。

　ところで，国と自治体の財政を量的に比較すると，特徴的なのは，1つに日本の自治体の歳出規模は非常に大きいと言えることである。例えば，2005年度においては，国の歳出が全体の40.6％，自治体の歳出合計が59.4％となっている。以降，徐々に地方の割合が増え，国の割合が減る方向にあるが，財政総量全体としては膨張傾向には歯止めがかかっていない。

　国と自治体すべてを合わせた仕事量を使っている財政（カネ）によって分け

ると，イギリスやフランスはもちろん，アメリカとドイツといった連邦制の国に比べても，日本の場合，圧倒的に自治体のほうが多い。別の言い方をすれば，歳出の量的あるいは執行的な側面だけをみると，日本はかなり「分権的」な国であるのかもしれない。

　もう一つの特徴は，自治体の歳出規模が大きいにもかかわらず，自前の税収の割合は他国と比べて非常に少ないことである。つまり，自治体の仕事は多く，そのために使う資金も多いが，自治体が自前で集める資金は少なく，そのギャップは国からの財政移転で埋められている。これは，地域的なサービスの供給が自己負担の原則からかけ離れていることを意味する。

　その理由は，自治体には歳入の自治が制約されており，自分たちの歳入の規模と内容を自己決定できないことにある。

　自治体の歳入項目は多岐にわたるが，主要なものは地方税，広義の補助金である地方交付税と国庫支出金，そして借金である地方債であり，この四項目によって，8割から9割の歳入が賄われている。

　この四項目を自主財源と国への依存財源に分けると，地方税だけが自主財源で，残りはいずれも依存財源と整理され，それだけでも自治体は国に対して大きな依存をしていることが分かる（図4-1）。

　しかも後述するように，その地方税すら国から大きな制約が課せられている。自治体が国から受けている制約は，自治体の収入を項目別に見ると，より鮮明に理解することができる。

　地方税は自主財源であり，当然，税目や税率は本来それぞれの地方自治体が自由に決めるべきなのだが，現実は，国会が決めた「地方税法」によって細部まで定められており，地方自治体による自主裁量権はほとんどないと言っても過言ではない。

　具体的にいえば，税目については，法定普通税というものが定められており，自治体はこれを義務として課税しなければならない。義務となっていない。法定外普通税は「地方分権一括法」によって原則協議制となり制約の度合いが緩和されたが，それまでは自治体が国の許可を得て条例で課税することに

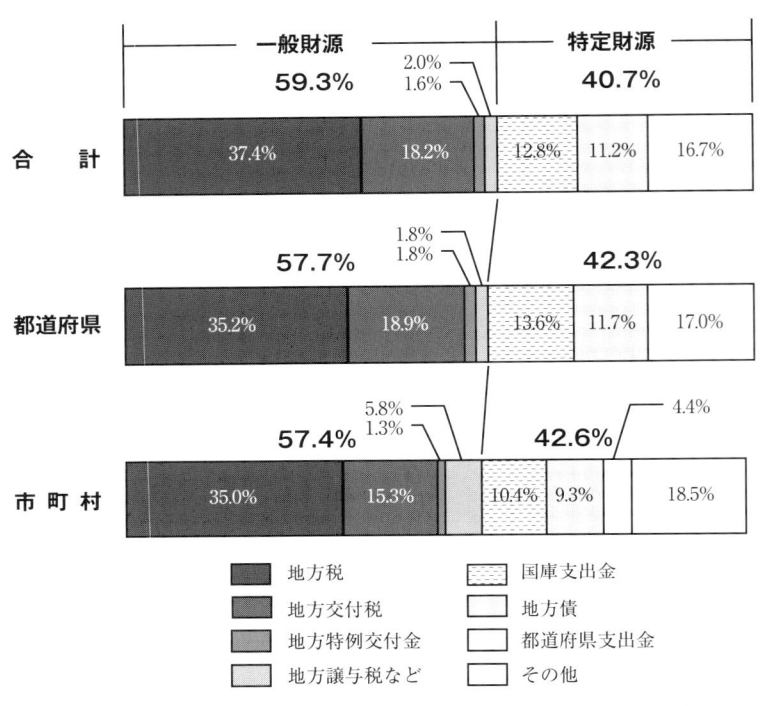

110　第1部　道州制の背景と要因

図 4-1　地方の自主財源

	一般財源				特定財源		
合　計	37.4%	18.2%	2.0% / 1.6%	59.3%	12.8%	11.2%	40.7% / 16.7%
都道府県	35.2%	18.9%	1.8% / 1.8%	57.7%	13.6%	11.7%	42.3% / 17.0%
市町村	35.0%	15.3%	5.8% / 1.3%	57.4%	10.4%	9.3%	42.6% / 4.4% / 18.5%

凡例：地方税／地方交付税／地方特例交付金／地方譲与税など／国庫支出金／地方債／都道府県支出金／その他

注：国庫支出金には，交通安全対策特別交付金および国有提供施設など所在市町村助成交付金を含む。
出所：『地方財政白書』（平成19年版）
（資料）　江口克彦『地域主権型道州制がよくわかる本』（PHP研究所，2009年）

なっていた。

　つまり，自治体が独自に税金を集めようというときには，国の許可が必要となり，自治体が自由に税目を設定することはできなかったのである。

　税率については，自治体が課すべき税率として，標準税率というものを国が設定している。自治体がこの標準税率以上の税率を設定し増税することは問題ないのだが，低く税率を設定した場合，地方債の発行が制限されたり，地方交付税・補助金の算定で不利益を受けるなど，「ペナルティ」が自動的に課され

第 4 章 財政面からみた中央統制システム　111

る仕組みになっている。

　なぜかと言えば，減税する余裕があるなら，借金や補助金の必要はない。借金したい，補助金が欲しい，というのであれば，減税をせず国の定めた税率で行うべきだ，と国が解釈しているからである。

　この標準税のほかに，上限の税率である制限税率，あるいは特定の税金に対しての一定の率を定める一定税率などもあり，自治体がそれらの税率を勝手に変えることはできない。

　要するに，自治体は自主財源とされる税源に関して，税目においても税率においても，国によってしっかりと固められており，自治体として自由に操作できるフリーハンドをほとんどもっていないということである。

　国が地方税に関して自治体を制約する背景として，2つの理由が考えられる。

　まず一つに，税源の偏在である。「自治の原則」を徹底するためには，それぞれの自治体が同じ程度の税収入を確保できる状態が理想的と言える。しかしながら，現在の日本においては，多額の税金が入る地域と，あまり税金が入らない地域があり，税収に大きな格差が生じている。

　例えば，都道府県の地方税の一人当たりの税収額をみると，東京都と沖縄では3倍以上のひらきがある。このように一人当たりの税収額には，地域によって非常に大きな格差が存在するのである。

　もう一つの理由は，税源の重複という問題である。税源に関しては税源の分離という原則がある。これは，所得税や法人税はすべて国が取り，資産税などは自治体がとるといったように，税の性質に応じて，とるべき財源を明確に分けるというものである。

　しかし，今日の日本においては，所得，消費，資産，流通といったように，いくつかに分類できる税源に対して，それぞれ国，都道府県，市町村が重複して課税している。

　このように財源に偏在と重複があるところで，自治体の課税自主権を拡大すれば，地域によって受益と負担にかなり大きな差が生じ，「平衡の原則」が破

られるということで，国は自治体への制約を行ってきたのである。

6．地方交付税制度―「貧乏」自治体に手厚く

　先に概括的な説明をしたが，少し詳しく問題指摘をしておきたい。まず地方交付税についてである。地方交付税は広い意味での補助金であり，国と自治体および自治体間の財政調整，そして自治体に対する財源保障という二つの機能を担っている。

　基本的な仕組みは，国から自治体への財源を国が国税として集め，各自治体の財源不足額に応じて交付している。簡単に言えば，国が国全体からお金を集め，貧しい自治体にそれを分配するシステムである。

　自治体への交付額を決める計算式は，基準財政需要額―基準財政収入額＝財源不足額＝普通交付税額となっている。基準財政収入額とは，各自治体が普通に税金を集めた場合の地方税収入の概算額である。そして，その二つの概算額のギャップを埋めるものが普通交付税額になる。これとは別に，上記では把握しきれない財政需要（例えば突然起きた災害に対する復旧復興）をカバーする特別交付税があり，交付税全体の6％を占めている。この普通交付税と特別交付税からなるのが地方交付税である。

　この地方交付税の制度に関して問題を整理すると，3点挙げることができる。

　まず第1は，マクロの算定とミクロの算定に乖離がある点が指摘できる。地方交付税は国税の一定割合を財源としているため，全体の交付税額は国の予算で決定できる。それに対して，自治体にそれぞれ分配する交付税の額は，基準財政需要額から基準財政入額を引いた額からはじきだされるが，日本には1,719の基礎自治体と47都道府県があり，それらすべてについて不足額を計算して，それを合計すると，国の予算と一致する場合がほとんどなく，そこに調整が必要になってくる。

　具体的に，景気のいい時には，国税収入も多く，国として交付税にまわせる

額が多くなる一方で，自治体の方も，景気がよければ税収が多くなるため，不足額が少なくなる。反面，景気が悪くなった時には，国の税収も自治体の税収も落ち込み，自治体での不足額が増えると同時に，国から自治体に渡せる交付税も不足する。

こうしたことから，国税から交付税に割り当てる率，すなわち法定交付税率が，昭和30年代以降，徐々に引き上げられて来ているが，実際に交付税に当てられた額は，それとは連動していない。例えば，昭和50年代以降，財政が厳しい時は，法定交付税率は32％であったのに対し，実質的には40数％分も交付されていた。これは，国が借金をしてマクロ算定とミクロ算定の穴埋めを行ったためであり，財政を逼迫させる原因の一つとなっている。

次に，地方交付税のミクロ算定についても，いろいろな問題が提示されている。

例えば，実情性，妥当性をとるか，それとも標準性，客観性を重視するかという問題である。実情性，妥当性をとるということは，実際に足りない額を支給すべきという考え方であり，標準性，客観性とは，実際の不足分を交付税で支給すると，自治体は税を集めるのを怠ったり，無駄遣いをするようになるので，標準的，客観的な方法で不足額を計算すべきという考え方である。

第2は，単純性と複雑性の問題である。単純性とは，各自治体に単一的な物差しを使って必要額を計算するということで，例えば，人口や面積などから額を決めるべきという考え方である。一方，複雑性とは，各自治体固有の条件を踏まえて額を算定すべきとする立場である。例えば，雪国と雪の降らない地方では，道路の維持，管理にかかる費用は異なるので，雪国には雪にかかる余分の費用を付け加える必要があるとする考え方である。こうした条件の違いを加味すると，どんどん制度が複雑化し，政治化し，政治家や国の官僚による裁量の余地が大きくなってしまう可能性がある。

第3として，ミクロの算定における意思決定のあり方があげられる。自治体に交付される金額は国が一方的に決定し，自治体側がその決定に公式に参入し，いろいろ意見を述べることは，現時点においては不可能となっており，自

治体の意志がほとんど反映されない。すなわち，地方交付税についても，自治体は国の言いなりにならざるを得ないのである。

7．国庫支出金—無駄と利益誘導を招く

　次の問題は国庫支出金である。国庫支出金も地方交付税と同様に広い意味での補助金と言えよう。ただし，国庫支出金は，国と自治体が協力して事務や事業を実施する場合に，一定の行政水準の維持や特定の施策を奨励する手段であって，財源保障や財源調整を目的とする地方交付税とは性格が異なる。

　国庫支出金は先に述べたように，①国庫負担金，②国庫委託金，③国庫補助金の3種類からなっているが，そのうち，国庫負担金がその約70％，国庫委託金が約1％，国庫補助金が約30％を占める。国庫委託金は額も少なく議論の対象になることもまれなため，国庫負担金と国庫補助金を合わせて，国庫補助金負担金と総称されることもある。

　国庫負担金は，国が自治体の活動の一部を負担するために義務的に自治体を交付する補助金である。例えば，小中学校の先生の給料などは自治体が支払っているが，義務教育に対しては国にも責任があるということで，その3分の1を負担している。

　国庫委託金は，国が自治体の経費の全部を事務の代行経費として，自治体に交付するものである。例えば，国会議員の選挙や外国人の登録など，本来は国の仕事だが，国の機関が行うにはコスト的にも事務的にも不合理ということで，自治体に行ってもらっている。こうした仕事に係る費用の負担分が国庫委託金である。

　国庫補助金は，国が特定の事業や事務の奨励や財政維持のために自治体に交付するもので，具体的には，廃棄物処理施設の整備，福祉事業の促進，道路整備などに対するものなど多岐にわたっている。

　いわゆる国庫支出金と言っても，いま述べたように微妙に内容の異なるものが含まれているが，これを概括して国から支給されるカネとして国庫支出金を

まとめると、それには、5つの基本的な問題があると思われる。

一点目に、国と自治体の責任の所在が不明瞭になること。先の例のように、義務教育は市町村が行っているが、費用の3分の1を国が義務として負担している（都道府県が3分の2を負担）。こうなると、本当はどちらに責任があるのか、その所在が不明瞭になり、何か問題が発生した時に、どちらも責任をとらないということになりかねない。

二点目は、交付を通じた国の関与が、自治体の自主的な行財政運営を阻害するということである。地方交付税は、いわゆる一般財源であり、使い道は自治体の自由になるが、国庫支出金は、何に使ってもいいというわけではなく、交付に際して、使用の仕方が微に入り細にいり条件づけられているからである。

三点目として、細部にわたる補助条件や煩雑な交付手続きなどが、行政の簡素化、効率化をさまたげていることがあげられる。自治体が国から国庫支出金をもらう手続きは非常に煩雑であり、例えば100万円の補助金をもらうのに何度も東京に足を運ばなければならず、その経費が結局100万円以上かかってしまうといった指摘がしばしばなされるほどである。

四点目は、縦割り行政の弊害を招き、総合行政を妨げるという点である。国庫支出金は、道路関係の補助金であれば国土交通省から、農業関係の補助金であれば農林水産省からと、各省庁から直接自治体にまわってくるため、国レベルでの横の調整がほとんど行われない。まさに縦割り行政であり、総合行政をさまたげている。その結果として、同じような施設が重複してできあがり、無駄が生じることになる。

五点目として、どの自治体にどれだけの国庫支出金を配分するのかという認証基準が曖昧なため、いわゆる陳情対象になりやすく、利益誘導を招いてしまう点である。利益誘導となれば、「使う側」のニーズとは関係なく「作る側」の利益のために公共事業が行われる可能性が大きくなり、無駄を発生させる原因となる。

8．地方債——地方で自由にならない借金

　もう一つ指摘しなければならないのは，地方債の問題である。地方債は，自治体が行う借金と理解できる。つまり自治体が債権を発行して，それを，市場を通じて買ってもらい，自治体で使うお金を集めるということである。しかし自治体の借金といっても，これは長い間，国の許可制，つまり地方債を各自治体が発行するには，国の許可を要するとしていたのである。もとより現在，それは廃止されている。地方債の起債について，「地方分権一括法」によって原則協議となり制約が多少緩和された。

　しかし戦後の長い間の地方債を取り巻く環境をみると，自治体は自治大臣（現在は総務大臣），あるいは市町村の場合は，都道府県知事の許可を受けなければならなかった。借金は，自分で借りて自分で返すわけだから，自由に行うのが基本となるはずが，戦後長い間，法律によってこの状態が維持されてきたのである。

　許可制を維持して来た理由として，国は次のような説明をおこなっている。すなわち，自治体は課税権を担保とすることができ，いわば実質的な担保なしで借金ができるため，自治体が自由に地方債を起債すると，民間の資金需要を圧迫する。

　また，各自治体が自由に起債すると，東京都のように非常に有力な団体が有利な条件で資金調達を行い，弱小自治体の資金を逼迫させる恐れがあるため，弱小自治体の借金を確保する上でも許可制が必要となる。さらには，起債に依存して安易に不要不急の事業を実施することを防止したり，地方債に過度に依存して将来に重い財政負担を残すことがないようにする，などである。

　国はこれまでこうした説明を行ってきたわけだが，許可制の根拠となっている法律自体が「当分の間」と示しているように，本来的には自由化すべきだという議論が長らく繰り返されてきたため，国は改めて違う側面から許可制の説明を行うようになった。

すなわち，国による許可は，地方債の資金を国が責任をもって確保すること，国が借金の裏付けを行っていることであり，国の資金を地方債に流す場合には，やはりコントロールが必要になる，というである。このような理由のもとに，自治体の起債についても大幅に自治が制限されてきたのである。
　一方，自治体の歳出については，歳入に比べれば，徐々にではあるが自治が相当実現していると言われている。しかし，やはり大きな制約があると見ざるを得ない。
　地方の主な財源を四つに区分すると，そのうち地方税と地方交付税が一般財源であり，国庫支出金，地方債が特定財源となり，後者は使途があらかじめ制約されている。
　つまり，国庫支出金も地方債も，ひとたび調達したからには，自治体にはそれを予定通りに使わなければならない。また，一般財源を自治体が完全に自由に使えるかというと，実際問題としては，必ずしもそうではなく，機関委任事務や必置規制によって実質的に制約されてきたのである。
　「地方分権一括法」によってその程度は多少緩和されたとは言え，日本の自治体は，仕事の側面においても，財政の側面においても，国からさまざまな制約を受けて来ており，自由に自分の裁量で政策を打ち立て，行政サービスを供給するといった状態にはない。非常に大きな面で国に依存しているのが地方の実態であり，地方自治の原則である「自治の原則」と「平衡の原則」でいえば，後者の「平衡の原則」が過大に重視されているのである。
　日本の中央集権体制では，中央政府の権限はかくのごとく強力であり，自治体活動の細微にまで及んでいる。よく三割自治といわれるが，実際には一割自治といっても大げさではないのが現状であり，地方自治とは名ばかりということである。財源を政府にここまで押さえこまれれば，地域の活性化など，地方が自主的にできるはずもない。

9．自治体—自律性なき地方議会

　こうして国からのコントロールされてきた自治体の姿は，いったいどうなっているのだろうか．中央集権体制に組み込まれた地方自治体の実際を眺めておきたい．

　まず，地方議会からみてみよう．

　地方議会の機能は，主に二つある．一つは，条例などのルールを制定したり，予算など地域の重要案件に対する決定を行うことである．二つ目は，行政の監視機能である．議会によって決定されたことを実践するのが行政，つまり首長を頂点とする役所である．その役所が議会で決められたことを正しく実行しているか，あるいは住民に正しくサービスを提供しているかを監視し，それを正す役目である．

　このように地方議会，そして議会を構成する議員の責務は非常に重いのだが，現在の地方議会は首長の政策を口先で批判するだけの機関になっている場合が多い．また，議会そのものが置かれている物理的な環境も劣悪である．例えば，議会スタッフの貧弱さが挙げられる．地方議会の事務局には，図書館の設置義務があるが，議会のスタッフが充実しておらず，人口およそ5万人の議会で，3人から5人の職員がいる程度である．しかもそれは役所からの出向で，議会の専任職員はいないのが一般的である（佐々木信夫『地方議員』PHP新書，2009年）[7]．

　さらに注目すべきが，議員を選ぶ選挙が形骸化していることである．選挙とは，地域の民意を地域の政治・行政に反映させる重要な手続きである．しかしながら，この重要な手続きうまく機能していない．例えば，全市町村の約30％の選挙区において，実際には選挙が行われていないという状態である．つまり，立候補者が少なく無競争当選になっているということである．こうして選ばれた議員は市町村会議員全数の2割を超えている．

　また，戦後民主化のなかで，アメリカをモデルとして導入された審議会，及

び行政委員会制度も形骸化している。国においても審議会はいくつも設置されているが、自治体にも非常に多くの審議会が設けられている。例えば、各県には地方都市計画審議会、児童福祉審議会、環境審議会、能力開発審議会などがあり、また首長から独立した合議制の行政委員会として、選挙管理委員会、人事委員会、公安委員会などが存在している。

しかし、どれも委員の人選の段階で形骸化が生じており、実質的に期待通りの機能を発揮しているものは多くない。また、新たな条例をつくる場合に設けられる公聴会制度や監査委員会制度なども同じように形骸化している。

なぜ、このように議会や審議会、行政委員会が形骸化し、あるいは軽視されているかと言えば、自治体の仕事の多くが国から来るものであり、自分たちで自由に決められる範囲が狭く、議会や審議会が力を発揮できる状態にないからではないか。また、そのことによって主体的に何かを行っていこうというモチベーションが希薄になっている。中央集権体制が強くなり過ぎて、地方議会のやる気を失わしめているのである。

それでは自治体の執行機関である行政官僚制のほうはどうか。まず、政策立案能力については、これまで国が政策設計をおこない、自治体にはその実施という機能が委ねられてきたために、現在の自治体の多くは、みずから政策をつくり、責任をもってそれを運営していく、という能力を十分に発揮できずにいる。

もちろん、自治体によって異なるが、特に小さな自治体でこうした傾向が強くみられる。自治体は小さければ小さい程、顔の見える政治が行われる可能性がある反面、一定規模の大きさがなければ、財政的にも困難であるし、施設や施策も十分に有効利用がなされない。例えば、ダイオキシンが出ないゴミ処理施設や介護保険制度の運営、災害への対応などは、あまり小さな規模では成立しない。

また、職員の人員規模の問題がある。10万人の市における職員数は1,000人程度であり、この規模であれば、一人一職制が成り立ち、一人が一年間に一つの仕事に専念すればよいことになる。ところが、2万人の町になると、職員は

200人以下となり，この人数で 1,000 種類の仕事をするとなると，一人がいくつもの仕事を兼務することになり，仕事は忙しいが，質は上がらないという状態に陥ってしまう。実際のところ，農林水産省の仕事と国土交通省の仕事と厚生労働省の仕事の三つ兼ねて，懸命に働いても忙しいというのが，現在の町村職員の悩みとなっている。

　そういう状態で政策能力を高めようとすれば，最低一人一職制の規模が必要であり，上に述べた観点から言えば，最低でも 10 万人規模，1,000 人体制の自治体が必要となる。

　ただし，もっとも大きな要因は，自治体の規模というよりも，国が政策をつくり，自治体はただそれを実施していくという状況が長く続いたところにあると考えられる。自分で創意工夫する必要がないから，政策立案能力が育つはずがない。さらには，国から補助金が回ってくるから，カネを効率的・効果的に使うという経営感覚も麻痺してしまう。事実，予算を全部使い切らないと，次年度の予算編成で損をするので，不必要なものにカネをかけるという「予算消化主義」の現象もみられる。

　民間の経営の常識からみると，予算は余らせたほうが良い仕事をしたという評価になるが，役所の「常識」は，予算は使い切った方が優秀ということになる。常識的な企業の経営感覚では到底考えられることではない。

　こうした状況を打破しようと，近年になって，地方選挙においてもマニフェストというものが重視されるようになってきたが，これらのマニフェストの中身を吟味すると，まだまだ選挙対策として短期間に仕上げられたようなものが多く，また，選挙に勝ってそれを「候補者のマニフェスト」から「自治体の計画・政策」に落とし込んで行く段階において，矛盾や対立，不備なども生じている。もちろんマニフェストはあった方がよい。ただ未だ有効に機能しているとは言えず，またマニフェストなど出さないところもたくさんある。さらに言えば，こうしてつくられるマニフェストも所詮，現在の日本の中央集権体制のなかの地方自治という枠内で描かざるをえず，大胆な地域づくりができるような状況ではない。

一方，2000年頃から市町村合併が進められ，自治体の規模が拡大して来た。いわゆる平成の大合併である。政府は平成7年（1995）に「合併特例法」を改正し，住民の直接請求により法定合併協議会の設置を発議できる制度や，合併特例債制を設けて合併に向けたインセンティブを高めると同時に，市や政令都市になるための人口要件の緩和などを行った。

なかでも，合併特例債は合併を促進する大きなインセンティブとなった。これは合併のために行う事業や基金の積立に要する経費について，合併年度後10年間にかぎり，その財源として借り入れることができる地方債のことである。対象事業費の95％に充当でき，元利償還金の70％を後年度に普通交付税によって措置されるという，財政難にあえぐ自治体には，大変有利な条件を持つものであった。簡単にいえば，ほとんど自腹をきらないで借金ができるということである[8]。

しかし，この結果，市町村合併の動きは平成15年（2003）から平成17年（2005）にかけてピークを迎え，特例が切れる2005年3月頃には，駆け込み合併も相次ぎ，平成11年（1999）に3,232あった市町村の数は，現在では1,719（平成25年 2013年末 現在）に減少した。これが，平成の大合併の姿である。

合併を行うということは，規模が大きくなるということだから，基礎自治体の能力向上のための一つの要件を満足させていくことになる。規模が拡大したのだから，それを有効に使いながら，公的施設の整理・統合など行政の効率化を図っていくことが以前より容易になるはずである。しかしながら，各自治体では合併という大仕事を成し遂げた疲労感と安心感で脱力している状況がみられ，そうした行政効率を図っていく動きは，あまりみられないと言える。

また，平成の大合併の結果に対する不満の声もよく聞くが，それには合併した側に甘さがあったことも否めない。税財源と権限の大幅な移譲がともなわなければ，自立的な地域経営を行う環境が十分に整わないのは，合併前から想定できることであり，そのことも理解できず，ただ合併特例債などの人参（にんじん）を目の前にぶら下げられ，それを追いかけてしまった自分たちの責任も自覚しなければならないのではないか。もし，税財源と権限の大幅な移譲が実

現され，条例制定権の拡大が確実になされていれば，こうした不満は出てこないし，平成の大合併はそれなりに納得のいくものになっていただけでなく，その後も合併希望の声が大きくなっていただろう。

　このようにみてくると，現在の地方自治体は，確かに新しい動きはあるが，長い間の中央集権体制のなかで自立の気概，自主の気概，自主責任，意欲をなくし，持てる力を十分に発揮しきれずにいると言える。これでは効率的で生産性の高い行政サービスも，あるいは将来の地域の発展に向けた政策もなかなか打ち出せないのは当然であろう。これをどう改革するかも道州制の大きなテーマであると考える。

注
1) 片桐正俊編『財政学（第2版）』（東洋経済新報社，2007年）第1章参照。
2) 佐々木信夫『現代地方自治』（学陽書房，2009年）244頁参照。
3) 同・前掲書244頁参照。
4) 佐々木信夫『新たな「日本のかたち」―脱中央依存と道州制』（角川SSC新書，2013年）37～38頁参照。
5) 同『新たな「日本のかたち」』40～41頁参照。
6) 佐々木信夫『自治体をどう変えるか』（ちくま新書，2006年）163～164頁参照。
7) 佐々木信夫『地方議員』（PHP新書，2009年）は，地方議会，地方議員の問題点について詳しく述べている。
8) 佐々木信夫『地方は変われるか―ポスト市町村合併』（ちくま新書，2004年）第2章参照。

第5章 「地方分権」改革と限界

1．地方分権をめぐる動向

　国民の遠いところの政府（中央）で意思決定の多くが行われる仕組みを「中央集権」，そうではなく，国民の身近な政府，より近い政府で意思決定の多くが行われる仕組みを「地方分権」とすると，わが国も中央集権から地方分権に移行する改革を始めてきている。2000年の「地方分権一括法」の施行もそうだし，2004年から2006年にわたって行われた三位一体改革も改革例である。

　地方が元気にならなければ，日本は活力を取り戻せない。そのためには，各地域がそれぞれ創意工夫を凝らし，自立を目指すことが必要であり，地域を再生するカギは地方分権をどこまで進めうるかにあるのは事実である。地方分権を進め，地域主権の国づくりを目指す，それは日本の今後の改革として正しい選択の方向である。

　しかし，地方分権改革は中央省庁から権限や財源を自治体に移す改革だが，それを役所任せ，官僚任せではできない。政治主導で取り組まなければ前に進まない性格の改革である。

　2009年から3年余続いた民主党政権の売りは地方分権の推進で，分権改革を「改革の1丁目1番地の改革」[1]と位置づけ取り組んだはずであったが，成果を示すことなく途中から失速してしまった。方向性がはっきりしないことも理由だが，そこでの政治主導は名ばかりで官僚の抵抗で潰れたのであった。

　実際，多くの行政分野で，国は法令を通じて自治体にさまざまな仕事を義務付け，その手順や基準を決めている。土地利用から保育園の園庭の広さ，道路標識の文字の大きさまで，法令で定める基準は極めて細かい。これでは自治体は，自由に仕事はできない。

民主党政権の3年余の評価をしておこう。同政権では合計約100項目の基準を自治体の条例に委ねる改革を進めた。確かにこれで，公営住宅の空き部屋に単身者を入居させやすくなったり，交通量に応じて道路の車線数を見直したりできるようになった。

　しかし，調べると，国の法令で自治体を一律に縛る過剰な規制は，4,000項目に上る。ほんの少しの改革しかできなかった訳である。自民党も民主党も日本維新の会もみんなの党の，どの政党も政権公約でさらに分権を進めると約束している。どの政党が政権を担っても，政治の役割として分権化は必要である。しかし「分権化」という，国の権限を分け与えるという発想で取り組む限り，国にとって重要でない業務や決定権限，基幹とならない財源の移譲程度しか行われないのが普通である。

　これでは，決して筆者のいう地域が統治権を有する「地域主権の国」は生まれない。そこをしっかり認識したうえで，今後の分権改革（手段）を進めなければならない。目的はあくまで地域主権の確立なのである。

　実際には，国の出先機関の改革を進めようとすると，東日本大震災をきっかけに，中央省庁が「災害に対応するために出先機関が必要」であると，逆に自治体サイドから巻き返されるような動きもある。確かに，災害のような非常時に国が責任を持って取り組む必要はある。しかし，非常時の一例を持って出先機関改革を止めてはならない。平時と非常時は分けて考えるのが筋ではないか。

　筆者のみる限り，道路整備や中小企業の支援，環境対策など，出先機関の業務と都道府県の仕事は重なる部分が多い。これを一本化できれば国，地方を合わせて行政を効率化できる。国のこまごまとした補助金をまとめて，使い道を自由にするはずだった民主党公約の「一括交付金」も中途半端に終わっている。道路や水道など国の示す補助金の一覧表のなかから，配分枠の範囲で事業を選べるようになっただけの改革にとどまった。これでは自治体は独自事業に回せない。自治体の財政面の自立を求めるなら，補助金を廃止して，それを原資に国から地方へ税源を移すのが本筋の改革である。

また最近，日本維新の会は消費税の地方税化を打ち出している。地域間で税収のばらつきの少ない税目を地方税にするというのは一つの考え方として評価される。提案のようにかりに消費税を11％にできるなら，5％分は各自治体の地方税とし，残る6％を地方共有税として，現在の地方交付税に近い分配財源にしようという考え方も成り立つ。消費税1％で2.5兆円の税収があるので，6％だと15兆円になる。現在の国からの地方交付税額とほぼ一致する。しかも国からの垂直調整ではなく，自治体間で水平調整しようという考えもよいと考える。

　ただ，現在日本で議論されている消費税の増税は，社会保障の財源を生み出そうという増税である。しかも実際は借金の返済に回るとも見られる。それを全額地方税化するとなると，逆に問われるのは国の財政資金，年金や医療，介護・福祉など30兆円近い社会保障費の国の負担分をどう賄うか，相変らず国債で賄うのか，その点をはっきりさせる必要がある。でなければ，実現性の乏しい政策となってしまう。

　日本はいかなる道を進むべきか。国は国家戦略と称し，日本全体をひとつのマーケットと捉えた成長戦略を策定している。内容は多少違うが，民主も自民も政権党になると同じようにそうする。新エネルギー，環境技術，公共インフラ輸出，医療介護，観光客倍増といった目標を設定し，日本を伸ばしていこうという戦略をとる。

　確かに，国の立場に立つとそうした戦略を取りたくなることは否定しない。しかし，こだけ多様化した日本にあって国家単位の成長戦略をつくってうまくいくのかどうか。おそらくそうはいかない。むしろそれぞれの地域の思いで成長戦略をつくる方が，ダイナミズムが生まれ，実際に成長するのではなかろうか（佐々木信夫『新たな「日本のかたち」』角川SSC新書，2013年，参照)[2]。

　北海道から沖縄まで多様な地域特性を持つ高度に発展した日本に，中央政府の号令ひとつ，一つのモノサシで一律の発展を促すことが可能かどうか。霞が関や永田町で考える全国一律，全国土一様の戦略は，時代錯誤ではないかと考える。

先進諸国では，成長戦略を国家レベルより，都市レベル，地域圏単位でつくっている。中央から命令を下すのではなく，相互に水平的な関係で競争する。中央は大きな方針のみを定め，あとは都市ないし地域が自らの考えで成長戦略を構想する，そのために知識，知恵をフル稼働させるのである。その国の都市間が成長戦略を競うことで全体がレベルアップしていく，そうした考え方からだ。これが筆者のいう地域主権の「国のかたち」のイメージである。

　そこでの国の役割はこうである。もし都市のつくる成長戦略の実施に法制度な不都合があるなら，それを取り除くのが国の役割だ。「家はその土地の大工につくらせよ」という喩のように，一番地域事情に精通しているところで設計させるのが良い結果を生むのである。

　これは民間企業ではより鮮明である。全社的にやる大まかな戦略は本社で決めるが，個別具体的な事業，個別具体的な地域で対応し成功している。中央集権型会社経営で失敗した例として，筆者（江口）は「ダイエー中央集権の失敗」と称し，次のように説明してみた[3]。

　　―ダイエーの本社（中内㓛会長）は，大阪の吹田というところにあります。まさにここがダイエーの心臓部で，指示系統がここに集中しています。

　　もちろん，衣料品の企画もここで行われます。例えば冬に向けて，新しいオーバーコートを企画する。デザイン，素材選びから製品化が一貫して行われる。確かに大量に素材を仕入れ，工場で同じ製品を一挙につくる方が一枚一枚の単価は安くなる。冬のコートが安く手に入る消費者も大歓迎です。

　　しかし，それを各地で売り始めたらどうか。北海道に持っていけば，大阪でつくったコートは大阪の冬に着るよう作られているから，マイナス10℃以下に下がる北海道では薄っぺらで着られない。一方，真冬でも20℃以上になる沖縄に持っていったらどうか。こういったコートを羽織る人などいない。

　　するとどうなるか。地元の関西や東京，四国辺りでは売れ行き順調でしたが，他はどうか。商品を北海道に送る，北海道の店ではそれを受け取り，手

間暇かけて陳列する。それにかかわる人間が必要であり，春になればその大量に売れ残ったコートを再び大阪に返品しなければならない。大阪では返品されてくる商品をさばくのにまた人手がかかる。こうしてコストが嵩み，結局ダイエーは倒産に追い込まれた──（一部要約）。

実はこれと全く同じことが，日本の中央集権体制での行政で起きていると筆者（江口）はみている。よく考えると，統一性，公平性を担保する理由から，国の各省が一つの物差しで大量生産大量消費型の公共サービスをつくってきたが，多様化した社会の実現でそれはうまく機能しなくなった。しかし，依然，昔のまま，統治機構改革もせず，規格大量生産・大量消費型のサービス生産を続けている。これほど，壮大なムダを生む仕組みはないであろう。官僚機構をコントロールする政治家が時代変化の認識をできていない，そう言わざるを得ないのが官僚依存の大きな問題点である。

これまでの基本的な国と地方の関係は，国が各分野について政策形成の役割を担い，各省統制のもとで地方自治体が政策実施の役割を担う。国税で多く集められた財政資金は補助金と地方交付税を通じて地方に再分配され，自主財源の乏しい地方の財政資金を補填する。その過程を通じて政策の実施面を統制する。こうした統治の構図にあった。

全国に公共サービスの統一性，公平性を担保し，国が強いリーダーシップを発揮する集権融合型の統治構造がそれで，戦後日本はその仕組みのもとで発展してきたと言えよう。農業国家から工業国家として「追いつき追い越せ近代化」を目指した20世紀の日本は，「自治の原則」より「平衡の原則」を重視する公共政策に大きな不満を持たず，全国にナショナル・ミニマムを実現することが行政の基本的な役割との認識が強かった。

しかし，21世紀を迎え第3次産業中心の都市国家となった今日，むしろ各地域が個性的な街づくりを行い地域ニーズに合った公共サービスを主体的に形成する方が望ましいという考え方に変わってきている。地域間の「平衡の原則」を図るより，国の統制を解き放ち地方自治体の「自治の原則」を強化すべ

きだという，地方分権が求められるようになった。2000年からの「地方分権一括法」の施行も，税財政の分権化を求める動きもそこにある。

　欧米へのキャッチアップをねらう「追いつき追い越せ近代化」ではなく，独自の日本型公共国家の形成により，新たな地域主権国家を目指そうという新たな国家像の誕生である。

　先の第3章で述べたように，国家の統治タイプには集権・分離型，分権・分離型，集権・融合型，分権・融合型の4つがあるが，わが国の場合，戦前は府県が国の総合出先機関であり市町村にも小さな自治権しか認めず，多くの業務が国家行政として行われてきたので「集権・分離型」システムであった。戦後は府県，市町村を完全自治体とし一定の自治権を認めながらも，その業務の大半を国に機関委任事務の執行に費やしてきた「集権・融合型」システムであった。行政学者らのが通説的な説明，論理構成はここにある。

　集権・融合型の中央地方関係ゆえ，国が上級官庁，地方が下級官庁の構図となり，補助金，通達，行政指導を通じて国のコントロールが微に入り細に入り行われてきたといってよい。

　これまでの集権・融合型統治システムのメリットは，国の強い指導力で官民の分野に強いリーダーシップを発揮し，公権力によって全国に統一的で公平な行政サービスを実現できた点で優れている。このメリットが遺憾なく発揮されたのは，明治以降，「追いつけ追いこせ近代化」に向け，官民すべてのエネルギーを総結集することで，欧米に伍する経済大国をつくることができたことある。所得は増え，モノも増え教育機会も拡大し国民は豊かになった。

　しかし，どんな仕組みでも半世紀以上たつと時代に合わなくなる。まして100年以上も経つと時代そのものと大きく変わる。統治システム自体，時代に合わなくなってしまう。実は日本の中央集権体制はその典型例ではなかろうか。日本全体が現在，閉塞感に覆われている基本要因はここにあると見ることもできる。公共サービスに多様性を求め，迅速な処理と住民参画の機会拡大を求める動きが強まれば強まるほど，このシステムの問題点が浮かび上がってこよう。

これを変えるために地方分権改革が始まったが，統治システムの大転換はそう容易な話ではない。中央集権体制に慣れ，さまざまな既得権が存在する。国の省庁官僚や族議員らは集権のメリットは依然大きいとして既得権を死守しようとする。他方で，分権体制に活路を見出そうとする自治体の首長や議員は分権のメリットを強調し，さまざまな改革の提案をするが，しかしそれも一様ではない。独自の政策能力に対する不安や脆弱な財政力，格差拡大への不安が渦巻き，自治体も一枚岩で分権化を主張しているわけではない。特に規模の小さい自治体になると，分権化は望ましいとしながら，その改革に腰が引ける。全国町村会などは反対ないし慎重な態度をとる。

こうした構図の中で2000年の「地方分権一括法」が施行され，地方分権改革が始まった。その改革の最大のポイントは各省大臣が知事，市町村長を地方機関（事実上，部）と位置づけ，国の業務を執行委任していた561項目にわたる機関委任事務制度が全廃され，多くが自治事務化された点である。

地方自治の原則は，自己決定・自己責任の原則に加え，自己負担の原則が確立されていることである。日本の場合，3割自治ともいわれ地方独自の税財源が少ない。そこで歳入の自治の確立を目指し，法定外普通税の許可制廃止，法定目的税の創設，個人市町村民税の制限税率が撤廃され，起債許可制も廃止され事前協議制になった。これに加え，地方分権の受け皿となる市町村の規模拡大が図られたことである。2000年以降，"平成の大合併"と称する大ぶりの市町村合併が推進され，この10年間で3,232市町村が，前述の通り，1,719へ大幅に合併統合されている[4]。

もとより，こうした地方分権改革が進められているが，確かな「哲学」「方向性」が見えない。地方分権に踏み切った以上，後戻りはできないが，地域主権の国をめざすのか，そこそこの分権化でお茶を濁すのか，目指す分権国家像がはっきりしない。この点は先にも指摘した。

先の集権・融合型の説明モデルでいうと，地方自治が充実している国として分権・分離型国家と分権・融合型国家がある。しからば，日本がめざすべき分権国家像はどこなのか。筆者（江口）は明確に分権・分離型国家を目指すべき

と考える。地域に内政に関する基本的な統治権を移し，外形上，財政調整と政策のガイドラインを示すかかわりしか国は関与しない，それが地域主権型道州制国家の基本的な像である。

2．地方分権一括法の施行と限界

では2000年の分権改革はどうだったか。分権化という以上，指向するのは，分権・分離型国家か分離・融合型国家ということになるが，2000年改革の内容からして，わが国の分権改革は分権・分離型国家を指向しているのか，分権・融合型国家を指向しているのか，はっきりしない。一定程度地方自治の質が高く，財政調整や政策のガイドラインを示す役割を国に残すべきだというなら，北欧型の分権・融合型の国家を指向すべきであり，一方，国にそれらのガイドラインを示す役割も残さないとするなら，欧米型の分権・分離型の国家を指向すべきであろう。それらを前提とした分権改革が進められなければならないとは言え，いずれにしても，その点，機関委任事務制度を全廃した第1期分権は評価される。

日本の国会は，1999年7月に「地方分権一括法」（以下，一括法と呼ぶ）を成立させた。これは，地方自治法をはじめとする475本の法律を一括して改正する法律である。これを地方分権一括法と呼び，地方分権改革の第1期改革としている。その内容は大きく次のような柱建てと内容から成り立っている[5]。

機関委任事務の廃止

第一に示されているのが，「国及び地方公共団体が分担すべき役割の明確化」である。国は「国際社会に置ける国家としての存立にかかわる事務，全国的に統一して定めることが望ましい国民の諸活動，もしくは全国的な視野に立って行なわなければならない施策及び事業の実施などを重点的に担う」とされ，自治体は「住民の福祉の増進を図ることを基本として，地域における行政を自主的且つ総合的に実施する役割を担う」ということになった。短く言えば，国は

全体にかかわるマクロな仕事，自治体は地域に住民に係るミクロな仕事をすることが，それぞれの役割であることが明言されたのである。

このように役割分担が改めて明確に示されたということは，それまでは，言葉のうえだけでなく，実際の仕事面でも国と自治体の所在が不明瞭だったことを表している。

そうした問題を解決するための具体策として，まず機関委任事務が廃止されることとなった。先述したように，機関委任事務とは，自治体の首長を国の「地方出先機関」とみなして事務を行わせるもので，都道府県の事務の7～8割，市町村の事務の3～4割ほどにも及んでいた。

機関委任事務を実際に行うのは自治体だが，自治体は国の定める画一的な基準にしたがわざるを得ず，住民のニーズや地域の特性を反映させるのが難しかったり，また責任の所在がはっきりしないといった問題があった。また，国は自治体の機関委任事務に関して包括的な指揮監督権をもっているため，国・都道府県・市町村があたかも上下関係にあるかのような関係がかたちづくられてしまった。

「地方分権一括法」では，この機関事務制度そのものが廃止され，地方自治法や個別法を改正することによって，自治体がこれまで行ってきた仕事の一部を国が直接行うことになり，自治体の行う事務が自治事務と法定受託事務とにわけられた（図5-1）。

繰り返しになるが，自治事務とは，原則として自治体が自らの責任と判断で行う事務であり，法定受託事務とは，自治体が行う事務であっても，本来は国が行うべきものと判断されるもので，国が事務の処理基準をつくったり，指示などの強い関与を行うことが認められている。

そうした意味では，法定受託事務は機関委任事務に近いが，法定受託事務に関する条例を制定できることなど，地方議会の権限がおよぶ点で，機関委任事務に比べれば，自治体の主体性が多少発揮できるようになっている。

自治事務の具体例としては，都市計画の決定，土地改良区の設立認可，飲食店営業許可，病院・薬局の開設許可などがあり，法定受託事務の具体例として

図 5-1 地方分権一括法で何が変わったか

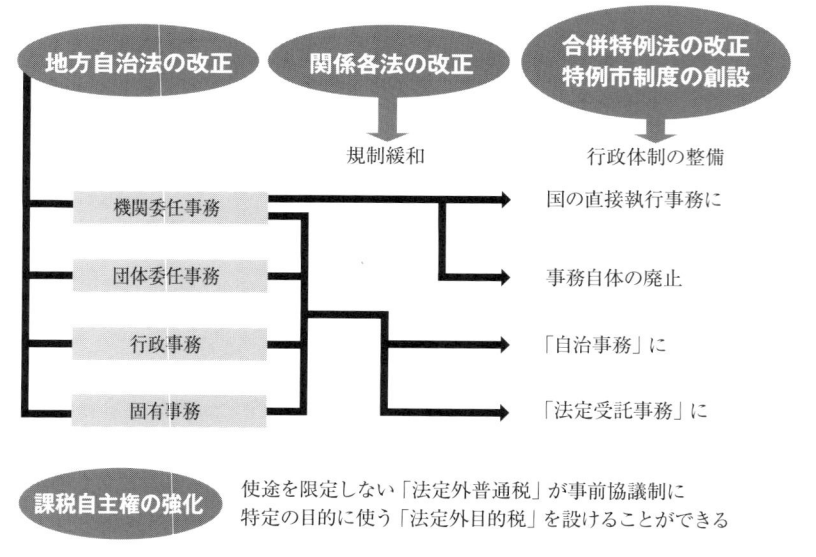

地方自治法の改正 / 関係各法の改正 / 合併特例法の改正 特例市制度の創設

規制緩和　　行政体制の整備

機関委任事務 → 国の直接執行事務に
団体委任事務 → 事務自体の廃止
行政事務 → 「自治事務」に
固有事務 → 「法定受託事務」に

課税自主権の強化　使途を限定しない「法定外普通税」が事前協議制に
特定の目的に使う「法定外目的税」を設けることができる

（資料）　江口克彦『地域主権型道州制がよくわかる本』（PHP研究所，2009年）

は，国政選挙，旅券の交付，国の指定統計，国道の管理などがあげられる。

　こうした変更によって，自治事務と法定受託事務の割合は 55 対 45 となり，「一括法」以前に比べて，自治体が行う国の仕事の割合は減少することになった。

　しかし，「一括法」制定のための諮問機関だった地方分権推進委員会は，当初の論議で，法定受託事務の割合は 15％にすべきとしており，これに比べると「地方分権一括法」は大きく後退したといえよう。

国の関与を縮小

　機関委任事務制度を背景として，「一括法」以前は，国から県，県から市町村に対して，指示や許認可，事前協議の義務づけなど，さまざまな「関与」が認められてきた。自治体は仕事をやる上で，国あるいは県などから，いろいろな指図を受けてきたのである。こうした関与のなかには，根拠が不明瞭な「通

達」（現在は，「通知」と改められている）によって行われるものや，膨大な書類を要求するものなどがあり，行政の透明性，効率性という点で改善が求められていた。

「一括法」では，こうした問題を解決するために，法令による根拠をもたない関与は認められなくなり，地方自治法の中に，自治事務，法定受託事務ごとに，関与の基本類型が置かれた。そして関与はその目的を達成するために必要最小限のものとし，自治体の自主性や自立性を配慮することが定められたのである。また，関与を行う場合も，原則として書面を交付することや，許可・認可などの場合は審査基準や標準処理期間を設定し，それを公表することなどが定められた。

さらに，国の関与について自治体側に不服があるときは，その適否を審理する第三者機関（国地方係争処理委員会）が設けられることになった。これによって，国と自治体は，より対等な関係に近づいたと一応評価できるだろう。

この改革によって廃止あるいは関与には具体的には図 5-2 に示したようなものがあり，この分野においては，各自治体は自主的な決定を行うことができるようになったのである（省庁の名称は一括法成立時のまま）（図 5-2）。

ここで説明が必要なのは，「承認」「許可」「認可」と「同意を要する協議」に実質的にどのような違いがあるのかということである。「届出」や「協議」は，国あるいは都道府県の同意がとくに必要ではないのだから，関与はないと考えられる。

しかしながら，「同意を要する協議」は，国あるいは都道府県の同意が必要とされるわけで，従来の「承認」「許可」「認可」と何が違うのかという疑問がわいてくる。

その違いを明確にすると，これまでの「承認」「許可」「認可」は，国あるいは都道府県が了承すると言うまでは認められない制度で，国あるいは都道府県はいろいろと注文をつけることができた。これに対して，「同意を要する協議」では，国あるいは都道府県が同意をしない場合の条件が限定されている。

都市計画を例にあげれば，都道府県の計画に反しないならば，都道府県は市

図 5-2　廃止された関与，緩和された関与

廃止された関与

○市町村防災会議に対する都道府県防災会議の指示
○教育長の任命にかかわる文部大臣および都道府県教育委員会の承認
○市町村立学校の組織編成等についての都道府県教育委員会による基準の設定
○生活保護事務に関する都道府県および市町村に対する厚生大臣の指揮監督ならびに市町村に対する知事の指揮監督
○知事が漁業権の変更等によって生じた損失の補償金額を決定するに際し必要な農林水産大臣の認可
○港湾管理者の臨港地区の設定に対する運輸大臣の認可
○公営住宅の管理等に関する建設大臣の指示
○公共下水道管理者等の行なう工事に対する建設大臣の監督、など

緩和された関与

○市町村営の土地改良事業計画の策定にかかわる知事認可が、同意を要する協議へ
○漁港修築事業の施行に関する農林水産大臣の認可が、届出へ
○地方債の発行にかかわる自治大臣または都道府県知事の認可が、原則協議へ
○法定外普通税の新設・変更にかかわる自治大臣の許可が、同意を要する協議へ
○重要港湾の港湾管理者が海岸保全区域の指定に関して協議に応じようとする場合に必要な運輸大臣の同意が、協議へ
○二級河川における河川整備基本方針等にかかわる建設大臣の認可が、同意を要する協議または協議へ
○都市計画区域の指定変更および都市計画の決定変更にかかわる建設大臣の認可が、同意を要する協議へ、など

（資料）　江口克彦『地域主権型道州制』（PHP 新書，2007 年）

町村の立てた計画に口出しすることはできないのだが，事業主体が都道府県で市町村が都市計画を決定するといった場合，市町村は都道府県の同意を得る必要があるということである。

権限の移譲

これまで国と自治体の役割分担が不明確だったこともあり，住民生活に身近な地域の事務についても，国が実施してきたものがある。「一括法」では，国と地方の役割分担の原則を踏まえて，国から都道府県，都道府県から市町村への権限の委譲も行われた。

また，人口20万人以上の市に対しては，希望に応じて「特例市」として指定し，都道府県の持つ一定の権限を包括的に移譲するという新たな制度も設けられた。

　この「権限の移譲」は「機関委任事務制度の廃止」及び「関与の見直し」

図5-3　権限移譲の具体的な例

1.国から都道府県へ
○重要流域以外の流域内に存する民有林にかかわる保安林の指定・解除等の権限
○2以上の都道府県の区域内にかかわる採石業者および砂利採取業者の登録および拒否等
○公共下水道事業計画の認可権限

2.都道府県から政令指定都市へ
○都道府県の都市計画決定の権限
○都市計画の決定権限（とくに広域的な判断を要する都市計画を除く）

3.都道府県から中核市へ
○中核市の県費負担職員研修の権限
○住宅造成工事規制区域の指定
○都市計画法にもとづく開発審査会の設置

4.都道府県から特例市へ
○住宅造成工事規制区域の指定
○土地区画整理事業施行地区内、住宅改良地区内、都市再開発施行地区内等の建築行為の許可等
○開発行為の許可権限

5.都道府県から市
　（一部については、福祉事業所設置町村を含む）へ
○児童扶養手当の受給資格の認定等
○商店街振興組合および商店街振興組合連合会の設立認可等

6.都道府県から市町村へ
○市町村立高等学校の通学地域の指定
○身体障害児にかかわる補装具の交付、身体障害児および知的障害児（知的障害者）にかかわる日常生活用具の給付
○犬の登録、鑑札の交付、注射済み票の交付

7.その他
○温泉の公共の浴用または飲用の許可（都道府県から保健所設置市または特別区へ）
○毒物および劇物の販売業の登録（都道府県から保健所設置市または特別区へ）
○建築基準法の許可事務等の一部（都道府県から建築基準法の特例により建築主事を置く市町村へ－建築審査会を設置した場合にかぎる）

　（資料）江口克彦・前掲書

と，次の点で異なる。「機関委任事務制度の廃止」は，これまで自治体が行ってきた仕事に関する責任の所在をはっきりさせることであり，また関与の見直しは，その仕事に対する国あるいは都道府県からの「口出し」を制限することである。

これに対し，「権限の移譲」は，国あるいは都道府県が行って来た仕事をすべて都道府県あるいは市町村に移すということである（図5-3）。

必置規制見直し，合併推進

必置規制の見直しも「一括法」の重要な一部となっている。必置規制という

図 5-4　必置規制の廃止，緩和の具体例

1. 付属機関にかかわる必置規制の廃止
○第三種漁港にかかわる漁港管理会
○都道府県水防協議会、市町村水防協議会

2. 職員にかかわる必置規制の廃止
○農業委員会に置かれる農地主事
○青年学級主事、青年学級講師
○公営住宅監理員、改良住宅監理員

3. 付属機関にかかわる名称規制の弾力化
○都道府県児童福祉審議会
○都道府県環境審議会
○都道府県職業能力開発審議会

4. 行政機関または施設にかかわる名称規制の弾力化
○身体障害者更生相談所

5. 職員にかかわる名称規制の廃止
○児童福祉司、身体障害者福祉司、知的障害者福祉司

6. 職員の資格、専任、配置基準等にかかわる必置規制の廃止
○公立図書館館長の司書資格規制の廃止
○医療監視員の資格規制の廃止
○計量に関する事務に従事する職員に対する計量教習所の受講を義務づける資格規制

7. 職員の資格、専任、配置基準等にかかわる必置規制の緩和
○食品衛生監視員の必置規制
○栄養指導員の必置規制

（資料）江口克彦・前掲

のは法律用語ではないが，行政実務用語として「都道府県にはXの資格をもったY専門員をN名置かなければならない」「市町村はM名の委員から構成されるZ審議会を設置しなければならない」というように，自治体に対して，特別の資格をもった職員，施設，付属機関の設置を義務づけることを必置規制と呼んでいる。

　こうした施設や職員は自治体が地域のニーズに応じて独自に設置すれば事足りるのだが，必置規制があるばかりに自治体の効率的な組織運営が阻害されるという側面が多々あった。「一括法」では，自治体の自主組織権を尊重し，施設等の統合など，行政の総合化・効率化を促進するため，必置規制の廃止・緩和が行われたのである（図5-4）。

　地方分権一括法には，自治体が自主的・自立的な行政活動を行いやすくなるよう，自主的な市長村合併を推進するための財政支援，地方議会における議案の提出要件の緩和など，いくつかの措置が盛り込まれていた。例えば合併すると，合併関連事業に大幅な特例債発行が認められ，その7割を国が貸してくれる，10年間交付税はカットされないという財政優遇策が行われた（図5-5参照）。その合併特例法のアメに目をつけ，その優遇策に乗じ合併へ多くが走っ

図5-5　市町村合併に向けた支援策（例）

1. 自主的な市町村合併の推進
○住民発議制度の拡充
○都道府県知事による合併協議会の設置の勧告
○普通交付税の算定の特例期間の延長
○合併特例債の創設
○地域審議会の設置
○市となるべき要件の特例
2. 地方議会の活性化および議員定数の見なおし
○議案提出要件および修正動議の発議要件を緩和（現行8分の1を12分の1へ）
○議員定数の見なおし−市の議員にかかわる人口区分を大括り化
3. 中核市の指定要件の緩和
4. 特例市制度の創設−20万人以上の人口規模を有する市

（資料）　江口克彦・前掲書

た。これが時限立法であったことから期限ぎりぎりのところで合併を議決する自治体が急増し，雪崩のような合併現象が起きたのである。

3．「地方分権一括法」の効果とは何か

　国と自治体の役割を区分し，自治体の自立的な活動を促進することを目的として始まった「地方分権一括法」の施行であったが，実際にはどのような効果をもたらしたのか。筆者は「地方分権一括法」の効果については，評価すべき点もあるが，懐疑的な点も多々ある[6]。

　評価すべき点として，例えば，都道府県の機関委任事務だった狂犬病の予防事務が 2000 年 4 月から市町村に移譲され，飼い犬の登録手数料なども市町村が独自に設定できるようになった。この結果，引越の際，住民票の移動に市町村の役所に行き，犬の登録には都道府県の保健所に行くといった二度手間が不要となった。また，それまで一律 3,000 円だった登録手数料を値下げする自治体が現れたり，狂犬病予防注射の証明である注射済み票交付にも料金の差が出るようになった。

　これに対して，高い料金を支払わなくてはならない自治体の住民の間には不満の声も上がっているが，一方では，市町村が競争して料金を下げることは，長期的には効率的な住民サービスを提供することにつながると評価されている。

　選挙における投票時間も「地方分権一括法」によって影響を受けている。1998 年 6 月に施行された「改正公職選挙法」では，低下が目立つ投票率のアップを目指して，投票終了時間が午後 8 時までに延長された。しかしながら，都市部に比べて投票率の高い農村地域が多い自治体では，時間延長の効果を疑問視する声が多かった。「一括法」では，これまで都道府県選挙管理委員会の承認が必要だった国政選挙や地方選挙の投票時間変更が，市町村選挙管理委員会の届け出だけですむ。すなわち，特別な事情がある場合，投票開始時刻の 2 時間以内の繰り上げ及び繰り下げ，投票終了時刻の最大 4 時間繰り上げが，市

町村の判断でできるようになったのである。

　このように，確かにこれまで自治体の自由にならなかったことが自由になったのは確かであり，それなりの効果が出ていると評価もできる。

　しかしながら，その内容は地域の活性化や自治体経営の根幹を変えるような分野までにはいたっておらず，地域が大胆な変貌を遂げるというほどの効果は全くみられていない。

　ひとつ注目された法定外課税の運用についてである。「地方分権一括法」が施行され，自治体の課税自主権が強化された。使途を限定しない「法定外普通税」が，総務省による許可制から総務省との事前協議制に変わることになり，また，特定の目的だけに使う「法定外目的税」を設ける事も可能になった。

　法定外普通税は，自治体の財政危機がとりわけ深刻だった1950年代に，全国自治体の約3分の2で導入された。なかには，犬の飼い主に課税する「犬税」や看板に課税する「広告税」などがあった。しかし，現在，「地方分権一括法」で事前協議制になったあとでも，その数は15県・7市町にとどまっている。

　しかも，その税収の総額はさまざまな税制改革が提案され，法定外普通税の創設が華やかだった2005年度決算でみても919億円，地方税収総額の0.26％ほどでしかない。

　新設された法定外目的税の導入にうちても，2007年度を例にみると，29都県・4市町村が行っている。税の種類としては環境にかかわるものが多く，岐阜県が乗鞍環境保全税，山梨県の富士河口湖町が遊漁税，福岡県の北九州市が環境未来税，沖縄県の伊是名村が環境協力税，そのほか27県が産業廃棄物税などを設けている。環境関連以外では，東京都の宿泊税，新潟県柏崎市の使用各燃料税がある。しかし，これもその税収の総額は2005年度決算で75億円，地方税収総額のわずか0.02％ほどにすぎない。

　このように，法定外普通税と法定外目的税を合わせても，地方税収額全体の0.3％にも達しないなのである。これは，主な財源は国がにぎっているために，法定外普通税にしても法定外目的税にしても，課税対象となりうるものが基本

的にかなり制限されているからである．これでは，いくら自治体の課税権が拡大されたといっても非常に限定的であり，自治体がみずからの裁量で自立的な地域経営をしていくためには，あまり大きな効果が期待できるとは言えない．

4．税源移譲なくして「分権なし」

　このように「地方分権一括法」は施行されたものの，あまり大きな変化はない．それはなぜかと言えば，「地方分権一括法」による分権はやはり中途半端だということである．

　確かに，実現可能なところから始めるという意味では，「一括法」は画期的な改革と評価できるかもしれない．いくら理想をいっても，その理想があまりにも現実とかけ離れてしまっていては，理想を実現する事はできない．しかし，一歩前進しただけで満足していては，理想にたどり着く事はできない．

　「地方分権一括法」によって自治体の裁量は確かに増え，自治体みずからの創意と工夫で地方行政を行える範囲は多少拡大した．しかしながら，現在の地方自治の大きな課題の一つは，行政サービスを巡る受益と負担の関係が断絶しているために，つねに財政支出がふくれあがる傾向になってしまうというところにある．

　もっとわかりやすく言えば，霞ヶ関の中央政府が国税として全国から税金を集め，それをまた各自治体に分配しているために，自治体住民が何のためにどのくらい自分が税金を払っているかが不明瞭になっているということである．

　自分の地域で行う事業やサービスに対する自己負担がわからなければ，あれもこれもと欲しくなるのは当然であろう．その結果，住民の甘え，たかり，依存心，責任転嫁が生まれ，そのために無駄や非効率を引き起こし，財政を膨らませてしまう．借金が増え，税金が高くなって行くのも当たり前である．

　もっと重要なのは，より多くの権限と独自の税財源を地域が掌握しないかぎり，地域の経済を活性化させるのは難しいということである．

　だが先述した通り，東京への一極集中は進む一方である．東京にはありとあ

らゆるものが存在し，どんどん豊かになっているが，その一方で地方は元気を失い，かつて賑やかだった商店街もシャッター通りとなったところがたくさんある。そうした地域が活性化するためには，地域自らが活性化のプランをつくり，みずからが自由にできるお金でそのプランを実行に移していかなければならない。

　確かに，いくつもの権限が国から自治体に移譲された。しかし，その中身といえば，非常に細かな権限ばかりで，特定政策領域のごく一部について権限を認められたというだけに留まっている。これではその政策領域全般に関する大胆なプランづくりはできない。家づくりに例えるならば，土地の大きさも建物の構造も間取りも内装も外壁の色もすべて決められていたところに，外壁の色だけは自分で決めてもいいが，その他はダメと言われているようなものである。確かに，外壁を街の雰囲気に合わせたり，あるいは自分の好きな色に塗ることができて，それはそれで嬉しいことではある。

　しかしながら，家族構成やライフスタイルに合わせた間取りにし，お気に入りのインテリアを揃え，あるいは，地域の環境にあった建物にするといったような，住みやすい家をつくることはできない。

　必要なことは，家作りに関しては，その家に住む人の判断にすべてまかせるというようにすることである。つまり，政策領域における権限の一部を移譲するのではなく，その政策領域後とすべて権限を移譲すべきだということである。

　また同時に重要なのは，自分の自由になるカネで実行するということである。国からお金が回ってきても，それが自分の自由にならないのであれば，地域のニーズや地域の活性化にふさわしい使い方はできない。いや，仮に国からのお金がすべて自由に使えたとしても，同じことである。なぜなら，自分が負担するのでなければ，その使い方を真剣には考えないからである。地域みずからのお金を使うからこそ，地域が本当に必要とする地域にふさわしい政策をつくるのである。それでこそ知恵や工夫がわいてくるし，やりがいも生まれてくるし，また効率的にお金を使おうと努力するようになるのである。

地方分権推進委員会が実現可能なものから改革を始めるとして，機関委任事務などの廃止に全力をあげ，税財源の問題に大きなメスを入れてこなかったことは理解できる。しかし，これから将来を考えるならば，税財源の問題をこのまま棚上げにしていては根本的な解決にはならないだろう。

　税財源の移譲に関し，2001年になって小泉内閣が成立すると，「地方にできる事は地方に，民間にできる事は民間に」をスローガンに，小さな政府の実現に向けた，いわゆる「聖域なき構造改革」の一貫として，「三位一体の改革」が推進されるようになった。三位一体の改革とは，①国庫補助負担金の廃止・縮減，②税財源の移譲，③地方交付税の見直しを，一体的に行おうというものであった。

　具体的にこの改革が始まったのは，2004年度の予算からで，2006年度予算をもって一応の決着をみた。この3年の間に，全体として国庫補助負担金が約4.7兆円，地方交付税（地方交付税および臨時財源対策債）が約5.1兆円それぞれ削減される一方，約3兆円の税源移譲が行われた。差し引き6.8兆円の地方財政の縮減である。

　この三位一体の改革は，税財源の分権化という視点からすると，国から地方に回る補助金を減らし，地域自らの税源を増やすと言う意味においては，中央集権の弊害をなくす方策としては間違ったものではない。しかしながら，中央集権体制そのものが，中央政府の立場に立つものであるから，方策として間違っていなくとも，そこには自ずと限界が出てくる。数字をみてわかるように，国から自治体へ分配されるお金の減額よりも，移譲された税源が著しく少なくなり，自治体は財政的に非常に苦しい状態に陥ったのである。これには国全体の支出を削減し財政再建をしようという政府の方針があるのだが，自治体の側にとっては，中央集権体制を使った，中央政府による「いじめ」のように見え，自治体のみならず，各方面から今も批判がなされている。

　もう一つの問題は，三位一体の改革の中に，権限の移譲が組み込まれていなかったことである。国全体の財政再建は必要な事であり，そのため国から自治体に分配されるお金が減額されることは仕方のないこととしても，それと同時

に自治体が自らの創意工夫で地域を発展させることができるよう，国がもつ権限は税源とともに大幅に移譲されるべきだったのである。

　先ほどの「家づくり」を再び例にすれば，外壁の色以外は，土地の大きさも建物の構造も間取りも内装もすべて決められているにもかかわらず，その家づくりにかかる費用を削減しろと言われているようなもの。家づくりには，外壁以外に自由がきかないのだから，コストの下げようがない。したがって，生活費を切り詰めるとか，教育費を切り詰めるとか，そういった努力で凌いでいかなければならなくなったのと同じである。

　別の言い方をすれば，三位一体の改革は地方分権のための，すなわち地方を活性化させるための政策というよりは，むしろ財政再建のためのものであり，もし，地方分権を本気で拡大させるのであれば，権限の移譲も一体的に行う「四位一体」の改革でなければならなかった。こうした意味でも三位一体の改革は，きわめて不十分，地方に取ってはかえって厳しい改革と評価せざるを得ない。

5．構造改革特区の試みと限界

　もっとも，権限の移譲については，小泉内閣時代に三位一体の改革と同時並行で進められてきたのが構造改革特区であるが，これは一つの試みを行ってきたという評価はできる。その目的は，各地域の特性に応じて産業の集積や新規産業を創出することによって地域経済を活性化し，それを日本中に広げて国全体の経済活性化を図ろうというところにあった。

　もう少し具体的にいえば，経済・教育・農業・社会福祉などの分野に置いて自治体や民間事業者が自発的な立案を行い，それが具体的であり法令にも適合している場合，その立案に基づいて一定の地域に限定して規制を撤廃・緩和する制度だが，これまでの経済政策と違って国からの財政支援はない。また，特区で行われた政策が期待された効果を上げた場合，全国に拡大されることになっており，地方分権や規制緩和の実験場という位置づけがなされていた。

　2002年の7月に最初の提案募集があってから，例えば2007年4月までに合

わせて13回の募集があり，その間に3,500を越える提案が寄せられている。認可第一号の一つとなったのは群馬県太田市（清水聖義市長）の外国語教育特区で，小学校から高校までの国語などを除き，すべて英語で授業を行うという構想であった。以来，各地で経済活性化を目的とした特区申請がなされてきた。

　しかし，回を重ねるごとに提案数も認定数も減少傾向になった。その理由としては，一度どこかが申請して却下された提案に対しては，次に申請しても却下されることが分かるので申請が行われなくなる。特区に認定されても，次の段階でまた新たに手続きが必要になるので，面倒になってしまう，などがあげられる。

　例えば，「どぶろく」をつくる特例は認められても，それを地域外に販売するには，また別の許可が必要になるなど，一つのハードルを越えても次のハードルが出てくる。結果的に申請の数も少なくなり，またそのスケールも小粒になってしまった。また，認定と同時に事業が成功しても，それが全国的にみとめられるようになると先行利益がなくなって，その事業が立ちいかなくなってしまうケースも出てきた。

　このように，構造改革特区の試みは，確かに権限の移譲や規制の緩和の特例という，地方分権にとって非常に重要な要素を盛り込んだものであったが，それもまた限定的な移譲や緩和であり，十分に効果を出しているとは言い難い。結局，構造特区の試みは尻窄みになってしまった。

　現在の中央集権体制では，いかなる改善策を講じようと，おのずと限界が出てくるということであろう。

　構造改革特区の試みより，理念としてさらに進んでいるのが，道州制特区である。これは2006年に成立した「道州制特区推進法」で，北海道（あるいは三つの移譲の都道府県が合併して）の提案に基づいて国がその権限を移譲することによって，地方分権を拡大し，道州制への移行を展望するという実験的な要素もある。

　現在のところ，三つ以上の都道府県が合併するというケースはなく，事実上

は北海道だけがこの法律の対象，すなわち道州制特区となっている状態で，法律の中にすでに8項目にわたって移譲対象事業が示されている。

しかしながら，その内容を見ると，開発道路にかかわる直轄事業や二級河川にかかわる事業，商工会議所に対する監督の一部，鳥獣保護法にかかわる危険猟法（麻酔薬に使用），国等が開設する医療機関に係る公費負担医療等を行う指定医療機関等の指定，直轄通常砂防事業の一部，民間林直轄治山事業の一部，調理師養成施設の指定と監督に限られており，道州制に向けたモデルをつくるという状況からはかけ離れている。政府は本気になって道州制をつくろうとしているのか疑われるようになっている。

また，常々，筆者が言及しているのは，道州制特区である北海道の知事も，よくこれに唯々諾々と甘んじていると，不思議でならない。北海道では，市町村，経済界，道民から，今後の道州制特区の展開にむけたアイディアを募集していたが，検討されたものをみると，馬を自宅で飼えるようにするとか，道内の大学医学部に北海道の人達を優先する枠を創設するとか，権限の移譲というよりも構造改革特区でも行えるような特例を求める程度のものに留まっている。そのような程度であった。

権限の移譲とは，特例を認めてもらうというのではなく，その地域が，特定の分野において決定権を持つということに他ならない。なぜ，そうしたところまで踏み込めないのか。北海道にも，言い分はそれなりにあるだろう。政府の官僚がその権限を手放そうとしないから，あるいは，これまで中央政府から手厚く保護されてきた北海道の政治家や官僚，そして道民が自主独立で地域経営をして行くことに対して，一種の怖さをもっているからとか，そのような言い訳があるかもしれない。しかしながら，結局のところ，北海道の知事も経営者も住民も「自主独立の気概」がほとんどないということが言えるのではないか。だから，特区でありながら，結局は，霞が関の官僚の指示のままに文句の一つも言わないし，アイディアも出てこないのではないかと思う。

北海道は，「地域主権型道州制」の実現に向け，全国を導いて行くチャンスを与えられているのだから，将来の日本の繁栄のために，腹をくくってこの道

州制特区に取り組んで行くべきである。政府と激烈に闘ってでも、大幅な権限を奪取すべきではないか。

一方、「道州制特区推進法」のほうにも大きな問題がある。この法律の第6条には、「特定広域団体は、関係市町村の意見を聴いた上で、議会の議決を経て、内閣総理大臣に対し、基本方針の変更（法令の特例措置の見直し等を含む）についての提案をすることができる。内閣総理大臣は、道州制特別区域推進本部（以下「本部」という）の議を経て、提案を踏まえた基本方針の変更をする必要があると認めた時は、遅滞なく、本部が作成した基本方針の変更の案について閣議の決定を求めなければならない。（提案を踏まえた基本方針の変更をしない場合も、本部の議を経ることが必要）」とある。

いわゆる「提案権」であるが、これほどの検討・審議過程を経ずとも、道州制特区の首長からの提案は直ちに無条件に実行させるようにすべきではないか。そうしなければ、地域に根ざした大胆な施策を実行するのは極めて難しい。結局、道州制特区とは名ばかりのものとなり、結果を出すことはできない。

政府に道州制特区を失敗させようとする意図がないとすれば、「提案権」ではなく「実行権」を与え、道州制特区らしい活動ができるようにすべきであったと筆者は考える。これは現在も変わっておらず、道州制推進の気風を殺いでいる。

注
1) 2009年秋の臨時国会の鳩山由紀夫首相「所信表明」参照。
2) 佐々木信夫『新たな「日本のかたち」』（角川SSC新書、2013年）参照。
3) 江口克彦『国民を元気にする国のかたち』（PHP、2009年）参照。
4) 佐々木信夫・前掲書第2章参照。
5) 以下の各項目の説明は、江口克彦『地域主権型道州制がよくわかる本』（PHP研究所、2009年）参照。
6) 同・前掲書参照。

第2部

道州制の設計と分析

第6章　道州制の意義と諸論点

1．道州制の定義

　これまで，東京一極集中，中央集権体制の功罪，そして今始まった地方分権改革とその限界について，縷々論じてきた。その狙いは，こうしたわが国の状況を打破する，次に来るべき新たな「国のかたち」として道州制国家への移行を提言する布石であった。これからの国家のあり方に関する視点は，中央集権体制に代わる新たな国家像は地域主権国家である，というのが筆者の基本的な考えである。その国家を成す道州制も巷間さまざまな論議が重ねられてきた歴史はあることは重々承知の上でだが，結論的には従来にはない「地域主権型道州制」が望ましいというのが筆者の本研究での提言であり，その立証が本書の目的とするものである。以下の章ではそれに関し，いろいろな角度から論証していきたい。

　巷間言われてきた道州制論は，分権国家論，広域化論を背景とするものであり，政再建論として大増税を回避するため，統治機構の大胆なスリム化を図るものとして論じられてきた。さらに最近ではこれに，東日本大震災など新たな国家的危機を乗り越え，国を再生させるための地域間競争の考え方を入れた地域再生論が加わっている。

　それ自体，いずれも背景としては正しい認識だが，本書では，公共部門に市場メカニズムの働くような，地域間競争による国民経済の活性化を道州制のメインテーマに据えている。換言すると，経済学とりわけ公共部門の経済学（つまり公共経済学）の視点から道州制問題を取り上げているといってもよい。

　公共部門にある種市場メカニズムが働くよう地域間競争の原理を入れ，道州政府間の政策競争，各道州広域圏の圏域間競争といった，水平的な競争関係を

生み出す統治システムへの転換を「地域主権」という概念を打ち建てることで構想し，国民経済，地域経済の活性化により国民生活を豊かさにする切り札として「地域主権型道州制」を取り上げようとするものである。その点，「地域主権型道州制」はヨコ型の地域間競争メカニズムを作動させることで，従来のタテ型の「集権的統治システム」から地域圏を開放し，元気な日本をつくろうという，ある種公共分野に市場メカニズムの発想を持ち込もうという考え方に立脚している。

もっとも，こう述べたからといって「道州制」というキーワード自体に現在，学術的なコンセンサスがあるわけではない。論者によってイメージする道州制の形態もその中身もさまざまである。況や国民的な合意が形成されているわけでもない。

本書でも「地域主権」については吟味したが，「道州制」については明確な定義もせずに話を進めてきた。そこでまず，「道州制」とは何かの定義から始めよう。

先にも述べたが，道州制（または地方制）という言葉は，戦前の1927年（昭和2），田中義一内閣の行政制度審議会における「州庁設置案」をめぐる時からの論議である。そろそろ100年経とうとする。そして敗戦直前，1945年（昭和20）6月に都道府県を包括する地方総督府を設置した際にも論議された。そして戦後になると，さまざまな機関や団体からさまざまな道州制構想（ないし地方制構想）が繰り返され提唱されてきた。ただ，いずれも，道州制（または地方制）という共通の呼称を用いながら，その制度の設計はすべて異なっていた。

強いて言えば，そのすべての道州制構想に共通していたのは「道または州と呼ばれる新しい機関または団体の管轄区域として都道府県の区域よりも原則として広い区域を予定していたことのみである」（西尾勝『地方分権改革』東京大学出版会，2007年，151頁）[1]。

ここで西尾が「原則として」と言っているのは，ほぼすべての道州制構想において，新しい北海道または北海道州の区域は現在の北海道と同一としていたからである。したがって，道州制とは何かと問われれば，「都道府県よりも原

則として広域の機関又は団体を新たに創設しようという制度構想の総称」と答えるしかない（西尾・前掲書）。

西尾は続けて，「道州制構想に賛成ですか反対ですかと問われても，およそ誰にも答えようにない質問なのである」とも述べている（西尾・前掲書151頁）。

そうしたことから，ここでは道州制とはまず大ざっぱに「現在の47都道府県に代わる10程度の道州を広域自治体として置き，そこを内政の拠点とするもの」と定義しておきたい。

この間，都道府県制度の変容には著しいものがある。平成大合併を契機に府県は一方で「空洞化」にさらされ，他方，府県機能の純化の過程で「広域連携」の要請に遭遇することになった。府県はこれから，府県固有の仕事である広域的事務，大きなプロジェクトの実施について，より「広域化」という軸を基礎に隣接府県と協力する形をとる必要が生ずると同時に，国のブロック機関との二重行政の批判や同ブロック機関や国の本省機能の移管要請が強まり，府県再編と道州制がセットで行われていく，一つの道筋が考えられる。

もとより，今後の展開について慎重な見方もある。例えば，平成の大合併で府県機能が空洞化しているという点については，「『平成の市町村合併』が都道府県の再編成を不可避にする可能性はきわめて低い」。ただ「今後の第2次期分権改革において都道府県から市区町村への事務権限の大幅移譲が進められれば，そのとき都道府県の合併か，道州制への移行かという選択は現実味を帯びることになろう」（西尾・前掲書）という見方である。

つまり，市町村へ仕事を移し強化する改革が進むかどうかが，道州制論議のポイントになるという話である。ひとつの現実的な見方とも言える。

2．府県制度の歴史と道州制

歴史的に府県制度の性格をみると，もう少し踏み込んだ議論が必要であろう。わが国の歴史において，府県制度の見直しは第3段階のあり方に入ったとみてよい。

佐々木信夫の『道州制』(ちくま新書, 2010年) によると, まず第1段階の戦前の府県制度は, 明治憲法下の立法政策上置かれた府県制度で, 官選知事を有する国の総合出先機関としての性格が強かった, という。

第2段階の戦後に入ると, まず戦後から地方分権の始まる平成12年以前 (60年間続いた) までの, そこでの府県制度は, 戦後憲法下の地方自治が憲法上保障されたなかでの公選知事制に切り替わって以後の府県制度である。しかし, それは2000年3月まで続いた中央集権体制を前提とする機関委任事務制度下の府県制度である。完全自治体とはいうものの, 団体自治は空洞化した府県制度であった。この点は第1部で詳しく論じてきた。

そして, 第3段階の, 2000年4月以降である。「地方分権一括法」の施行等, 地方分権下の府県制度はどうあるべきか, という点を論じてみたい。各省大臣の地方機関, 部下と位置づけられた知事制, 市町村長制ではなくなったが, しかし, いまだ2000年以前の制度が残ったままである。この府県制度をどうするか, とくに内政について国土交通, 厚生労働, 文部科学, 税財政などの権限を各省が握ったままでよいのか。地域主権が議論される中, そのあり方が大きな焦点となってくる[2]。

このあり方として, 現行都道府県制を維持することの意義がどこにあるかという点である。筆者は府県制度は時代的使命を終え, それに代わる制度措置が「道州制」であるという論理構成に立つが, 一足飛びに話はそこに飛んではならないだろう。道州制にもいろいろな考え方があり, 定義すること自体難しいというのが西尾勝の見方であったが, ただ, そうは言っても大別することは可能である。佐々木信夫の類型化を参考にすると, 道州制は大きく3つとなろう (『道州制』ちくま新書, 2010年) (図6-1)[3]。

1つは, 議会を公選としながらも国の大臣に相当する官選知事ないし任命制の知事をおき, 自治権の小さな「地方府 (庁)」とする考え方である。

2つめは, 憲法改正をせず, 府県に代えて, 都道府県の統合と国の出先機関を包括し, 国からの行財政権限を移すことで権限の大きな広域自治体を「道州」とする考え方である。

図 6-1　道州制の類型

類　型	知　事	議　会	役　割	自治権	性　格
① 地方庁	官　選	公　選	不完全自治体	△	中央集権型道州制
② 道州制	公　選	公　選	広域自治体	○	地域主権型道州制
③ 連邦制	公　選	公　選	独立地方政府	◎	連邦国家型道州制

（資料）　佐々木信夫『道州制』（ちくま新書，2010 年）

　3 つめは，憲法を改正し，アメリカ，ドイツ，カナダのような連邦制国家に移行し，独立した地方政府を「道州」とするという考え方である。

　これまでも，あるいは今後もそうかも知れないが，中央集権体制を維持したい勢力にとっては①の地方庁（集権型道州制）を主張する傾向にあるし，今後も主張は続くであろう。保守政治家や官僚に多い考え方である。それは，新しい道州を国の各省の地方総合機関と都道府県に代わる広域自治体の性格を併せ持つ団体にしようという考えである。2000 年に全廃した機関委任事務制度の全面復活を示唆する考え方でもある。中央集権体制は，そのまま維持される。

　しかし，それでは戦前の府県制のような不完全自治体の復活になり，また 2000 年に」「地方分権一括法」で全廃した大臣の下請け機関に知事，市町村長を位置付ける上下主従関係の固定化にもつながり，戦後の民主化，地方自治強化の流れに逆行することになる。これからの日本で選択すべき道とは到底思えない。

　他方，徹底的に地方分権を進めるべきだとする識者のなかには，連邦制（連邦型道州制）を主張する者もいる。アメリカのような州を独立主体と位置づけ，立法権，行政権，司法権を有する独立地方政府とし，道州政府の委任した事業のみ連邦政府（国）が行うという考え方である。米国モンタナ州 1 州の面積しかないこの国を，連邦州に分割する意味があるかどうか。

　この連邦制については憲法改正が必要であるし，狭い国土の日本で独立州を認めるほど分割しバラバラにする意味があるかどうか，説得性に欠けるように思われる。

おおむねの合意が得られるのは道州制（分権型の道州制），つまり筆者の言う「地域主権型道州制」ではなかろうか。国家主権に対し地域主権は認められないという考えを持つ者もおり，保守政治家の中には呼称自体に抵抗感を感ずる向きもある。その点，地域主権型道州制とは呼びにくい面もないとは言えないが，第4章で記述した通り，地方分権より地域主権の方が国と道州を対等な関係と捉えることができるし，考え方としては道州の括りの広域圏を一つのマネージメントの主体と考えようということであり，地域レベルが統治権を有するというのも国民主権を基礎とする国家であるだけに受け入れにくいとは考えない。わが国が日本国として成り立つ最重要事項は完全に国が掌握しているからである。公選の知事と議会をおき，内政の拠点性をもった地方政府をつくる，そこを政治行政の主体にしていこうというのが「地域主権型道州制」である。これについて，このあと詳しく論じていく。

　分権化を進め「地域主権型道州制」へ移行する際，国の本省，地方出先機関の所掌事務と職員を自治体に移管すれば，国の行政機構は縮小され，国家公務員数は大幅に削減される。国を身軽にするという行政改革の1つの目的はそれで達成される。しかし，それが直ちに地方分権を進めることにつながるという保障はない。どうしても立法権の分権化，行政権に加え（一部司法権もどうか），立法権を保障した道州制が必要なのである。

　肝心なことは，これまで「国の事務」とされてきた事務権限について改めて精査し，この機会にこれを「自治体の事務」に変更した方がよいもの，「自治体の事務」に変更しても何ら支障がないものとしっかり選別することである。

3．道州制設計上の諸論点

　道州制を設計する際，さまざまな角度からそのイメージを構想していく必要がある。設計上の主な論点について，多方面に及ぶ。以下の諸論点について体系的に整理した著作として，佐々木信夫『新たな「日本のかたち」──脱中央依存と道州制』（角川SSC新書，2013年）がある。それも参考としながら，筆者の

考える主な論点について概観しておきたい。なお，この緒論点については，改めて第7章で詳しく論ずることにしたい。

〈第1論点〉 道州の区割りをどうするか

　明治時代の初期の廃藩置県以後，日本の47府県体制の枠組みは大きく変わっていない。これを10程度の道州に括りなおす「区割り」の問題は，国民が最大の関心を示すと思われる論点である。同時に，政治的にもなかなか難しい問題をはらむ。衆参とも選挙区の基礎は都道府県体制に置いているからである。また一般国民は現行の府県制度にそって「ふるさと」意識を有している。高校野球大会なども47都道府県対抗になっている。

　それはともかく，試論的に発表されている区割り案もいろいろある。現在の47都道府県を分割しない前提に立つと9～13通りぐらいになるが，例えば，新潟，静岡，長野，三重など2分の1，あるいは部分，あるいは幾つかに分割したほうが利便性は高まるといった意見を入れて試算すると，30通りも可能となる。

　第28次の地方制度調査会が示した区割り案は，例として3つをあげている。

　第1は，9道州という考え方である。これはほぼ国のブロック機関の管轄区域に相当する例で北海道，東北，北関東甲信越，南関東，中部，関西，中四国，九州，沖縄の9つ。

　第2は，11道州という考え方である。北海道，東北，関西，九州，沖縄は第1と同じだが，北陸，北関東，南関東，東海，四国，中国という区割りが違う。

　第3は，13道州という考え方である。第2の11州を基礎にしながら，さらに東北を北東北と南東北に，九州を北九州と南九州に分けて13とする考え方がこれである。

　このうち，いずれの例でも巨大さを誇る「東京」をどう扱うかが問題となる。

　9道州の区割り例でいうと，人口を約1,000万人，経済規模で40～50兆円

（国内総生産），1人当たり税収で50〜60万円が概ね標準となっているが，その場合，東京，埼玉，千葉，神奈川の4都県の東京圏は1人当り税収こそ他の区域と均衡しているが，人口規模でいうと3,500万人，経済規模でいうと164兆円と，他の道州の3倍〜4倍の規模になる。

　第28次地制調の答申でも，「東京圏に係る道州の区域については，東京都の区域のみをもって一の道州とすることも考えられる」と注釈を加えており，他の道州制の提案も東京の扱いに腐心している。なかには北関東と南関東に分割し，東京区部だけを独立した「都市州」にする考え方もある（例えば，佐々木信夫『新たな「日本のかたち」』角川SSC新書，2013年）。

　もとより筆者は，人口や経済規模だけに着目し，それを平均化するようにしようという区割りが絶対的に望ましいとは考えない。物流，人流など都市圏のエリアをひとつに捉えることが道州制を有効に機能させることになるからである。その点，東京圏の4都県は1つの大都市圏として一体的に活動しており，日常の生活圏として相互補完関係から成り立っている。これを分離した場合，果たして広域政策はうまくいくのかどうか。

　4都県で環境政策として共同で行っている「ディーゼル車規制」の例を1つみても，国土面積のたった3.6％を占める東京圏を分割することは道州制の移行価値を損ねる可能性がある。ただ，東京一極集中の結果，税収等が極端に東京圏に集中しているだけに，税制などを通じてそれをどうバランスさせるかが，大きな課題であることは間違いない。

〈第2論点〉道州の所掌事務をどうするか

　広域自治体として「道州」の所掌事務の範囲をどうするか。それによって道州制の性格も変わってくる。国と地方の役割分担をめぐる議論は昔からあるが，基本的に考えるべきことは，道州制に移行するなら，あらゆる仕事に国がくちばしを挟む，すなわち，補助金によってコントロールする体制は採用しないことである。

　国とその出先機関の仕事，府県の仕事をどうミックスするか，いろいろな提

案がある。例えば図6-2のような整理の仕方が可能ではないかと考える。国の役割を外交ほか対外政策と国内的統一事務に限定し，あとは道州と基礎自治体の地方2層制に委ねるという考え方である。ただ年金，医療，介護などの社会保障制度の骨格を決めるのは，国民共通にかかわる問題なので国の役割と言えよう（図6-2）[3]。

図6-2　国，道州，基礎自治体の役割分担

国
①皇室 ②外交・国際協調 ③国家安全保障・治安 ④通貨の発行管理・金利政策 ⑤通商政策 ⑥資源・エネルギー政策 ⑦移民政策 ⑧大規模災害対策 ⑨最低限の生活保障制度 ⑩国家的プロジェクト ⑪司法，民法，商法，刑法等の基本法に関すること ⑫市場競争の確保 ⑬財産権の保障 ⑭国政選挙 ⑮国の財政 ⑯国の統計・記録、など

道　州
①広域の公共事業 ②科学技術・学術文化の振興、対外文化交流、高等教育 ③経済・産業の振興政策、海外交易 ④地域の土地生産力の拡大 ⑤能力開発や職業安定・雇用対策 ⑥広域の公害対策、環境の維持改善 ⑦危機管理、警察治安、災害復旧 ⑧電波管理、情報の受発信機能 ⑨市町村間の財政格差の調整 ⑩公共施設規格・教育基準・福祉医療基準の策定、など

基礎自治体
①住民の安全安心、消防、救急 ②社会福祉（児童福祉、高齢者福祉など）、保育所・幼稚園 ③生活廃棄物収集・処理、公害対策、保健所 ④小中高等学校、図書館 ⑤公園、都市計画、街路、住宅、下水道 ⑥戸籍、住民基本台帳 ⑦地域振興に関わる産業・文化行政全般、など

（資料）　江口克彦著「地域主権型道州制」（PHP新書，2007年）に加筆修正

〈第3論点〉　市町村と道州の関係をどうするか

　中央地方関係の議論ともかかわるが，国と道州の関係をどうするかと同時に，基礎自治体と道州の関係をどう設計するかも重要な問題となる。特に基礎自治体を補完する役割が道州にあるという「補完性」の原則に立つと，議論の出発点が基礎自治体のあり方と絡むからである。筆者は基礎自治体に可能な限り大きな役割を与えるべきと考え，道州の役割は広域政策と基礎自治体の補完

に限定されるべきと考える。それでも、幾つもの各論的な論点が生じてくる。例えば以下のようである。

第1に、道州制へ移行する際、都道府県から市区町村への所掌事務の移譲をどう進めるかという点である。

第2に、20都市に増えた政令市、さらに中核市40、特例市41も加え国民全体の50％をカバーするまでになった都市自治体の扱いをどうするかがポイントとなる。

第3に、逆に小規模な自治体として残る町村と道州との関係をどうするかも問題となる。すでに全国町村会は『道州制の何が問題か』（平成24年11月）という報告書[4]のなかで、小規模町村にも規模拡大が求められ強制合併などが強要されるのではないか、と警戒感をあらわにしている。

確かに小規模町村の扱いは問題となる。ただ、規模拡大の方策はいろいろあるのではないか。例えば一つの考えとして、1万人未満の小規模町村については、国から義務付ける事務権限の範囲を窓口業務等に限定し議員を無報酬にするなど総じて身軽な自治体に改める特例団体（特例町村）を創設するという考え方である。そこで特例町村には義務付けないことになった基礎自治体の事務は、道州が垂直補完するか、近隣の都市自治体が水平補完するか、いずれかの仕組みをとったらどうか、という議論である[5]。

今後、どのような方策を講じようと、地理上の理由などから小規模町村が残ることは事実として認めざるを得まい。とすると、この垂直補完か水平補完かとういう方式論はともかく、何らかの形で市町村業務の補完機能を果たさざるを得ない。道州という、いま以上に広域化した自治体に、果たして補完機能を求めることが適切なのか、それとも近隣の都市自治体の水平補完方式が有力な選択肢になるのか、地元の意見も入れた議論が必要となろう。いずれにせよ、筆者は、地元の選択に任せたらどうかと考える。

〈第4論点〉 制度の柔軟性、移行方式をどうするか

制度の柔軟性や移行の方式をどうしたらよいか。つまり道州制を全国一律の

「標準型」に統一するのか，それとも東京圏や北海道，沖縄といった特殊な背景を持つ区域については「特例型」を認めるのか，東京特別州のような例外を認めるのか，といった制度の柔軟性も論点となる。その際，かつてのワシントンDCのような政府直轄区域といった統治形態の例外まで認めるのかどうかである。

また移行手順についても，①国は道州の予定区域を示す，②都道府県は，その区域の市町村の意見を聴き，一定期限内に，協議により当該予定区域に関する意見（変更等）を定めて，国に提出できる，③国は，当該意見を尊重して区域に関する法律案等を作成するといった流れが想定されるが，国主導でいっせいに移行せず，「条件の整った区域から順次道州に移行すべきである」といった考え方もある。

もとより，筆者は「条件の整った地域から」という考えは取らない。国が定めた法律によって一斉に移行するという考え方に賛成である。というのも，市町村の平成大合併は「自主合併」を大原則として進められたが，地元の意見，手続きの民主性を尊重するあまり，区域がまだら模様のような合併状況になっているのが現状である。制度設計上，これでよいかどうか。もし現行の47都道府県の中から「合併しない宣言」の県が出てきたらどうするか。そうしたことで，新たな国のかたちができるかどうか，大いに疑問である。

漸進的な移行方式ではなく，究極的には「道州設置法（仮称）」といった一般法の制定で全国一斉に移行する方式が望ましいのではないか。この点は西尾勝も「関係都道府県の意向を尊重するとしながらも，最終的には道州設置法（仮称）といった一般法の制定の基づく全国一斉の移行方式が採択されることになる。」[4]と同様の見方を示している。

〈第5論点〉 税財政の設計，格差調整をどうするか

さらに難問と思われるのは，新たな税財政制度の構築である。国税，道州税，基礎自治体税に何を充てるのか，その割合はどうすべきか，事務分担の在り方と深くかかわる問題である。さらに道州同士，基礎自治体同士のヨコの調

整をどうするか。地方交付税制度をどうするかとも関連し，現行制度でも格差問題は捉え方によって多様な意見がある。

　道州制移行に反対するひとつの理由として，財政力格差の拡大を懸念する声も強い。租税民主主義の立場からすれば，受益と負担はどこに住んでいようと原則的にはイコールなはずである。原則，そうした設計が望ましい。だが実際は島根県，鳥取県と東京都では税還元率に10倍近い開きがある。この現実を前に，財源格差の是正は不可欠なのが日本の現状である。

　例えば，税還元率（納税額に対するサービス等の還元額の比率）で計算すると，島根県が3.0，逆に東京都は0.3である。人口の多い地域の比率が低いのはある程度分かるが，ここまで差が開くと，還元率の高い地方には国に対する依存心が次第に強くなってくる。逆に還元率の低い都市住民には，どうせ自分の地域には返ってこないという気分が蔓延し，納税意欲の低下が懸念される。こうした税財政基盤の大きな格差がある中で，どうすれば道州制をスムーズに導入できるか。

　この問題については章を改めて論ずるが，ただ道州制移行に伴う税財政システムの最大の変化は，道州を構成する各州が独自の課税権を持つということにある。この場合，自立が大前提となる。その自立には自分以外のものから助けを受けず，支配も受けず，自分だけでやっていくという意味と，もう一つ，自律と表現されるように，自分の気ままを抑え，自分の立てた規範にしたがってセルフコントロールを続けるという，二つの意味が含まれる。イメージ形成のため，一つの試算を図6-3に掲載してみた。PHP総合研究所（筆者の社長時代の研究）の試算だが，A案，B案で示したように，問題は財政格差をどこまで調整するか，それによって税源の配分方法自体が変わってくるということである。

　日本の地方交付税制度は，国が集めた国税5税の一定割合（概ね3割）を地方間の格差是正に用いているが，今後の道州制を考えると，国の税財政差配から脱する意味でも，ドイツ型の水平調整システムを構想することも一つの考え

図 6-3　道州制の税財政（2案）

A 案

国	所得税、法人税、関税、酒税、その他	37兆円
道州	法人課税（外形）、相続税、地方消費税、タバコ税、揮発油税、不動産取得税、自動車税	35兆円
基礎自治体	住民税、固定資産税、軽自動車税、その他	40兆円

B 案

国	所得税・個人住民税の3分の1、酒税、タバコ税、関税	37兆円
道州	法人税、法人住民税、事業税、相続税、消費税、自動車関係税、印紙税	35兆円
基礎自治体	所得税・個人住民税の3分の2、地価税、固定資産税、都市計画税、不動産取得税、土地関係税	40兆円

（資料）　江口克彦『地域主権型道州制』（PHP新書, 2007年）

方かと思う[6]。

　ドイツは連邦国家なので，日本で考える道州制とは違うが，参考になるのではないか。ドイツでは基本法（連邦憲法）第30条で，国家事務は基本法に明示されていない限り，州の権限に属するという制限列挙主義をとっている。

　国（連邦）の主な事務は，国防，外交，通貨政策，社会保険，交通（連邦自動車道，ドイツ鉄道，航空交通）など，州の主な事務は文化，教育，地方自治，警察，社会扶助，産業振興などとなっている。

　連邦と州と市町村の税収構造は，それぞれの固有税（連邦税，州税，市町村税）が約28%で，残る約72%が共同税である。

　共同税は「協調的連邦主義」といわれる考えから生まれたもので，連邦と州の共同事務という概念（例えば，大学の拡張・新設，地域経済の構造改善，農業構造の改善など）があり，州の仕事でも生活関係の改善のため連邦の協力が必要な場合，これを州と連邦の共同事務とし，あるいは市町村が関わる場合，それにかかる費用は共同税から支出しようという考え方である。

例えば賃金所得税は連邦が42.5％，州が42.5％，市町村が15％，利子所得税は連邦44％，州44％，市町村12％，法人税は連邦と州が50％ずつといった具合である。州間，市町村間といういわゆる地方間の格差是正も連邦が調整する垂直的調整ではなく，自治体が自主調整する水平的調整という方策をとっている。

本書の主唱する「地域主権型道州制」という新しい国のかたち，統治機構へ転換する場合には，こうした考えも参考にし，抜本的な格差是正方策を構想することが求められよう。

〈第6論点〉　道州政府の組織設計をどうするか

国民に道州制のイメージが湧かない一つの要因は，県庁や府庁に代わる道州政府はどんなものになるのかが，全く示されていないという点である。これまでの道州制論議の中でここは大きく欠落している。具体的な道州政府の統治機構のあり方に関する設計をどう考えたらよいか。大きくは立法権，行政権の大幅な権限移譲を前提とした道州政府の設計を考えなければならないが，司法権についてはどうするのか，ほとんど議論は行ってきていない。ただ，地域主権型道州制といった自立度の高い道州を想定するなら，司法権についても基礎自治体，道州レベルに限定される道州条例違反などの裁判は「道州高等裁判所」で処理できるようにしたらどうかという考え方も成り立つ。簡易裁判所，家庭裁判所の役割も道州の裁判所に吸収したらどうか。

あるいは，国の所管に属する事案の第一審は管轄する地方裁判所が，地域公共団体の所管に属する事案の第一審は道州裁判所が担当し，第二審からは一本化し，高等裁判所，そして最高裁判所という司法構成も考えられる。

また，道州の統治機構については，例えば，①議会制度，選挙制度はどうするか（議員数。小選挙区と比例区の組み合わせか，中選挙区か），②議会，執行機関が別々に存在する2元代表制（大統領制）をとるとして，道州知事の権限，特別職の範囲と数をどうするか，③道州公務員の制度設計として国家公務員と地方公務員の融合，閉鎖型か開放型かいずれの公務員制度を採用するか，その数

をどうするか。また先にふれた④司法権の権限移譲として道州高等裁判所の創設などを行うのかどうか。統治機構の設計だけでも論点は多数に及ぶ。

　広範な立法権を持つ道州制とする場合，道州議会の構成をどうするかも大きな論点となろう。州議会の規模にもよるが，選挙制度をどうするか，現在の都道府県議会のように中選挙区制を維持するのか，それとも小選挙区制ないし比例代表制を入れるのか，あるいは，それらを組み合わせるか，政党間，地域間の利害関係も絡むだけにも大きな争点となろう。

〈第7論点〉　国の省庁改革をどうするか

　当然のことだが，道州制移行は地方制度改革に止まらない。道州政府を内政の拠点にする以上，国の省庁廃止，再編といった国政改革も視野に入る。その点，道州制論議は国政改革をも意味すると理解すべきである。この点を議論し始めると論点は多岐にわたり収拾がつかなくなるが，例えば，省庁の改廃だけに焦点を当てて考えてみると，次のような諸点が問題となろう。

① 　国土，農林，厚労，文部といった内政省は廃止し，道州へ移管する。
② 　外交，安全保障，危機管理，マクロな経済政策，財政金融政策といった機能は強化し，それにふさわしい省庁体制に再編する。その際，どのような外政中心の省庁体制が望ましいのか。
③ 　国会のあり方も当然問題となる。内政中心の省庁体制，国会体制を見直す以上，衆議院のあり方，参議院の役割，あるいは，一院制か二院制か，さらに議員数などをどうするか。監査機能等を入れるかどうかなど，国会機能のそもそも論からの議論が必要となる。
④ 　会計検査院は外部監査制度に変えるのか，公務員制度を大幅に変更し人事院などは廃止するのかどうか。
⑤ 　国と地方の財政の切り分けを行う仕組みとして現在「地方財政計画」があるが，果たして道州制に移行してもこれを必要として残すのか。それとも双方のかかわりを極力減らし（補助金，交付税のつながりなど），国と地方の基本的な税財政制度の抜本的な改革をするのか。

といった具合に，道州制は地方制度の大改革と同時に国家制度，国政のあり方の大改革を同時進行で実現する「明治維新」に匹敵する大改革となることが想定される。そこでは当然ながら，現行体制，既得権を維持したい守旧派と新たな体制を求める改革派の政治的な対立が激化することが予想される。問題は道州制の本質をよく理解させたうえで，選挙を通じて国民にいずれを選択するかを問うことになろう。

4．地域主権型道州制—その概略

縷々述べたように，道州制をめぐってはさまざまな論点が多岐に存在し，制度設計も容易な話ではない。それはともかく，これからの具体化の中で形づくられていく問題だが，ここでは改めて中央集権型道州制でもなく，連邦制型道州制でもない。筆者が選択すべきと考える「地域主権型道州制」について，あらためてここでポイントを概説しておきたい。

（1） 地域主権型道州制導入の背景

「地域主権型道州制」への移行，明治維新以来続いて来た中央集権的な国家の統治システムを根本的に変えるという改革である。つまり，中央＝国が，地方＝自治体をコントロールするというこれまでの国のあり方を破壊し，地域は地域で自分の責任と独自の判断で政治を行って政策を展開し，国は国全体に係わる機能だけを果たしていくという仕組みをつくることが「地域主権型道州制」の導入である。

では，なぜいま「地域主権型道州制」が求められるのか。道州制一般論としてこれまで述べてきたが，改めて地域主権型道州制移行との関連でその理由を述べると，次の点である。まず，現在の行政単位は狭すぎるということである。交通網や移動手段が発達し国民の生活圏が拡大した現代においては，徒歩や馬での移動を前提として作られた市町村や都道府県という行政単位は物理的に狭過ぎる。それと同時に，広域な行政課題も増加してきている。環境問題，

廃棄物処理問題，少子化にともなう地方大学問題，広域消防問題，救急病院問題などは，現在の市町村，あるいは都道府県の領域ではなく，さらに大きな地域を視野に入れなければ解決できない。

　こうした課題を克服するために，市町村は平成の大合併で，それまでの3,200あまりから1,719ほどに統合され，また政府の行政大綱では今後1,000を目指す事になっている。こうなると，人口100万人といった規模の大きな政令指定都市がたくさん生まれてくることになり，都道府県という広域自治体の規模が相対的に小さくなると同時に，その役割も十分に果たせなくなっているし，ますます，小さくなってくると考えられる。

　現在，都道府県と同格とされる政令指定都市は20ある。そのうち例えば1つの県に政令市が3つある神奈川県の場合どうか。横浜市と川崎市，相模原市の区域を除くと，県の行政力が及ぶ範囲は，県人口の40%足らずでしかない。こうした状況が各地で生じれば，都道府県の存在理由はどんどんなくなっていく。市町村合併が進めば進む程，都道府県より，大きく地域全体の調整を果たして行く広域の自治体が必要となる。

　さらに人口減少時代の到来も，「地域主権型道州制」を求める理由となる。例えば，鳥取県の人口は約60万人，島根県の人口は約74万人であり，その数は年々減少している。このまま推移すれば，両県の人口はやがて現在の半分以下になるだろう。そうなれば地域の行政が立ち行かなくなるのは必至である。このような人口減少は何も鳥取と島根に限ったことではなく，他の地域も大なり小なり同じ問題に直面するであろう。こうした事態に備えるためにも，都道府県より広域の自治体が必要となる。

　もっとも，地方の人口が減少するのは，日本が人口減少の時代を迎えていることだけが原因ではない。むしろ，中央集権的な国のあり方が東京一極集中を引き起こして，東京が人口を吸収していることのほうにこそ，大きな原因がある。このままの状態では地方の社会資本がいくら整備されても，ヒトもモノもカネも情報も，東京に吸い取られるストロー現象を引き起こしてしまう。交通インフラを整備すればするほど，ヒトは東京に集まってしまう。したがって，

都道府県より大きな広域自治体をつくるだけでは不十分であり，中央集権的な国のかたちにメスをいれなければ意味がない。

　また，中央集権は無駄と堕落を生む元凶でもある。国が全国画一的に地域政策の基準を決め，運用の細部まで地方に指示し実施させて来たことが，需要に合わない社会資本整備など多くの無駄を生んできた。中央からいかに多くの事業を地元に持ってくるかが国会議員の主要テーマになってしまい，政策本位の政治が行われなくなった。知事，市長など首長たちにとっては，少しでも多くの補助金をもらってくることが主要な仕事となってしまい，米搗きバッタのように頭を下げて，ひたすら，永田町の政治家，霞ヶ関の官僚に陳情を繰り返す。筆者が国会議員となって間近にその光景を目の当たりにして感じることは，極論すれば，失礼ながら，物乞いのようで，気の毒なほどであるということである。

　こうしたことが結果として全国各地の均等的発展を促進したとも言えるが，同時に地方の個性を抹殺し，個性ある発展を阻害するとともに，財政の肥大化を招いて債務を拡大させてしまった。そして，国民にも，甘え，たかり，依存心，責任転嫁など悪しき影響を与えるようになったのである。

　さらに，地域主権型道州制移行を，いまもっとも真剣に考えなければならない理由は，経済がグローバル化するなかで，日本がいかに生き残って行くか，その方策を過去に捉われず，根本から考えることが不可欠だということである。東京だけ，あるいは東京圏・首都圏だけが繁栄するのではなく，全国各地，いたるところが繁栄するようにしなければ，日本はグローバル化が深化する今後の国際社会のなかで競争に敗れ，近い将来，経済的にも二流国，いや三流国になってしまう可能性がある。世界と競争していくためには，東京一都市，首都圏だけではなく，日本の各地にも少なくとも10〜13の繁栄の拠点を作って行かなければならないと，筆者は多くの人たちに訴え続けている。

　こうした現在の日本が抱えるいくつもの問題を解決するには，都道府県より規模の大きく強い財政基盤のある広域自治体＝道州をつくり，そこに皇室，外交防衛，安全保障，金融，移民，年金，医療，介護の骨格を決める政策といっ

た国全体にかかわる政策領域を除き，それ以外の権限と税財源を完全に移譲し，地域のことは地域の判断と責任で行うようにする必要がある。

別の言い方をするならば，これまで国がやって来た仕事の多くを道州みずからの判断と責任において行い，また都道府県がやっていた仕事の多くを基礎自治体がみずからの判断と責任において担うということである。こうなると行政サービスにおける受益と負担の距離が縮まり，その関係を地域住民が明確に把握できるようになる。また住民が非常に近い距離で行政をみていくので，行政は情報を公開し，効率の高い仕事，また住民が満足する仕事をやらざるを得なくなる。

一方，現在の中央政府は，地方への関与が大きな割合を占めるようになっており，それに多くの時間とエネルギーを使っているが，道州や基礎自治体に仕事を移すことによって，外交・安全保障や治安維持と行った国全体にかかわる役割に専念できるようになる。このように，「地域主権型道州制」は，中央集権を打破し，その権限の受け皿として，道州をつくり，日本の発展を保証するという，全く「新しい国のかたち」なのである。その新しい国のかたちを一刻も早く作り上げなければ，日本は衰退して行く以外にないだろう。

（2）「地域主権型道州制」のかたち

各論的なポイントについては後に章を分けて詳しく論述するが，ここではイメージ形成のため「地域主権型道州制」のかたちについて具体的に述べておきたい。道州制の区割りについてもいろいろな考え方が混在しており，そのどれにも一定の理由があるが，ここではまず12州への再編をモデルに説明しておくことにしたい。

また，基礎自治体である市町村についても，歴史，文化，風習などを踏まえると，これも一概には決められないが，行政コストがもっとも効率的になると試算される人口15〜40万人程度の規模，全国に300の基礎自治体，すなわち現在の小選挙区を基本として，再編するのが望ましいと考えるが，市町村の再編は平成の大合併をみても政府が考えた目標通り進むという保証はない。場合

によっては，各道州が，まずは規模を前提とせず，自由に基礎自治体の規模を決めるとしてもよいと考える。いずれにしても，道州の区割り，市町村の規模，数については，今後それぞれの案に十分な検討を加えながら，最終的な結論にいたるべきであろう。

道州の区割りより，もっと重要なことは，現在の国＝中央政府がもつ権限と地方自治体がもつ権限を，「基礎自治体は何をすべきか」「道州は何をすべきか」「国は何をすべきか」という発想のもとで根本的に分類して，それぞれ国と道州ならびに基礎自治体に振り分けるとことである。

詳細は後述するが，おおざっぱに言うと，国の役割として皇室，外交・安全保障，危機管理といった安全の提供，年金や医療保険などの国民基盤サービス，通貨，金融システム，移民問題などのルール設定と監視，外国人参政権の禁止や外国人による不動産売買の禁止，麻薬及び向精神薬の取り締まり等。また道州の役割としては警察機能，社会資本整備，生活環境整備，危機管理，災害復旧，経済・産業政策，労働・雇用対策等。基礎自治体の役割としては生活保護等の福祉関連，保健衛生，教育文化といった国民にとってより直接的，また身近なサービスの提供が考えられる。

もちろん，この役割分担についても議論を重ねて決めていかねばならないが，大事なことは，国，道州，基礎自治体が独立した形でその役割領域の事項については決定が行われるようにすること，中央が地域の活動を公式非公式に規制したり，コントロールする状態を排除するということである。各地域がみずからの創意と工夫で決定ができればこそ，地域住民の生きがいや満足感が生まれてくるし，地域のニーズや特性に最適な行政サービスや政策が行えるのである。そして，その結果として，膨張しきった行財政の効率化や停滞している経済の活性化がもたらされる。また，地方も元気になる。

こうしたかたちの道州制は，幾度も指摘してきたように，「地域主権型道州制」と呼ぶべきと考える。「地方分権」の延長線上の道州制，すなわち，中央集権を引きずったままでは，「中央」と「地方」の相変わらず，「分権」（権限を分け与える）という言葉が意味するように，「中央」である国と「地方」であ

る自治体の間に上下関係，縦の関係があるという印象をぬぐいきれない。あくまで中央政府，道州そして基礎自治体は，ただ役割が異なるだけであり，お互いにその立場は対等であり，横の関係である。

　垂直的な政府と自治体の関係ではなく，水平的な政府と自治体の関係に置き換える。であるからこそ「地域主権型」という表現を使うのである。従来からの「地方分権」という言葉からは自主，主体性，責任の意味は出てこない。

　各道州，そして各基礎自治体がその政策領域においては中央政府から支配されない「主権」，主体性をもっていることを示すためには，「地域主権」という修飾語を「道州制」という用語の前に付すべきなのである。この地域主権型道州制は，前述のように，ある講演会の質疑応答のなかで，筆者が使用した言葉であるが，今日では多くの分野で一般に使われるようになった。

（3）　課税自主権，税率決定権，徴税権

　地域主権型道州制の設計において，その地域の「主権」を担保するために大切なことは各道州に課税自主権を与える必要があるということである。いくら役割分担を国の政府と道州，基礎自治体の間で明確にしたとしても，道州や基礎自治体が自前の財源をもてず，これまで通り中央政府から地方交付税や補助金などというかたちで財源を分配分与されていては，「主権」，すなわち主体性を保つのは困難である。

　「主権」を保つには，言うまでもなく自分の意志で集められる財源が必要である。そこで各道州，そして基礎自治体には，国の政府から干渉されず，自らの意志によって課税し，税率を決定し，徴税できる権限が付与されなければならない。

　さらに言えば，国の政府の財源については，国の政府は道州の公共財であるとういう観点にたって，各道州がそれぞれの域内総生産（GDP）の大きさによって，「国費分担金」として負担するようにしてもよいかもしれない。国連の財源を加盟国が各々の国力に応じて負担するのと同じ発想である。そのような国費負担金システムによって国は道州という各地域共通の「公共財」であるとい

う認識が醸成されると考えられる。

　また，この「国費分担金」システムは，道州制導入を議論する時に必ず問題となる地域間の財政力格差を自動調整することにも繋がるだろう。現在は国が国税として徴税した財源を財政力の低いところに分配するシステムであるが，「国費分担金」システムでは財政力の低いところは最初から負担額が少なくなるのであるから，あらためて調整する必要がなくなる。試算によれば，一人当たりの負担額は，東京特別州だけが平均の2倍となり，他の州については，同等の負担額となる。

　もちろん，地域の力に応じて負担額を変えるだけで，地域間格差が是正されるわけでない。限界集落などに対応する補助が道州レベルでは不十分なときには，全国レベルでサポートすべき場合も想定される。しかしながら，こうした場合でも，国の政府が道州に対して補助を行うのではなく，道州間で水平調整するといった対応が望ましい。

（4）　国会議員と国家公務員は半減する

　国，道州，基礎自治体の間で役割を明確に分けるとなると，それに応じて行政組織や立法組織も再編されなければならない。具体的にいえば，これまで国の役割とされていたものが，道州や基礎自治体に移転するわけだから，中央省庁も国会も，かなりスリムなかたちになろう。

　中央省庁については，2001年に施行された「中央省庁等改革基本法」に基づいて，それまでの1府22省庁が，1府12省庁に再編された（現在は防衛庁が省に昇格）。この目的は，縦割りによる弊害をなくすと同時に内閣機能を強化し，事務および事業の減量，効率化をするところにあった。

　実際に，これがどのような効果をもたらしたかについては，詳しい検証はなされていないが，ほとんどその目的は果たされてはいないと言えるのではないだろうか。多少人員が削減され，事務の効率化がはかられたものの，民間企業の経営改革からすれば，それほど評価するに値しない。一本の羊羹を23に切っていたものを，13に切り直したのと同じで，全体の大きさはほとんど変わ

っていない。

　「地域主権型道州制」導入による中央省庁の再編は，2001年の再編とは根本的に異なるものになる。なぜなら，2001年の再編は，今行っている役割をそのままに保ちながら，効率化だけを図るための統合だったのに対し，「地域主権型道州制」による再編では，役割自体がなくなるので，統合ではなく「削減」になるからである。

　例えば総務省に各局を置くが，それは各道州がそれぞれ関連する事業を行うときに，国全体の立場から，各道州にアドバイスや助言ができるようにするものであるからである。

　また，中央政府の役割が少なくなったのだから，それらに関する法律を定める役割をもつ国会議員の数も減らすのが道理である。先ほど，区割りの話のなかで，市町村の合併をさらに進めて，現在の小選挙区制をベースとした300の基礎自治体を作る事を提案したが，衆議院議員の数はそれに合わせて300名，そして参議院議員の数は各道州から10名ずつとして，道州の数にもよるが，合計100〜130名にする。

　こうすると，衆議院議員の数は現在480名だから，約四割の削減，参議院議員のほうは現在242名だから約5割の削減と言う事になり，国会議員にかかる費用が全体で半分近く削減することができる。もちろん，国会議員の一人当たりの報酬を現在の二倍にすることも可能になるし，たとえ現在のままでも政策担当秘書を何人か増員することができる。

　また，参議院は，もともと利害関係が審議に大きく反映する衆議院とは異なって，利害から離れた良識をもって審議をする場，すなわち「良識の府」であることが期待されてきた。しかし，実際には，衆議院議員と似たような選挙方法で選ばれると同時に，政党の締めつけ，制約が強いため，その機能について疑問がもたれ，あるいは衆議院が決めた事を追認するだけのものではないかと批判され，「参議院無用論」まで出ている。

　道州がそれぞれの人口にかかわらず，対等な立場として同じ数の代表を国会に送ることになれば，明らかにこれまでの参議院と異なり，各道州がみずから

の立場や利害を踏まえながら，国全体にかかわる審議を行うことが可能になる。参議院の刷新という意味においても，「地域主権型道州制」の導入はまことに意義深いものになるはずである。

　このように「地域主権型道州制」の導入は，国の政府並びに国会の役割を削減させ，それにともなって人員を削減させることになる。一方，多くの人が懸念するのは，国の政府や国会がこれまで担って来た役割の一部が，道州並びに基礎自治体の仕事として区分けされることによって，それら道州の行政組織や議会の人員を増やすことになるのではないかということだろう。

　確かに，道州も基礎自治体も，これまで行ってこなかった仕事をやることになるわけだから，仕事量が増え，その分の人も負担しなければならないと考えるのは当然かもしれない。しかし，それでは中央政府がいくらスリムになったとしても，国全体としてはスリムになるとは言えず，意味がない。

　国の仕事が道州に移れば，いままで都道府県が行っていた仕事が基礎自治体に移行され，いままで市町村がやっていた仕事の多くが民営化されたり，NPO化されれば，それぞれ道州も基礎自治体も決して多くの職員を抱えなければならないということにはならない。

　まして，「地域主権型道州制」が導入されれば，受益と負担の関係が明確になり，また，決定・実行・チェックの距離が縮まることで無駄が発生しにくくなる。いまは考えられない程の技術の進歩によってIT化，情報化は高度化するであろうから，それらを徹底活用し，さまざまなイノベーション，工夫を行うことによって，地域の行政は，かなりの効率化がはかられる。したがって，役割が増えたからと言って，それだけ大勢の雇用が必要にはならず，現在よりも，はるかに少ない雇用で行政事務を処理していくことができるだろう。いや，それぞれの地域がそうした努力ができるような環境をつくるのが，筆者の主唱する「地域主権型道州制」の狙いなのである。

（6）　地方交付税と補助金は廃止する

　第Ⅰ部の章でもこの問題についてはいろいろと論じたが，現在の自治体は，

地方交付税や国庫補助金を通じて，財政の多くの部分を国に依存しているほか，本来は自由な裁量があるべき地方税についても，国から大きな制約を受けている。財政的に国に依存している限り，いくら人口規模が大きくなり，また役割分担が区分されても，自主独立の地域経営はできない。こうした状況を断ち切るには，各基礎自治体，各道州が自前の税財源を確保することが必要になる。

その具体的な方法として，まず地方交付税と国庫支出金を廃止する。地方交付税は国から自治体への財政移転としては，もっとも重要なもので，2006 年度を例として見ると，47 都道府県 1,820 市町村のうち，地方交付税をもらわなかったのは，都道府県では東京都と愛知県のわずか二都県だけ，市町村では全体の一割にも満たない 169 の自治体となっている。大多数の自治体にとって地方交付税は歳入の重要項目となっており，自治体全体の歳入総額の約 20％に及ぶ。

一方，国庫支出金，いわゆる補助金は，1980 年代に大幅に削減され，現在は自治体全体の歳入総額の約 13％となっているが，使い方が限定されているため，国が自治体の行財政運営をコントロールする手段となっている状態に変わりはない。まずは，こうした国から自治体への財政移転を廃止することによって，国から自治体への財政を通じて支配，管理，コントロールを断ち切ることにする。

ただし，地方交付税と国庫支出金を廃止すると，自治体の財政は立ち居かなくなる。そこで新たな税の仕組みをつくりあげなければならない。これについては，いまのところ二つの基本的な方向があると考えられる。

その第一が，前述したように，各道州にみずからの意思によって課税項目と税率を決定し，徴税できる権限を与えることである。そして，国の政府の財源については，国が独自に確保するのではなく，国の政府は道州の公共財であるという観点に立って，各道州がそれぞれの域内総生産（GDP）の大きさによって「国費負担金」として負担するようにする。国連の財源を加盟国が各々の国力に応じて負担するのと同じ発想である。こうすることによって，道州は国の

政府の支配下にあるのではないという認識も醸成されるに違いない。

　また，この「国費負担金」システムは，道州制導入を議論するときに必ず問題となる地域間の財政力格差を自動調整することにもなる。現在は国が，国税として課税した財源を地方交付税などによって財政力の低いところに分配するシステムであるが，「国費負担金」システムでは財政力の低いところは最初から負担額が少ないのだから，あらためて調整する必要がなくなる。試算によれば，一人当たりの負担額は，東京特別州だけが平均の二倍となり，他の道州についてはほぼ同等の負担額となる。

　一方，基礎自治体の財源については，基礎自治体が独自に課税権をもち，課税項目と税率を決定し，みずからの財源を確保する方法がまず考えられるし，また，道州から基礎自治体の規模や特性に応じて分担することも考えられる。道州が置かれている環境や特性は異なるので，これについては，道州がそれぞれ，みずから決定すればよいと考える。つまり，道州内の税金のシステムは12州なら12通りあってもかまわないということである。いや，税制だけでなく，すべての行政制度は12通り，すなわち，「1国12制度」でよいだろう。

　第二の考え方としては，各政府レベルの役割を明確に区分けしたように，税源も国，道州，基礎自治体に区分けをするということである。現在のように同じ課税ベースから税収を国，都道府県，市町村が分け合っている状況のもとでは，納税者は合計した負担だけを意識することになり，市町村，都道府県，国がそれぞれ提供する行政サービスとそれらに対する負担の関係を正しくは把握することができない。

　国と地域の行財政にかかわる受益と負担の結びつきを明確にするという観点からすれば，まず，どの税目がどの行政レベルで使われるのかを明確にし，そのうえで国も道州も基礎自治体も，みずから税目や税率を自由に決定できるようになる。住民にとっては，国，道州，基礎自治体がそれぞれ何にどれだけ使っているかがチェックしやすくなり，またそうであるからこそ，国，道州，基礎自治体も効率的かつ効果的な仕事をするようになるのではないだろうか。

　あるいはまた，この「国費負担金」システムだけではなく，国と道州，そし

て基礎自治体で税目を分ける方法も考えられる。ここでは単なる例示にとどめるが，具体的には，次のA案・B案のように，国，道州，基礎自治体は，それぞれに税を徴収するのである。

【A案】
国＝所得税，法人税，関税，酒税など。
道州＝法人課税（外形），相続税，地域消費税，タバコ税，発揮油税，不動産取得税，自動車税など。
基礎自治体＝地域住民税，固定資産税，軽自動車税など。

【B案】
国＝所得税，酒税，タバコ税，関税など。
道州＝法人税，法人住民税，事業税，相続税，地域消費税，自動車関係税，印紙税など。
基礎自治体＝地域住民税，地価税，固定資産税，都市計画税，不動産取得税，都市関係税など。

これに限らず，方法論的にはいろいろ選択肢はあると思うが，要するに，道州と基礎自治体がそれぞれ課税自主権，税率決定権，徴税権を掌握する。重要なのは国が各地域に財源を分配するという現在の制度を根本的に改めるということである。

基礎自治体について一言加えれば，平成の大合併で，合併した市町村が必ずしも満足していないのは，苦労して合併をさせながら，肝心な税財源の移譲が，ほとんど行われなかったからではなかろうか。

（7）日本に元気を取り戻す

「地域主権型道州制」移行の究極の狙いは，日本という国を元気にすることである。

その中身を少し分解して述べると，まず第1に，「日本全国を元気にする」ということは東京だけを繁栄させるのではないということである。地域格差をなくし，全国各地を「繁栄する拠点」にし，日本全国丸ごと活気のある，明る

い地域にするのである。

　第2に，それを実現するために，「中央集権体制」を打破することである。

　第3に，規則回避，責任回避，秘密主義，画一主義，自己保身，形式主義，前例主義，セクショナリズムの官僚制を改めることである。

　第4に，国民一人ひとりが安心，安全で，楽しく，生きがい，やりがいを感じる日本社会をつくることである。

　第5に，21世紀の競争の厳しいグローバル化のなかで，東京一カ所だけでなく，日本各地が発展の拠点となり，日本全体で諸外国と競っていけるようにすることである。このためには，少なくとも12～13カ所の繁栄する拠点をつくらなければならない。

　第6に，多様性（地域個性）のある国土を形成することによって，日本を海外から見ても魅力のある国，投資したい，観光にいきたいと思われる国にすることである。

　第7に，その結果として，財政の効率化，無駄の排除，簡素化を実現することである。

　こうした目的のもとに形成される「地域主権型」の道州は，その規模も決して小さくはない。そもそも日本を12分割しても各道州の人口規模は平均1,000万人であり，ギリシアやポルトガルとほぼ等しく，北欧三国やスイスなどより多い。一道州当たりのGDP 3,800億ドルは，EU一国当たりのGDP 4,500億ドルに及ばないが，アメリカ一州当たりのGDP 2,500億ドルを上回る規模になる。

　課題は，そうした擬似国家それぞれがいかに多様な政策をみずからの力で打ち立て，それを実行に移していけるかどうかというところにある。現代における経済発展の要素は，経済インフラを共有する各地域の機動的且つ多様な経済活動である。

　ただし，国の政府と道州あるいは基礎自治体の役割と税財源を分離し，地域の「主権」を確立したとしても，それは環境設定を行うことでしかなく，それだけで機動的且つ多様な経済活動が約束されるわけではない。その「主権」と

みずからの地域の特性を駆使して競争力を高めて行く能動的な努力が不可欠であり，それを行うのは「人」ということに他ならない。

「地域主権型道州制」になって中央官僚のキャリアが道州に移動し，各道州で活躍するようになれば，道州はますます大きな力を発揮することになる。これまでの地方自治体の行政マンは中央の支配のもとにあり，多くの判断を中央に委ねてきたため，ミクロな判断はできたとしても（吏員型官僚公務員），みずからの判断でマクロな経済・産業政策をつくるのは急には難しいだろう。

一方，これまで国というマクロな立場から政策立案をしてきた国土型（官僚公務員）は，「地域主権型道州制」のもとでは，道州においてこそ，その力を発揮する場所があたえられる可能性がある。地域のミクロな事情に詳しい人材とマクロな見知から政策を考えられる人材の融合に地域の経済発展の鍵があるだろう。

いずれにしても，今後は，「地域主権型道州制」の制度設計と道州への工程表作りを進める一方で，みずからの力で地域の発展モデルを描ける人材の養成を官民一体となって取り組んで行く必要がある。道州公務員制度の設計が大きなカギを握ることになる。

（8） 変わる国と地域の財政規模

さてここで気になるのは，地方交付税や補助金を廃止して新たに税の仕組みを変えたとしても，国も道州，基礎自治体も財政的に果たして本当にやっていけるのかということである。これに対しては，まず具体的な数字を示して，説明したい。

国，都道府県，市町村が担っている役割を，これまで述べて来たようなかたちで，国，道州，基礎自治体に区分けをし直すと，それぞれの財政規模が大きく変わる。具体例で言えば，2007年度財政の例でいうと，国の財政規模は約く83兆円だったが，これがほぼ半分以下になるということである。

その内訳は，地方交付税制度の廃止で14兆円，後に説明するが，「公的債務共同管理機構」の創設による公債費の削減で17兆円，役割の再編にともなっ

て地方補助公共事業費と社会福祉及び保健衛生費などの国庫支出金の削減で合わせて15兆円ほど削減される。これによって国の財政規模は37兆円となる。

　一方，地方の財政規模も合わせて83兆円ほどになっているが，公債費の削減13兆円，そのほか合併による歳出削減14兆円によって，56兆円となる。それに国からの権限移譲によって行う行政費用とし義務教育の負担や社会保障関連費並びに公共事業費20兆を加えると76兆円となる。

　このように国も地域もそれぞれに財政規模が縮小されるが，財源移譲後のそれぞれの歳入をみると，税収と諸収入を含めて，国がほぼ40兆円，地域が合わせて75兆円になると計算され，マクロベースではほぼ予想される歳出をカバーする事ができるようになる。

　もっとも，この数字は現在の数字を基にして粗っぽく算出したものであり，細かく積算すると数字に多少のズレが生じるだろうが，それはあまり大きな問題ではない。重要なことは，道州・基礎自治体がそれぞれのその権限で歳出と歳入をコントロールできるという点である。自らの創意工夫と努力によって，歳入を増やしたり歳出を減らしたりできるのであり，それによって地域の必要や事情に応じた財政運営が行える。つまり，道州，基礎自治体が財政規模自体を変えられるのである。

　もとより，地域によって財政力に差が出てくるのは確かである。財政力の不足分は，それぞれの地域の創意工夫で補っていくというのが，「地域主権型道州制」の基本的な考え方ではあるが，やはり同じ国のなかで生活環境・水準が極端に異なっては好ましくないので，地域間の格差を是正するための財政調整システムというものも考えなければならない。

　多くの国は，連邦制を採っている国でさえ，分権分離型国家体系のなかでも，ある程度の垂直的財政調整の制度を有している。つまり，国が地方の財政調整の役割を果たし，財政格差の是正をしている。

　ただ，日本の場合，極端に強い垂直的財政調整ゆえ，地方自治体に財政自主権がほとんど存在しないというのがこれまでの大きな弊害で（自治という観点からすると），考え方として地域主権型国家への移行の際は，意識して水平的財政

調整の仕組みを構築しなければならないと考える。ここでは，まず理念系として水平的財政調整の仕組みを構想して展開しておきたい。

（9）　水平的な財政調整システムを構築する

「国費負担金」システムには，それ自体に地域間の財政力格差を自動調整する機能があることは既述の通りであるが，それでもなお地域間の経済力には差があるため，財政調整の必要は残るだろう。また，もう一つの案のように，国と道州そして基礎自治体で財源を明確に区分けしたとしても，やはり道州間あるいは基礎自治体の間で財政調整の必要が生じてくることは避けられないだろう。

と言って，これまでのように国が国税として集めた税金を各地域の財政力に応じて分配するという垂直的な財政調整の仕組みでは，これまでのように中央集権体制は改められず，国の地域に対する支配力が残り，地域がみずからの責任で地域にかかわることを自主的に決めていくのは難しくなる。

そこでどのような財政調整が望ましいか。それを一言で言えば，水平的な財政調整システムの構築である。つまり，国が集めた税金ではなく，地域がそれぞれ集めた税金をプールし，そこから分配するという制度である。全国的な規模の財政調整は，道州の間で水平的に行う。そして道州間の財政調整は基本的に各道州で決めればよいと思う。また，基礎自治体間の財政調整も，道州から基礎自治体への財政移転ではなく，基礎自治体の間で水平的な財政調整を行うのが好ましいと考える。

財源調整の方法については，なるべく客観的なルールが設定されるべきだろう。例えば，同じ人口規模をもつ二つの団体が存在すれば，面積の小さい地域が財源を拠出し，もう一方の面積の大きな地域が財政移転を受けるといった仕組みである。人口規模が同じとすれば，面積が小さいほうの行政コストが低く，面積が大きいところに財政移転するということに正当性が出るからである。

また，地域がサービス水準の標準を示す形での基準財政需要額の提示は必要

としても，そのすべてを満たすような調整は避けるべきとも考える。不足分がすべて補われると，その地域は自助努力をしなくなるからである。したがって，例えば，調整の対象は基準財政需要額の80％までとするなど，足りない部分は其々の地域の自助努力と創意工夫で，企業誘致をするなり産業振興をするなり，観光客を増やすなりして，調達すべきと考える。これが「地域主権型道州制」の厳しさでもあるが，その厳しさを解消したときの充実感，満足感，喜び，やりがい，誇りは，なにものにも代えがたい自信を，道州にも基礎自治体の役所にも，そしてなにより住民，若者，お年寄りに与えることになるだろう。

　こうしたルールについては，さまざまなものが考えられるので，道州，基礎自治体の間で協議していくことが重要となる。例えば，道州と基礎自治体で共同税を設定する考えもあろう。いずれにしても重要なのは，現在のように国が地方自治体をコントロールするといった制度をつくらず，道州同士，基礎自治体同士で主体的に，そして，なごやかな話し合い，すなわち談笑のうちに税源調整を行うということである。

　そうすることによって，「助けている側」と「助けられている側」も変に貸し借り意識が生まれず，道州なり基礎自治体の自立を目指した努力が養われ，ひいては，日本全体の国力も一層強靭なものになるはずである。

(10)　「公的債務共同管理機構」を創設する

　ここまで「地域主権型道州制」の具体的なかたちについて述べてきたが，この制度を導入するにあたっては，その前に立ちふさがる大きな障害を解決しなければならない。そしてその障害の一つが，国ならびに地方自治体が現在背負っている1,000兆円を超える膨大な長期累積債務の存在である。

　バブル崩壊以降，度重なる財政出動によって，公共事業が大幅に増えた。その後，こうした財政出動は抑制されることになったが，結果として，国も地方も多額の長期債務を抱え込むこととなり，これが改革をためらわせる大きな要因となっている。借金が多すぎて，何かやろうとしても何もできない，という

ことである。この過剰な債務に対する負担を，何らかの形で軽減できなければ，いくら新しい国のかたちを描いたところで，国も自治体もなかなか身動きがとれない。

そこで「地域主権型道州制」を国のかたちとして採用するときに，同時に「公的債務共同管理機構」を創設するのである。この機構に国と地方の長期債務をすべて移管するとともに，機構が地方公社等の不良資産を買い取ることにする。移管された長期債務の元本の償還については，景気がよくなるまで当分の間凍結し，「公的債務共同管理機構」に対しては，国と道州がそれぞれの財政力に応じて，合同でとりあえず利払いを行っていくのである。合同といった場合，どのような分担基準にするか，論議のあるところだが，基本的には人口数を基準に考えるのが妥当かと思われる。それを除く債務については，景気回復まで，いわば公的債務を一定期間「塩漬け」にするのである。そして道州は，財政的に実力がつき，余力がでてきたときに，元金の返済にも着手すればよい。実際，このやり方は，昭和39年不況のときに，松下電器を経営していた松下幸之助が類似した手法によって，販売店の経営危機を救っている。

こうすれば，国も地域も，新たに公債を発行しないかぎり，過去の債務については利払いだけを行えばよいことになり，財政的な重荷が軽減され，新たな政策展開が可能となっていく。また，一度こうした形で「清算」し，ゼロから再スタートすることによって，国や地域が新たな事業に対して公債を発行する場合，その受益と負担の関係が明確になるために，より慎重且つ適切な判断が可能になってくる。

国全体の「借金」が減るわけではないが，こうしたスキームをつくることによって，持続可能な税制をとりあえず確立する基盤ができあがると考える。

注

1) 西尾勝『地方分権改革』（東京大学出版会，2007年）151頁。
2) 佐々木信夫『道州制』（ちくま新書，2010年）88〜89頁。
3) 江口克彦『地域主権型道州制』（PHP新書，2007年）参照。
4) 全国町村会『道州制の何が問題か』報告書（平成24年11月）。

5) 西尾・前掲書 159 頁。
6) 以下，ドイツの制度について廣田全男「ドイツの行政制度」『比較行政制度論（第 2 版）』（法律文化社，2006 年）参照。

第7章　道州制と区割り，税財政

1．区割りの意義

　道州制は新たな区域を創出し，各区域が経済的も財政的にも一定の自立性を保てるよう，設計する必要がある。現在の47都道府県という区割りは明治4年の廃藩置県以後，明治23年の府県制度の始まりによってほぼ確定したものであるが，その府県割は必ずしも自立できる府県割を客観的に議論し決めたものではない。旧藩とのつながりを重視した点では歴史的文化的な点を尊重されているが，大きな川か山といった人々の生活を遮る大きな障害を区域割のメルクマールとし，国が中央集権体制を確立していく足場として大きくもなく小さくもない，少なくも将来国に刃向う力を持つような強い府県を生み出さないよう，国家統治，集権統治の視点から組み立てられたものである。その点，住民自治といった要素は含まれていないと見ても間違いではなかろう。

　明治23年に始まる47府県制度はその後，大きな変更もなく今日に至っている（明治26年に東京の3多摩地域が神奈川県から東京府に編入された変更などは例外に属する）。

　したがって，140年近くの間に府県割に「ふるさと意識」が醸成され，現在，戦後改革を経て自治体になったこともあり，47都道府県体制は国民生活に定着をしているという評価につながっているのである。これを大きく変更することにつながる道州制導入は，抵抗感の強い問題でもあると想定され，そこでは十分国民的な議論が交わされる必要がある。そして日常生活を送る一般住民にとって，この区割りの問題は生活と深くかかわるだけにもっと関心が高い問題ということもできる。

　その区割りをどのようにして決めていくのか。手続きの問題もあるが，それ

以前の作業としてどのような道州制区割り案が考えられるか，研究され設計されていなければならない。筆者が座長を務めた政府の道州制ビジョン懇話会は2008年3月24日の「中間報告」で，そのねらいを次の5点あげている。
① 繁栄の拠点の多極化と日本全体の活性化
② 国際競争力の強化と経済・財政基盤の確立
③ 住民本位の地域づくり
④ 効率的，効果的な行政と責任ある財政運営
⑤ （大規模災害などからの）安全性の強化

　これは内外に開かれた道州であると同時に競争力の強い地域の創出を意味しており，筆者の考え方とも一致する。その点，道州制の区割りはこの狙いが実現できるものでなければならないと考える。
　道州の区域は，経済的，財政的に自立が可能な規模であることは当然として，新たな区域に住民が自分の地域という帰属意識を持てるような地理的一体性，歴史，文化，風土の共通性や生活面，経済面での交流などの条件を有していることが望ましい。
　この10年余の，いわゆる平成の大合併（市町村合併）の動きをみていると，自主合併という大義から地理的一体性や生活圏域としての共通性を有しながらも，地元の地方議会，首長の意向など政治的思惑が優先する形で合併したり，しなかったりの合併現象が起き，ある意味まだら模様，虫食い状態のような市域や町域が生まれてしまっている。
　道州制の区割りは，もちろん，地元住民の意思を最優先しなければならないが，自主合併などとは異なるので，もう少し客観的見地から望ましい区割りの提案が行われ，その可否をめぐって住民が判断するという，区割りの提案と受け入れ参加のルールがしっかりしていることが望ましい。
　その点，道州の区割りの決定に際しては，その道州の住民の意思を可能な限り尊重することはもちろんだが，客観的に望ましい区割りを提示して合意を得，法律により全国を幾つかのブロックに区分する方式が望ましいと考える。

2．道州の区割り

　区割りをどうるかは，国民的関心は高い。ただこれを議論しだすと，先にも触れたが利害関係もある，対立しやすい問題が生じてくる。例えば道州制の制度的なかたちを全国一律の「標準型」に統一するのか，それとも東京圏や関西圏，北海道，沖縄といった特殊な背景（巨大都市と経済弱小地域など）を持つ区域については「特例型」を認めるのかが1つ。さらに東京特別州のような大都市を独立の都市州とする例外を認めるのかどうか。その際，かつてのワシントンDCのような政府直轄区域といった統治形態の例外までも認めるのか，認めないのかなど議論すべき課題は入口の段階においても多い。

　また第28次地制調の議論をみると，区割りを一方的に政府が決めることは避けるべきだとし，区割りを定める手続きを重視する姿勢を示す考え方もある（「道州制のあり方に関する答申」10頁）。すなわち，

① 　国は道州の予定区域を示す
② 　道府県は，その区域の市町村の意見を聴き，一定期限内に，協議により当該予定区域に関する意見（変更等）を定めて，国に提出できる
③ 　国は，当該意見を尊重して区域に関する法律案等を作成する，

としている。

　行政学者の西尾勝は，著書『地方分権改革』（東京大学出版会，2007年）のなかで，区割りの決め方について慎重な見方を述べている。少し長めになるが，重要な指摘なので以下に引用しておきたい[1]。

　——都道府県を包括する道州を設置するにしろ，都道府県を廃止し，これに代えて道州を設置するにせよ，新たな道州の区画割と個々の道州の設置は，関係都道府県の協議と合意によるべきなのか，それとも法律によるべきものなのか。新たに設置される道州が国の第1級地方総合出先機関であれば，国の任意の判断に委ねられるべき事項であって，法律で区画割を定め，一斉に

道州にすればよい。

　しかし，新たに設置される道州が自治体であるときには，これを国の一方的な意思のみによって設置することが許されるのであろうか。ましてや第28次地方制度調査会の道州制答申のように，都道府県を廃止しこれに代えて道州を設置する場合には，道州の設置に先立って都道府県を廃止することになるが，戦後約60年にわたって自治体と認められてきた都道府県を，その意向にかかわらず国が一方的な意思によって廃止するなど乱暴な措置がはたして許されるであろうか。憲法解釈上は許されるとしても，妥当な立法政策だとは思えない。都道府県を廃止しこれに代えて道州を設置する場合にも，（先に言及しておいた）地方自治法第6条第1項の「都道府県の廃置分合または境界変更をしようとするときは，法律でこれを定める」に安直に依拠してこれを行うべきではない。新たに設置する道州を自治体としての気概と体質をもったものに育て上げていくためにも，その区画割の決定と個々の道州の設置は関係都道府県の協議と合意に基づいてこれを行うべきである，と私は主張してきた。――（同書158頁）

　確かに，明治政府が明治時代の半ば，47府県を国の意思で一方的に決めた時代とは全く社会的背景が異なる。戦後まがりなりにも地方自治を営み，多くの国民が自治体として「ふるさと観」を抱くまでになっている都道府県制度である。

　ただ，そのことのみを重視していて，現在の都道府県をはじめ，国，市町村を含む国家全体の統治機構の抱える問題が解決するであろうか。道州制は何も国家統治を強化する改革を目指すわけではない。話は逆で，地方分権をより進め，地域主権の国家体制をつくる，つまり税のあり方でも政策のあり方でも地域のあり方でも，なるべく国民の身近なところで意思決定が行われ，かつそのあり方にコントロールが効くような民主主義のより成熟した体制をつくろうという改革である。またそうなるような道州制改革でなければ意味がない。

　その点，道州制の形態にはいろいろあるが，中央集権型道州制を選択する道

は戦後の民主化の営みからしてありえない選択である。西尾の指摘は十分留意すべき指摘であるが，ただ，あまりにも手続きに拘泥するあまり，少しの反対で全体の改革がとん挫するといった事態は避けなければならない。選挙過程を通じて政治的正当性を得たら，さまざまな抵抗勢力と向き合い説得する形で改革がすすめられなければならない，と筆者は考える。

世の中では道州制というと，「区割り」の話が先行しがちである。確かに一般の国民にとって区割りが変わることは，自分の県はどこに帰属するのかは見える話だけに関心が高い。

しかし，道州制の議論が区割り議論に矮小化してしまってはならない。日本列島をどう区切ってみても，ベストという区割りはなさそうである。大括りにするのか，中括りにするのか，四国など物理的に独立している島と内陸をひとつで括るのか，そうではなく，四国は独立の州とするのかで区割りは大きく変わる。また現行の府県を割るのか割らないのかでも変わってくる。

筆者は道州の区域割りの考え方として，次の3点が重要であると考える

① 経済的にも財政的にも自立が可能な規模であること
② 自分の地域という帰属意識を持てる地理的一体性，歴史・文化・風土の共通性
③ 生活圏，経済圏，ないし都市圏としての交流が緊密であること

そうした客観的な条件を踏まえながら，その道州の住民の意思を可能な限り尊重し，法律により全国を幾つかのブロックに区分する方式が採用されるべきである。分析をする前に，例としてこれまで出されている案を紹介しておこう。なお以下では，PHP総合研究所の研究スタッフがまとめ，筆者が監修した『地域主権型道州制―国民への報告書』（PHP研究所，2010年）を修正引用しながら論を進めたい。

◇**区割り案1 （地制調）**

先にも簡単に触れたが，まず地図を示して第28次地制調の3つの区割り例を紹介しておこう。

188　第 2 部　道州制の設計と分析

　1つは，9道州という区割り例である。これはほぼ国のブロック機関の管轄区域に相当する例で北海道，東北，北関東甲信越，南関東，中部，関西，中四国，九州，沖縄の9つとなっている（図7-1）。

　2つ目は，11道州という区割り例である。北海道，東北，関西，九州，沖縄は上記と同様だが，そのほか北陸，北関東，南関東，東海，さらに四国，中国という11の区割りである。

　3つ目は，13道州という区割り例である。11道州例をベースとしながら，さらに東北を北東北と南東北に，九州を北九州と南九州に分けて13としている。

　このうち，いずれの例でも「東京」をどう扱うかに腐心している。道州の区割りは9つの区割り例でいうと人口を約1,000万人，経済規模で40～50兆円

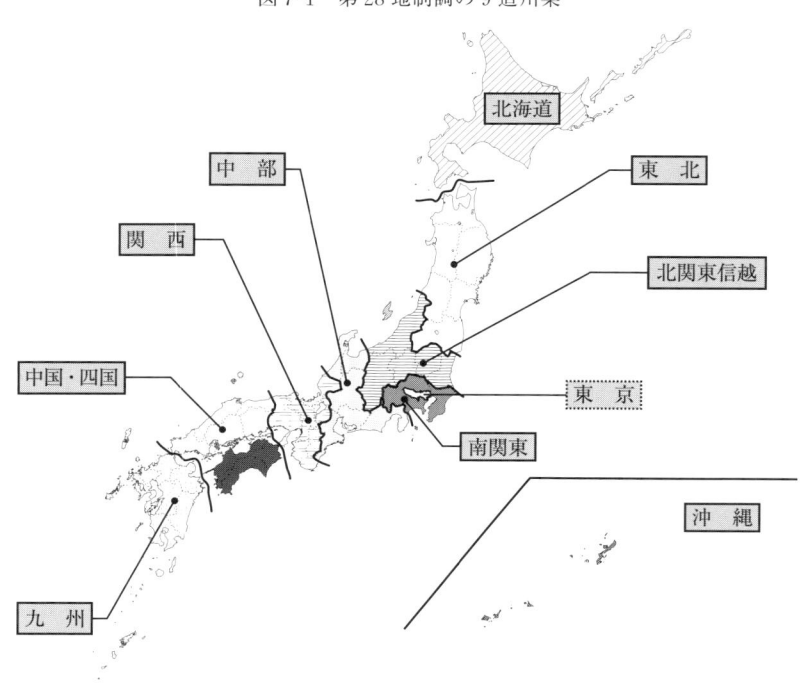

図 7-1　第 28 地制調の 9 道州案

（資料）　江口克彦監修『地域主権型道州制―国民への報告書』（PHP 研究所，2010 年）

(国内総生産), 1人当たり税収で50〜60万円が概ね標準となっているが, その場合, 東京, 埼玉, 千葉, 神奈川の4都県をあわせた南関東は1人当り税収こそ他の区域と均衡しているが, 人口で3,500万人, 経済規模で164兆円と3倍から4倍の規模になっている。そこで東京都区部を東京特別州として, 他の州から独立させるべきだという意見が多くみられる。筆者もその考えに近い。

◇**区割り案2 (PHP総研)**

PHP総合研究所は, 30通りの区割り案を示し, それぞれに評価を加えている。これには筆者も同研究所社長としていろいろ議論する輪の中にいたが, 30案の中から実現可能性の高い1つの例として, 12道州案を掲げておこう(図7-2)。

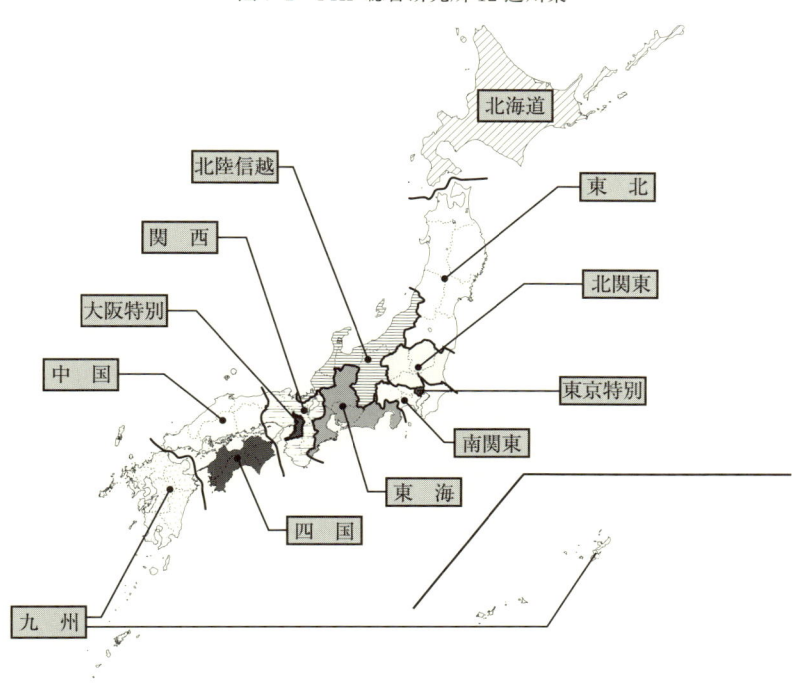

図7-2　PHP総合研究所12道州案

(資料)　江口克彦監修・前掲書

これは，南関東州から東京特別州を，また関西州から大阪特別州を独立州として認める案で，経済・財政面で突出した州をつくらないという案である。比較的に各州の均衡が取れている。ただ，その場合には「南関東州」との生活圏，経済圏での一体性をどう確保するのか，実際の大都市圏の活動と行政制度がずれてしまう可能性が高い。区割りを考える際の一つの論点である。

これは28地制調の9道州案でも「東京圏に係る道州の区域については，東京都の区域のみをもって一の道州とすることも考えられる」と注釈されている点である。

東京をどうするかは改めて検討するが，必ずしも人口や経済規模だけに着目し，平均化するように区割りを行うことが望ましいとも言えない。南関東州から埼玉県を外し北関東州に加えることも問題だが，東京圏を構成する4都県は1つの大都市圏として一体的に活動しており，日常の生活圏として相互補完関係から成り立っている。これを分離した場合，果たして広域政策はうまくいくのかどうか。

国土面積のたった3.6%を占める東京圏を分割することは道州制の移行価値を損ねる可能性がある。ただ，東京一極集中の結果，税収等が極端に東京圏に集中しているだけに，税制などを通じてそれをどうバランスさせるかは大きな課題であることは間違いない。

◇区割り案3 （10州＋2都市州）

区割りについては，第28地制調は9，11，13の3つを例示としてあげているようにいろいろな考え方がある。極端にいうと，PHP総合研究所がまとめたように30通りの案を作ることも可能である。空港，人口，通勤通学の範囲などさまざまな要素を加味して検討し，また地域によっては県を分割した方が望ましいという意見もあり，そうした要素をいろいろ入れて案を作ると30通りになるというわけである。

ブロックとして分けやすいのは現在，定着している10の電力会社の営業エリアかもしれない。筆者はここで佐々木案ともいえる10州＋2都市州案（佐々

木信夫『新たな「日本のかたち」』124頁）を支持しておきたい。ここで10に全国を区分けし，さらに東京区部と大阪のグレーター大阪地区を都市州（特別州）として二つ加え，12道州が穏当な案として考えている。これはPHP総合研究所の12道州とほぼ符合しているので図示することは省略するが，日本列島を東日本，西日本に分け，それぞれ都市州をバランスよく配置することで均衡ある発展に導こうという考え方である点が優れている。

　もとより，ここで言う東京と大阪の特別州は，一般州と区別しそれぞれ「都」と呼ぶべきと考えるが，それは現在の府県制度で位置付けられている都ではない。ドイツの都市州をイメージしたもの。首都は東京，副首都は大阪として，州と同列の特別州を東西に設置し，2都構想を軸に分散型国土の形成を目指すという考え方である。

　いずれにしても，区割りについては現行の都道府県制度，さらに地理的な条件，歴史，文化など，さまざまな要素を加えて，国民的合意を形成すべき基本的なテーマであることは間違いない。

◇　**区割り案の比較と評価**

　過去に，政府・与党から発表された区割り案としては2種類（7案）がある。2006年2月に第28次地方制度調査会が「道州制のあり方に関する答申」のなかで「区域例」として示した3案と，2008年7月に自由民主党道州制推進本部が「道州制に関する第3次中間報告」[2]のなかで「区割り案」としてまとめた4案である。

　これに，PHP総合研究所が1996年に発表した『日本再編計画』[3]の案を加えて，合計8案について比較検討した（図7-3）。

　検討結果としては，区割りを考えるにあたっては，9県にまたがる北陸と東海，北陸信越の選択肢が多様で判断が難しいことが改めて確認された。また掲載は省くが財政データ等を用いて分析した結果，道州間のばらつきの小ささにおいては，PHP総研案（12道州）が優れていると考える。これは，同案が東京23区を「東京特別州」としていることに起因しており，他の案も同様に東京

192　第2部　道州制の設計と分析

図7-3　既存の道州制区割り案の比較

	地制調① 9道州	地制調② 11道州	地制調③ 13道州	自民党① 9道州	自民党② 11道州	自民党③ 11道州	自民党④ 11道州	PHP総研 12道州
北海道	北海道	北海道	北海道	北海道	北海道	北海道	北海道	北海道
青森県	東北	東北	北東北	東北	東北	東北	東北	東北
岩手県								
秋田県								
宮城県			南東北					
山形県								
福島県								
茨城県	北関東信越	北関東	北関東	北関東	北関東	北関東	北関東	北関東
栃木県								
群馬県								
埼玉県								
千葉県	南関東	南関東	南関東	南関東	南関東	南関東	南関東	南関東
東京都								東京特別
神奈川県								
山梨県								南関東
新潟県	北関東信越	北陸	北陸	北関東	北関東	東北	北関東	北陸信越
富山県	中部			中部	北陸	北陸	北陸	
石川県								
福井県	関西							
長野県	北関東信越	北関東	北関東	中部	東海	東海	東海	東海
岐阜県	中部	東海	東海					
静岡県								
愛知県								
三重県								
滋賀県	関西	関西	関西	関西	関西	関西	関西	関西
京都府								
大阪府								大阪特別
兵庫県								
奈良県								関西
和歌山県								
鳥取県	中国・四国	中国	中国	中国・四国	中国	中国	中国	中国
島根県								
岡山県								
広島県								
山口県								
徳島県		四国	四国		四国	四国	四国	四国
香川県								
愛媛県								
高知県								
福岡県	九州	九州	北九州	九州	九州	九州	九州	九州
佐賀県								
長崎県								
大分県								
熊本県			南九州					
宮崎県								
鹿児島県								
沖縄県	沖縄	沖縄	沖縄	沖縄	沖縄	沖縄	沖縄	沖縄

（資料）　江口克彦監修・前掲書

第7章　道州制と区割り，税財政　193

を単独州にすれば，同様の傾向となると考えられる。経済・財政面で突出した州をつくらないためには東京を単独州とすることが望ましいが，その場合には「南関東州」との一体性をどう確保するかが問われる。この点は区割り案を検討する上での大きな論点の一つになると考えられる。

また，地制調案，自民党案とも都道府県の分割は行っていないが，国土審議会が示す地域間の流動実態に着目した「二層の広域圏」で見ると，第一層は国

図7-4　国土審議会「第一層の広域圏」（地域ブロック）

第一の層　国際・広域的な視点
一体感と独自性を有する自立した「地域ブロック」
交通流道から見た9つからなる広域的なブロックの形成

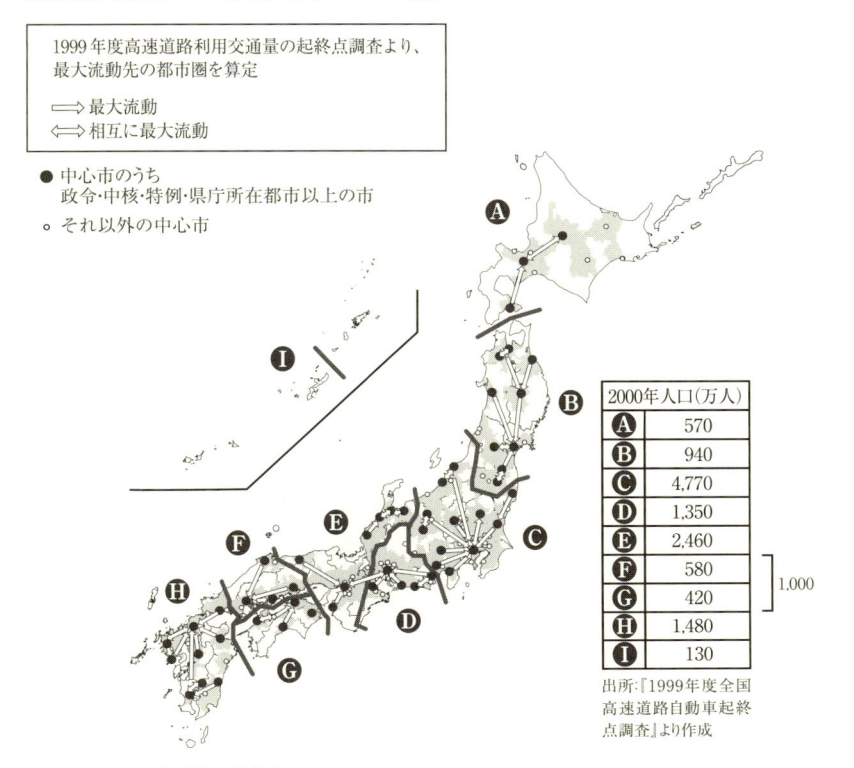

1999年度高速道路利用交通量の起終点調査より、最大流動先の都市圏を算定
⟹ 最大流動
⟺ 相互に最大流動

● 中心市のうち
　政令・中核・特例・県庁所在都市以上の市
○ それ以外の中心市

	2000年人口(万人)
Ⓐ	570
Ⓑ	940
Ⓒ	4,770
Ⓓ	1,350
Ⓔ	2,460
Ⓕ	580
Ⓖ	420
Ⓗ	1,480
Ⓘ	130

出所:『1999年度全国高速道路自動車起終点調査』より作成

（資料）　江口克彦監修・前掲書

194　第2部　道州制の設計と分析

図 7-5　国土審議会「第二層の広域圏」(生活圏域ほか)

第二の層　生活に密着した視点

多様な特性を活かし形成される「生活圏域」と、これをとりまく「自然共生地域」

交通1時間圏・人口30万人前後の都市圏（82都市圏）と、これをとりまく「自然共生地域」

注:82都市圏は、「生活圏域」に関する交通体系のあり方を検討するにあたり、人口10万人規模以上の都市から、1時間圏について、都市相互の連携もふまえ設定したものである。なお、人口は国勢調査（2000年）、道路ネットワークはデジタル道路地図（2002年3月版）による。
出所:NITAS（総合交通分析システム）利用により作成

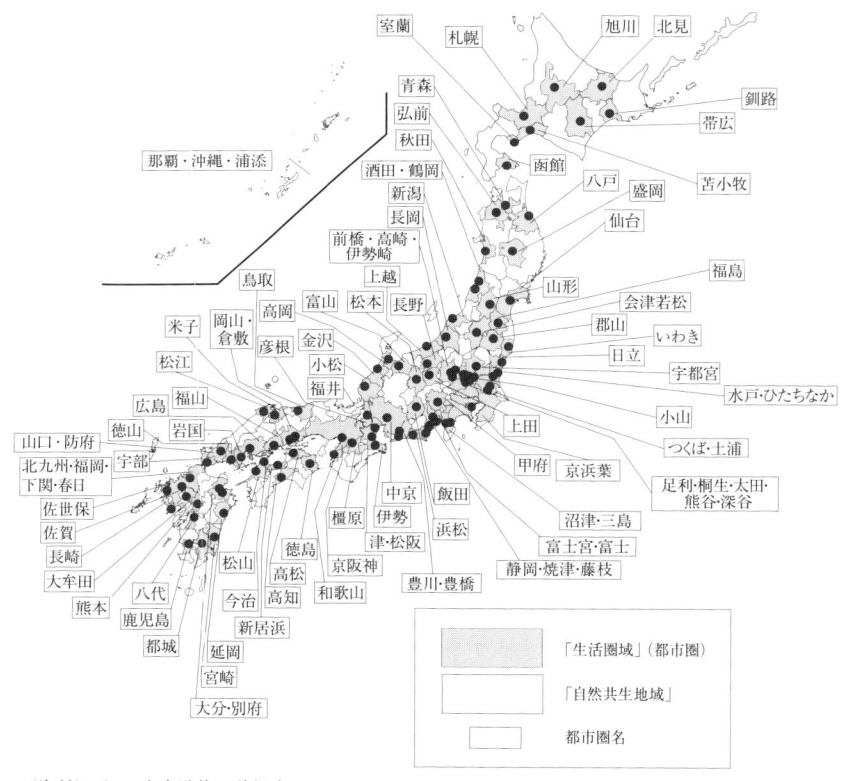

（資料）　江口克彦監修・前掲書

際・広域的な視点からの「地域ブロック」(図7-4) はほぼ多くが論じている区割りと合う。だが，もう一つ，第二層は生活に密着した生活圏域 (図7-5) であるが，それを取り巻く自然共生地域との間に微妙なずれがあることが確認される。既存の地域ブロックを越えた流動や，都道府県を分割するような流動もあることが確認されており，これを今後，区割りの中でどう扱うか大いに議論になるところであろう。

◇ **新たな区割り案の検討**

筆者の考えと同じ立場に立つが，PHP総合研究所の研究で新たな区割り案を作成する際の基本方針として，以下の5項目を立てて検討している (筆者監修『地域主権型道州制―国民への報告書』PHP研究所)。

① 既存の行政境界は白紙として，地域の一体性を重視すること
② 経済・財政の自立性と州間バランスを考慮すること
③ 地域の人・物の交流の実態を反映させること
④ 地域住民の意向を反映すること
⑤ 地域の歴史についても尊重すること

その中で既存案の評価と集中検討地域のアンケート調査結果をもとに，既存案を以下の4点で絞り込み，新たな区割り案の「基本パターン」として6案を作成している。参考になるので紹介しておこう。①北関東信越州は「北関東州」に名称を統一，新潟県は基本的に「北関東州」とする。②8県で構成される「中部州」から，長野・福井・静岡の3県を他州に移す案をつくる。③埼玉県については，「北関東州」を基本としながら「南関東州」案も作る。④中部地域を「北陸信越州」「東海州」に分ける案をそのまま残す。

次に，基本パターンの6案をもとに，4種類の派生パターンを考慮して合計30案を作成している。つまり，道州制の区割り案は県を分割するなら，30通りにまでなるということである (図7-6)。

196　第2部　道州制の設計と分析

図 7-6-1　新たな区割り案の検討・分析

新たな区割り案の検討手順

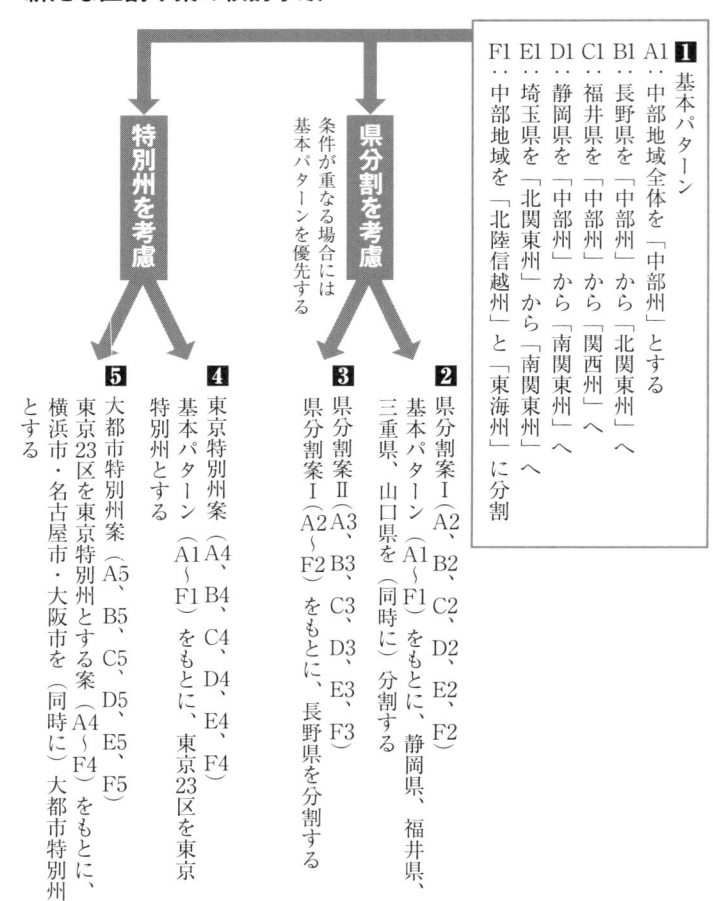

❶ 基本パターン
A1：中部地域全体を「中部州」とする
B1：長野県を「中部州」から「北関東州」へ
C1：福井県を「中部州」から「関西州」へ
D1：静岡県を「中部州」から「南関東州」へ
E1：埼玉県を「北関東州」から「南関東州」へ
F1：中部地域を「北陸信越州」と「東海州」に分割

県分割を考慮（条件が重なる場合には基本パターンを優先する）

❷ 県分割案Ⅰ
基本パターン（A1〜F1）をもとに、静岡県、福井県、三重県、山口県を（同時に）分割する

❸ 県分割案Ⅱ
県分割案Ⅰ（A2〜F2）をもとに、長野県を分割する

特別州を考慮

❹ 東京特別州案
基本パターン（A1〜F1）をもとに、東京23区を東京特別州とする

❺ 大都市特別州案
東京23区を東京特別州とする案（A4〜F4）をもとに、横浜市・名古屋市・大阪市を（同時に）大都市特別州とする

（資料）　江口克彦監修・前掲書

第7章　道州制と区割り，税財政　197

図7-6-2　新たな区割り案の検討・分析

	A1 10道州	B1 10道州	C1 10道州	D1 10道州	E1 10道州	F1 11道州
北海道	北海道	北海道	北海道	北海道	北海道	北海道
青森県 岩手県 秋田県 宮城県 山形県 福島県	東北	東北	東北	東北	東北	東北
茨城県 栃木県 群馬県 埼玉県	北関東	北関東	北関東	北関東	北関東	北関東
千葉県 東京都 神奈川県 山梨県	南関東	南関東	南関東	南関東	南関東	南関東
新潟県	北関東	北関東	北関東	北関東	北関東	北陸信越
富山県 石川県 福井県	中部	中部	中部 関西	中部	中部	北陸信越
長野県 岐阜県	中部	北関東 中部	中部	中部	中部	東海
静岡県 愛知県 三重県	中部	中部	中部	南関東 中部	中部	東海
滋賀県 京都府 大阪府 兵庫県 奈良県 和歌山県	関西	関西	関西	関西	関西	関西
鳥取県 島根県 岡山県 広島県 山口県	中国	中国	中国	中国	中国	中国
徳島県 香川県 愛媛県 高知県	四国	四国	四国	四国	四国	四国
福岡県 佐賀県 長崎県 大分県 熊本県 宮崎県 鹿児島県	九州	九州	九州	九州	九州	九州
沖縄県	沖縄	沖縄	沖縄	沖縄	沖縄	沖縄

（資料）　江口克彦監修・前掲書

図7-6-3　新たな区割り案の検討・分析

新たな区割り案　30パターン

❶ 基本パターン（A1、B1、C1、D1、E1、F1）

❷ 県分割案Ⅰ（A2、B2、C2、D2、E2、F2）
基本パターンをもとに静岡県、福井県、三重県、山口県を（同時に）分割する

❸ 県分割案Ⅱ（A3、B3、C3、D3、E3、F3）
県分割案Ⅰに長野県を分割する場合を加える

❹ 東京特別州案（A4、B4、C4、D4、E4、F4）
基本パターンから、東京23区を東京特別州として独立させる

❺ 大都市特別州案（A5、B5、C5、D5、E5、F5）
東京23区に加えて、横浜市・名古屋市・大阪市を（同時に）大都市特別州として独立させる

（資料）　江口克彦監修・前掲書

3．区割りと地域特性

　区割りの問題は，住民生活のふるさと観ともかかわり，なかなか難しい問題である。各界の試論を紹介したが，実際にどの区割りに落ち着くのか，政治の力学とも絡み読み切れない。ただ，財政力を高めるために，都道府県を解消して，「道」「州」というものを作ると同時に，市町村を広域化して新しい基礎自治体である，例えば「市」をつくり，「国」と合わせて三層制で新しい国のかたちをつくりあげることが望ましいと考えられる。つまり，住民生活に関連性の深い行政を市が行い，より広域的な性質をもつ行政については道州が担当し，国全体にかかわる公共財については国が担当すると言う役割分担を行うの

である。

　財政的自立と民主主義の拠点という二つの条件を同時に満たすためには，市の人口は 15 〜 40 万人規模で，その数は現在の衆議院の小選挙区と同じ 300 とし，道州の人口規模は 700 〜 1,000 万人で，その数を，おおよそ 12 州に再編するのが妥当ではないかと考える。

　基礎自治体の人口規模がなぜ 15 〜 40 万人規模がよいかと言えば，その規模において一人当たりの行政コストが最も低下すると分析結果から出てくるからである（PHP 総合研究所「無税国家プロジェクト」による分析）。ただし，地域によっては，かなり広域化してしまう可能性があるので，それに対しては，市の内部に支所（行政センター）を配置したり，IT を駆使することによって行政サービスの低下を防ぐ方策を考える必要があるだろう。

　また，現在既に 100 万人以上の人口をもち政令指定都市などについては，分割する事も考える必要がある。

　道州の人口規模を 700 〜 1,000 万人とするのは，経済的にも社会的にも同等のレベルにある EU 加盟各国が，だいたいその程度の人口である事を参考にしている。現在，EU の加盟国は 27 カ国，それらの国の平均人口は 1,700 万人，一番人口が多いのはドイツで 8,240 万人，フランスとイギリスが 6,000 万人を超え，イタリアが 5,800 万人となっているが，これらの主要国を除いた 23 カ国の平均は 840 万人となっている。なかにはマルタやキプロスなど 100 万人に満たない国もあるが，おおよそは 1,000 万人前後の国で成り立っているのが EU である。

　もちろん，人口数がすべてではないが，その程度の人口で財政的に自立する事が可能であり，かつまた国際社会のなかで競争をしていけるという意味において，日本の道州の規模を決める目安となる。

　実際，ここで提示した 12 州の現在の域内総生産は先に述べた通りで，世界各国の GDP と比較した場合，東京特別州と南関東州が世界第 9 位のスペインと第 10 位の韓国の間に入り，東海州が韓国よりわずかに少なく 11 位のメキシコの上，九州，北関東州，関西州，大阪特別州は 16 位のオランダと 17 位のス

イスの間，最も小さな四国州でも34位のアルゼンチンと35位のマレーシアの間に位置することになる。

また，日本一州当たりの域内総生産3,800億ドルは，EU一国当たりのGDP 4,500億ドルに足らないが，アメリカ一州あたりの2,500億ドルを上回る規模となる。

この区割りについては，歴史，慣習，風土，文化を考えて決めたものであり，それなりの妥当性を持っていると考えている。実際，全国各地6カ所で行われた道州制ビジョン懇談会の意見交流会（タウン・ミーティング）でも，この区割りに対して異論を述べる参加者はほとんどいなかった。もっとも，いろいろな立場から個人的な考えを持つ人もいるだろう。例えば，第28次地方制度調査会は，9，11，13州の区割りの例を掲げている。これについては，其々に合理的な理由があると思うので，今後どのような区割りがより適切か，さらに国民の意見，識者たちの意見も十分に聴きながら，最終的な結論を得る必要があるだろう。

また，昔，琉球王国であったという歴史的な背景から，沖縄を一つの州にすべきと主張する人も多く，九州に加わることに抵抗が出てくることも予想される。実際のところ，人口137万人，域内総生産3兆5,000億では，将来的に成長が予想できる産業が多数存在しなければ，その相性的自立は難しいと考えられる。まして「地域主権型道州制」になれば，今までの地方交付税も補助金も，いまは合わせて3,500億円あるが，それがゼロになる。それでも単独州として成り立つのかどうか。あるいは他の地域の国民が負担を分け合う「基地税」の創設なども考えられるが，それを過大に期待し続けては，自立的な発展は望めまい。援助を前提に沖縄州の設立を考えるのは，本来の「地域主権型道州制」の主旨に反する。あくまでも自主自立，自己責任が基本であるだけに，その可能性を見極める必要があろう。

とは言え，アメリカのハワイ州は人口の面でも気候の面でも，基地があるという点でも，沖縄に非常に似通っており，また観光地としては，中国，韓国，東南アジア諸国から近く，むしろ沖縄はハワイより恵まれた立地条件にあると

も考えられる．さらに，もし新しい産業の創出や，多くの起業に成功するならば，工夫次第では自立的な財政状況を作ることが可能かもしれない。

沖縄を一つの州とすべきか九州に組み込むかは難しい判断だが，沖縄の人たち，そして九州の人たちが，その将来展望を情緒的，感情的ではなく，冷静且つ現実的に踏まえながら，最終的な結論に向かって議論を進めていけばよいと思う。

いずれにしても区割りにおいて肝心なことは，生活行政の核としての市，そして広域的行政の役割を果たす道州を，自らの責任において地域の経営を行って行く受け皿としてとらえ，現在の「都道府県・市町村」をゼロベースで見直し，日本を再編していくことである。そのような大胆さがなければ，21世紀の日本を切り拓くことは不可能である。

また，区割りについては州境の線引きに拘泥する人もいるが，とにかく，12なら12，13なら13に州を区割りして，問題があれば，その折々に州境の微調整を行えばよい。実際，1871年（明治四年）の廃藩置県のときも，最初は3府302県（305府県），それがやがて3府72県（75府県）になり，その後調整を重ねることによって，現在の47都道府県になっている。

区割りに関して，誰一人の反対も出ないように最初からあまり厳格に考えていていたら，行き詰まった中央集権体制を改め，新時代にふさわしい「新しい国のかたち」をつくることなどできるはずがない。「角を矯めて牛を殺す」ではないが，重箱の隅をつつくように完璧な区割りばかりを考えていては，「日本全国どこでも元気」にする「地域主権型道州制」に速やかに移行することは不可能だろう。

これまでの道州制に関する検討のなかでは，全国知事会が2007年1月に発表した「道州制に関する基本的考え方」をはじめ，「区割り」の具体化は国と道州の役割分担や税財政制度など，道州制の基本的な制度設計に深くかかわることだけに，区割りの設計だけが先行しても，そのことで導入が行き詰るといった懸念から避けてきたきらいがある。当然，政府の地方制度調査会の案でも（第28次地制調など），区割りは「例示」として示され，それ以上踏み込んだ議

論は行われていない。もちろん，区割り案，枠組み論のみが先行することは望ましくないと筆者も考えるが，道州制の研究論文としての本書においては，ある程度詳しく述べないわけにはいかなかった。

　逆にいうと，これまで政府の調査会等が「区割り」について掘り下げた議論をしてこなかったことで道州制構想は具体性を欠き，国民的関心を盛り上げにくくしていた面もあると筆者は考えている。したがって，学術研究論文として，どのような区割りの可能性があるか，いろいろな角度から討究してみることは意義深いと考え，縷々述べたところである。

　いまや具体的な「区割り」を検討の俎上にのせることで，道州制のあり方を国民レベルの議論に広めていくべきではないか。そう筆者は考える。つまり総論賛成，各論反対の流れを恐れ，区割り案の研究を疎かにするということは，道州制の設計が緻密さを欠くことになるわけで，それは避けるべきだと考えるからである。その際，「区割り」とともに，地域間の利害の対立しそうな「州都」など各道州内部の都市構造のあり方についてもあわせて考えることが，道州制設計上の地域具体像を描く上では重要な論点であると考える。

　そこで，ここから「州都」はいかにあるべきか，について考えてみたい。再び，筆者監修『地域主権型道州制―国民への報告書』（226〜229頁）から引用記述する[4]。

　先に新たな区割り案として30案を提示してみたが，区割りに関しては中部地域において多様な選択肢が示されることとなり，最終的な区割り案の策定に向けては，関東地域の区割りも課題になることが明らかになった。しかし，これらの点のみに着目したのでは，全国各地に広く世論喚起することにはつながらない。必ず，各道州とも「州都」のあり方，位置に注目が集まる。もちろん，州都問題は区割りと並んで，「それだけが先行すると，道州制の本質的な論議がないがしろになる」とも言われる。しかし，新たな区割り論でも触れたように，これらの論点をタブー視することなく積極的に問題提起することによって，道州制論議を新たな段階に前進させることが可能になると考える。

　そこで，まず道州の都市構造を考える視点を提起しておきたい。各道州が擬

似国家として独自に活性化戦略に取り組む際には，EU が格好の事例といえる。活況を呈する EU 諸国の思想的バックボーンには「ポリセントリック」という概念がある。わが国が道州制を採用する際にも適用できると筆者は考えている。ポリセントリックとは「Poly＝多くの」「Centric＝中心」という字義通り，多数の主体（都市）に固有の能力（機能）や資源があり，それらを用いて相互に自発的な社会経済活動を行っている秩序をさす。これらの主体（都市）は共通のネットワークを用いて相互に利用し合い競争的に提供し合う環境にある。一方で，ある主体（都市）のみに能力（機能）や資源が集中しており，あらゆる社会経済活動が単一の主体（都市）の論理で決定され，周囲の主体（都市）はそれに追従しなけばならない構造をモノセントリックという。

　ポリセントリックとは単に都市構造だけを意味するのではなく，意思決定メカニズムや法体系などについても提唱される考え方である。人々が社会経済活動を営む上で必要となる最低限の条件（交通インフラ，情報インフラ，法律，通貨，言語など）が整備された上で，人々が自由に経済活動を行うことにより，自生的に発生する秩序・構造である。ポリセントリック型地域構造では，ある地域内に核となる複数の都市が存在し，それぞれの都市が交通・情報インフラによってネットワーク化され，都市機能の供給局面において相互に補完しあい，かつ競争を繰り広げることにより，一定以上の規模の経済と効率性を実現し，結果として地域全体の競争力が高められていく地域構造を志向する。

　都市機能は地域の自発的な意思に基づき整備され，集積の効果が発揮される。それぞれの都市はコンパクトシティで，都市と都市の間には豊かな自然が維持され，環境面でも持続可能な地域構造となること，さらに，それぞれの都市が個性を発揮できるよう，各都市が意思決定権を持つ分権型の政治・行政構造となることが求められる。

　道州の区割りが具体化した後には，州都をどこに置くか。一つの考え方として，現在の大都市（政令指定都市）を各道州の州都にするという考え方があろう。しかしそれは「道州都一極集中」を招くという強い批判にさらされる。基本的には「道州のことは道州に任せる」べきであると考えられるが，今後の道

州制論議が「州都争い」にならないためにも，一定の原理原則を示して，無用の混乱を避けることが賢明であろう。

ポリセントリックの観点からは，州都は道州の最大都市ではないことが望ましいと筆者は考える。このとき，最大都市に大都市制度を適用するなら，そこに州都を置くことは制度的に矛盾を生じる。つまり，現行の政令市の制度的欠陥として指摘されるように，政令市を管轄する権限をほとんど持たない都道府県が，政令市の真ん中に都道府県庁を構えるのと同様の構図になるからである。その意味で，まず州都についてポリセントリックな構造に誘導するためにも，道州内の大規模都市を対象とした大都市特例制度を設けることが有効と考えられる。

筆者は，PHP総合研究所の研究指導の立場にあった時から，大都市特例制度を積極的に導入すべきとする立場をとっている。ただし，独立した都市州を意味する大都市制度は，地域の一体性を阻害する可能性が高く，地域主権型道州制の基本思想に反する。したがって，新たな大都市制度は，あくまで道州の枠内で現行の政令市制度の問題点を克服するスーパー政令市的な大都市制度を基本に構想されるべきではないか[5]。

わが国において，大都市固有の行政ニーズに的確に対応した大都市制度は存在せず，政令指定都市制度が妥協的に運用されてきた経緯がある。この点は第9章で取り上げているが，ともかく，道州制が実現する機会を捉えて，理想的な大都市制度をあわせて構築することが妥当と考えられる。

しかしながら，それが大都市独立州的な制度を志向する場合には，別の課題を提起することになる可能性が高い。すなわち，大都市州と周辺州の地域の一体性を確保するための方策や，相対的に良好な財政基盤を有する大都市とその他の地域の間での税財源配分の方策などである。また，州の政治制度・行政制度に関する全体的な制度設計もより複雑なものとなる可能性がある。区割り案で検討した「大都市独立州案」を見ても，道州間の税財政面のばらつきが拡大したり，地域の一体的な流動が阻害されることが明らかになっている。地域主権型道州制は，地域資源を総動員した自主責任経営体制を志向している。そ

のなかで求められる大都市制度は，単純に大都市が州から分離，独立する発想とは異なるものでなければならないと考えられる。

　加えるなら，道州制の是非はもちろんのこと，「区割り」や「州都」の決定に際しては，地域住民の意向が十分に反映されていることが重要であるということである。そのためには，まずこれらの課題について，広く論点を提示して国民的議論を巻き起こすこと，国民に多くの選択肢を示すことで，より納得のいく道州制の設計につながると思う。ここで示したいのは，「区割り」や「州都」に関する結論めいたものではなく，研究上の視点からみて，こうした選択肢が存在するという素材を提供するところに意義があると考える。

　区割り，つまり道州制に移行した際の地域割り，行政圏の設定について全く哲学もなく，ただ，電力会社の管轄エリアだとか，JR等の所管エリアだとか，単純に羊羹を平等に切るような区割りというものは避けなければならない。なんらかの哲学と科学性があってこそ，説得力も生まれるというものである。

　筆者は地域主権型道州制の制度設計を考える上で，区割りの検討を進める拠り所として，「基本思想」がなければならないと考えている。それは次の4点からなる。

　　第1．地域の成長戦略，地域の繁栄を目指すこと。すなわち，「日本全国どこでも元気にする」ことを最上位概念とし，日本の各地域が，それぞれの地域特性や地域資源を生かして活性化できる「国のかたち」にすることである。

　　第2．地方分権を進め，地域主権を確立すること。地方自治の3大原則である，自己決定・自己責任・自己負担の原則が適用され，自立的な地域経営を行うことを可能にすることである。この場合，補完性・近接性の原理に基づいて，基礎自治体を行政の基本に据え，道州はその補完とさらに広域政策に関する固有の役割と権限・財源が設定されなければならない。ある意味，調整型の道州政府が想定される。

　　第3．地域経済が活性化し，地域に経済的利益がもたらされること。地域主権型の地域経営を可能とする道州制を実現することによって，経済成長

と税収増がもたらされ住民生活を向上させることができる。地域の繁栄・平和・幸福を実現することができるのである。
第4．連邦制ではないが，それに近い擬似国家的な自律的な道州であること。日本を連邦制に変える意図は全くない。しかし意識として制度的な保障として，あたかも独立国家のような気概を持って，自主独立の地域経営を可能にする国のかたちが望ましい。名づけなら擬似型連邦制，これが地域主権型道州制のイメージとも言えよう。

4．道州制と税財政

　話を税財政に移したい。資本主義経済の国では，民間部門が中心でそれを補完するのが公共部門の役割である。しかし，実際，公共部門は補完的な役割という以上に大きくなっている。もちろん，公共分野は国，自治体という政府機構だけで担うものではなく，NPO，NGO，民間など多様な主体が担う国が増えている。NPM（新しい公共経営）の考え方がそれで，日本も例外ではない。

　とは言え，中心はやはり政府機構の役割である。財政は，国や自治体など公共部門が行う経済活動のことを指すが，その役割は，民間部門の経済活動が円滑に機能する条件を整え，またその限界を補完することである。そのため財政は①資源の最適配分，②所得の再分配，③景気の調整という3つの機能を有する。道州制の中でもこの3機能が期待される。

　住民の負担する税は政府の歳入の中心をなす。それを原資に外交，防衛，警察から社会保障，インフラ整備など市場原理になじまない公共サービスを提供する。所得課税における累進構造や直接税・間接税の比率など，税制を適正に決定することで，歳出による財政政策とあわせ，経済全体の資源配分や所得分配に大きな影響を及ぼしている。

　税は住民にとっては公共分野を運営するための「割り勘」とも言える。税の対象や税率の決定は社会の構成員に対し公平なものでなければならず，「公平」「中立」「簡素」を課税の3原則としなければならない。

第4章で財政の実態は詳しく述べたので繰り返さないが，わが国の場合，国と地方ではサービスの提供と負担割合が大きくズレている。おおざっぱに言えば，歳入ベースでは国60％，地方40％なのに対し，歳出ベースでは国40％，地方60％と構造的にねじれている。これは日本的な特徴でもあるが，ここに地方側から見た財政の問題が潜んでいる。

　しからば，道州制へ移行すると，わが国の国と地方の財政関係はどう変わるだろうか。懸念されている道州間の財政力格差は生じないだろうか。もし大きな格差が生じるとすれば，是正策はあるのだろうか。道州制を議論する際の大きなポイントである。

　これまでの国が地方をコントロールしてきた中央集権体制は，そもそもどんな考え方から成り立ってきたか。それは，全国に公共サービスの統一性，公平性を担保するため国が大きな権限と大きな財源を持ちながらそれを権力的に配分してきた，といってよい。これを変えようとする場合，問題となるのは「自治の原則」を優先するのか，「平衡の原則」を優先するのかという，この相反する2つの原則をどのように取り扱うである。

　先に述べたように「自治の原則」は，地域的な行政サービスは地域の自己決定と自己負担の原則に基づいて供給されるべきだという，自治の理念を強調する考え方である。この「自治の原則」を貫徹すると，人口規模の違いや都市部か農村部か，高額所得者が多い地域か，そうでない地域かで財政力に差が生まれ，地域間の公共サービスに格差が生じやすい。

　他方，「平衡の原則」は，どこに住んでいても同一の税負担で，同一水準のサービスを享受できるようにすべきだという，地域間の均衡を強調する考え方である。この考えを優先すると，多くの公共サービスは国が一律に供給し，税金も多く国が集めることになる。財政の配分権は国が有し，自治体の裁量権は少なく，国の下請け機関的な役割に徹することになる。

　戦後長らく続いた自民党政権下でとられた考え方は，「自治の原則」より「平衡の原則」を優先し，地域間の不均衡是正に主眼が置かれてきた。自治体を国家行政の下請け機関として使ってきたと言ってよい。機関委任事務制度下

の自治体行政はそう評価できよう。

　他方，4年前に政権交代した民主党は地域主権改革を提唱，地方分権を進めることで「自治の原則」がより働くような仕組みに変えようとした。「平衡の原則」より「自治の原則」に軸足を移した政策転換で，自立した自治体づくりを目指すということであった。

　地域主権を構築する観点から，基本的にこの方向は正しい。というのも，公共サービスの多様性が求められ，問題処理のスピードアップ，住民参画の促進を目指すことを住民は望んでいるからである。

　しかし，「平衡の原則」より「自治の原則」に力点を移していったとき，自治体間の不均衡が拡大する恐れがある。それをどこまで許容できるのか，地方自治の充実を掲げながらも，「平衡の原則」を全く無視することにはなるまい。この調和をどこに求めるか，難しい問題がここにある。道州制の設計も，この点に相当のエネルギーを注がなければならない。

5．中央・地方の深刻な財政危機

　道州制の税財政を考える前提として，第4章のおさらいになるが，現状について少し整理しておきたい。国の財政収入は，税収が6割弱，約4割が借金からなっている。財政支出の2割超が借金の返済・利払い（公債費）に充てられている。地方への支出（財政移転）は4割であり，公務員の人件費が1割超。公債費，人件費，地方への財政移転を合わせると7割を超える。それは固定経費の性格をもつ。いかに財政硬直化が深刻か理解されよう。

　地方財政も硬直化という点ではそう違わない。支出の約3割が地方公務員の人件費で，借金の返済（公債費）が約1.5割と固定経費が約半分を占める。行政サービスにまわるカネは全体の半分程度でしかない。

　国と自治体の財政を量的に比較すると，日本の自治体の歳出規模が非常に大きいことが判る。08年度でいうと，国の歳出が全体の41.8％，自治体の歳出合計が58.2％だ。イギリスやフランスはもとより，アメリカ，ドイツといった

連邦制の国と比べても，日本の自治体は圧倒的に大きい。

　しかし，自治体の歳出規模の大きさにかかわらず，自前の税収の割合は非常に少ない。都道府県，市町村とも地方税収入は4割に届くか，年によって届かない程度にある。

　すでに第4章の4で詳しく述べたが，改めて整理すると，日本の財政を地方側から見ると，構造的に次のような問題点がある。

　第1．国の歳入6に対し，地方の歳入は4である。一方，国の歳出は4で地方の歳出は6である。この歳入歳出の構造的ズレを解消しなければ，地方財政の自立はないのである。
　第2．歳出の自治を阻むのが使い勝手の悪い補助金制度である。しかし自治体はそれに依存しなければ予算編成ができないから，補助金獲得に走る。補助金獲得を優先する予算編成体質が常態化している。国の補助金を入れると，地方議会でも予算はフリーパスに近い。
　第3．自らの歳入の自治権は実質上ないに等しい。基幹税（所得税，法人税など）はすべて国が押えており，独自の減税，独自の課税は殆ど期待できない仕組みである。一部，法定外目的税，法定外普通税を認めたとは言え，先に述べたように寄与は数百億円程度。
　第4．国の景気対策が地方を巻き込み財政構造にあり，地方は独自に動けない。景気回復が優先され国債，地方債依存，補助金と地方の起債がセット化され，財政膨張，硬直化が進む。

　本来，自治の観点からは「地方税」は自治体の自主財源であり，当然，税目，税率とも各自治体が自由に決めるべきだが，これとて国が決めた「地方税法」によって細部まで縛られている。地方税法の標準税率を形だけ自治体が条例で定め課税しているにすぎない。

　「自治の原則」を徹底するには，それぞれの自治体が自由に課税する権限を持つことが肝要となる。道州制については当然そのことを実現しなければなら

ない。しかし，それを強調しすぎると，不均衡発展の国土状況からして格差が拡大する。「平衡の原則」も無視できないのである。

　道州制を設計するについて，簡素で効率的な「地方政府」を目指すことは合意できても，「平衡の原則」を失うことには抵抗感が強い。勝ち組，負け組がはっきりする農村部を多く抱えた道州やその傘下にないる小規模市町村には特に格差拡大を懸念する声が強い。

6．道州の役割と自立型税財政

　これらむずかしい問題を抱える中，道州制の税財政の制度設計を構想しなければならない。もとより役割の問題も税財政の問題も道州に限定されるものではなく，それは国，基礎自治体の役割，税財政と深くかかわることは言うまでもない。その意味で道州の役割，税財政設計は政府機構のかたちをどうするかという根本的な問題といえる。

　まず，道州制ビジョン懇談会の「中間報告」は，国，道州，基礎自治体の役割分担について，次の図のような考え方を示している（図7-7）。

（1）　国・道州・基礎自治体の役割分担

　地域主権型道州制では，従来型の国と地方の重複行政を廃し，役割分担を明確化することが，自立的・効率的でガバナンスの効いた行財政を実現するためには不可欠であると考える。特に税財政の制度設計を具体化する際には，国・道州・基礎自治体の役割分担を定めることが出発点となる。逆に言えば，役割分担が決まれば，それを担保する税財政制度もおのずと方向づけられることになる。

　役割設計についてはいろいろな考え，提案があるが，ここでは一例として，筆者が座長を務めた道州制ビジョン懇談会の「中間報告」（08年3月）を例としてあげる（図7-7）。

　筆者の言う「地域主権型道州制」の考え方に沿った役割分担の考え方は，次

図7-7 道州制ビジョン懇談会「中間報告」の役割分担

	国	道 州	基礎自治体
役 割	国際社会における国家の存立及び国境管理、国家戦略の策定、国家的基盤の維持・整備、全国的に統一すべき基準の制定に限定	基礎自治体の範囲を越えた広域にわたる行政、道州の事務に関する規格基準の設定、区域内の基礎自治体の財政格差などの調整	地域に密着した対人サービスなどの行政分野
国防・外交・安全	外交・国際協調、国家安全保障、治安、移民政策、大規模災害対策	危機管理、警察治安※、災害復旧	住民の安全安心、消防、救急
国土計画・土地利用	－	地域の土地生産力の拡大（林野・農地の維持）	－
交通・社会資本整備	－	広域の公共事業（大型河川、広域道路、空港港湾の整備・維持、通信基盤、生活環境整備など）、電波管理、情報の受発信機能、公共施設規格の策定	公園、都市計画、街路、住宅、下水道
経済・労働政策	通貨の発行管理及び金利、通商政策、資源エネルギー政策、国の財政、市場競争の確保、財産権の保障	経済・産業の振興政策、能力開発や職業安定・雇用対策	地域振興にかかわる産業行政全般
環境・保健・福祉	最低限の生活保障、年金	広域の公害対策、環境の維持改善、福祉・医療の基準の策定、生活保護※、医療保険※	社会福祉（児童福祉、高齢者福祉など）、保育所・幼稚園、生活廃棄物収集・処理、公害対策、保健所
教育・科学・文化	－	科学技術・学術文化の振興、対外文化交流、高等教育（大学相当以上）、教育基準	小中高等学校、図書館、地域振興にかかわる文化行政全般
その他	皇室、司法、民法・商法・刑法等の基本法に関すること、国政選挙、国の統計及び記録、国家的プロジェクト	市町村間の財政格差の調整	戸籍、住民基本台帳

注：※は本検討で独自に配分したものを示す。

（資料）道州制ビジョン懇談会「中間報告」2008年3月

のようなものである。

　まず基本原則は、国の機能をできるだけ小さくし、国の過剰な干渉を排除して、自治体の意思はもとより、企業や地域住民の自由意思を尊重すること。そして地域に密着した生活関連の行政は、身近な自治体が受け持つということで

図7-8 「中間報告」に基づく歳出規模

(単位：兆円)

	道州制移行後の歳出合計	項目番号	行政分野	現状の国一般会計歳出決算(目的別)	歳出額	現状の都道府県目的別歳出項目名	歳出額	現状の市町村の目的別歳出項目名	歳出額
国	17.1	1	議会	国会費	0.1	−	−	−	−
		2	外交・防衛・安全	防衛関係費	5.7	−	−	−	−
		3	国土・土地利用	−	−	−	−	−	−
		4	交通・社会資本	−	−	−	−	−	−
		5	経済・労働	一般行政費、徴税費、貨幣製造費	2.0	−	−	−	−
		6	福祉・保健・環境	社会保険費(年金等)	5.9	−	−	−	−
		7	教育・科学・文化	科学振興費	0.9	−	−	−	−
		8	その他	皇室費、選挙費、司法、恩給費、その他	2.4	−	−	−	−
			合計(A)		17.1				
道州	40.1	1	議会	−	−	議会費	0.1	−	−
		2	外交・防衛・安全	警察費、災害対策費	1.0	民生費(災害救助費)、災害復旧費(総額)、警察費	3.8	民生費(災害救助費)	0.3
		3	国土・土地利用	国土保全費	1.4	農林水産業費(総額)	2.1	農林水産業費(総額)	1.1
		4	交通・社会資本	国土開発費など	5.8	土木費(土木管理費、道路橋りょう費、河川海岸費、港湾費、空港費)	4.1	土木費(土木管理費、道路橋りょう費、河川海岸費、港湾費、空港費)	2.5
		5	経済・労働	失業対策費など	0.6	労働費(総額)、商工費	2.9	労働費(失業対策費)	0.0
		6	福祉・保健・環境	社会保険費(医療保険)	10.1	衛生費(公衆衛生費・環境衛生費)	0.5	−	−
		7	教育・科学・文化	試験研究費など	0.3	教育費(大学費)	0.1	教育費(大学費)	0.1
		8	その他	−	−	総務費(総額)、諸支出金(総額)、その他[2]	3.3	−	−
			合計(B)	−	19.2		16.9		4.0
市町村(基礎自治体)	59.8	1	議会	−	−	−	−	議会費	0.4
		2	外交・防衛・安全	消防費	0.0	消防費	0.2	消防費	1.1
		3	国土・土地利用	−	−	−	−	−	−
		4	交通・社会資本	−	−	土木費(都市計画費:街路費・公園費・下水道費・区画整理費等・住宅費)	1.6	土木費(都市計画費:街路費・公園費・下水道費・区画整理費等・住宅費)	4.1
		5	経済・労働	農林水産業費、商工鉱業費、運輸通信費	2.5	−	−	労働費(労働諸費)、商工費(総額)	1.5
		6	福祉・保健・環境	社会福祉費、生活保護費、住宅対策費、保健衛生費など	5.8	民生費(社会福祉費、老人福祉費、児童福祉費)、衛生費(結核対策費、精神衛生費、清掃費、保健所費、医薬費)	1.6	民生費(社会福祉費、老人福祉費、児童福祉費)、衛生費(総額)、生活保護費	15.4
		7	教育・科学・文化	学校教育費	4.7	教育費(教育総務費・小学校費・中学校費・高等学校費・特殊学校費・幼稚園費・社会教育費・体育施設費等・保健体育費・学校給食費)	10.3	教育費(教育総務費・小学校費・中学校費・高等学校費・特殊学校費・幼稚園費・社会教育費・体育施設費等・保健体育費・学校給食費)	5.0
		8	その他	−	−	−	−	総務費(総額)、諸支出金(総額)、その他[3]	5.5
			合計(C)	−	13.0		13.8		33.0
総合計	117.0		現状の歳出総合計(A+B+C)		49.3		30.7		37.0

注：1) 国・道州・市町村(基礎自治体)の役割は、道州制ビジョン懇中間報告に基づいている。
2) その他[2]の項目：前年度繰上充用金、利子割交付金、配当割交付金、株式等譲渡所得割交付金、地方消費税交付金、ゴルフ場利用税交付金、特別地方消費税交付金、自動車取得税交付金、軽油引取税交付金、特別区財政調整交付金。
3) その他[3]の項目：前年度繰上充用金、市町村たばこ税都道府県交付金、特別区財政調整交付金。
4) 国の歳出を各道州・市町村(基礎自治体)に配分する際には、人口、所得などを基準に按分している。
5) 単位未満四捨五入のため、合計において合致しない場合がある。
出所：財務省ホームページ『財政統計』(予算決算等データ)予算及び決算の分類　(2)目的別分類「第22表　平成9年度以降一般会計歳出予算目的別分類総括表」
　　総務省『平成17年度地方財政統計年報』『平成17年度都道府県別決算状況調』『平成17年度市町村別決算状況調』

(資料)　江口克彦監修・前掲書

ある。

　基礎自治体，道州，国という3層の政府機構の役割分担は，「補完性の原則」に基づくこと。住民ができることは住民が，基礎自治体ができることは基礎自治体が行う，それがむずかしいものについて道州が行い，道州でも行えないものを国が担当するという考え方である。

　国の役割を国家の存立にかかわる役割に限定し，地域密着の対人サービスなどの行政分野を基礎自治体の役割とする。道州は，基礎自治体を越えた広域にかかわる行政，道州の事務に関する規格基準の設定，道州内の基礎自治体の財政力格差の是正といった役割を担うのである。

　「中間報告」では，国・道州・基礎自治体の役割を具体的に列挙しているが，なお今後，生活保護，年金，医療保険等のナショナルミニマムならびに警察治安・広域犯罪対策については「十分な議論を行う」として保留している。標準的な国全体として保障すべきナショナルミニマムに何を盛り込むか，これ自体もいろいろな考え方があり，政治的に決断しなければならない事項だからである。

　このビジョン懇の「中間報告」に沿って，現在の税財政制度を前提にして国，道州，基礎自治体（市町村）の歳出規模について試算したのが次の図である（図7-8）。

　すると，国は15％，道州は34％，基礎自治体（市町村）は51％の歳出規模になり，まさに基礎自治体が中心で，次に補完と広域政策を担う道州が次で，国は従来の役割と異なり，外交等が中心となることから，大きく歳出規模が縮小することになる。これが地域主権型道州制のひとつの姿と言えるかもしれない。

(2)　立法権の分権化

　もう一つ，財政に関連しての分権化は，自ら課税権を行使する意味で立法権の分権化が不可欠となる。この区分された役割領域では，道州及び基礎自治体は自立的に条例を制定できるようにする，つまり自治立法権の保障である。道

州や基礎自治体が、その内容に対して「上書き」をする権利（法律上書き権）や修正する権利（法律修正請求権）を持つようにするのである。

これにより道州は、課税自主権、税率決定権、徴税権のほか、法律上書き権を持つことになり、いまの都道府県より大きな権限と行政を担当できることになる。

道州制への移行は、財政のムダを省き、簡素で効率的な政府機構に再編すること、同時に国に依存しない財政環境をつくり、地域圏で自主独立の地域経営、都市経営ができるようにすることである。その方法についてはさまざまな選択肢を考えることができよう。

（3） 財政移転の廃止

第6章の「地域主権型道州制」の概略説明のところで一度ふれたが、改めて述べると、まず地域主権を確立するためには、地方交付税と補助金（国庫支出金）は廃止することである。現在、地方交付税が支払われていない不交付団体は都道府県、市町村の1割にも満たない。大多数の自治体が地方交付税に依存しており、歳入に占める割合は約18％に及ぶ。

また、個別事業ごとに出される資金補助金（例えば事業費の3分の1とか）、いわゆる国からの補助金も歳入の13％を占める。これは使い方が限定されているひも付きである。国が自治体の行財政運営をコントロールする有力な手段となっている。

まず、こうした国の差配する財政環境から自治体を解放すること、つまり国からの財政移転を廃止し、国による自治体の支配、管理、統制を断ち切ることである。

（4） 国費負担金の導入

地域主権型道州制の場合、財政移転の裏返しの話になるが、税制上肝要なことは課税自主権の確立である。各道州に、税目と税率を決定し徴収できる課税自主権を与え、国の財源は各道州が負担することである。

国（中央政府）の財源は，国が独自に確保するという考え方も当然あるが，道州を徴収主体と考え，国に国費負担金として納付する考え方もあるのではないか。「国の政府は道州の公共財である」という，ある種連邦政府の考え方に立つとそうなる。そこで各道州がそれぞれ域内総生産の大きさによって「国費負担金」として負担するのである。こうすると地域間の財政力格差を自動調整することにもなる。

現在は，国が国税として徴税した財源を地方交付税によって財政力の弱い自治体に分配しているが，逆に地方側に「国費分担金」システムを導入すると，国の支配から解放されるだけでなく，財政力の弱い道州は負担額も少ないので，自動的に調整の必要がなくなる。PHP総研で試算してみると，東京特別州だけが平均2倍の負担額となるが，それ以外の道州はほぼ同等（均衡化）になるという結果がでた。

基礎自治体もそれぞれ独自の課税権で税目と税率を決定し，自らの財源を確保する。ただ，道州内の基礎自治体間の極端な不均衡は共同税などを創設し，道州の責任において調整する。

(5) 各レベルで独自に徴収

ただ基本は，役割分担を果たすのには必要な税源は国，道州，基礎自治体が独自に徴収するという考え方をとることを原則としなければならない。

現在のように，個人，法人の所得，資産という課税源から，国の所得税10％，府県5％，市町村5％というように，国，都道府県，基礎自治体が分け合う形で課税すると，納税者にはそれぞれが提供する行政サービスに対して，自分がそれぞれにどれぐらい負担しているか，分からなくなる。「あいまいな納税者意識」しか生まれない。

そこで，受益と負担の関係を明確にする観点から，まずどの税金（税目）がどの行政レベルで使われるのかを明確にする必要がある。そのうえで，国も道州も基礎自治体も自ら税目や税率を自由に決定できるようにするのである。

住民は，国，道州，基礎自治体がそれぞれ何にどれだけ使っているかがチェ

ックしやすくなり，国，道州，基礎自治体とも効率的，効果的な仕事への監視統制が明確化する。

　もとより，この方法のみでは財政力格差が生まれる。だから，各自治体の課税権を最大限に尊重する「自治の原則」を守りながら，他方，道州が国費分担金システムによって基礎自治体格差を是正し，国の行政費用の一部（負担金）を支えるのである。

　PHP総研の試算では，図のように，例えば国が必要とする費用37兆円をGDP比で各道州が分担する「国費分担金」だとすると，東京特別州が5兆

図7-9　新たな税の仕組み──2つの方向

1　「国費分担金」のシステム……国費37兆円をGDP比で分担する

道　州	北海道	東北州	北陸信越州	北関東州	東京特別州	南関東州
負担額	1兆4313億円	2兆4033億円	2兆1562億円	3兆4450億円	5兆3400億円	5兆672億円
道　州	東海州	関西州	中国州	四国州	九州	沖縄州
負担額	4兆7581億円	5兆8453億円	2兆1133億円	9845億円	3兆2142億円	2516億円

2　税源を国、道州、市（基礎自治体）に区分けする方法

A案

国	所得税、法人税、関税、酒税、その他	約37兆円
道州	法人課税（外形）、相続税、消費税、タバコ税、揮発油税、不動産取得税、自動車税、その他	約35兆円
市（基礎自治体）	住民税、固定資産税、軽自動車税、その他	約40兆円

B案

国	所得税・個人住民税の3分の1、酒税、タバコ税、関税、その他	約37兆円
道州	法人税、法人住民税、事業税、相続税、消費税、自動車関係税、印紙税、その他	約35兆円
市（基礎自治体）	所得税・個人住民税の3分の2、地価税、固定資産税、都市計画税、不動産取得税、土地関係税、その他	約40兆円

（金額は諸収入なども含む）

（資料）　江口克彦『地域主権型道州制がよくわかる本』（PHP研究所，2009年）

3,400億円と最大，沖縄州が2,516億円と最小になる。

　また，税源を国，道州，基礎自治体に区分する方法だと，A案，B案で税目を変えても，国37兆円，道州35兆円，市町村40兆円と役割分担に応じた税収を得ることができる（もっとも，これはマクロで見た場合の話で，各道州間，各基礎自治体間の格差は表現されていない）（図7-9）。

　道州制導入で，交付金，補助金廃止により国の財政規模は約30兆円縮小，公債費の削減努力をすれば国は37兆円の財政規模にすることが可能とみることもできる（08年試算）。他方，地方は83兆円の規模のものが，公債費の削減努力や合併効果での削減，新たな行政需要増を勘案し，社会保障や公共事業関連費を含めても75兆円規模（道州が35兆円，基礎自治体が40兆円）にとどめることができる。全体で国，地域の財政規模の縮小が可能という計算である。

◇　**共同財源の発想**

　確かに，地域主権型道州制の理念としては，水平的財政調整が望ましいと筆者は述べてきた。しかし，その基本は維持しながらも，地域主権型道州制は地域の自立を促す仕組みだから，その地域の税収でその地域の行政サービスが賄われることが望ましいが，日本のように不均衡発展しているこの国で，地域の経済力の大きな差があり，財源調整を全く行わずに財政的自立を求めるのは現実的でない。

　そこで，財政調整，財源保障を行うために，国，道州，基礎自治体から独立した「共同財源」を創設したらどうか。共同財源の配分は，歳入の地域間格差の是正と歳入不足を補完し，いわゆるナショナルミニマムを担保する財源保障的な観点の2つによる。

　PHP総合研究所での地域主権研究会で議論された具体的な案などで言うと，道州や基礎自治体など自治体の税源は，税源の偏在性が低く，安定収入の確保が見込める消費税が地方財源になじむ。また，地方税は「応益性」を重視する観点から課税されるべきだということである。また，国税と共同財源は，所得再分配や財政調整機能を担うことから，応能性のある所得税（累進課税分），法

人税（所得比例分）を充てることが望ましい（前掲の拙著『地域主権型道州制』参照）。

　基礎自治体についても，歴史，文化，風習などを踏まえると，これも一概には決められないが，行政コストがもっとも効率的になると試算される人口15〜40万人程度の規模とし，全国を300の基礎自治体，すなわち，現在の小選挙区を基本として，再編するのが望ましいと考えられる。いずれにしても，区割りについては，今後それぞれの案に十分な検討を加えながら，最終的な結論にいたるべきであろう。

　こうした区割りより，もっと重要な事は，現在の国＝中央政府がもつ権限と地方自治体がもち権限を，「基礎自治体は何をすべきか」「道州は何をすべきか」「国は何をすべきか」という発想のもとで根本的に分類して，それぞれ国と道州ならびに基礎自治体に振り分けることである。

　もちろん，この役割分担についても議論を重ねて決めていかねばならないが，大事なのは国，州，基礎自治体が独立した形でその役割領域の事項については決定が行われるようにすべきこと，中央が地域の活動を公式非公式に規制したり，コントロールする状態を排除するということである。各地域がみずからの創意と工夫で決定ができればこそ，地域住民の生きがいや満足感が生まれてくるし，地域のニーズや特性にあった行政サービスや施設整備が行えるのである。そして，その結果として，膨れ上がった行財政の効率化ができ，国民経済全体の活性化がもたらされる。

7．道州間の税財政調整システム

　具体的な税源配分案については，道州制の実現可能性を考えて現行制度との一定の連続性を考慮しなければならない。ここでは，筆者監修の『地域主権型道州制―国民への報告書』を修正加筆して引用しながら，論を展開したい。

　平成17年度決算に沿って言うと，国の歳入が41.8兆円，都道府県の歳入が22.2兆円，市町村の歳入が23.2兆円で，国の歳入が最大である。地方交付税

も国の歳入とみなして，国と地方（都道府県＋市町村）の歳入割合を比べると，国が55.2％，地方が44.8％となっている。

　税源配分について，地域から見て道州制移行に「合意しやすい」ことが重要と考え，以下で3つのパターンを試算してみた。共同財源の規模についても3つのパターンを想定し，税源配分を検討している。なお，試算にあたっての道州の区割りは，第28次地方制度調査会が例示した案のうち，東京を単独州とした12道州案を採用している。

　共同財源を用いて歳出入を調整する考え方をとった場合，その配分案の考え方は，簡単に述べると以下の通りである。税源配分案のうち，共同財源を伴う「A：歳出充足型」と「B：歳入補完型」「C：財源保障型」の3案について以下の方法で共同財源の配分案を作成した。

　なお，「D：完全自立型」は共同財源を考慮していないため，ここでの説明は省く。

「A：歳出充足型」

　標準的な道州・基礎自治体（市町村）事務と新たに国から移譲される事務の歳出を充足するように，共同財源から各道州に配分する。その上で，余剰財源は人口一人当たり配分を同額とする。現行の地方交付税の考え方に近い。

　（計算の詳細）このパターンでの標準的な歳出規模を，道州別の基準財政需要額と国庫補助金と国から移譲される歳出の合計値として，全国合計は85.4兆円となる。この標準的な歳出に対して，東京を除いた道州で合計15.3兆円の財源不足が生じるため，まずその財源不足分を埋めるために共同財源を配分した。その配分後の残高0.7兆円を人口一人当たり同額で各道州に配分した。

「B：歳入補完型」

　標準的な道州・基礎自治体（市町村）事務の財源を保障した後，客観的な指標（人口と面積）に基づき共同財源を配分して歳入を補完する。

　（計算の詳細）このパターンでの標準的な歳出規模は，「A：歳出充足型」から

国から移譲される歳出規模を除外して，全国合計で53.2兆円とする（このパターンでは，国が行ってきた歳出は道州制移行時に，人口と面積という客観的な指標で財源を保障されるべきという考え方に立つ）。この標準的な歳出に対して北海道，九州，沖縄で合計0.7兆円の財源不足が生じるため，まずその財源不足分を埋めるために共同財源を配分した。その配分後の残高15.3兆円を，「人口：面積＝6：4」の割合で分け，人口・面積の単位当たり同額を各道州に配分した。

「C：財源保障型」

各道州のナショナルミニマムをすべて共同財源で財源保障する。

（計算の詳細）道州と基礎自治体（市町村）の新たな役割分担における「福祉・保健・環境」「教育・科学・文化」の歳出をナショナルミニマムとみなし，金額は54兆円規模となる。この金額を共同財源で充足するように，各道州に配分した。

具体的に試算してみると，以下のような結果となる。

○　税源配分その1　「A：歳出充足型」および「B：歳入補完型」～現行交付税程度に共同財源を確保した場合（図7-10参照）

まず税源配分その1として，現行交付税程度の共同財源を調整財源とし，歳出充足型，歳入補完型として計算してみた（図7-8）。国・道州・基礎自治体（市町村）の各歳出割合は国：14.6％，道州：34.3％，基礎自治体（市町村）：51.1％とし，，国・道州・基礎自治体（市町村）の歳入比率も同程度になるように，税源配分を検討した。税源配分の際には，「地域主権型道州制」の観点から，道州や基礎自治体（市町村）の歳出に対する歳入比率が，国の歳出に対する歳入比率よりも大きくなるように配慮した。結果として，「税源配分する際の原則」に基づき，共同財源を現行交付税程度に確保しようとすると，国の歳入が14.5兆円，道州の歳入が37.5兆円，基礎自治体（市町村）の歳入が33.4兆円で，道州の歳入が最大となる。

第 7 章 道州制と区割り，税財政　221

図 7-10-1　歳出充足型，歳入補完型

●現行交付税で共同財源を確保した場合

(単位：10 億円)

現在の主な税		税収	全税収に占める割合	道州制の下での税源再配分							
				国の歳入		地方交付税		都道府県の歳入		市町村(基礎自治体)の歳入	
国税	法人税	14,170	14.0%	9,636	68.0%	4,535	32.0%				
	所得税	18,566	18.3%	11,919	64.2%	6,647	35.8%				
	相続税	1,603	1.6%	1,603	100.0%						
	消費税	10,205	10.1%	7,194	70.5%	3,010	29.5%				
	酒税	1,530	1.5%	1,530	100.0%						
	たばこ税およびたばこ特別税	742	0.7%	742	100.0%						
	揮発油税および地方道路税	3,218	3.2%	3,218	100.0%						
	その他	792	0.8%	792	100.0%						
	関税	886	0.9%	886	100.0%						
	雑収入	4,317	4.3%	4,317	100.0%						
都道府県税	法人事業税	4,698	4.6%					4,698	100.0%		
	都道府県民税(所得割+均等割ほか：法人税割以外)	2,763	2.7%					2,763	100.0%		
	都道府県民税(法人税割)	823	0.8%					823	100.0%		
	地方消費税	2,551	2.5%					2,551	100.0%		
	都道府県たばこ税	275	0.3%					275	100.0%		
	法定目的税	1,541	1.5%					1,541	100.0%		
	自動車税	1,753	1.7%					1,753	100.0%		
	不動産取得税	477	0.5%					477	100.0%		
	その他税	346	0.3%					346	100.0%		
	その他	7,008	6.9%					7,008	100.0%		
市町村(基礎自治体)税	市町村民税(所得割+均等割)	5,298	5.2%							5,298	100.0%
	市町村民税(法人税割)	1,501	1.5%							1,501	100.0%
	市町村たばこ税	768	0.8%							768	100.0%
	軽自動車税	149	0.1%							149	100.0%
	固定資産税	7,841	7.7%							7,841	100.0%
	事業所税	209	0.2%							209	100.0%
	都市計画税	1,040	1.0%							1,040	100.0%
	その他税	32	0.0%							32	100.0%
	その他	6,351	6.3%							6,351	100.0%
合計	歳入合計	101,453	100.0%	41,838	41.2%	14,191	14.0%	22,235	21.9%	23,189	22.9%

注：1）歳入合計の割合(%)は，国・道州・市町村(基礎自治体)の各歳入割合をあらわす。
　　2）地方交付税の原資のうち，酒税とたばこ税については少額のため割愛した。
　　3）単位未満四捨五入のため合計において合致しない場合がある。
　　4）国税の「雑収入」には，国有財産利用収入，納付金，諸収入が含まれる。
　　5）都道府県税，市町村(基礎自治体)税の「その他」には，使用料，手数料，財産収入，寄附金などが含まれる。
出所：国税庁『平成 17 年度国税庁統計年報書』
　　　総務省『平成 17 年度地方財政統計年報』『平成 17 年度都道府県別決算状況調』『平成 17 年度市町村別決算状況調』

（資料）　江口克彦監修・前掲書

図7-10-2 歳出充足型，歳入補完型

●共同財源の配分前の道州・市町村(基礎自治体)の歳出入割合

(単位：100万円)

区割り	道州・市町村(基礎自治体)歳入	道州・市町村(基礎自治体)歳出	歳入／歳出
北海道	2,857,358	5,689,185	50.2%
東北	4,904,827	8,112,063	60.5%
北関東	7,905,585	10,432,652	75.8%
南関東	7,760,439	9,512,578	81.6%
東京	9,426,308	10,151,912	92.9%
北陸	3,240,413	5,354,101	60.5%
東海	8,374,815	10,271,073	81.5%
関西	12,752,265	16,420,916	77.7%
中国	4,315,932	6,788,684	63.6%
四国	2,337,151	3,934,364	59.4%
九州	6,396,077	11,749,910	54.4%
沖縄	576,515	1,433,312	40.2%
合計	70,847,684	99,850,749	71.0%

出所：総務省『平成17年度地方財政統計年報』『平成17年度都道府県別決算状況調』
『平成17年度市町村別決算状況調』

(資料)　江口克彦監修・前掲書

　共同財源を地方の歳入とみなして，国と地方（道州＋基礎自治体）の歳入割合を比べると，国が14.3％で，地方が85.7％となる。全体合計では，「道州・基礎自治体（市町村）歳出」は共同財源に頼らずとも自主財源で7割ほどがまかなわれている。歳出に対する歳入比率は，東京が92.9％に対して，沖縄は40.2％にすぎない。

○　税源配分その2　「C：財源保障型」〜ナショナルミニマムをすべて共同財源で財源保障する場合（図7-11参照）

　税源配分その2として，財源保障型について共同財源をナショナルミニマムに充てた場合の共同財源の規模を計算してみた。ナショナルミニマムの規模

第7章 道州制と区割り、税財政 223

図 7-11-1 財源保障型

●ナショナルミニマムを全て共同財源で財源保障する場合

(単位：10億円)

現在の主な税		税収	全税収に占める割合	道州制の下での税源配分							
				国の歳入		共同財源		道州の歳入		市町村(基礎自治体)の歳入	
国税	法人税	14,170	14.0%	4,039	28.5%	10,132	71.5%				
	所得税	18,566	18.3%	5,291	28.5%	13,275	71.5%				
	相続税	1,603	1.6%							1,603	100.0%
	消費税	10,205	10.1%			10,205	100.0%				
	酒税	1,530	1.5%			1,530	100.0%				
	たばこ税およびたばこ特別税	742	0.7%			742	100.0%				
	揮発油税および地方道路税	3,218	3.2%					3,218	100.0%		
	その他	792	0.8%			792	100.0%				
	関税	886	0.9%	886	100.0%						
	雑収入	4,317	4.3%	4,317	100.0%						
都道府県税	法人事業税	4,698	4.6%			4,698	100.0%				
	都道府県民税(所得割+均等割ほか：法人税割以外)	2,763	2.7%			2,763	100.0%				
	都道府県民税(法人税割)	823	0.8%			823	100.0%				
	地方消費税	2,551	2.5%			2,551	100.0%				
	都道府県たばこ税	275	0.3%					275	100.0%		
	法定目的税	1,541	1.5%					1,541	100.0%		
	自動車税	1,753	1.7%					1,753	100.0%		
	不動産取得税	477	0.5%					477	100.0%		
	その他税	346	0.3%					346	100.0%		
	その他	7,008	6.9%					7,008	100.0%		
市町村(基礎自治体)税	市町村民税(所得割+均等割)	5,298	5.2%			5,298	100.0%				
	市町村民税(法人税割)	1,501	1.5%			1,501	100.0%				
	市町村たばこ税	768	0.8%							768	100.0%
	軽自動車税	149	0.1%							149	100.0%
	固定資産税	7,841	7.7%							7,841	100.0%
	事業所税	209	0.2%							209	100.0%
	都市計画税	1,040	1.0%							1,040	100.0%
	その他税	32	0.0%							32	100.0%
	その他	6,351	6.3%							6,351	100.0%
合計	歳入合計	101,453	100.0%	14,532	14.3%	54,309	53.5%	14,618	14.4%	17,994	17.7%

注：1) 歳入合計の割合(%)は、国・道州・市町村(基礎自治体)の各歳入割合をあらわす。
　　2) 単位未満四捨五入のため合計において合致しない場合がある。
　　3) 国税の「雑収入」には、国有財産利用収入、納付金、諸収入が含まれる。
　　4) 都道府県税、市町村(基礎自治体)税の「その他」には、使用料、手数料、財産収入、寄附金などが含まれる。
出所：国税庁『平成17年度版国税庁統計年報書』
　　　総務省『平成17年度地方財政統計年報』『平成17年度都道府県別決算状況調』『平成17年度市町村別決算状況調』

(資料) 江口克彦監修・前掲書

図 7-11-2　財源保障型

●共同財源の配分前の道州・市町村(基礎自治体)の歳出入割合

(単位：100万円)

区割り	道州・市町村(基礎自治体)歳入	道州・市町村(基礎自治体)歳出	歳入／歳出
北海道	1,574,202	5,689,185	27.7%
東北	2,559,412	8,112,063	31.6%
北関東	3,815,696	10,432,652	36.6%
南関東	3,436,044	9,512,578	36.1%
東京	2,374,490	10,151,912	23.4%
北陸	1,688,199	5,354,101	31.5%
東海	3,752,453	10,271,073	36.5%
関西	6,624,650	16,420,916	40.3%
中国	2,165,835	6,788,684	31.9%
四国	1,173,777	3,934,364	29.8%
九州	3,153,870	11,749,910	26.8%
沖縄	293,209	1,433,312	20.5%
合計	32,611,837	99,850,749	32.7%

出所：総務省『平成17年度地方財政統計年報』『平成17年度都道府県別決算状況調』
　　　『平成17年度市町村別決算状況調』

(資料)　江口克彦監修・前掲書

は，道州・基礎自治体（市町村）の歳出の「福祉・保健・環境」と「教育・科学・文化」の合計である54兆円程度の規模を想定している。

そこでは，「現行交付税程度に共同財源を確保した場合」の税源配分から，地域的な偏在性と累進性の高い国の所得課税の一部と消費課税，さらに都道府県と基礎自治体の所得課税・法人課税を共同財源に移譲し，全道州一律のナショナルミニマムの確保を目指す。「税源配分する際の原則」に基づき，共同財源をナショナルミニマムとして想定される54兆円程度の規模を確保しようとすると，国の歳入が14.5兆円，道州の歳入が14.6兆円，基礎自治体（市町村）の歳入が18.0兆円となる。ナショナルミニマムをすべて共同財源で財源保障するため，共同財源が54.3兆円となり，国・道州・基礎自治体（基礎自治体）それぞれの歳入よりも共同財源の金額が大きくなる。

国・共同財源・道州・基礎自治体（市町村）の歳入割合に着目すると，国は14.3％，共同財源は53.5％，道州は14.4％，基礎自治体（市町村）は17.7％となる。事前に財源保障として，ナショナルミニマムを共同財源でまかなっているため，道州・基礎自治体（市町村）の政策上の裁量の余地は小さくなると考えられる。全体合計では，「道州・基礎自治体歳出」は自主財源で約3割しかまかなわれていない。ただし，ナショナルミニマムに対する歳入は共同財源で確保している。歳出に対する歳入比率は，関西が40.3％に対して，沖縄は20.5％となる。

○ 税源配分その3 「Ｄ：完全自立型」～財源保障も財政調整も行わない場合（図7-12-1と同2参照）

税源配分その3として，完全自立型と称し財源保障も財政調整も全く行わない場合はどうなるか。共同財源の役割・規模を縮小することが従来からの議論の趨勢である。将来的に，道州制が定着することで地域の自立が志向されている。このため，共同財源を設けないケースも検討してみた。

ここでは，「現行交付税程度に共同財源を確保した場合」の税源配分①から，共同財源に充てていた法人税分を道州，所得税分を基礎自治体（市町村）へ移譲した場合を示している。また，道州の　歳入であった消費税は，徴収方法は別にして半分程度を基礎自治体（市町村）歳入に繰り入れることで拡大した基礎自治体（市町村）歳出を賄うことを検討している。

すると国の歳入が14.5兆円，道州の歳入が42.5兆円，基礎自治体（市町村）の歳入が44.4兆円となる。道州制における基礎自治体中心主義を反映して，基礎自治体（市町村）歳入が最大となる。・国・道州・基礎自治体（市町村）の歳入割合に着目すると，国は14.3％，道州は41.9％，基礎自治体（市町村）は43.8％となり，共同財源がなくなることで道州・基礎自治体（市町村）の政策上の裁量の余地は大きくなる。・全体合計では，「道州・基礎自治体（市町村）歳出」は共同財源に頼らずとも自主財源で87.1％も賄われる。

図 7-12-1 完全自立型

●財源保障も財政調整も行わない場合

(単位:10億円)

<table>
<tr><th colspan="2">現在の主な税</th><th>税収</th><th>全税収に占める割合</th><th colspan="6">道州制の下での税源配分</th></tr>
<tr><th colspan="2"></th><th></th><th></th><th colspan="2">国の歳入</th><th colspan="2">共同財源</th><th colspan="2">道州の歳入</th><th colspan="2">市町村(基礎自治体)の歳入</th></tr>
<tr><td rowspan="10">国税</td><td>法人税</td><td>14,170</td><td>14.0%</td><td>4,039</td><td>28.5%</td><td></td><td></td><td>10,132</td><td>71.5%</td><td></td><td></td></tr>
<tr><td>所得税</td><td>18,566</td><td>18.3%</td><td>5,291</td><td>28.5%</td><td></td><td></td><td></td><td></td><td>13,275</td><td>71.5%</td></tr>
<tr><td>相続税</td><td>1,603</td><td>1.6%</td><td></td><td></td><td></td><td></td><td></td><td></td><td>1,603</td><td>100.0%</td></tr>
<tr><td>消費税</td><td>10,205</td><td>10.1%</td><td></td><td></td><td></td><td></td><td>5,102</td><td>50.0%</td><td>5,102</td><td>50.0%</td></tr>
<tr><td>酒税</td><td>1,530</td><td>1.5%</td><td></td><td></td><td></td><td></td><td>1,530</td><td>100.0%</td><td></td><td></td></tr>
<tr><td>たばこ税およびたばこ特別税</td><td>742</td><td>0.7%</td><td></td><td></td><td></td><td></td><td>742</td><td>100.0%</td><td></td><td></td></tr>
<tr><td>揮発油税および地方道路税</td><td>3,218</td><td>3.2%</td><td></td><td></td><td></td><td></td><td>3,218</td><td>100.0%</td><td></td><td></td></tr>
<tr><td>その他</td><td>792</td><td>0.8%</td><td></td><td></td><td></td><td></td><td>792</td><td>100.0%</td><td></td><td></td></tr>
<tr><td>関税</td><td>886</td><td>0.9%</td><td>886</td><td>100.0%</td><td></td><td></td><td></td><td></td><td></td><td></td></tr>
<tr><td>雑収入</td><td>4,317</td><td>4.3%</td><td>4,317</td><td>100.0%</td><td></td><td></td><td></td><td></td><td></td><td></td></tr>
<tr><td rowspan="10">都道府県税</td><td>法人事業税</td><td>4,698</td><td>4.6%</td><td></td><td></td><td></td><td></td><td>4,698</td><td>100.0%</td><td></td><td></td></tr>
<tr><td>都道府県民税(所得割+均等割ほか:法人税割以外)</td><td>2,763</td><td>2.7%</td><td></td><td></td><td></td><td></td><td></td><td></td><td>2,763</td><td>100.0%</td></tr>
<tr><td>都道府県民税(法人税割)</td><td>823</td><td>0.8%</td><td></td><td></td><td></td><td></td><td>823</td><td>100.0%</td><td></td><td></td></tr>
<tr><td>地方消費税</td><td>2,551</td><td>2.5%</td><td></td><td></td><td></td><td></td><td>2,551</td><td>100.0%</td><td></td><td></td></tr>
<tr><td>都道府県たばこ税</td><td>275</td><td>0.3%</td><td></td><td></td><td></td><td></td><td>275</td><td>100.0%</td><td></td><td></td></tr>
<tr><td>法定目的税</td><td>1,541</td><td>1.5%</td><td></td><td></td><td></td><td></td><td>1,541</td><td>100.0%</td><td></td><td></td></tr>
<tr><td>自動車税</td><td>1,753</td><td>1.7%</td><td></td><td></td><td></td><td></td><td>1,753</td><td>100.0%</td><td></td><td></td></tr>
<tr><td>不動産取得税</td><td>477</td><td>0.5%</td><td></td><td></td><td></td><td></td><td>477</td><td>100.0%</td><td></td><td></td></tr>
<tr><td>その他税</td><td>346</td><td>0.3%</td><td></td><td></td><td></td><td></td><td>346</td><td>100.0%</td><td></td><td></td></tr>
<tr><td>その他</td><td>7,008</td><td>6.9%</td><td></td><td></td><td></td><td></td><td>7,008</td><td>100.0%</td><td></td><td></td></tr>
<tr><td rowspan="9">市町村(基礎自治体)税</td><td>市町村民税(所得割+均等割)</td><td>5,298</td><td>5.2%</td><td></td><td></td><td></td><td></td><td></td><td></td><td>5,298</td><td>100.0%</td></tr>
<tr><td>市町村民税(法人税割)</td><td>1,501</td><td>1.5%</td><td></td><td></td><td></td><td></td><td>1,501</td><td>100.0%</td><td></td><td></td></tr>
<tr><td>市町村たばこ税</td><td>768</td><td>0.8%</td><td></td><td></td><td></td><td></td><td></td><td></td><td>768</td><td>100.0%</td></tr>
<tr><td>軽自動車税</td><td>149</td><td>0.1%</td><td></td><td></td><td></td><td></td><td></td><td></td><td>149</td><td>100.0%</td></tr>
<tr><td>固定資産税</td><td>7,841</td><td>7.7%</td><td></td><td></td><td></td><td></td><td></td><td></td><td>7,841</td><td>100.0%</td></tr>
<tr><td>事業所税</td><td>209</td><td>0.2%</td><td></td><td></td><td></td><td></td><td></td><td></td><td>209</td><td>100.0%</td></tr>
<tr><td>都市計画税</td><td>1,040</td><td>1.0%</td><td></td><td></td><td></td><td></td><td></td><td></td><td>1,040</td><td>100.0%</td></tr>
<tr><td>その他税</td><td>32</td><td>0.0%</td><td></td><td></td><td></td><td></td><td></td><td></td><td>32</td><td>100.0%</td></tr>
<tr><td>その他</td><td>6,351</td><td>6.3%</td><td></td><td></td><td></td><td></td><td></td><td></td><td>6,351</td><td>100.0%</td></tr>
<tr><td colspan="2">合計 歳入合計</td><td>101,453</td><td>100.0%</td><td>14,532</td><td>14.3%</td><td>0</td><td>0.0%</td><td>42,489</td><td>41.9%</td><td>44,432</td><td>43.8%</td></tr>
</table>

注:1) 歳入合計の割合(%)は、国・道州・市町村(基礎自治体)の各歳入割合をあらわす。
    2) 単位未満四捨五入のため合計において合致しない場合がある。
    3) 国税の「雑収入」には、国有財産利用収入、納付金、諸収入が含まれる。
    4) 都道府県税,市町村(基礎自治体)税の「その他」には、使用料、手数料、財産収入、寄附金などが含まれる。
出所:国税庁『平成17年度版国税庁統計年報書』
    総務省『平成17年度地方財政統計年報』『平成17年度都道府県別決算状況調』『平成17年度市町村別決算状況調』

(資料) 江口克彦監修・前掲書

第 7 章 道州制と区割り，税財政　227

図 7-12-2　完全自立型
●共同財源の配分前の道州・市町村(基礎自治体)の歳出入割合

(単位：100万円)

区割り	道州・市町村(基礎自治体)歳入	道州・市町村(基礎自治体)歳出	歳入／歳出
北海道	3,145,536	5,689,185	55.3%
東北	5,309,430	8,112,063	65.5%
北関東	8,789,033	10,432,652	84.2%
南関東	8,762,748	9,512,578	92.1%
東京	16,617,184	10,151,912	163.7%
北陸	3,598,204	5,354,101	67.2%
東海	10,085,771	10,271,073	98.2%
関西	15,402,298	16,420,916	93.8%
中国	4,837,607	6,788,684	71.3%
四国	2,599,588	3,934,364	66.1%
九州	7,132,389	11,749,910	60.7%
沖縄	640,757	1,433,312	44.7%
合計	86,920,544	99,850,749	87.1%

出所：総務省『平成17年度地方財政統計年報』『平成17年度都道府県別決算状況調』
　　『平成17年度市町村別決算状況調』
（資料）　江口克彦監修・前掲書

　東京が，歳出に対する歳入比率160％を超えて，大幅な歳入超過となる。今後はこの点も考慮して区割りを検討する必要がある。というのも，沖縄，北海道，九州，東北，四国，北陸，中国の歳出に対する歳入比率は8割満たない。
　以上のことを踏まえると，道州制の財源配分の方法には，次の3つのパターンが考えられる（図7-13）。3つのパターンを比較すると，次のようになる。
① 　現行の交付税規模でそれを共同財源とした場合
　　　役割分担（業務量）を国15％，道州35％，基礎自治体（市町村）50％とした場合，国・道州・基礎自治体（市町村）それぞれの各歳出比率がほぼ同率になるよう税源配分した結果，業務量に見合う比率を実現することは可能だということ（表）。国，道州，基礎自治体（市町村）の歳出に対する歳入比率は，いずれも80％以上とバランスがよい。

図 7-13　税源配分の 3 つのパターンの比較

(単位：兆円)

配分方法		歳入合計 (B)	歳出合計 (A)	(B)/(A)×100
①現行交付税程度に共同財源を確保した場合	国	14.5	17.1	85.0%
	道州	37.5	40.1	93.4%
	市町村（基礎自治体）	33.4	59.8	55.8%
	市町村（基礎自治体）＋共同財源	49.5		82.7%
②ナショナルミニマムを全て共同財源で財源保障する場合	国	14.5	17.1	85.0%
	道州	14.6	40.1	36.5%
	道州＋共同財源	28.2		70.3%
	市町村（基礎自治体）	18.0	59.8	30.1%
	市町村（基礎自治体）＋共同財源	58.7		98.2%
③財源保障も財政調整も行わない場合	国	14.5	17.1	85.0%
	道州	42.5	40.1	106.0%
	市町村（基礎自治体）	44.4	59.8	74.3%

注：1）①の場合では、共同財源をすべて市町村歳入とした場合を例示している。
　　2）②の場合では、共同財源のうち 1/4 を道州に、3/4 を市町村歳入に含んだ場合を例示している。
　　3）数値は小数第 2 位を四捨五入したもので、合計値と一致しない場合がある。
出所：国税庁『平成 17 年度版国税庁統計年報書』
　　　総務省『平成 17 年度地方財政統計年報』『平成 17 年度都道府県別決算状況調』
　　　　　　『平成 17 年度市町村別決算状況調』

（資料）　江口克彦監修・前掲書

②　ナショナルミニマムに必要な費用をすべて共同財源とした場合

　　その共同財源から 3/4 を基礎自治体（市町村）の歳入へ振り向けると，基礎自治体（市町村）の財源は 100％近く賄える。道州へ 1/4 を振り向けると，道州歳入の 7 割程度を補填できる。

③　共同財源を設定しない場合

　　財源保障も財政調整も全く行わない場合，道州は 6 ％の歳入超過になる。一方，基礎自治体（市町村）は 75％程度の歳入確保しかできない。よってこれは現実的な選択ではない。

いずれにしても，自治体間の財政調整は道州共同財源的な財政調整システムを構築することが望ましい。

日本では全国知事会などが現行の国が調整する地方交付税に代わって，これ

を共有税として地方六団体で調整する水平調整するよう提案しているが，これはドイツの共同税にヒントを得たものといえよう。

　日本で道州制へ移行する場合，現在のように国，都道府県，市町村で事務事業が「融合」している状態では，税財源の配分を明確化できない。それぞれが一定程度「分離」独立して処理される状態につくること，そのうえでの税財源配分システムの再構築である。

　関連し，税金の集め方も工夫したい。確かに「自治の原則」から言えば，それぞれの基礎自治体，道州，国の政府機関毎に課税し，税金を徴収することが望ましい。しかし，課税に対する「自治の原則」は守るとしても，徴税コストの削減や徴税技術の高度化も不可欠である。

　そこで提案したいのが，共同徴税機関の設置である。まず直接税を徴収する機関である税務署を，国の機関ではなく，それぞれの課税権を一括委任する国，道州，基礎自治体の共同設置機関（独立行政法人の組織形態とし，本庁を国民税庁，出先を税務事務所とする）とする。その後，税目別，各政府レベルでルールに基づいて受領するという仕組みである。

　道州制に移行すると道州間の格差が広がり，勝ち組，負け組みがはっきりするから「反対」という主張もあるが，道州間財政調整や共同財源のプール方式など配分方法を工夫することによって格差是正は可能だということである。

　もとより，国の資産，府県の資産移管をどうするかなど，道州制移行の課題は多く残る。また国債など大量の借金を国が全部返すか，道州に一部肩代わりさせるか議論すべき点は多い。とは言え，既存システムのムダと膨大な借金を抱え込んだまま財政破綻に追い込まれるよりも，道州制移行により改革を進める方が国民のメリットは大きいと言えよう。

8．地域主権型道州制の税財政の考え方

　ここまで述べてきたことを若干整理しておこう。

　「地域主権型道州制」へ移行する場合の，国，道州，基礎自治体の役割分担

について，その基本原則は，国の機能をできるだけ小さくすることである。それによって，国の過剰な干渉を排除できる。企業や地域住民の自由意志を尊重することができる。地域に密着した生活関連行政は，なるべく身近な自治体が受け持つということである。

　役割区分についてもは，地域の状況で異なったり，あるいは基礎自治体・道州・国で部分的に重複させる必要があったり，細かな部分については調整の必要がでてくるだろう。そのような調整の窓口は国にもたせるのも一案かもしれない。ただし，その場合でも筆者の持論だが「国は助言をすれど，指導はせず」とうい原則を欠かすことはできない。

　いずれにしても，それは今後，個別に議論しながら，具体的に決めていけばよいことだが，その基本は，「住民ができることは住民が，住民ができないことは基礎自治体が行い，基礎自治体が行うことが難しいものについては道州が行い，道州でも行えないものは国が担当する」という，ミクロなレベルからマクロなレベルへと役割分担を考えていくということである。

　先日，ある知事が尋ねて来て，道州制は，聞くところによると，都道府県の行政を市町村に移譲し，都道府県の存在を無用にし，最終的には道州は形式だけで，結局は国と基礎自治体が実務を担当しあうのではないか，そういう道州制では困ると筆者に訴えて来た。誰がそのような無責任な発言をしたのか不明であるが，都道府県を廃し，道州を中抜きにするような提案をしている者はだれもいない。杞憂である。

　「地域主権型道州制」を導入すると，政治や行政が住民から遠ざかるのではないかと危惧する人がいるが，住民の観点からすれば，むしろ政治や行政はこれまでより身近なところで行われるようになる。すなわち，いままで国がやっていた事を道州がやり，都道府県がやっていたことを基礎自治体がやり，いままで市町村がやっていたことを地域コミュニティ，NPO，あるいは民営化された組織が行うと言う事になっていくから，今の政治と国民の距離はずいぶん

と短縮され，政治・行政が国民にとって遥かに身近なものになってくる。

　繰り返すが，まず国の役割を限定する。いままで国がやっていたことを道州が担当する。都道府県がしていたことを基礎自治体が担当するのだから，「地域主権型道州制」においては，道州が中抜きになることは絶対にない。むしろ，道州は課税自主権，税率決定権，徴税権，あるいは法律上書き権などをもつこととなり，今の都道府県より大きな権限と行政を担当することになる。もし，国と基礎自治体が直接協議するような関係にでもなれば，国の巨大さによって基礎自治体は押し潰されてしまうだろう。

　国，道州，基礎自治体の間で役割を明確に分けるとなると，それに応じて行政組織や立法組織も再編されなければならない。具体的に言えば，これまで国の役割とされていたものが，道州や基礎自治体に移転するわけだから，中央省庁も国会も，かなりスリムなかたちになる。
　「地域主権型道州制」が導入されれば，受益と負担の関係が明確になり，また，決定・実行・チェックの距離が縮まることで無駄が発生しにくくなる。さらには，いまは考えられない程の技術の進歩によってIT化，情報化は高度化するであろうから，それらを徹底活用し，さまざまなイノベーション，工夫をおこなうことによって，地域の行政はかなりの効率化がはかられる。したがって，役割が増えたからといって，それだけ大勢の雇用が必要にはならず，現在よりも遥かに少ない雇用で行政事務を処理していくことができるだろう。いや，それぞれの地域がそうした努力ができるような環境をつくるのが「地域主権型道州制」の狙いなのである。

　今まで述べてきたように，現在の自治体は，地方交付税や国庫補助金を通じて，財政の多くの部分を国に依存しているほか，本来は自由な裁量があるべき地方税についても，国から大きな制約を受けている。財政的に国に依存している限り，いくら人口規模が大きくなり，また役割分担が区分されても，自主独

立の地域経営はできない。こうした状況を断ち切るには，各基礎自治体，各道州が自前の税財源を確保することが必要なる。

それには，各道州に，みずからの意思によって課税項目と税率を決定し，徴税できる権限を与えることである。そして，国の政府の財源については，国が独自に確保するのではなく，国の政府は道州の公共財であるという観点に立って，各道州がそれぞれの域内総生産（GDP）の大きさによって「国費負担金」として負担するようにする。こうすることによって，道州は国の政府の支配下にあるのではないという認識も醸成されるに違いない。

また，この「国庫分担金」制度の導入で地域間の財政力格差を自動調整することになる。現在は国が，国税として課税した財源を地方交付税などによって財政力の低いところに分配するシステムであるが，「国費分担金」システムでは財政力の低い所は最初から負担額が少ないのだから，改めて調整する必要がなくなるのである。

一方，基礎自治体の財源については，基礎自治体が独自に課税権をもち，課税項目と税率を決定し，みずからの財源を確保する方法がまず考えられるし，また，道州から基礎自治体の規模や特性に応じて分担することも考えられる。道州が置かれている環境や特性は異なるので，これについては，道州がそれぞれ，みずから決定すればよいと考える。

国と地域の行財政にかかわる受益と負担の結びつきを明確にするという観点からすれば，まず，どの税目がどの行政レベルで使われるのかを明確にし，そのうえで国も道州も基礎自治体も，みずから税目や税率を自由に決定できるようにすることになる。住民にとっては，国，道州，基礎自治体がそれぞれ何にどれだけ使っているかがチェックしやすくなり，またそうであるからこそ，国，道州，基礎自治体も効率的かつ効果的な思考をするようになるのではないだろうか。

公的債務機構を創設して一旦，国の借金を塩漬けにする案も述べたが，もとより，これで国全体の「借金」そのものが減るわけではないが，こうした枠組みをつくることによって，持続可能な税財政基盤を確立する道が拓ける。

以上は，筆者が内閣官房「道州制ビジョン懇談会」の座長として，中間報告は総務大臣に提出したが，残念ながら，最終報告は自公連立から民主党に政権が交代したため，幻に終わった。そこで筆者は，PHP総合研究所の研究スタッフがまとめた『地域主権型道州制―国民への報告書』を精緻に監修し，私的報告書として世に問うた。その筆者の監修した同書を，ここで筆者の新たな考えを加えつつ，引用して記述したことを重ねて明記しておく。

注
1) 西尾勝『地方分権改革』(東京大学出版会，2007年) 158頁参照。
2) 自由民主党道州制准進本部「道州制に関する第3次中間報告」(2008年7月)。
3) PHP総合研究所編『日本再編計画』(PHP, 1996年) 参照。
4) 江口克彦監修『地域主権型道州制―国民への報告書』(PHP, 2010年) 226～229頁。
5) 同・前掲書229～230頁。

第 8 章　道州の統治システム

1．統治システムの原則

　道州の統治システムは論点が多岐にわたる。また研究実績も実際の提案もほとんどない。ここでは筆者の独自の考えを述べるが，少し項目をわけて論じていくことにしたい。なお，以下で述べる考え方を包括的に整理した筆者の著作として『国民を元気にする国のかたち』（PHP 新書，2009 年）がある。

（1）　基本的な考え方
　道州制に移行した場合，どのような道州ができるのか，その統治機構については，ほとんどシステム設計（案）はなされておらず，道州制の研究においても触れられていない。ここでは筆者の考える「地域主権型道州制」のなかでの都道府県に代わる道州のあるべき姿をポイントに絞って論じてみたい。
　道州は，各省やその出先機関，都道府県の組織の継承によって，古いしがらみを残してはならない。道州の組織は新設として，可能な限り理想的に設計されなければならないと考える。日本国憲法の改正を前提としない道州の組織は，二元代表制を採用し，議会と執行機関（長）は直接公選とすることは言うまでもない。ただ，あまり分厚い権限，組織を持つような道州となってはならず，簡素で効率的，賢い「地方政府」でなければならない。
　その点，道州の役割，権限，業務の量や質を十分精査したうえで，過大な組織とならないよう設計上注意する必要がある。現在の都道府県のように「地方自治法」といった法律でこと細かく組織や規模のあり方まで決めるというやり方は採らず，各道州は，各道州独自の立法で自主的に組織を形成できるよう，選択の幅を大きくとることが望ましい。特に自治行政権，自治財政権のほか，

自治立法権を強く持たせることが個性的な道州の運営を可能とする。

　国会で道州にかかわる法律を決める場合，その内容はもっとも根幹的な事項にとどめ，具体的な内容については道州議会の定める立法（道州条例）に委ねることである。国と道州の関係は上下主従関係ではなく，対等協力の関係とし，国が道州に対して命令や強制をすることは，軍事的な非常事態などを除き，いっさいできないこととする。もし双方に争いが生じた場合，国，道州から独立した裁定・調整機関を設けることで処理することである。まさに究極的な地方分権を進め，地域主権を確立した状態の道州制が望ましいのである。

（2）　道州制の基本原則

　これまで述べてきたことの確認になるが，「地域主権型道州制」には次のような基本原則が備わっていることである。

① 　道州は地方分権を推進するものであること
② 　道州は都道府県に代わる広域自治体で，基礎自治体を補完すること
③ 　国と地方の役割を抜本的に見直し，内政に係わる事務は基本的に地域（道州及び基礎自治体）が総合的，主体的に担うこと
④ 　国の地方支分部局は廃止し，企画立案を担っている中央省庁そのものを解体・再編すること
⑤ 　内政に関する道州の決定権を確立するため，国の法令は基本事項にとどめ，広範な条例制定権を認めること
⑥ 　各道州が自主性，自立性を発揮できる地方税財政制度とすること
⑦ 　区域割りは地理的，歴史的，文化的条件や地元の意見を最大限尊重すること

（3）　旧都道府県の呼称

　旧都道府県の呼称は，地域住民の自主的判断に委ねればいいと考える。とは言え，道州制反対の理由に故郷の名称（県名）が消えるという声が多くある。

確かに各府県の名称は人々の生活に定着しており，愛着もある。高校野球の甲子園代表なども県代表として戦っている。しかし，県名を残す工夫はいくらでもある。例えば，全国的に道州名のもとに「関東州埼玉」「関西州滋賀」「九州鹿児島」というように，呼称として旧県名を使用することも考えられる。

東北州を例とするなら，東北州青森，東北州岩手，東北州秋田，東北州宮城，東北州福島，東北州山形と，九州を例にするなら九州福岡，九州長崎，九州熊本，九州大分，九州宮崎，九州鹿児島というように旧県名は残すのである。高校野球の甲子園大会は東北州宮城代表○○高校，対九州鹿児島代表○○高校といった具合に以前の47都道府県対抗戦とすればよい。現に，今でも高校野球は，北北海道代表，南北海道代表，東東京代表，西東京代表といった，道州の地名になるであろう表現も使っているのである。

とにかく，県名に固執することと日本の将来と，どちらを選択すべきかを考えれば，その結論は，論議するまでもないだろう。

（4） 道州政府は広域自治体

道州の性格は独立した地方自治体であり，それは都道府県に代わる広域政策を行う広域自治体という性格である。その道州は基礎自治体の区域や従来の県境を越える課題に対応する広域自治体とし，産業政策，環境政策，交通政策をはじめ広域性の高い政策領域を担当する内政の拠点でなければならない。併せて道州区域内の基礎自治体を補完性の原理に基づき補完，支援する役割を担うものとする。

そこでは公選の道州知事を執行機関，公選の道州議会を議決機関とする「二元代表制」のもとで，チェック・アンド・バランスがよく働き，不正など税金の無駄使いがない道州制度であることが望まれる。

（5） 道州と国（省庁）との関係

道州と国（省庁）は役割の異なる対等な政府間関係であり，お互いの事務・事業が競合しないように調整する。必要に応じて政策連携，事業連携を果た

し，協力する関係を保つ。大震災からの復旧，復興，新たな東北づくりを最大の課題とする東北州の場合，国の復興庁との連携をはじめ各省庁との連携，調整は極めて重要であり，今後緊密な協力関係を保つことである。

もとより，国土交通，文部科学，厚生労働といった内政の要になる省庁は，基本的に廃止ないし縮小して多くの役割は各道州に移るから，従来のような各省庁と各道州が上下主従の関係になることはない。役割の異なる対等な政府間関係という形になる。

（6）道州条例と法律

もちろん，法体系として憲法，法律，道州条例，基礎自治体条例と効力の点では上下関係があるが，国が定める道州に関わる法律は，国家存続にかかわる事項や国際的，全国的に統一基準を必要とすることや，食糧需給，資源エネルギー政策に関わることなどに限定する。それを除いて，原則として国の法律を道州が運用する場合，道州条例で上書き修正できる法律を制定し，道州及び基礎自治体に関する法律の「上書き修正権」を大幅に認めるものとする。

（7） 国・道州・市で機能を分担

「地域主権型道州制」へ移行する場合の，国，道州，基礎自治体の役割分担について，その基本原則は，国の機能をできるだけ小さくすることによって，国の過剰な干渉を排除し企業や地域住民の自由意志を尊重するという事であり，そして，地域に密着した生活関連行政は，なるべく身近な自治体が受け持つということである。

もちろん，役割区分については，地域の状況で異なったり，あるいは基礎自治体・道州・国で部分的に重複させる必要があったり，細かな部分については調整の必要がでてくるだろう。そのような調整の窓口は国にもたせるのも一案かもしれない。ただし，確認のため繰り返すが，その場合でも「国は助言をすれど，指導はせず」とういう原則を欠かすことはできない。

いずれにしても，それは今後，個別に議論しながら，具体的に決めていけば

よいことだが，その基本は，「民間ができることは民間が，基礎自治体ができることは基礎自治体が行い，基礎自治体で行うことが難しいものについては道州が行い，道州でも行えないものは国が担当する」という，ミクロなレベルからマクロなレベルへと役割分担を考えていく。あくまでも，国民，基礎自治体が，出発点だということである。

さらに重要なのは，区分された役割の領域においては，先述した点だが，基礎自治体ならびに道州が独自の判断で条例を制定できることを，しっかり担保することである（条例制定権の拡大）。もちろん，現在においても，地方自治体は条例制定権をもっており，地域独自のルールをつくっている。しかしながら，その自由度は国の法律は規制の枠のなかにあって，これまで述べてきたように，かなり制約されたものになっている。だからこそ，構造改革特区といった，例外を国から認めてもらうという試みがなされているのである。

「地域主権型道州制」においては，区分された役割の領域においては，道州ならびに基礎自治体は，国からも，さらにはお互いにも支配されずに，自立的に条例を制定する事ができるようにする。具体的に言えば，道州ならびに基礎自治体の政策領域に関する法律については，道州ならびに基礎自治体はその内容に「上書き」をする権利，修正する権利を担保する法律（法律上書き権，法律修正請求権）をつくるのである。こうすれば，道州そして基礎自治体は国から制約を受ける事なく，みずからの意思で，さまざまな決定を行っていけるようになるだろう。

このように国，道州，基礎自治体の役割を明確に分けていくと，これまで国が直接行っていたり，国のコントロールによって自治体が行っていた仕事を道州や基礎自治体が行うことになり，都道府県がやっていた仕事を基礎自治体が行うようになる。「地域主権型道州制」を導入すると，政治や行政が住民から遠ざかるのではないかと危惧する人がいるが，住民の観点からすれば，むしろ政治や行政はこれまでより身近なところで行われるようになる。すなわち，いままで国がやっていた事を道州がやり，都道府県がやっていたことを基礎自治体がやり，いままで市町村がやっていたことを地域コミュニティ，NPO，あ

るいは民営化された組織が行うという事になっているから，今の政治と国民の距離はずいぶんと短縮され，政治・行政が国民にとってはるかに身近なものになってくるのである。

（8） 州都の考え方

　道州の中心地となる（政治行政首都）を州都と呼ぶなら，その州都の考え方としては，簡素で効率的な州政府を実現するため，一つの道州のなかで，どこからも等距離か便利なところに，道州知事及び道州の行政機関（本庁）と道州議会議事堂を置く。そこを州都とすることである。

　ただ道州制へ移行すると，各道州の州都が現在の大都市におかれた場合，州都一極集中が起こるのではないかとの懸念を抱く向きが多い。確かにその可能性は否定できない。ならば，州都は一極集中の弊害を生まないよう，必ずしも既存の大都市に囚われず，むしろ，道州全体からして利便性が高く，加えて将来発展する可能性のある中小都市，もしくは新しい場所を選択することも視野に入れておく必要があろう。

　例えば政令市を一つしか持たない東北州で言うならば，ここを州都とした場合，仙台一極集中が懸念され，西日本など他の地域（州）と比較し，大都市一極集中の心配がある。それだけに，別の中核市，特例市など一定の都市機能を備えた都市を州都として選ぶ考え方があってもよい。例えば，北東北の中心である盛岡，九州であれば鳥栖を州都とする案なども検討されてよい。

　あるいは，州都だけでなく，道州内に，特徴的なさまざまな繁栄拠点を配置することによって，道州内の一極集中を回避することも考えられる。

2．二元代表制の機構

（1） 道州議会と道州議員，国会議員

　初めに述べておくが，基礎自治体議員，道州議員及びそれぞれの自治体の長，並びに国会議員の選挙における外国人参政権は，国の決定事項として，こ

れを禁止することは当然の前提である。

　議会制民主主義を基礎とする道州制において，道州議会の構成は極めて重要となる。

　二元代表制を政治制度とする場合，道州議会は道州の立法機関であり決定機関となる。

　現在の都道府県議会も①条例，予算等の審議・決定，②執行活動に対する監視・統制，③政策などに関する条例の提案，④住民への報告，意見の集約といった役割を期待されているが，現状の活動は不十分としか言いようがない。

　ただ道州制下の道州議会は，国から権限，財源が大幅に移譲され，管轄区域が広範な圏域に及ぶことから，立法機関としての役割が強く求めらる。したがって現行の府県議会より強化した体制整備，法制度改正が求められる。

　道州制における州議会は一院制であってよい。例えば東北州議会を例にすると，東北州内の人口は約1,000万人なので，道州議会議員の選出は議員1名当たり人口10～12万人を基礎に選出という考え方に立つなら，道州議会の定数は80名程度でよいのではないか。被選挙権は25才以上とし，道州内に3カ月以上居住していることを立候補の要件とする（佐々木信夫『新たな「日本のかたち」』角川SSC新書，2013年参照）[1]。

　道州議会議員の選出方法は，道州全体の比例代表と中選挙区代表の2種類の組み合わせが考えられる。比例代表は20名，中選挙区代表を60名といった具合である。また後者についての選挙区は人口比で旧府県に人員を割り当て，幾つかの選挙区を設定して選出するということも一例として考えられよう。

　現在の地方議員（都道府県，市区町村議員）に対する考え方は非常勤の特別職であるが，道州議員の場合，これと異なり，国会議員と同様に，常勤の特別職公務員と位置づけ，任期は4年とし，歳費（給与）を支給したらどうか。それだけ道州議会の役割は重く，専門性も要求される。

　その活動は常勤議員にふさわしい内容とし，定例議会を隔月開催で年間150日間，その他，必要に応じ臨時議会を開くなど，道州議会に課せられた立法，決定機関としての役割をしっかり果たすよう求める。

歳費の額は、ニューヨーク市議会議員を例とするなら、道州内勤労者の平均年収の上位20％の平均額としたらどうか。政治リーダーに対する権威と職務の重要性を評価した歳費額である。それ以外に立法活動に必要な調査費、通信費、交通費などを支給する。政策スタッフとして、ニューヨークやアメリカの州議会がそうであるように、秘書人件費を例えば年間1,000万円与え、その範囲内で非常勤の政策秘書を3名～5名まで雇うことができるようにしたらどうだろうか（佐々木信夫『地方議員』PHP新書, 2009年参照）[2]。

立法、政務調査の費用弁償については、広範な専門的、政策的知識を必要とする議員の活動をサポートするため、政務調査費を支払う。ただし従来の地方議員に見られた個別議員への支払い形式は取らない。1議員月額50万円を限度とし、立法、政務調査に要した費用の明細書を添付し、毎月事務局へ請求するものとするものいいだろう。

道州議会、ないし常任、特別各委員会の充実強化のため専門家に委嘱する。例えば、特定の政策課題について専門家を招聘し、専門的な見地から立法調査の研究を委嘱することができる。また道州議会として「○○調査会」とか「○○専門委員会」といった集団からなる付属機関を設置し、政策や改革について諮問することができる。その意見を議員立法として活用する。その委員の身分は「地方自治法」でいう専門委員とする。

道州議会事務局のスタッフを充実し、「法制局」を道州議会の機関として設置したらどうか。双方併せて事務局員数を100名程度にしてはどうか。事務総括を行う者を道州議会局長とし、執行機関の補助機関である道州副知事と同格の特別職に位置づける。道州議会の事務局員は現行地方議会のような執行機関（知事部局）からの出向に依存せず、独自の採用を行い、人事的な自立性を確保することも不可欠である。

なお、法制局スタッフは法科大学院や行政大学院出身などの専門能力、知識に優れたものから採用する。ただし常勤は少数とし非常勤の専門スタッフを多く活用する方途もある。

国、道州、基礎自治体の間で役割を明確に分けるとなると、それに応じて行

政組織や立法組織も再編されなければならない。具体的にいえば，これまで国の役割とされていたものが，道州や基礎自治体に移転するわけだから，中央省庁も国会も，かなりスリムなかたちになる。

中央省庁については，2001年に施行された「中央省庁等改革基本法」に基づいて，それまでの1府22省庁が，1府12省庁に再編された（現在は防衛庁が省に昇格）。この目的は，縦割りによる弊害をなくすと同時に内閣機能を強化し，事務および事業の減量，効率化をするところにあった。

実際に，これがどのような効果をもたらしたかについては，詳しい検証はなされていないが，ほとんどその目的は果たされてはいないと言えるのではないだろうか。多少人員が削減され，事務の効率化がはかられたものの，民間企業の経営改革からすれば，それほど評価するに値しない。

「地域主権型道州制」導入による中央省庁の再編は，2001年の再編とは根本的に異なるものになる。なぜなら，2001年の再編は，今行っている役割をそのままに保ちながら，効率化だけを図るための統合だったのに対し，「地域主権型道州制」による再編では，役割自体がなくなるので，統合ではなく「削減」になるからである[3]。

図8-1 省庁再編（1府6省）

総理府	国全体に関わる戦略政策立案、国家予算の策定、総合調整
外務省	外交、通商、経済協力
防衛省	安全保障
財務省	国税とファンド等の管理
法務省	検察、刑務所、出入国管理
生活環境省	年金、医療、生活の最低保障、薬品規制、PLなど
総務省	経済産業局、厚生労働局、教育局、国土交通局、農林水産局、運輸局、公正取引委員会、金融監視委員会、エネルギー管理局、放送・通信局、統計調査局、公安捜査局（日本版FBI）

※行政監視機構（行政に関する調査、勧告を行う第三者機関）

（資料）江口克彦『国民を元気にする国のかたち』（PHP研究所，2009年）

具体的には図8-1のように，1府6省へ省庁を再編したとしよう（図8-1）。省庁の数も半減となり，国家公務員を約50％削減することも可能だと考える。

例えば，図8-1に総務省という多くの役割をもつ省が置かれているが，その各局はある意味以前の省庁に当たるもので，各道州がそれぞれ関連する事業を行う時に，国全体の立場から，各道州に助言ができるようにしたものである。

また，既述の通り，中央政府の役割が少なくなったのだから，それらに関する法律を定める役割をもつ国会議員の数も減らすのが道理である。区割りにおいては，市町村の合併をさらに進めて，現在の小選挙区制をベースとした300の基礎自治体を作ることが望ましい。

それに合わせて言うと，衆議院議員の数は300名，そして参議院議員の数は各道州から10名ずつとして合計120名にする。

こうすると，衆議院議員の数は現在480名だから，約四割の削減，参議院議員のほうは現在242名だから約5割の削減という事になり，国会議員にかかる費用が全体で半分近く削減することができる。その分，国会議員の政策スタッフを複数人持つことも可能になる。

道州がそれぞれの人口にかかわらず，対等な立場として同じ数の代表を国会に送る事になれば，明らかにこれまでの参議院と異なり，議員が道州の代表として，みずからの立場や利害を踏まえながら，国全体にかかわる審議を党議拘束に捉われず，行うことが可能になる。参議院の刷新という意味においても，「地域主権型道州制」の導入は誠に意義深いものになるはずである。

このように「地域主権型道州制」の導入は，国の政府並びに国会の役割を削減させ，それにともなって人員を削減させる事になる。一方，多くの人が懸念するのは，国の政府や国会がこれまで担って来た役割の一部が，道州並びに基礎自治体の仕事として区分けされることによって，それらの行政組織や議会の人員を増やす事になるのではないかという事だろう。

確かに，道州も基礎自治体も，これまで行ってこなかった仕事をやる事になるわけだから，仕事量が増え，その分の人も増やさなければならないと考えるのは当然かもしれない。しかし，そそでは中央政府がいくらスリムになったと

しても，国全体としてはスリムになるとはいえず，意味がない。

　国の仕事が道州に移れば，いままで都道府県が行っていた仕事が基礎自治体に移行され，いままで市町村がやっていた仕事の多くが民営化されたり，NPO化されるわけだから，それぞれ道州も基礎自治体も決して多くの職員を抱えなければならないということにはならない。

　まして，「地域主権型道州制」が導入されれば，受益と負担の関係が明確になり，また，決定・実行・チェックの距離が縮まることで無駄が発生しにくくなる。さらには，いまは考えられない程の技術の進歩によってIT化，情報化は高度化するであろうから，それらを徹底活用し，さまざまなイノベーション，工夫を行うことによって，地域の行政はかなりの効率化が図られる。

　道州ないし基礎自治体の役割が増えたからと言って，それに比例して職員が増えるわけではない。大勢の雇用が必要にはならず，現在よりもはるかに少ない雇用で行政事務を処理していくことができるだろう。いや，それぞれの地域がそうした努力ができるような環境をつくるのが「地域主権型道州制」の狙いなのである。

　道州議会については，これまでの県の議員数をすべて足したのでは，あまりにも大きな議会になってしまうため，最終的に定数はかなり削減しなくてはならない。最初の道州議員の選挙は道州知事と同時に行うものとし，いわゆる平成の大合併のときのように旧議員が全員暫定的にでも議員になるということはしない。選挙区については一基礎自治体一選挙区とし，定員は3名とする。一道州平均90名前後とすれば，全国で合計約900名の道州議員が誕生する事になる。

　先には10州制なら定員80名，計800名と述べたが，12道州とか基礎自治体の数を勘案したら900～1,000名という考え方も成り立つ。これでも現在の47都道府県にいる約2,800名の議員数は3分の1に減ったことになる。

　「地域主権型道州制」における道州知事は，これまでの都道府県知事とは比較にならないほどの裁量が与えられるのだから，その候補には，これまでの都道府県知事経験者のみならず，企業経営の経験者など多くの有能な人達が名乗

りをあげてくるだろう。事実，この「地域主権型道州制」の内容を丁寧に説明すると，かなりレベルの高い有識者たちが道州知事に興味を示す。また，議会も，同じようにこれまで以上の役割を求められるのであり，地域を自分たちの力で活性化させたいという強い願いをもった人達が候補者に名を連ねてくるだろう。

　道州民となった住民たちに選ばれた道州知事と道州議員が，地域のものとなった権限を駆使して，それぞれの道州が，住民にとって快適で，安全で，豊かで，楽しく，また経済的にも繁栄発展するような，住民に密着した新たな条例をつくり，地域づくりのための政策を立案し，力強く，独立心と責任感をもって，それを実行していくのである。

　一方，基礎自治体の長ならびに基礎自治体の議会議員も，憲法の規定通り，住民の直接選挙で選ぶ。議員定数については，基礎自治体の人口が15万人から40〜50万人とバラツキがあるので，各基礎自治体が独自に決定する事になる。ただし，住民は自分の基礎自治体と他の基礎自治体を比較するようになるので，野放図で，いい加減ではなく，住民から理解が得られるような必要最小限の定数に自ずと設定されるだろう。

　このように「地域主権型道州制」になれば，住民，国民は，あらゆる事に関して，自分の地域と他の地域を比較検討するようになり，道州，基礎自治体はその責任を追及されるようになる。したがってわが国の政治・行政は，より住民，国民の生活に密着した，住民，国民が納得する，効率的で充実したものになっていくだろう。いわゆる「善政競争」，「正しい競争」が行われるということである。この競争が国民の前で展開されるということが，「地域主権型道州制」のメリットの一つであると言えよう。

　ともかく，現行の地方議会は中央集権システムの中で十分な力を発揮できていない。与えられた条例，予算の審議のみが優先される。

　中央集権体制が強くなりすぎて，地方議会のやる気を失わしめているのである。これを基本的に変えるのが「地域主権型道州制」なのである。

（2） 執行機関＝道州知事

　道州議会と並んで，執行機関としての道州知事，およびその政策スタッフとしての副知事，局長の構成も重要となる。さらにはその指揮下にはいる補助機関としての職員数も問題となろう。以下での執行機関，補助機関，公務員制度，行政機構については佐々木信夫『新たな「日本のかたち」──脱中央依存と道州制』（角川SSC新書，2013年）の第4章，第5章の考え方を参照しながら，筆者の私見を述べている。

　道州の執行機関として「道州知事」が置かれる。道州知事は道州の執行機関である。公選の道州知事として強いリーダーシップの発揮が期待され，国や他の道州，道州内の基礎自治体との連携，調整に止まらず，グローバルな地域間競争を勝ち抜くさまざまな政策を実現することが求められる。

　道州知事の任期は4年。道州知事の被選挙権は25才以上。立候補について住所要件は求めず，広く道州内外からの立候補を求め，優秀な人材の確保につとめる。

　もちろん，道州知事は住民による直接公選とする。制度上は直接公選制のほか，議院内閣制を採り，議員を道州知事に選出する方法も考えられるが，現行の日本国憲法は「地方公共団体の長は住民が直接選出する」（第93条2項）と規定しており，これに従い議院内閣制は採らず，直接公選とする。すでに戦後，都道府県知事の直接公選制は国民の間にも定着しており，優れた実績もある。この例に倣う。

　道州知事はその道州全体を選挙区として選出される。ただ，道州知事の選出はこれまでの府県知事と比べ，選挙区域も大幅に広くなることから，候補者の政策，資質などを有権者に衆知するための時間的，空間的な余裕を確保する必要となる。

　現行の都道府県知事の選挙では17日間の選挙期間が与えられているが，道州知事の場合，これでは不十分で3週間以上を確保する。また直接公選を有意義なものとするため，候補者同士の討論機会を増やし，インターネットなども活用するなど，新たな選挙方法を工夫することも必要であろう。

これまで都道府県知事も市町村長も，多選については何の規定もなく，6選，7選といった例も多く見られたが，道州制のもとでの道州知事は権力の大きさからして，多選禁止（2期8年）を明確に法定することが望ましい。というのも，道州知事は，規則制定権や行政執行権，予算編成や執行権，契約執行権など道州行政のトップとして大きな権限を有する。権力の独裁化，腐敗を防止する観点がどうしても必要となる。道州知事を監視するため議会権限の強化や監査制度，行政監察などさまざまな抑止策が講じられなければならないが，それ以上に道州知事は2期8年までとする，任期制限の措置の方が有効である。

　多選制限については，憲法論を持ち出し，立候補の自由など基本的人権の保障に抵触する云々の議論がよくある。しかし，アメリカ大統領等の例からしても，多選の弊害を除去するための多選制限は政治権力の抑制装置として必要不可欠であり，なにも日本国憲法の立候補の自由規定に抵触するとは考えない。なお，道州議員も道州知事及び副知事も，日本国籍を有する者でなければならない。また，外国人参政権は認めないこととする。

（3）　道州知事の補助機関

　道州は行政の執行組織として膨大な官僚機構を要しよう。これを道州知事（執行機関）の補助機関と位置付ける。

　道州知事の執行権限は広範囲に及ぶため，それを支える政策スタッフの政治的任用も必要である。まず道州副知事5人程度とする。うち1人を筆頭副知事とし，道州知事が欠けたときの法定代理者と定める。

　道州副知事は知事の最高ブレーンの役割を担い，特定部局を所管する大局長制といった役割分担は取らず，5人のブレーンで道州知事を支える仕組みとする。選出方法として，副知事の半数以上は道州知事選挙の際，選挙公約として特定候補者を有権者に提示し，道州知事就任後，それらを含めすべての副知事を道州議会の同意をえて任命することにする。

　政策スタッフであり執行ラインの責任者として，10名以内の局長をおく。

このポストも政治的任用職とし、民間企業でいう「執行役員」に相当する道州の役員扱いとする。現在の公務員法でいう特別職とし、2年契約を原則に任期制とする。業務実績に応じ再任を認める。また、担当局を代わるなど人事異動の対象にもなる（佐々木信夫・前掲参照）。

　局長は内部起用、外部起用にかかわらず、65歳を停年とし、その任用は道州知事の人事権に委ねる。特別職だが、副知事と異なり、局長任用に関しては道州議会の同意を要しない、という考え方がよい。なぜなら、局長ポストを政争の具に使われないようにするための措置とするのである。

　部長以下の職員は行政執行を事実上担う補助機関として、一般職の道州職員として採用する。その中から部長、課長、係長など必要なポストに職員を任命する。道州公務員制度については別途「道州制法」のなかで定める。

（4）　道州の公務員制度

　実際の道州行政は公務員の手で行われる。現在日本は国家公務員と地方公務員という2本立てだが、もう一つ「道州公務員」という制度を新たにつくることが望ましい。

　国家公務員、市町村公務員とは別に道州公務員制度とする。その場合、採用、昇進、退職など一連の公務員制度は今のキャリア制度に準ずる幹部候補コースの総合職とそれ以外の一般職コース、専門職コースの3類型とする。

　一定割合の公務員を幹部ポストに充てる場合、オープンシステムのアメリカ型の公務員制度を採用する。ほか一般職や専門職コースについてはこれまでの閉鎖型の公務員制度に加え、途中採用を大幅に増やす準オープン型とする。

　また、現在の府県職員、出先機関で働く国家公務員の一定割合を道州公務員に身分移管し、それ以外は基礎自治体に身分移管する。

　道州によって規模が違うので一概に言えないが、例えば東北州の例（佐々木信夫・前掲書）でいうと、現在の公務員は、現行の6県の公務員数と出先機関の公務員数の合計した数の半分程度に縮減する。行政大学院や法科大学院出の公務員を幹部に登用する道をつくる。特別職の局長には内外から有数な人材を

登用する方策をとる。東北州の例でいうと，公務員は約6万人程度となる。道州の本庁と道州と基礎自治体などの公務員割合は1対5ぐらいでよい。

道州公務員の身分については，道州公務員に労働三権を認める。現在の日本では公務員の労働三権が制約されている。それは民間労働者と「公務」は労働内容が異なるという考え方による。しかし，実際は民間組織で働くものと，公務組織で働くものと，組織目的こそ違うが，労働内容に大差がないのが現実である。

道州警察官など治安維持などに携わる公務員を除き，労働三権を付与することが望ましい。給与勧告制度などはとらず，能力主義と労使協議で賃金や労働条件が決まる形とする。

首長も議員も多選を重ねると，いろいろなしがらみができて，必要に応じた制変更が行われにくくなる。とくに，首長は自治体のいわば「大統領」として大きな権限をもっており，その分だけ弊害も大きくなる可能性がある。

大統領制を採る国では，このような弊害を防止するために，いずれも任期が決められている。したがって，前述の通り，道州，基礎自治体においても，首長，議員の多選を法律や条例等によって制限する必要があろう。道州知事は2期8年，基礎自治体の長は3期12年，各議員も3期12年が妥当な任期と言えるのではないだろうか。

（5） 道州の行政機構

ピラミッド型の政策スタッフ制組織を基本形態とする道州だが，それぞれの基礎自治体に道州の地域事務所を置く。

基本は，まず道州の組織は，国や県の機関を取り込む必要がある。できるだけスリムにし，意思決定の迅速性を重視してフラットな組織とすべきである。

例えば東北州の例でいうと，現在東北地域には国のブロック機関をはじめ出先機関が約30あるが，原則これを廃止し，基礎自治体に「移管するもの，廃止するもの」を除き東北州の行政機関に整理統合する。

東北州の場合，旧6県の行政機関及び職員，国のブロック機関ないし出先機

関及び職員を包括するが，職員同士の連携強化，一体化を図るために，国，県など出身組織にとらわれずに適切な人事配置，人事評価が行われる組織となるよう工夫しなければならない。

これは各広域圏の道州の行政機関についても同様の考え方が当てはまろう。

道州は本庁と道州の地域事務所からなる。本庁は10局体制とし，各局には必要に応じて「部」を置くものとする。例えば東北州の場合を例にしよう（図8-2）。

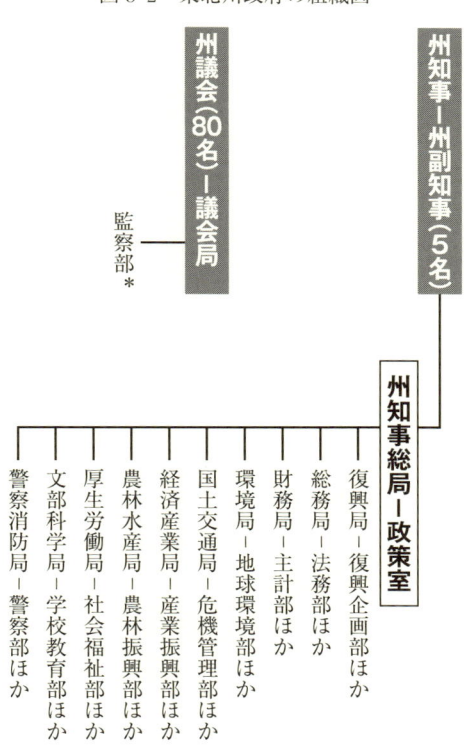

図8-2　東北州政府の組織図

州議会（80名）―議会局

州知事―州副知事（5名）

監察部＊

州知事総局―政策室

復興局―復興企画部ほか
総務局―法務部ほか
財務局―主計部ほか
環境局―地球環境部ほか
国土交通局―危機管理部ほか
経済産業局―産業振興部ほか
農林水産局―農林振興部ほか
厚生労働局―社会福祉部ほか
文部科学局―学校教育部ほか
警察消防局―警察部ほか

＊監査部は監査、行政監察部門からなる州議会の付属機関
出所：各種資料より著者作成

（資料）　佐々木信夫『新たな「日本のかたち」』（角川SSC新書，2013年）155頁。

この10局の執行局のほか，大臣官房に相当する道州の内部管理を担う「州知事総局」を置く（参考までに，佐々木信夫著『新たな「日本のかたち」』から東北州の組織図を掲載しておく）[4]。

　道州知事総局長は，国の官房長に相当する役割を担い，州知事の命を受けて職務に当たる。道州知事総局に州戦略を束ねる「政策室」を置き，数名の政策審議監のもとに政策チームを組織する。

　執行局は復興局，総務局，財務局，環境局，国土交通局，経済産業局，農林水産局，厚生労働局，文部科学局，警察消防局の10局体制とする。各局に特別職の局長を1名置く。

　執行局の行政組織はピラミッド型の政策スタッフ組織体制とし，局長→部長→課長をライン組織とし，必要に応じ局長補佐，部長補佐といったスタッフ組織をつけるものとする。

　道州が行うさまざまな施策がすべて道州本庁だけで決定されると，遠隔地域の住民や基礎自治体が，道州と物理的，心理的距離を感じてしまう。そこで，道州内を幾つかの基礎自治体に分け，そこに道州の地域事務所を置く。

　東北州の場合，基本的に旧6県単位がイメージされるが，岩手，福島など面積の大きな地域圏もあることから，州全体を10〜12程度の基礎自治体に区分することも考えられる。これは各広域圏とも地域事情に合わせて工夫されることが望ましい。

　基礎自治体に置く道州の地域事務所は当該地域の広域的政策を担当する。例えば，防災，治山，治水，商工業，農林水産業の推進，観光政策，環境対策，医療体制の整備など。

　地域事務所は，基礎自治体と広域行政に関する調整や，小規模な基礎自治体と周辺基礎自治体との共同事務や事務委託の調整も行う。例えば，基礎自治体が行う一般廃棄物対策の調整，道路・河川行政の調整，福祉施設整備の調整，教職員の人事交流の調整などを行うと考えてよい。

3．統治システムの前提条件

（1） 経営能力の欠落

　道州の統治機構の概略について述べたが，問題はそれにとどまらない。器をつくっても魂が入らなければならない。すなわち，道州制がうまく機能する前提条件が大きな問題となる。筆者の持論を述べてみたい。

　まず，政策立案能力についてである。これまで国が政策設計をおこない，自治体にはその実施という機能が委ねられてきたために，現在の自治体の多くは，みずから政策をつくり，責任をもってそれを運営していく，という能力を十分に発揮できずにいる。

　もちろん，自治体によって異なるが，とくに小さな自治体でこうした傾向が強くみられる。自治体は小さければ小さいほど，顔の見える政治が行われる可能性がある反面，一定規模の大きさがなければ，財政的にも困難であるし，施設や施策も十分に有効利用がなされない。例えば，ダイオキシンが出ないゴミ処理施設や介護保険制度の運営は，あまり小さな規模では成立しない。

　また，職員の規模の問題がある。10万人の市における職員数は1,000人程度であり，この規模であれば，一人一職制が成り立ち，一人が一年間に一つの仕事に専念すれば良いことになる。ところが，2万人の町になると，職員は200人以下となり，この人数で1,000種類の仕事をするとなると，一人がいくつもの仕事を兼務することになり，仕事は忙しいが，質は上がらないという状態に陥ってしまう。実際のところ，農林水産省の仕事と国土交通省の仕事と厚生労働省の仕事の三つ兼ねて，懸命に働いても忙しいというのが，現在の町村職員の悩みとなっている。

　そういう状態で，政策能力を高めようとすれば，最低一人一職制の規模が必要であり，この観点から言えば，最低でも基礎自治体の人口は，10万人規模，筆者（江口）は15万から40万人が必要と考えている。

　ただし，もっとも大きな要因は，自治体の規模というよりも，国が政策をつ

くり，自治体はただそれを実施していくという状況が長く続いたところにある。自分で創意工夫する必要がないから，政策立案能力が育つはずがない。さらには，国から補助金が回ってくるから，お金を効率的・効果的に使うという経営感覚も麻痺してしまう。事実，予算を全部使い切らないと，次年度の予算編成で損をするので，不必要なものにおカネをかけるという「予算消化主義」もみられる。

　民間の経営の常識からみると，予算は余らせた方が良い仕事をしたという評価なるが，役所の「常識」は，予算は使い切った方が優秀ということになる。常識的な経営感覚では到底考えられることではない。

　一方，この10年間，平成の大合併が進められ，それに関連し，住民の直接請求により法定合併協議会の設置を発議できる制度や，合併特例債制を設けて合併に向けたインセンティブを高めると同時に，市や政令都市になるための人口要件の緩和などを行った。

　なかでも，合併特例債は合併を促進する大きなインセンティブとなった。これは合併のために行う事業や基金の積立に要する経費について，合併年度後10年間にかぎり，その財源として借り入れることができる地方債のことである。対象事業費の95％に充当でき，元利償還金の70％を後年度に普通交付税によって措置されるという，財政難にあえぐ自治体には，大変有利な条件を持つものだ。簡単に言えば，ほとんど自腹をきらないで借金ができるということである。

　この結果，市町村合併の動きは2003年（平成15年）から2005年（平成17年）にかけてピークを迎え，特例が切れる2005年3月頃には，駆け込み合併も相次ぎ，1999年（平成11年）に3,232あった市町村の数は，1,719まで減少した。これが，いわゆる平成の大合併である。

　合併を行うということは，規模が大きくなるということだから，基礎自治体の能力向上のための一つの要件を満足させていくことになる。規模が拡大したのだから，それを有効に使いながら，公的施設の整理・統合など行政の効率化を図っていくことが以前より容易になるはずである。しかしながら，各自治体

では合併という大仕事を成し遂げた疲労感と安心感で脱力している状況がみられ，そうした動きはあまりみられない。

　また，平成の大合併の結果に対する不満の声もよく聞くが，それには合併した側に甘さがあったことも否めない。税財源と権限の大幅な以上がともなわなければ，自立的な地域経営を行う環境が十分に整わないのは，合併前から想定できることであり，そのことも理解できず，ただ合併特例債程度の「特典」を追いかけてしまった自分たちの責任も自覚しなければならない。もし，税財源と権限の大幅な以上が実現され，条例制定権の拡大がなされていれば，こうした不満は出てこないし，平成の大合併はそれなりに納得のいくものになっていただろう。

　このようにみてくると，現在の自治体は，確かに新しい動きはあるが，長い間の中央集権体制のなかで自立の気概，自主の気概，自主責任，意欲をなくしており，もてる力を十分に発揮しきれずにいる。これでは効率的で生産性の高い行政サービスも，あるいは将来の地域の発展に向けた政策もなかなか打ち出せないのは当然であろう。それを変える契機が道州制への移行である。

　「地域主権型道州制」の政治体制が整い，地域における税金の在り方，体系が決定されたのちに，これまでの中央集権的な国と地方の関係の象徴とも言える，地方交付税と補助金を廃止する。道州においても基礎自治体においても，その首長は独自の税源，独自の財源で知恵と工夫をめぐらし，ひたすら住民のための政治を行うようになる。政治家にとって，自分の知恵と工夫で住民が満足し，喜ぶ時ほど大きな喜びはない。また，喜びを感じるような人材でなければ，「地域主権型道州制」のもとで政治家や官僚になる資格はない。

　それゆえ，「地域住民が豊かになることが，すなわち道州の豊かさの証拠」という発想から，東京都庁のような豪華絢爛な道州庁舎を建てるようなことはせず，むしろ旧都道府県庁舎を積極的に売却するとともに，廃校となった高校の校舎などを活用する。また，旧校長室を道州知事室に，一年一組の旧教室を総務局にするなどして，ひたすら行政のコストの削減に務める道州知事も出てくるかもしれない。また，「地域主権型道州制」のもとでは，地域住民の豊か

さを実現し，安全で，楽しい地域づくりに専念する道州知事も現れてくるだろう。地域住民が満足し，豊かになって幸福になれば，人が人を呼び，企業が企業を呼んで，地域は活性化されていくはずである。

　地域間の格差については，各道州の財政需要額を前提としながら，12道州の知事が円卓会議に集まり，道州間で水平的な財政調整を談笑のうちに行うことになる。こうして「地域主権型道州制」による政治，行政がいよいよ開始される。日本は，各道州が競い合って，国力が充実し，民力が高まり，世界と互角に競争をし，また，国際社会から尊敬される国になるのである。

（2）　民意をいかに取り込むか

「地域主権型道州制」を導入することで，中央政府からのコントロールがなくなり，また財政的にも自立することになる道州，基礎自治体は，それだけで簡単に地域を活性化させ，容易に満足してもらえるような行政サービスを提供できるようになるかと言えば，そうとも言えない。むしろ道州，基礎自治体には，これまで以上の経営能力が求められる。自己判断，自己責任，自己負担が原則の地域主権の時代にあたっては，道州，基礎自治体全体が民主主義の拠点となり，みずからの能力を向上させて行かなければならない。

　道州，基礎自治体の重要な機能の一つは，民意をいかに上手く地域の政策と経営に反映させるかということである。自治体は地域住民のために，さまざまなサービスを提供することが仕事であり，そのための「資本金」を税金という形で集める。一般の企業で言うならば，住民は「お客さま」であり，また「株主」である。したがって，住民のニーズを上手く吸収することが，道州，基礎自治体として一番重要なポイントとなる。いわば道州，基礎自治体株式会社という認識である。

　住民のニーズを吸収するもっとも基本的な仕組みが選挙である。道州，基礎自治体では四年に一度，首長と議会議員の直接選挙が行われる。首長は自治行政のトップであり，いわば「会社の社長」である。道州，基礎自治体が行う仕事の最高責任者ということであり，当然の事ながら政策立案能力と行政手腕が

問われる重職である。また,「社員」であたる役所の職員の働きについても,みな首長に最終的な責任が問われる。

一方,道州議会,基礎自治体の議会は,道州,基礎自治体の予算だけでなく,道州,基礎自治体の「法律」である条例や重要案件について議決をしたり,行政執行部のチェック,監視を行う機関であり,議員は住民の代表者,つまり「株主の代表」,「お客さまの代表」ということができる。この首長と議会が民意をそれぞれ代表し,ほどよい緊張関係を保ちながら,政策を決定してく事が期待される。

しかしながら,現在の自治体においては,それが実現しているとは言い切れない。知事は市長,都道府県議員,市町村議員の汚職やサボタージュがニュースに登場しない日はないほどであり,また地方選挙の投票率の低さからも分かるように,住民にとっても,首長や議員が自分たちの代表であるという認識は希薄になっている。

この現実には,国から大きな制約が課せられている現在の地方自治の在り方自体に原因の一つがあり,これまで提言してきた改革によって自治体の自立の度合いが高まれば,住民の道州,基礎自治体に対する期待は大きくなるはずであるし,またチェックの眼も厳しくなるはずである。

しかしもう一方で,その住民の期待に応えるためには,現在のような首長と議会の在り方では不十分といえる。すなわち,「地域主権型道州制」になれば,民意を的確に吸収し,それを施策に反映できるように,道州,基礎自治体の在り方そのものについて抜本的な改革を行わなければならない。

「地域主権型道州制」がうまく機能するためには,現在の問題となっている次の点について改革を断行する必要がある。

（i） 投票しやすい環境をつくること。

現在の地方議会の議員を見た場合,一般的に年齢が高く,また選挙においては,若年層の投票率が極めて低いとうい特徴がある。これでは利益の代表が中・高齢層に偏り,若者層の民意が自治体経営にほとんど反映されない。

こうした状況を改善するためには,「地域主権型道州制」のもとでは,投票

時間を延長したり，あるいはコンビニや駅前を投票所として利用できるようにしたり，自宅から静脈認証ができるコンピュータで電子投票を可能にしたりするなど，さまざまな工夫をこらし，若者層が投票しやすくなるような環境を設定する必要がある。国によっては棄権すると罰金などペナルティを科すところもあるが，この方法はやはり民主主義を前提にすると，取り入れるべきではないと考えた方がよい。

　（ⅱ）　首長，議員の多選を禁止すること。

　どんな人であれ，権力の座に長く留まっていれば，その周辺にはおのずと癒着やマンネリ，専制的な権力の行使と言った弊害が生じる。前述の通り，首長，議員の多選を禁止する必要があろう。

　（ⅲ）　議会を「討論の場」にすること。

　議員からの質問に関する詳しい事前通告や首長執行側からの答弁書に関する根回し，あるいは全員協議会と言う曖昧な組織が，現在の議会を形骸化させている。

　「地域主権型道州制」のもとでは，質問の事前通告や根回しをやめ，全員協議会を廃止し，本会議を議員と首長，執行部の真剣勝負の「討論の場」賭する必要がある。そして，委員会を議員一人ひとりが，具体的で内容のある審議が行える場にしていくべきであろう。

　そのためには，アメリカの地方議会などと同様，議員一人ひとりの採決が有権者に正確に伝わり，決定プロセスにおける横断的な常任委員会を常設し，党派を超えた議会独自の研究活動を行えるようにすべきであろう。

　（ⅳ）　議会スタッフの充実と政策立案のアウトソーシングの推進。

　根回しや全員協議会と言ったものを廃止したとしても，それだけで議会における討論の中身が良くなるわけではない。討論の質を上げるためにも，さまざまな工夫がいる。

　現在，地方議会のスタッフはあまり充実しておらず，人口５万人程の市の議会で，３人から５人の職員がいる程度である。しかも，それは執行部からの出向で議会の専任職員はいないのが普通である。これでは，討論が形骸化するの

も当然と言える。

　そこで,「地域主権型道州制」では議会スタッフを充実させ, 政策立案や執行部の監視・批判能力を高める事とする。議会スタッフを充実させるのが難しいのであれば, 調査・立案機能に関して民間のシンクタンクにアウトソーシングをするのもいいだろう。また, 個々の道州, 基礎自治体が単独でそれを行う事がコスト的に不可能であれば, いくつかの道州, 基礎自治体が共同で実施する事も考えられる。

　（ⅴ）　議会の規模や形態を変えること。

　議員の定数を含めて議会の規模や形態を,「地域主権型道州制」に国のかたちが変わった時には, あらためて見直す必要がある。現在の議員定数は住民人口の規模に比例して決められているが, その定数に合理的な意味があるわけではない。地域の実情や希望に合わせて議会の規模や形態を変えるべきである。

　例えば, 現在の議員数を大幅に減員し, それによって余剰となった経費で政策秘書や, 専門調査委員を雇い, 執行部の提出案件を十分調査し, みずから対策を提出させるなど, 議員「立法」の増大を図る事も考えられる。さらに言えば経営の専門家に行政を依頼するといったシティー・マネージャー制の導入も検討されてしかるべきだろう。

　ちなみに, 欧米と比較した場合, 現在の日本の地方議員の議員数は, その自治体の人口規模の割合では多くなっている。例えば, 人口385万人のアメリカ・ロサンゼルス市の市議会議員の数は15人, 人口750万人ロンドン（大ロンドン庁）の市議会議員数は25人となっている。ロサンゼルスと市議会議員数が同じ15人となっているのは, 例えば, 人口や区1万7,000人の山口県美祢市や人口約3万3,000人の奈良県御所市。ロンドンと同じ25人前後となっているのは, 人口約9万人の長崎県大村市, 人口12万6,000人の大阪府箕面市, 人口6万8,000人の長野県塩尻市などがある。

　もっとも, パリなどは人口215万人で市議会議員の数は163人となっているので, 一概には言えないが, 何れにしても「地域主権型道州制」になった折には, 定数の大幅削減を行わなければならない。

（vi）　開かれた議会をつくること。

　住民が議会の仕組みや活動についての情報をもっていなければ，議会そのもの，そして議員一人ひとりに対する評価を行うことができない。

　現在の自治体の定例議会は年 4 回行われるが平日の昼間に開かれているため，住民にはアクセスが難しく，これが住民の自治に対する関心を低下させる一因となっている。いくら議会を活性化させたところで，それが住民に伝わらなければ意味がない。

　そこで，「地域主権型道州制」のもとでは，住民が自治に対してより多くの関心を向けられるよう，定例議会の一部を夜間，あるいは休日に行うことを義務づけてはどうか。具体的には，会期の短い第二定例会から第四定例会，あるいは予算審議をする最も重要な第一定例会を夜間か休日に行うようにするのが効果的かもしれない。欧米諸国では以前から実施されており，大きな効果を発揮している。

　このほかにも，インターネットやケーブルテレビを活用し，委員会や本会議の中継を行うなど，住民に対し積極的な広報・公聴活動を行うことも考えられる。さらに，住民が政治を実感できるよう，有識者や学者を交えたディベート方式の番組を提供したり，定例議会前や重要政策決定前には，首長が直接住民に問いかける「住民会見」の番組をつくることも一案である。

（vii）　住民投票を制度化し活用すること。

　住民の意思を反映させる究極的な方法，すなわち住民が自治に参加する最も直接的な方法が住民投票であり，「地域主権型道州制」のもとでは，これの活用についても検討がなされるべきである。

　これまでにも，原子力発電所や産業廃棄物など，特定の問題をめぐって住民投票条例を求める直接請求と，その条例に基づく住民投票がしばしば行われて来た。こうした背景には，首長や議会に対する批判や不信があり，住民投票は住民の意思を反映させる有効な手段となっている。

　しかし，住民投票の結果がそのまま自治体の意思決定とはならず，その意味では，不完全なものであり，住民投票をもって自治体の意思を決定するといっ

た改革が必要である。

ただし，住民投票には，慎重になるべきと考える。最も大きなものは，自治体における投票結果が，国の法律や国民全体の利害と対立・矛盾した場合，それをどう解決するのかということである。また，同じ自治体の中でも，複数の問題について住民投票を行った場合，その結果が矛盾したり，相反するものになったり，これをどう処理するかが問題となる。

もちろん，こうした場合は基本的に上位の法律や憲法との整合性で判断されなければならないが，それだけでは不十分な場合は，司法が，その都度判断することになる。このため，住民投票を強化すると同時に，司法の機能強化が求められる。

次に，住民投票で決める争点が多くなると，投票用紙が膨大且つ煩雑なものになり，その争点一つひとつに住民が合理的な判断を下せなくなる恐れが出てくる。従って，なにもかも住民投票で決める事は不可能であり，馴染むものと馴染まないものを，まず整理する必要があるだろう。

さらに，争点が多くなればなるほど，資金力のある団体が情報操作を行い，自分たちに有利な結果をもたらす危険性があったり，ある種の誘導や熱狂によって論点が十分に検討されずに結果が出てしまう恐れもある。こうした問題への対処方法も踏まえた上で，住民投票の強化が必要だということである。いずれにしても「地域主権型道州制」になれば，こうした住民投票に対する住民からの要望も強くなり，その対応は，あらかじめ想定しておかなければなるまい。

　(viii)　道州・基礎自治体のなかにコミュニティ・ボードをつくること。

「地域主権型道州制」になると，地域住民から行政が遠くなるという懸念を持つ人がいる。すなわち，住民一人ひとりの「顔」が分かるような小さな自治体であれば，住民一人の意見であっても，それを大切に聞いてもらえる可能性があるが，道州ができ，基礎自治体の規模も大きくなれば，少数の意見として蔑ろにされてしまう可能性が高くなるという主張である。

それならば，「地域主権型道州制」を進めるにあたっては，地域住民の声が

自治に反映されやすい新しいシステムづくりを行えばよい。そのシステムの具体例として，ニューヨーク市のコミュニティ・ボードのような委員会制度が考えられる。すなわち，広域化された基礎自治体の中に実質的な生活圏を念頭に置いた，行政サブ単位の地域，いわば「町内会」を設定するのである。そして，その各地域に住民の代表で構成される委員会を争点ごとに設け，行政側の原案を議会に提出される前に審査するようにする。こうすれば，少数の意見であっても反映されるようになるだろう。こうしたコミュニティを活用すれば，政治行政は，現在より，もっと住民にとって身近なものになるだろう。

  （ix） 投票所の数だけ支所（行政センター）を設置，サービス・情報収集の拠点にする。

　もう一つ提案したいのは，現在の国政選挙の投票所の設置数と同じだけの数の支所（行政センター）を設置し，そこを住民へのサービスの拠点とするとともに，住民の意見や要望を吸収する機能をもたせることである。

　例えば，大阪府枚方市は人口が40万人で，国政選挙の投票所は約80カ所となっているが，支所（行政センター）もこれに対応する形で約80カ所にする。もちろん，地域によって事情が異なるので，一概には言えないが，人口比で言えば，だいたい4,000〜5,000人に一カ所の割合で支所（行政センター）を設ける事にする。投票所は選挙民が歩いて投票に行ける範囲にあるから，車に乗らないで，住民はその支所（行政センター）に行けるはずである。

　まずは，その支所（行政センター）が，現在，市町村が行っている基本的な行政サービスである住民票，戸籍抄本等の発行と，国や道州が行うことになっているさまざまな行政サービスについても対応できるようにする。

　こうすると，そこにまた何人も職員を配置しなければならず，コストがかかると言う批判があるかもしれないが，現在の先端技術でIT化することによって効率化を図る。確かに初期コストは多少かかるだろうが，中長期的コストは極めて低く抑えることができる。

　また，そのような支所（行政センター）では人間的温かさもないし，第一，機械操作が分からない人，あるいはお年寄りには不向きで，極めて冷たく非人

間的だという批判が出てくるだろう。これについては，機械を設置しておくだけではなく，それぞれの支所（行政センター）に市から職員を二名配置し，そのうちの一人が機械を操作できない住民の手助けをすればよい。そうすれば，どのような人が来ても対応できるし，また人間的な触れ合いも維持できるのではないか。

　もう一人の職員は，時間を決めて，その支所地区を巡回し，住民と触れ合ったり，高齢者を見回ったり，危険な場所，壊れた柵，荒れた道路をみつけたり，さらには，その地区の住民の要望や意見を直接収集し，行政にフィードバックすることによって，基礎自治体の活動の充実を図ることができるということである。いわゆる「守りの行政」から「攻めの行政」へ転換である。

　現在，市町村の職員が住民の生活現場を巡回して，住民と接触したり，意見を求めたりするようなことはまずないから，こうした活動は行政をより身近にする有効な手段になると考えられる。いわば住民密着型の行政を深めることが可能になる。こうした支所（行政センター）の設置によって政治行政はますます住民に身近なものになるだろう。

　支所（行政センター）のコストを下げるために，その役割を民間に任せたらいいという意見もある。しかし，だからといって，地元の八百屋さんやコンビニに代行してもらう事には問題があるだろう。民間だからダメというのではなく，例えば個人情報の問題を含め，何か問題が起こったときに，その責任を厳しく追及するためにも基礎自治体の職員であることが好ましいし，なにより，本業のある民間人が，その地区を回り，意見，提案を集めるということはかなり難しいと思うからである。

　こうした支所（行政センター）の活動を，さらに職員OBやNPOなどに協力を求めながら展開していけば，現在よりもっときめの細かい，行政サービスを行っていけるのではないだろうか。合併が進められ，道州，基礎自治体が大きくなったとしても，知恵を出せば，このような方法で，現在よりもっと住民に近い行政を行うことが可能となるのである。

4．組織能力の向上

（1） 政策立案能力を高める

　極めて重要な点は，組織としての立案能力の向上，強化である。道州知事，基礎自治体の長や議会が的確に民意を代表する事ができたとしても，それを実現可能な政策という形にできなければ，当然ながら民意を反映する事にはならない。自立が基本の「地域主権型道州制」が導入された後の道州，そして基礎自治体には，これまで以上に政策形成能力を高める事が要求される。すなわち，政策目的の明示，政策手段の構想，政策資源の調達，実施体制の明示，利害関係者への対応など，政策を全体として設計する能力がこれからの道州，基礎自治体には一層必要となるだろう。

　これまでのように国からの指示や命令を言われた通りに実施するといった代官的な自治体の体質は，「地域主権型道州制」のものとでは許されない。あくまでもみずからが主体となって政策を立案形成しなければ，財政再建団体に指定された北海道夕張市のようになってしまい，生き延びていく事は不可能なのである。

　そのためにどのような事が必要になってくるか，筆者の経営者としての経験を踏まえ持論を述べる。

　（ⅰ）　新しいタイプの人材育成

　これまでの自治体は，決められた仕事をルーティンワークのようにこなす「実務のプロ」が必要とされてきた。しかし，「地域主権型道州制」移行後の道州，基礎自治体が必要とするのは，政策の目標と戦略を立て，それを実現していくことのできる創造性と実行力をもった「政策のプロ」である。

　そうした人材を持つためにはさまざまな方法が考えられる。一つは，自前で育成する方法である。道州，基礎自治体の職員は地域のエリートであり，潜在的に基礎能力が高い集団と言える。こうした人材を実務のプロとしてではなく，政策のプロとして育てる独自の育成プログラムを用意することである。

現在の地方公務員研修は，単なる実務家養成ということで行われてきた。例えば，税金の担当者には，地方税法の研修を受けさせ，税制の改正があればそれを覚えさせ，間違いなくそれを運用する事が目的とされてきた。しかし，これでは政策のプロは育たない。

　そこで，「地域主権型道州制」に移行後は，知識ではなく知恵を磨き，さらに構想力を高めるために，企業体験やマーケティングをさせるとか，企画や財政畑でマクロな視野を養わせるとか，中央省庁や企業，シンクタンク，あるいは海外の自治体などへ派遣する等，さまざまな経験を積ませるようにする。もちろん，こうしたプログラムは民意の支援がなくてはできないが，道州，基礎自治体も，企業同様に人材育成に投資を惜しんではいけない。「完成された」人材を求めるのではなく，新しい行政にふさわしい人材を「育てていく」施策が必要になってくるだろう。

　地方に人材がいないのではない。これまでの中央集権体制が「政策のプロ」を必要としなかったのである。しかし，「地域主権型道州制」のもとでは「政策のプロ」が必要となる。そうした人材を意識的に育てることが，これからは重要になってくるのである。

（ⅱ）人材採用の改革

　人材育成のほかに，戦略的な人材採用を行うことも一つの方法である。現在，各自治体は独自に職員の採用を行っているが，採用試験には，知識偏重型の傾向がある。「地域主権型道州制」に移行すれば，まず，これを独創性や行動力をともなった人材を確保するように工夫する必要がある。

　さらに，道州の間，道州と基礎自治体の間における職員や情報の交流を深めることも必要であろう。こうした交流が深まれば，政策に関するさまざまな発想が生まれてくるはずである。具体的には，いくつかの道州や基礎自治体が集まった単位で統一試験を実施し，その後，各道州や基礎自治体が個別にそれぞれの事情と必要にあった職員を，二次試験を行って採用するとか，採用あるいは定期的に情報や意見の交換の場を設ける等が考えられる。

　先に国と地域の役割再編について述べたが，それによって国家公務員の人数

が最終的に半減することになる。国家公務員には，もちろんその人のこれまでの職歴によって異なるが，マクロな観点にたって政策の立案になどに携わって来た人がたくさんいる。

　一方，地域においては，その地域の事情を非常に詳しく知っているけれども，決められた実務をこなすのが仕事で，それを有効に活用する政策を立案し，実行するというチャンスが与えられなかった人が，これまでにたくさんいる。

　このマクロな見地から政策を立案できる人材と，地域のミクロな事情に精通した人材がうまく融合する事によって，地域の発展につながる政策を打ち出す事が可能になると考えられる。そのためには，道州や基礎自治体が国家公務員を積極的にヘッドハンティングする。国家公務員のほうも，これまで国の権限だったものが道州や基礎自治体に移れば，みずからの能力を発揮できる場所も道州や基礎自治体に移ったと考える人が多くなるのではないか。そうしたお互いの経験を活かし合う事が重要であろう。

（ⅲ）　業績主義の導入

　現在の地方公務員の人事管理制度は，極言すれば「社会主義的」であり，創造的な仕事を行っても，それが高く評価されることはない。その結果，事なかれ主義や，「休まず」「遅れず」「働かず」という三無主義を引き起こす傾向がある。

　業績に対する評価が正当に行われなければ，働くモチベーションがなくなり，モラルが低下するのは当然である。そうなってしまっては，せっかく優秀な政策のプロを登用しても意味がない。そこで，人事評価の方法も刷新する必要がある。「地域主権型道州制」のもとでは，道州や基礎自治体の職員の人事管理に民間企業と同じような方法を導入することにする。

　具体的には，創造的な仕事も評価の対象に含めた昇任試験や業績評価を行い，給与やボーナスの査定をおこなうといったメリットシステムを設け，それによって職員に働くインセンティブを与えるのである。「地域主権型道州制」に移行すれば，基礎自治体の職員でもある程度の人数なり，こうした業績主

を導入しなければ，多くの職員から不満がでてきて，それが住民の対応にあらわれ，住民から批判を生むだろう。そうしたことを避けるためにも，誰もが納得する業績主義が求められる。

　（iv）　シンクタンク機能の強化

　組織として政策能力を高めるには，シンクタンク機能を持つ事が肝心である。と言っても，専任の研究員や専用の建物が必ずしも必要というわけではない。テーマを設定し，地元の大学や民間企業，知識人等に職員が主体的に加わって研究プロジェクトチームを組織し，定期的に研究活動を行えばいい。

　道州や基礎自治体がみずから考えることによって，この地域がかかえる課題が徐々にでも解決されていくし，それが道州や基礎自治体の独創性を高めていくことになる。

　こうした自前のシンクタンク機能を充実させていかなければ，長期計画づくりでも，都市計画のマスタープラン作りでも，従前のように，外部のシンクタンクに丸投げ，「おんぶに抱っこ」といった形で委託する事になってしまうだろう。委託調査だけを続ける道州や基礎自治体には，政策能力は高まらないし，人材も育ってはいかない。

　現在，政令指定都市や都道府県のほとんどがシンクタンクをもっている。ただし，その主体になっているのは，いわば素人の職員であり，政策研究という意味では自ずと限界がある。また，シンクタンクへの出向勤務は本庁の出世のラインから外れるため，優秀な人材ほど早くシンクタンクから出たがり，結果的に人材が育たないという悩みがある。

　地方の県庁などでは，東京の大手シンクタンクから出向を求めて，責任者を依頼しているところもあるが，実際は週の半分だけ勤務するといった制度が取られており，自治体のシンクタンクが「考える機能」を持つ事は困難になっている。より高い政策能力が求められる「地域主権型道州制」になれば，地元の知識人や専門家を組み入れ，なおかつ職員にとっては，その活動が高く評価されるシンクタンク機能が一層必要になるのである。

（2） 経営能力を高める

　政策を企画立案し，それを事業として生産的に実行していくためには，高い経営能力が必要になる。経営能力とは，政策プロセス全体をコントロールする能力であり，いかにうまくそのプロセスを組織化し，運営し，良好な結果を生み出すかが問われる。

　従来，行政は，「入るを量りて出ずるを為す」ではなく，その逆の「出ずるを量って，入るを為す」を活動の原理としてきた。これは，「執行」の論理ではあっても，「経営」の論理ではない。なぜなら，潜在的なものも含め，住民の需要を最初からあるものとみなし，それを満たす財源が不足なら，国に陳情するか，借金をするか，あるいは公共料金を値上げして必要財源を満たすという考え方に基づいているからである。しかしながら，自らの財源で政策を企画立案し，実行していかなければならない「地域主権型道州制」における道州や基礎自治体は，この「執行」の論理ではなく「経営」の論理がなければ成り立っていかない[5]。

　そもそも経営とは，独自の経営理念に基づいて，経営システムを構築し，みずからの経営ノウハウを駆使して，目的の達成をはかるということにほかならない。そこには，必要な資金はいつでも集まる，という発想はない。事業を行おうとしても，必要な資金も集まらないかもしれない。借金をしても返せないかもしれない。そうした環境のなかで，如何に必要な資金を集め，事業を効率的に展開するか，というのが経営である。

　これは別に企業に限ったことではない。私たちの家計をみても，同じことが言えるだろう。月々の給料のなかで無駄のないように日常生活を賄い，また返せる範囲でローンを組んで住宅等を買っている。欲しい物を次から次へと買って，自分の収入より大きな消費をしていたら破産するのは目に見えているし，それが過ぎれば準禁治産者となる。しかし，こうした当たり前の道理が，これまでの自治体には欠落していた。

　自主自立が原則の「地域主権型道州制」のもとでは，みずからの力で政策を立案すると同時に，事業体，経営体としてみずからの経営能力で，それを実現

していかなければならないのである。そのためには，どのような条件が求められるだろうか。

（ⅰ）経営感覚のある首長を選ぶ

　自治体の経営能力を高めるには，まず経営感覚のある知事，基礎自治体の長を選ぶ事である。知事，基礎自治体の長はその道州や基礎自治体の行政の最高責任者であり，企業経営に求められるような手腕が必要となる。「地域主権型道州制」では，いわゆる「道州・基礎自治体株式会社」と言う前提だからである。

　企業経営者にはもちろんいろいろなタイプがあるが，少なくとも目標設定や戦略等の企画立案にリーダーシップを発揮するとともに，経理や営業等その企業すべての分野に十分な理解力を持つ必要がある。そして，時には厳しい決断を行い，大きな責任を背負わなくてはならない。決断力，先見力，洞察力，実行力，見識，清潔（クリーン），行動力，慈悲の心，素直な心，そして人望も伴わなければならない。すなわち，「経営とはなにか」を体得した人材こそが道州知事，基礎自治体の長の適格者となるのである。

　こうした観点に立つと，行政事務に精通したし生え抜きの職員だから，あるいは有名人だから道州知事や基礎自治体の長に据える，という発想にとどまっていたのでは限界がある。民間企業の経営経験者，異業種・異文化体験者など経営感覚のある人を道州知事，基礎自治体の長に選ぶといった斬新な発想が必要になってくる。

　生え抜きの職員の中にも経営感覚が豊かな人材もいるだろうが，現在のような副市長や副知事，教育長等を務めた人が，選挙を経たとは言え，何かエスカレーター式のように首長になるという発想は捨てなければならない。つまり，首長は経営感覚が優れている人材でなければならない，というのが必要条件ということである。

　ただし，道州知事や基礎自治体の長は選挙で選ばれるわけだから，どのような人材を道州知事や基礎自治体の長に選ぶかは住民の見識，レベルに委ねられているということは言うまでもない。

（ⅱ）　主要部長は特別職にする

　能力のある道州知事や市長一人で道州や市の経営が成り立つわけではない。そこで，「地域主権型道州制」においては，主要部長は特別職（任期制）にするということを考えてもよい。つまり，民間企業の重役職のように，任せた仕事を一定の任期の中で果たすという重責請負人にするわけである。

　現在，自治体における特別職は，選挙で選ばれる首長の他には二つのポストしかない。すなわち，都道府県であれば，副知事と教育長である。国で言えば大臣にあたる自治体の主要部長は一般職であり，責任の重さのわりには待遇が必ずしもよいとは言えず，それがモラルの低下にも繋がっている。「地域主権型道州制」のもとで，特別職を主要部長まで拡大し，ポストに見合った年俸制と任期制を導入すれば，特別職は求められる責任とリーダーシップを発揮できるようになるだろう。

　また，民間企業の取締役会のような，特別職による重役会制度をつくり，重役会における意思決定については，最終的には道州知事や基礎自治体の長が責任を負うとしても，道州知事や基礎自治体の長を重役が取り囲む形で，連帯責任をとるようにする。こうすれば，道州・基礎自治体のトップマネージメントが強化される。

　さらに，こうした特別職の創設によって，国，道州，基礎自治体の人材トレードや民間からの人材導入も容易になり，道州や基礎自治体の活性化が可能となるだろう。

（ⅲ）　公務員制度の柔軟な運用

　道州や基礎自治体の経営能力を高めるには，職員が，いわゆるお役所仕事から脱皮できるような人事・管理制度も必要である。これは先述した通り，職員に働くインセンティブを与えるために，昇任試験や業績評価，給与やボーナスの査定を行うといった業績主義を導入することである。

　ただ，業績主義を徹底したときに，最終的に解雇をどう考えるかという問題が発生する。一般的には，公務員は解雇できないと認識されているが，制度的には「懲戒処分」と「分限処分」の二種類の処分方法がある。実際にほとんど

使われていないのが，後者の「分限処分」で，これによれば公務能率が悪い人については，解雇できる事になっている。

　民間企業が経営上こうした処分を行っているのと同様に，道州も基礎自治体もこの「分限処分」の制度を使う事によって内部に緊張感をもたらし，職員の仕事へのモラルを高めるべきであろう。また，そのためには，「地域主権型道州制」では，身分保障された公務員制度そのものを見直すことも必要ではないだろうか。

　厳し過ぎるという議論もあるかもしれないが，民間企業はこうした原則のもとで経営を行っているのであり，民間のために存在する行政が，民間より甘い原則で経営されていいわけがない。このような制度運用に対しては，労働組合も，国家国民を犠牲にしても一組合員を救済するという発想は捨てて，公務員の身分保障の見直しに積極的に対応していくべきだろう。

　(ⅳ)　民間とのさらなる連携強化

　この数年間に，新公共経営，いわゆるニュー・パブリック・マネージメント（NPM）の考え方が浸透し，アウトソーシング（外部委託），NPO（非営利組織）との協働，指定管理者制度，PFI（プライベート・ファイナンス・イニシアティブズ），PPP（パブリック・プライベート・パートナーシップ），リースやリースバックなど，多くの自治体でさまざまな試みが行われて来た。これによって地方行政の在り方がずいぶん変わってきたのは事実である。

　しかしながら，まだまだこうした手法を取り入れることが可能な事業はたくさんあるのではないか。「地域主権型道州制」のもとでは，それらを徹底的に追求していくことが重要である。またその際，地域の民間企業の側にも，新たな手法の担い手としての積極的な取り組みを期待したい。

　(ⅴ)　徹底的な情報公開と説明責任の明示

　繰り返すまでもなく，道州や基礎自治体を企業として見立てるならば，住民は「株主」であると同時に，「お客さま」である。なぜなら，行政は，住民に対して行政サービスを提供するのが仕事であり，その仕事の資金として住民から税金をもらっているからである。

だとすれば，道州や基礎自治体は住民に対して，その経営内容を住民が容易にアクセスできるように公開し，また内容については分かりやすく説明する義務がある。いや，もう一歩進んで，情報を分かりやすいかたちにして積極的に提供していくべきであろう。民間企業では，そのような事は当然のこととして行われている。

　情報は判断の不可欠の材料であり，これがなければ，自治の主役であるはずの住民は，道州や基礎自治体の経営の評価すら行うことができない。評価ができなければ，住民の意思が道州議会や，基礎自治体の議会や役所にフィードバックされることはない。

　道州や基礎自治体の自立の度合いが高まっていけば，その経営の善し悪しが直接的に住民生活に影響を及ぼすようになり，情報公開への需要は急速に高まる事は間違いない。そうした需要に応えるために，「地域主権型道州制」のもとでは，徹底した情報公開制度の確立が必要になるだろう。

　情報公開は行政を透明なものにすることを要請するし，また，道州知事，基礎自治体の長，各議員，そして職員の身辺の清潔さを要求するようになる。それに応えなければ，国民，住民から直ちに退場させられるだろう。

　(ⅵ)　政策・事業評価と外部監査制度

　情報公開がなされても，それだけでは十分とは言えない。道州や基礎自治体が行っている政策や経営内容が明らかにされると同時に，それが客観的に評価をうけるというシステムも必要である。こうしたシステムができることによって，道州や基礎自治体は，みずからの政策と経営を振り返り，改善を進めることができ，地域住民はそれを道州や基礎自治体の評価の判断基準にすることができる。

　自己評価については，現在，多くの自治体で実施されている。しかしながら，自治体がみずからの政策を評価する場合，自己正当化のためにどうしても甘くなる恐れがある。自己評価は重要であるが，こうした評価をさらに客観化するためには，議会の決算委員会や監査委員会などによって評価を受けるとともに，第三者機関に依頼したり，住民参加による「行政監視監査住民会議」等

を創設して，その内容をだぶるチェックする必要がある。「地域主権型道州制」になれば，そうした試みも行われなければならないだろう。

「地域主権型道州制」のもとでは，道州にも基礎自治体にも自己判断，自己負担，自己責任が求められる。こうした社会では，国民一人ひとりが地域の住民である事を自覚し，みずから積極的に地域社会に参加して，自治を築いていくのだという認識がまず必要であり，そのもとで道州や基礎自治体は，他に依存することなく自立していく方法を模索していかなければならない。

個々に挙げたいくつかの方法は，いわば参考例であって，具体的にはそれぞれの地域，そしてそこに住む住民が自分たちで判断し，工夫し，実行していかなければならない。それが，「地域主権型道州制」における地域の在り方なのである。

要は，地域主権型道州制への移行は，少なくも1,000万人単位で地域経営の主体となる，いわば「地方政府」を各地に創ることを意味する。これまでの中央政府レベルの，とりわけキャリア公務員レベルの政策マンが，10～12の道州に集結していくという事は日本の行政水準が飛躍的に向上していくことを意味する。

7つの旧帝国大学がいまでのブロック圏の核をなす大学になっている。それに準ずる個性的でレベルの高い私学も競うように育っている。これをシンクタンクとして活用しながら道州政府の体制を整え，人材供給源としていくなら，いままでの地方公務員という「吏員型公務員」ではない，「国土型公務員」「調整型公務員」「創造型公務員」が地域をリードしていくのではないか。それに対する期待感は高い。権力，権限，財源のあるところに優秀な人材は集まる。それは政治家もそうだが，公共政策の担い手となる公務員についても同じことが言えるのである。

注
1) 佐々木信夫『新たな「日本のかたち」』(角川 SSC 新書，2013 年) 146～149 頁。
2) 佐々木信夫『地方議員』(PHP 新書，2009 年) 参照。

3) 江口克彦『国民を元気にする国のかたち』(PHP研究所, 2009年) 参照。
4) 佐々木信夫『新たな「日本のかたち」』(2013年) 155頁。
5) 佐々木信夫『自治体をどう変えるか』(ちくま新書, 2006年) 73〜74頁。

第 9 章　道州制と大都市，市町村

1．変貌する市町村

　日本には現在，1,719 の市町村と 23 特別区という基礎自治体と，広域自治体とされる 47 の都道府県がある（2013 年）。基礎自治体の中には大都市もあれば，人口 1 万人未満の小規模町村もある。総じて人口減社会にはなっているが，まだ人口増の地域もあれば，限界集落を抱えるなど消滅寸前の地域もある。それぞれ地域事情，特徴が異なる社会になっているが，今後はどうか。道州制に移行したらどのような国土の姿が生まれるか，それを制度論の視点から考えてみよう。

　農村国家をへて，戦後急速に「都市化」が進んだ日本であるが，結果として今日，都市に住む人口比率が 80％を超える「都市国家」になっている。人口や産業が農村部から都市部へ向かった「都市化」時代は既に終わっており，人口絶対減社会が始まり，第 3 次産業中心の成熟した「都市」時代に大きく変わっている。これがこの一世紀余の日本の構造的な大変化である。当然，それに合った統治機構を構想すべきであるのだが，残念ながら時代の変化に統治機構改革は追いつけないまま，今日に至っている。

　これからの国土イメージについては，日本列島の東西を代表する東京，大阪を 2 都（特別州）とし，首都，副首都の役割を明確に与える。そして各広域のブロック圏を道州とし，それぞれ特色を持った道州と大都市が拠点性を有し，それを取り囲む形で中小の都市が点在し生活の拠点となっている。さらにそれを背後から包み込むように美しい農山村，海岸，森林が広がっている。こうした美しい国家，それが日本の姿であるとみている。その地域策については次章で論じてみたい。

しからば国土形成にふさわしい統治機構とは何か，ここまで，いろいろ議論してきたことだが，結論的には「地域主権型道州制」国家の構築が求められるということである。それはこの国土を47ではなく，10前後の道州に再編し内政の拠点をつくる，東京を頂点とする「富士山型」ではなく，全国に繁栄拠点のある「アルプス型」の統治構造へ変えていくということである。

　確かに戦後改革において府県制度は大きく変わったことは事実である。官選知事から民選知事に代わり，それまでの不完全自治体は完全自治体に変わった。しかし明治政府の決めた47の区割りはそのままである。140年近くも馬，船，徒歩の時代と同じ区割りなのである。どうしてこれが高速化時代の現代に合うと言えるのだろうか。

　ここで，もし，それを大幅に再編し「道州制」移行となれば，明治維新，戦後改革に次ぐ，「第3の改革」として歴史的な大改革となる。もとより，それだけに，変えることに対する抵抗も大きく，改革には膨大なエネルギーを要する。これについては第11章でふれることにしたい。

　戦後，都道府県は「広域自治体」と呼ばれてきた。広域政策，広域行政を求められてきたのである。それは当初はともかく，今日では，交通革命，産業革命，通信革命の進行で，むしろ「狭域自治体」とも呼べるような小さな単位に押し込められた形になっている。自動車での移動が一般化し，鉄道網が網の目のように張り巡らされ，空路が縦横に確立され，人々は携帯電話を片手に情報通信を自由自在に操る時代になっている。経済活動も都市圏を軸に諸外国と緊密に結びついている。部品産業で成り立つ小都市の工場も，実は世界の自動車，コンピュータの部品それぞれを造っている。東日本大震災でサプライチェーンが話題になったが，地方都市，工場で造られる部品のひとつでもないと，世界中で自動車もコンピュータも完成しない。それだけ，広域的な経済活動が一般化している。まさにグローバリゼーションの進行した時代なのである。何としても広域自治体の再生を図らなければならない。平成の大合併で市町村が生まれ変わった今，次は府県が生まれ変わる番である。その点，「地域主権型道州制」は構想から実行段階へ大きく歩み始める時がきたと言える。

それには地方制度を含め統治機構に関し，しっかりした将来構想を持つことが大事である。第 28 次地方制度調査会「道州制のあり方に関する答申」(2006 年 2 月)[1]によれば，次のような業務分担がふさわしいと述べている。筆者も先にも述べたように道州制ビジョン懇話会の「中間報告」でほぼ同様の内容を報告している。

① 国の役割＝皇室，外交，防衛，司法，通貨管理，移民など，国家行政にふさわしい業務に限定する。
② その他内政の業務は，二層制の自治体（道州及び基礎自治体）の役割とする。
③ 国の出先機関＝裁判所，検疫，労働基準などを除き，道州に移す。
④ 道州＝広域政策を担う内政の拠点とする。10〜12 の道州（特別州を含む）をつくる。その際，公務員の身分移管，選挙制度を含め衆参両院の規模，役割を見直し，同時に知事や議員の大幅削減を図る。

　こうした改革を進めることで，対外政策に強い国，対内政策に長けた道州及び基礎自治体が生まれる。地方レベルとしては，基礎自治体が「揺り籠から墓場まで」の住民に直結したサービスを提供し，道州は基幹道路や産業・観光・環境政策など広域行政を担う形になろう。

　ひとつ九州を例にすると，すでに九州の経済規模はオーストラリアに匹敵する大きさである。各道州ともヨーロッパの中規模並みの経済力を持っているのが現状である。ゆえに，各道州が自立的に経営意欲と統治能力を持ち，お互いが善政競争のできる状況をつくり出すならば，わが国は新たな活力を生み出すことになる。それが日本の新たな姿，国のかたちであり，地域主権型道州制が経済再生の切り札でもあるという理由である。"正しい競争なきところに発展なし"。これは企業経営はもとより，地域経営においても同じことである。

　国際的に比較すると，日本の市町村はそう小さくはない。人口，面積ともむしろ大きな部類に入る。特に平成の大合併が行われ，市町村数が半減し (1,719)，規模が拡大している。結果，市町村のうち，800 近くになった市は 1 市平均で面積が 350 平方キロ，人口が 10 万人近くになっている。地方分権の受け皿と

しての合併，そこでは地域主権の主体になれる基礎自治体が相当生まれている[2]。

　もとより，市町村数や面積，人口だけを議論してもあまり生産的とは言えないが，しかし，規模は能力と深くかかわるのである。特に道州制の設計が基礎自治体に行政全体の半分近くを委ねる市町村優先の原則を採ろうとしているだけに，規模拡大は意味がある。

　これまで，日本の市町村は問題の処理能力，政策力が弱いと見られてきた。中央集権体制下にあって国，県の指示に従い，執行官庁の役割を果たすことが業務とされ，独自性の発揮は，さほど大きく期待されなかった結果でもある。そのために地方分権を進め，足腰を強化すべきであると，先に述べてきた。ただ，潜在能力は決して低くない。顕在化する機会が乏しいだけである。

　「地域主権型道州制」のもとでは，間違いなく基礎自治体の役割は大きく重くなる。国家行政全体の5割近くを担うことになろう。そうなると，その業務量を自己決定，自己責任で適正に処理していく規模が問題となる。行政学者の佐々木信夫の試算によると，人口規模で15〜30万人，職員数で1,500人，面積規模で150平方キロ以上が必要としている（同『市町村合併』ちくま新書，2002年）。筆者（江口）は，40万人規模が望ましいと考えている。

　そうした見通しを持った場合，現在の市町村体制を今後どう変えていったらよいか。日本では一般の市町村に対し，昭和31年（1956）に政令指定都市制度が生まれ，1994年には中核市制度が，2000年には特例市制度が生まれ，現在，政令市20，中核市40，特例市42になっている。これらには概ね都道府県の権限が市に移され，市町村行政に加えて府県の役割を担う形になっている。

　今後，政令市の一部，人口200万人以上の市を府県と同格の特別自治市にするという新たな大都市制度の誕生も予想される。また大阪では大阪府・市の合体を目指す大阪都構想が進められ，大阪市解体後，5〜7の特別区制度が生まれる動きにある。東京の都区制度を大阪にも適用しようというもので，すでに国会で「大都市地域特別区設置法」が議員立法で2012年の通常国会で可決されている。

このように，日本では，市町村制度の多様化が加速しており，逆に府県行政の空洞化が同時に進む動きにあり，統治機構として都道府県制度の解体，再編は行政構造上も待ったなしの状況に来ていると言えるのである。

2．膨張する東京，大都市圏

こうしたなか，異常に膨張を続けるのが大都市圏，とりわけ東京である。これは第2章で詳しく述べた。少し違う角度から，実際の話をしておこう。数年前だが，あるとき筆者はJR東日本の大塚陸毅会長と食事を共にする機会があった。大塚氏は「丸の内の駅舎では，これから改修工事が始まりますよ」という。すでに現在は完成しているが，それまでの東京駅の駅舎は二階建てになっていた。聞くところによると，本来の駅舎は三階建てだったそうである。それが空襲によって三階部分が壊されてしまった。それを復元して，三階建ての駅舎に復元するという計画が進んでいるというのだ。もちろん東京駅のレンガづくりの駅舎は重要文化財に指定されているので，壊して新しく建て直すことができない。そこで修復プラス三階をつくるという方法を採用するしかない。その予算だけで300億円もの費用がかかるという。凄まじい額の建築費であり，まして地方都市では考えられないような法外な額である。

大塚会長は丸の内の夜景を眺めながら，続けて，筆者（江口）にこう言った。「ここ東京駅周辺という場所は，戦後このかた60年間，建設工事がなかった日が一日もないんですよ」と。そして2012年10月1日駅舎復元工事は完成したが，その一日たりとも工事が止まった日がないという事実は東京への一極集中の象徴的な言葉として筆者の胸に突き刺さった。

どうして東京では開発が途切れないのか。次から次へと開発の構想が生まれてくるのか。その答えは簡単であろう。要するに東京に人が集まってくるからなのである。企業が東京に進出してくればオフィスビルがどんどんできる。そのオフィスで仕事をする人が増えれば，当然のことながらマンションが乱立する。需要があるから供給が増える。至極当たり前の現象と言える。負のスパイ

ラルではなく，正のスパイラルが働いているのが現在の東京であり，「集積が集積を呼ぶメカニズム」はいまだ強く働いている状況にある。

　先にも触れたが現在の東京には，国民の総人口の10％が集まっている。さらに東京周辺の神奈川，千葉，埼玉県を合わせると，一都三県に人口の30％が集中している状況にある。このままの状況が進めば，20年後には東京に20％，東京周辺の三県を合わせれば40％から50％の人口が集まるだろうと予測されている。東京圏に，わが国の全人口の約半分の5,000万人が居住する，こんな事態もあり得る。47都道府県のうち，一都三県に国民の半分が住むという事態をどう考えるかである（図9-1）。

　これと逆の話が北海道を訪ねたときのことである。地元の中小企業の経営者が頭を抱えていた。北海道は依然経済的に疲弊した状態が続いている。このまま北海道で商売をしていても，会社が伸びる可能性はほとんどない。それどころか，じり貧の状態になっている。こうなれば東京に出ていくしか生き残る道はない，と言うのである。

　しかし東京に進出することに，必ず成功するという保証があるわけではない。

図9-1　加速する東京圏への人口流入

都道府県別人口上位10都道府県

全国（万人）	①東京	②神奈川	③大阪	④愛知	⑤埼玉	⑥千葉	⑦兵庫	⑧北海道	⑨福岡	⑩静岡
12777	1276	888	881	736	709	610	559	557	506	380
増減率（％）	0.78	0.57	▲0.03	0.70	0.27	0.40	▲0.03	▲0.54	0.03	0.09

人口増加した10都県の増加率

全国	①東京	②愛知	③神奈川	④滋賀	⑤千葉	⑥沖縄	⑦埼玉	⑧三重	⑨静岡	⑩福岡
増加％	0.78	0.70	0.57	0.52	0.40	0.35	0.27	0.16	0.09	0.03
人口（万人）	1276	736	888	140	610	137	709	188	380	506

日本経済新聞2008年4月16日

（資料）　江口克彦『国民を元気にする国のかたち』（PHP研究所，2009年）

大きな賭けでもある。東京にオフィスビルを借りるとすれば，それこそ，その経費は北海道の家賃の何倍にもなってしまう。社員の住居を確保するにも莫大な資金が必要になる。それで商売が成功すればいいけれど，もしも失敗すれば多くの社員が路頭に迷うことになりかねない。それで悩みに悩んでいると言うのである。全国各地の多くの経営者と交流している筆者の知るところでは，北海道に限らず，日本各地には同じような悩みを抱えた経営者がたくさんいる。

沖縄の旧コザ市に行ったときにも，女性経営者が多く，泣きながら筆者に窮状を訴えてきた。疲弊した地方のなかでは，もはや経営努力ではどうすることもできない。経費の節約や人員整理をやったところで，根本的な解決にはならない。やはり，東京に出て行こうかと言う。地方の多くの経営者が，そこまで追い詰められているのである。

そして，こうした窮状は，東京に次ぐ大都市である大阪や愛知にまで及び始めている。実際にこの10年間の間に，約40社の企業が大阪から東京に本社機能を移しているのである（図9-2）。

図9-2　大阪から東京へ10年で38社が本社移転

移転年	件数	企業名（*4社は兵庫県から）
2000	3	一吉証券、トーメン、ニチモ
2001	6	住友商事、住友金属工業、三井住友銀行、オートバックスセブン、TIS、乾汽船*
2002	2	ポケットカード、JFEスチール*
2003	6	三井住友建設、フクスケ、セラーテム、ミノルタ、りそなホールディングス、メディア・リンクス
2004	6	住友化学工業、住友林業、紀州製紙、マツヤデンキ、コマ・スタジアム、アンドール*
2005	4	三菱東京UFJ銀行、藤沢薬品工業、平和紙業、ダイヤモンドシティ
2006	2	武田薬品工業、日本システムディベロップメント
2007	5	日本板硝子、丸紅、大丸、ローソン、TCM
2008	3	松下電器産業、日清食品、モスインスティテュート
2009	1	日本山村硝子*（予定）

（資料）　江口克彦・前掲書

この日本の人口動向をデータでもう少し詳しくみてみよう（図 9-3）。

飛び抜けて人口が多いのは，言うまでもなく東京都で 1,276 万人。続いて神奈川，千葉，埼玉の順番になっている。これらの一都三県に関しては，超長期的にはともかく，当分の間，人口が増加することはあっても，減少することはないであろう。

近畿地方で人口が多少上昇しているのは滋賀県である。滋賀県は隣が京都で，大阪までも十分に通勤や通学ができる距離にある。JR 西日本が湖西線の電車本数を増やしたため，便利になっただけでなく，その割には土地の値段がまだ安く，大阪と京都のベッドタウンとして注目されているからである。暫くは人口が増えていくことが予想される。しかし，やがてその微増傾向も止まるだろう。

人口の増加率が 0.35％で，全国でも 6 番目に位置しているのが，意外なことに沖縄県である。しかしこの沖縄の人口増加は，東京のそれとはまた別のところに要因がある。もちろん合計特殊出生率が日本で一番高く自然増という特殊性もあるが，それに加えてもう一つの要因は，企業などを定年退職になった人たち，いわゆるリタイア組が沖縄に移住していることである。南国という気候に恵まれ，まだまだ住居費や生活費なども東京圏や関西圏と比べて安い。余生をのんびりと暮らしたいと考えている層が流入しているのだ。

またもう一つの要因は，若者たちの沖縄移住が多いことである。もちろん海が好きで，海の仕事に携わりたいと考える若者もたくさんいるが，それ以上に都会で疲れ果てて沖縄へ移住する若者が多いと聞く。

特に都会の大会社などでは，毎日が他人との競争である。自分が望むと望まざるとにかかわらず，競争原理のなかで戦っていかなければならない。当然そうなれば勝つ人間と負ける人間がいる。勝ち組，負け組が発生する。負けた人間は会社を辞めてどこかに逃げ出したくなる。そのようなときに，なかには沖縄という地が頭に浮かぶとしても不思議ではない。

確かに沖縄に行くと，せかせかした感覚がなくなる。のんびりした県民性にもよろうが，人を押し退けてでも自分が良くなろうという人は少ない。心に疵

第 9 章 道州制と大都市，市町村 283

図 9-3 都道府県別人口の推移

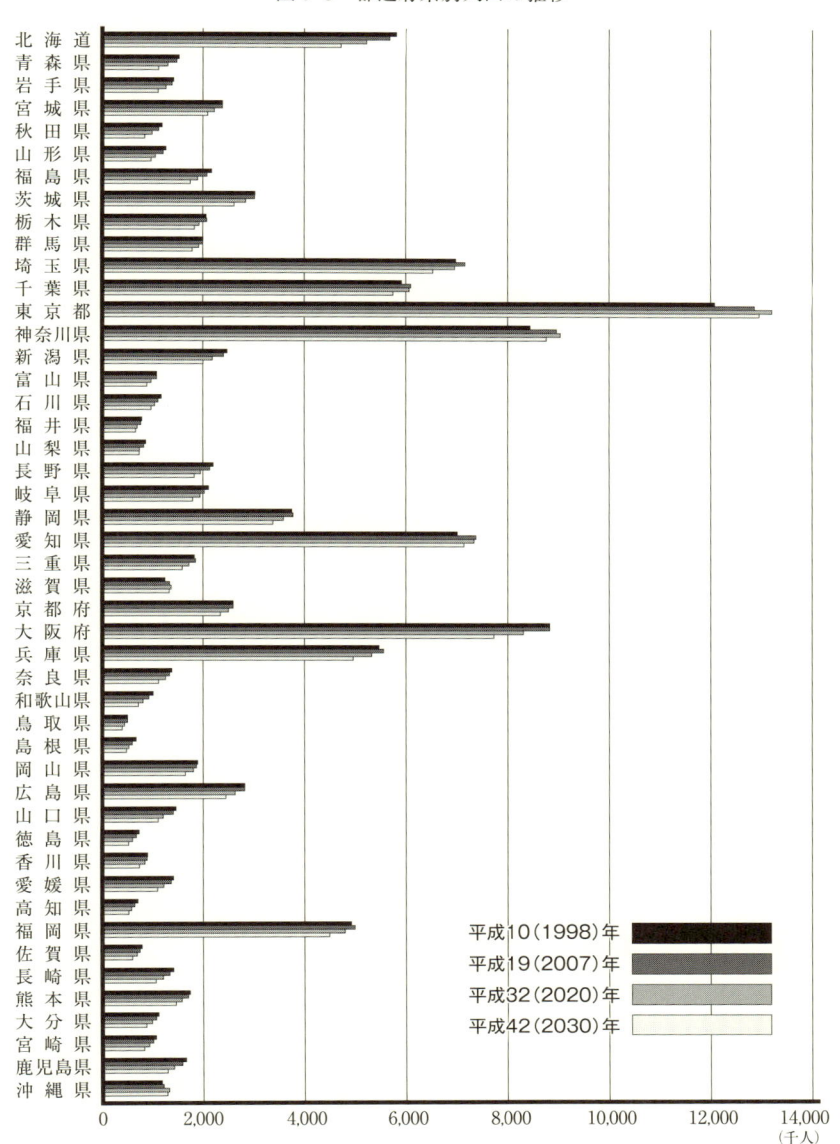

凡例:
- 平成 10 (1998) 年
- 平成 19 (2007) 年
- 平成 32 (2020) 年
- 平成 42 (2030) 年

（資料） 江口克彦・前掲書

を負った人たちにとっては，癒しの場所なのかもしれない。もちろん「癒しの場として人口が増える」，このような人口の増え方も悪いとは言わないが，それは根本的な解決には結びつかない。

　一方，九州に目を転じてみれば，ここもまた人口が激減するであろうというデータがでている。国立社会保障人口問題研究所のデータによると，鹿児島県は平成7年に173万人だった人口が，今後23年間で27万人減少するであろうと予測される。27万人の人口が減るということは，それこそ一つの中核的な市が消滅してしまうようなものである。

　鹿児島県だけでなく，おそらくは九州全体がそのような危機に陥ってしまう。宮崎県も同様の傾向が否めない。

　福井県や鳥取県，山口県なども悲鳴をあげている。ただでさえ際立った主要産業がない。その上に人口はどんどん流出していく。実際，講演などで出かけてみたが，いたるところでシャッター通りが見られ，活気というものが感じられない。

　この状況は，いま例として掲げた県ばかりの問題ではなく，日本中の多くの県がそうであり活気を失っている。店や会社が潰れて失業者ばかりが出る。失業は辛うじて免れても，所得は年々減っていく。我慢すればこれから徐々にでも所得が増えるだろう。そう思える材料があるなら，いまを耐え忍ぶこともできるだろうが，そのような明るい材料は，一時的にはあったとしても，本質的な材料はどこを探しても見つからない。そんな状態では気持ちが明るくなるはずもない。

　2012年12月に誕生した安倍政権が3本の矢と称しアベノミックスという財政金融緩和政策をとって一時的な人気にあるが，これとて，成長戦略の成功で各地に新たな産業が次々に生まれてくるような展開になれば別だが，筆者の各地を踏査した調査と，そこでの実感では，一時的なミニバブルに終わるようにも思える。

　総所得が伸びているのは，実は日本のなかで東京だけなのである（図9-4）。

　2007年のデータを見てみると，東京の一人当たりの所得は606万円である。

図 9-4 　総所得が伸びたのは東京のみ

1人当たり県民総所得の5年前との比較

	1人当たり県民総所得	指数	5年増加率(%)	人口(万人)
北海道	344万5200円	57	▲3.6	562
東北	331万5500円	55	▲4.8	963
北関東信越	380万 100円	63	▲4.2	1164
東京	606万4500円	100	1.7	1257
南関東(東京以外)	396万 400円	65	▲5.2	2278
中部	426万5700円	70	▲2.4	1730
関西	385万3800円	64	▲5.8	2171
中国・四国	354万6700円	58	▲3.7	1176
九州	330万1800円	54	▲2.0	1335
沖縄	280万1500円	46	▲0.8	136

『Nikkei Business』2007年1月8日号

(資料)　江口克彦・前掲書

しかも5年間の増加率は1.7%という数字である。決して高い増加率ではないが，それでも毎年確実に所得は増えている。ところが東京以外のすべての県は，毎年のように一人当たりの県民所得が減少している。九州の県民所得は一人当たり330万円で，東京の半分しかない。しかも現在も減り続けている。この数字だけみても，いかに東京の一人勝ちであるかが分かるであろう。

東京にはどんどん人口が流入している。人口が増え続けるから需要も伸び続ける。需要が伸びるから企業も元気になる。企業が元気になれば個人の所得も増える。その裏側には地方の疲弊した姿があることを忘れて，東京だけが日々「成長の機関車」だと騒いでいる。そういう構図に日本はなっている。それで良いのか，筆者には決してそうは思えない。

東京圏が抱える問題を整理したのが次の図である(図9-5)。

各地の過疎問題も深刻な問題だが，過密化し過ぎた東京，東京圏も，さまざまな課題を抱え始めている。大都市が老いる，東京が老いるということを想定

図 9-5　東京圏（1都3県）の問題

過剰な人口（交通渋滞、通勤地獄等）
都市の荒廃（道路、廃墟ビル、裏町等）
社会資本維持費（＝税金）の増加
水不足
犯罪の増加
外国人労働者の激増
うつ病・ストレスなど「都市型精神病患者」の増加
防災

（資料）　江口克彦・前掲書

した人がいるだろうか。「老いる」とは人が老いる（少子高齢化問題）面もそうだが，戦後，急速な復興過程で整備された高速道路，一般道，橋，上下水，学校，公共施設などいわゆる社会的インフラも老いるのである。それらが一斉に「更新期」を迎え，橋が崩落する，高速道路が倒れるというアメリカ映画に出てくるような事態が現実化する様相にある。ここから 10 〜 15 年，大都市は高齢化対策とインフラ更新に膨大な投資を必要とする。とても「コンクリートから人へ」などと，かつての民主党政権が掲げたようなキャッチコピーで問題が解決する事態には全くないのである。

　もう一つ，これは，第 2 章 4 項でも指摘したことだが，国民の意思を代弁するはずのメディアさえも，東京に集中している。テレビ局のすべてのキー局は東京にある。キー局はすべて東京に置かれ，地方局はそこに系列化されている。つまり地方局は（○○テレビと地方名を冠して放送しているが）実際は自分たちが自由に番組をつくることすらできない。その地域に根ざした話題や，あるいはその地域が抱える問題を取材したとしても，全国の電波に乗せるためにはキー局から枠を貰わなければならない。NHK にしてもそのシステムは同じ。東京の NHK がすべての番組を仕切っている。すべての番組編成が東京で行わ

れているのである。

　かつて名古屋のNHKが「中学生日記」という非常にいい内容の番組を制作していた。ところがいくら番組が良くても，それを名古屋から発信することはできない。わざわざ東京のNHKに出向き，そこで番組の枠を貰って，ようやく「中学生日記」の全国放映にこぎつけたのである。つまり，すべての情報が「東京発」ということになっている。テレビばかりでなく，新聞や出版の世界でも同じようなことが言える。全国紙といわれている朝日，読売，毎日，日経，そして産経の五大紙。もちろんそれぞれが全国各地に支局を置いているが，結局それらを統合する機能は東京にある。当然のようにこれら新聞社の本社は東京にあり，すべての社長室が東京にある。テレビ局と同じく，すべての新聞記事が「東京発」になっているわけである。

　筆者も長い間，PHP総合研究所というシンクタンクの経営の一方で，PHP研究所という出版社を経営してきたが，その経験も踏まえて言えば，出版業界もまたしかりなのである。出版業界は昔から「再販制度」というシステムを構築してきた。本や雑誌を企画して制作する。それは出版社の仕事である。しかし出版社がつくった本や雑誌は，勝手に書店に並べることはできない。出版社でつくられた書籍や雑誌は一度，トーハンや日販といった取次会社に納めなくてはならない。そこでその取次会社が書籍や雑誌を全国の書店に配本するわけである。

　出版社は全国各地にある。地方にもいい本を企画する小さな出版社がたくさんある。しかし，例えば鹿児島にある出版社がいい本をつくったとしても，それを隣町にある書店に持っていくわけにはいかない。一度東京にある取次会社に納めなくては，地元の書店にさえ並べることができない。そういったシステム，これは民間企業に見る中央集権システム以外のなにものでもない。そしてこれらトーハンや日販といった会社は，言うまでもなく東京にある。必ず東京を通過させるシステムになっているのである。

　この東京中央集権体制が，昭和13年の，「国家総動員法」に起因，強化されたことを知っている人は少ない。いわば，いまの日本の，中央集権体制という

国家統治機構は，軍国主義の暗い影を引きずっているのである。

問題は，こういうシステムが存在するために，東京にいる人間が勘違いを起こすということ。自分たちが情報を発信しているという錯覚がそれである。地方にとっては重要な情報かもしれないが，東京から見れば取るに足らない情報とみてしまう場合もある。そのようなものは流さなくていい。そういう誤った考え方に陥る危険性すらある。

これは明らかに東京という名に乗じた「情報操作」ではないだろうか。東京が第一，東京の判断がすべて正しい，東京こそが日本を代表している，そこに生まれる危険なほどの「東京神話」。そこに歯止めをかけなければ，どんどん東京と地方の格差は広がっていくであろう。東京ばかりが栄える日本という国の姿。その危うさに気づくことが重要である。

3．道州制と東京問題

こうした実態を見たとき，地域主権型道州制を設計する際，区割りにせよ，財政にせよ，制度にせよ，東京ないし東京圏をどう扱うかは非常にむずかしい問題であることが分かる。

ここをどう設計するかに合意が生まれると，あとの設計はしやすくなる。その点，東京問題は道州制を設計する際の「難問中の難問」であると言えよう。

日本の過疎問題の対極にあるのが東京問題である。人口はもとより，政治，行政，経済，文化，教育，情報などの中枢機能が集中し，雇用機会，税収も多い。過集中，過集積問題が東京問題であり，それに伴う過密問題も東京問題と言える。

もとより一言で「東京」と言っても，人によって指すエリアは異なる。東京問題を論ずるときのもう一つの難しさもここにある。例えば地方から眺める人は，東京，埼玉，千葉，神奈川の1都3県を「東京」（圏）という場合が多い。この東京圏は国土面積のたった3.6%にすぎないが，住んでいる住民は国民の約4分の1に当たる3,500万人である。

行政エリアとして東京という場合,「東京都」を指すが,それは国土面積の,たった1％にすぎない。しかし,国民の約1割,1,300万人が住む地域なのである。東京都のGDP（国内総生産）は92兆円にのぼる。これは日本全体のGDP（約500兆円弱）の5分の1近い。税収も地方税の都道府県税収総額19兆円のうち2割近い,3.4兆円である。国税収入総額54.8％のうち,4割にあたる21.5兆円が東京都で徴収されている。

　ちなみに,国税主要5税の約3割を自治体の財源保障と財源調整に充てている「地方交付税」（法定税率分14.4兆円）の約4割（6.3兆円）が東京都から徴収されているのである（平成19年）。

　もう一つ,東京23区を「東京」とする見方がある。東京都1,300万人のうち,800万人が居住し,約6兆円（府県税と市町村税の合計）の税収がある（経済同友会『「道州制移行における課題—財政面から見た東京問題と長期債務負担問題』（2010年5月）引用）。

　国税収入は東京23区で20.6兆円だが,これは東京都エリアの国税収入の95％を占める大きさである。いわゆる戦前の旧東京市が核となっており,都民の中でも多摩地域を除く23区を「東京」とみる潜在的な意識はそこにあるとも言える。

　さらに,東京の都心区を「東京」という見方もある。都の行政（都政）で問題になるのが都心一極集中という捉え方。幾つかの副都心を育成する多心型都市構造への転換論がそれだが,仮に千代田,中央,港,新宿の都心4区を「東京」というと,東京都税収の4割強の1.5兆円がここに集中し,国税にあっては約3割の14.1兆円がこの都心4区から徴収されているのである。

　このように「東京」といっても指すエリアはさまざまだが,東京をどう定義するかにかかわらず,道州制論議のなかでもっとも難問中の難問は,東京ないし東京圏をどう扱うかにある点は間違いない。

　その難しさについて,行政学者の西尾勝は次のように述べている（西尾勝「道州制ビジョン—東京圏をどうする」『都政研究』09年12月）[3]。

(1) 東京圏の道州の人口と財政力が突出して巨大であり，他の道州との均衡を失することになりかねないこと。

すなわち，①関東圏（1都6県ないし7県）を区画とすれば，人口4千万人を越え，総人口の三分の一以上を占めてしまう。②東京圏（1都3県）の区画にしても，人口は3千万人に達し，総人口の4分の1を占める。かりに東京圏を抜き出す場合，関東圏内の周辺各県をどう区割りするかが問題となる。

(2) 他の道州と同様に，首長制の政府形態を採用し首長を直接公選した場合，東京の州知事の政治的権威は国の内閣総理大臣のそれと肩を並べるものになりかねないこと。

すなわち，①この問題は首都圏への人口集中が著しい国，例えば韓国のソウル，バングラデシュのダッカなどに共通する問題となる。②首都圏の自治体では，国政上の野党が実権を握ることが稀ではない。③首都圏の警察を国の直轄とするか，自治体警察とするかが問題となる。④要するに，東京圏の道州は，他の道州と政府形態，所掌事務の両面で特例措置が必要となる。

(3) その区割りの如何に関らず，23特別区の区域について，現行の変則的な都区制度をそのまま維持するのか否かが問われざるを得ない。換言すれば，その際，道州管内の基礎自治体の再編問題に直面せざるをえない。

① 道州制に移行するため，事前に東京都と周辺各県との自主合併をするとき，対等合併方式なら現行との都区制度は維持できない，編入合併方式なら維持できようが，周辺県の反発は強かろう。

② すると，東京圏の道州設置は，国の設置法に頼らざるをえない。かりに東京圏を標準型の道州ではなく特例型の道州とするなら，その設置法は憲法95条にもとづく「地方自治特別法」に該当し，関係諸都県の住民投票に付さざるをえない。

③ 23特別区の再編でも,都心3区論,都心5区論,東京市構想,その場合も直轄市へといった意見など,さまざまである。

　西尾勝の意見は,こうした理由から東京圏の道州制のあり方は簡単に論じられないというのである。実際,第28地制調も道州制ビジョン懇も東京特別州的な扱いをしない限り,東京が突出してしまうという見方を示している。その点,この指摘は問題の核心を突いていると言わなければならない。

　しかし,だからと言って道州制移行が東京問題でストップするという話にはならない。佐々木信夫も「東京一極集中を,どう解消し,中央依存体制をどう解体していくかが,新たな国のかたちを構想するキーポイントになる。それには東京の扱い方を避けては通れない」と指摘している(佐々木信夫「大都市活性化に固有の行財政権限与えよ」『日本経済新聞/経済教室』(09年3月18日)参照)[4]。筆者も同感である。

4.都区制度の問題

　ただ,それには都と区の現状を把握しておく必要がある。東京23区には通常の府県と市町村との関係と異なり,都区制度という東京都との特殊な関係がある(佐々木信夫『都知事』中公新書,2011年参照)。

　かつて都制といわれたこの制度は,都区財政調整制度にひとつ表れている。本来であれば23区の税源となる固定資産税,市町村民税法人税分,特別土地保有税を東京都が徴収し,55％を23区間の財政力格差の是正や財源保障に充て,残る45％を都の実施する消防,上下水,交通などの事業に投入している。日本の地方交付税制度のミニ版に近いものとも言える。

　都は府県業務と基礎自治体の一部の業務を実施する二重自治体とも言える。換言すれば,東京府であり東京市が重なっている自治体なのである。そこでの特別区は法律上,特別地方公共団体と呼ばれ,一般市町村と区別されている。特別地方公共団は限定された目的を実現する自治団体に使われる用語だが,市

町村並みの仕事をしているにもかかわらず，こう扱われることに特別区は大いなる不満を抱き，戦後自治権拡充運動をずっと続けている。

　特別区が一般の市町村に適用される普通地方公共団体ではなく，組合や広域連合，財産区といった限定された目的を実現するために自治権を認められた特別地方公共団体という法的地位に止まっている理由は，大きく3つあると考えられる。

　第1．特別区の区域は，沿革的にみて常に1つの大都市を形成しながら発展してきた。日本の国心にあたる区部は，一般の市のように独立して発展したものではなく，いわば旧「東京市」という巨大都市として一体的に発展してきたもの。
　第2．それぞれの区は，相互に緊密な関係にあり，区部全体が有機的一体性を有しており，各区は相互に相互補完関係を保ちながら，全体として一つにまとまっている。
　第3．区部の住民は，その属する区の財政力の強弱にかかわらず，一様で均衡の取れた負担を負い，そこで受ける行政サービスは公平，同質であることを求めている。

　こうした理由を一言でいえば，「大都市の一体性」確保ということになろうか。ただ，戦後言われ続けた「一体性」も，地域的な変貌は激しい。ひとくちに「区部」といっても，千代田，中央，港のような業務機能が集中する「都心」区もあれば，世田谷，中野，杉並のような住宅機能を受け持つ「山の手」区もある。墨田，荒川，葛飾といった住工混淆の「下町」区もあり，それぞれが抱える問題は全く異なる。

　富裕区と貧乏区では税収格差も十数倍に及ぶ。戦後復興期に1区20万人，区部全体で400万人と想定してはじまった特別区も，現在では区部人口が850万人となり，推計値の2倍以上に膨れ上がっている。しかも，内部は千代田区の約5万人から世田谷区の約85万人まで20倍近い差がある（前掲・佐々木信夫

著参照)。

　このように，区部全体が一体的に発展したわけでもなく，地域的に多様性が生まれている。東京都政が多心型都市構造と呼ぶように幾つかの副都心を中心に分散型の地域分布となっている。それを一つの大都市と捉え，一体的，画一的に管理しようという発想が時代に合うかどうか，よく考えてみなければならない。

　戦時下の昭和18年(1943)に東京府と東京市が合体し東京都となって以来，特別区を内部に抱える「都制」(戦後は都区制度と呼んでいる)を使い続ける首都東京の自治制度だが，地方分権の現代にふさわしい自治制度なのか。シャウプ勧告の市町村優先の原則を貫こうとすればするほど，この制度は矛盾を孕んだものとみえる。つまり都への集権化がひとつのキー概念になっているからである。

　もちろん，大都市圏には大都市経営の主体が必要なことは言うまでもない。都という広域自治体に大都市経営の権限を集中し，東京全体のマネージメントを委ねる必要もある。そこに都区制度の必要性を認めざるを得ない。ただ，道州制を構想する際，これをどう扱うかである。

　東京をどう扱うかといった場合，選択肢は大きく3つに分かれるのではないか。一つは，現行の23区体制を温存し強化する選択(特別区制度調査会「中間のまとめ」(2005年11月)であり，二つめは23区部を特別市にまとめ「東京市」とする選択である。そして3つめは都市特別州(都と呼称)として他の道州から独立させる選択である。

　この議論に関する優れた参考文献として佐々木信夫『新たな「日本のかたち」』(角川SSC新書，2013年)[5]がある。同書の第6章はその核心をついており，筆者の考え方に近い。

　以下では，現在ある3つの構想とその考え方を引用する形で紹介し，論議を深めてみたい。

《東京○○市構想》
　まず1つは，道州制へ移行しても現在の23区体制を維持し，各区の自治

権を強化し，広域的な問題処理は23区連合で解決しようという考え方である。この考え方は次の調査からの提言である。すなわち，23区長会の特別区制度調査会はまず次のように現行都区制度を批判した上で，こうした提言を行っているのである（同調査会『第2次報告』（平成19年12月参照）。

　第1は，集権体制としての「都の区」という現行制度の廃止を主張している。

　戦前の大東京市の残像が払拭されない現行の都区制度を清算すべきであるとの考え方をまず打ち出し，特別区が「都の区」であるという実態は変わらない。そのうえで今後，東京大都市地域の住民自治を充実していくには，広域自治体と基礎自治体の役割をさらに明確に区分し，都が法的に留保している市の事務のすべてを特別区（東京○○市）に移し，都区間で行っている財政調整制度を廃止すべきであるという主張である。

　第2は，これまでの「行政の一体性」という考え方から脱却すべきだという主張である。平成12年改革（地方自治法を改正し，特別区を基礎自治体と認めた）の際も，23区の存する区域は「行政の一体性」を確保する観点から，都が市の事務の一部を区に代わって一体的に処理するという考え方が継承されている。この「一体性」という観念自体が，これまでの集権体制としての都区制度を支えてきた基本観念であり，都が関与する形での「一体性」論は排除されるべきだとしているのである。

　第3は，仮にその一体性といった考え方をとる必要があるなら，それは23区相互間で工夫するというのである。財政調整を含め23区の存在を前提に相互の主体性，自律性を確保しつつ，対等協力の立場から相互補完し広域的，統一的課題に応えていくというのである。

　こうした問題認識に沿って出された東京区部のあり方は，次のような新たな構想である。

　1つは各「区」を「東京○○市」とする。内部団体をイメージする区という呼び方はやめ，一般市に類似した市制度を導入するということ。

　もう1つは，広域行政の仕組みとして「東京○○市」が対等協力の立場か

ら「基礎自治体連合」をつくるということ。

　3つめに，この基礎自治体連合で自主的に財政調整を行う税財政制度をつくるということ。現行のような都が税金を集め区部に配分する財政調整（垂直的財政調整）ではなく，共有税といった方法で区部が集め，区相互で財政調整（水平的財政調整）するというものである。

　確かにこの考え方は，現行制度を大きく変えないなかでの，自治権強化のゆるやかな「進歩形」と言える。しかも23区長会も受け入れやすい考え方ともいえよう。しかし，そうは言っても，都の権限を排除する形での広域連合方式が果たしてうまく機能するかどうか。それぞれ23区は固有のまちづくりを強調し走り出している。公選区長，公選区議会になって40年近くたつ。

　しかも，富裕区，貧乏区の財政力格差も大きい。今後，公選の23区長，23区議会がそれぞれ東京〇〇市として自立を宣言し自己主張を始めたらどうなるか。これまでの「平衡の原則」から「自治の原則」へ大きく軸足を移していく自治権拡大の改革が進む時代に，果たして現実的な提案かどうか。報告書のなかでは，道州制に移行しても，この方式なら23の〇〇市を維持できるとしているが，ほんとうにそうか。筆者には必ずしもそうは思えない。

《東京市復活構想》

　第2の東京の選択肢は，東京23区を基礎にもう一度「東京市」を復活しようという考え方である。経済界を中心に東京商工会議所などが提言している（東京商工会議所「道州制と大都市制度のあり方」平成20年9月11日）その「東京市」の考え方はこうである。

　その考え方は，現行の政令市制度を区部に当てはめるのは問題が多いのでそれと代わるものとしての東京市という話である。かりに政令市化すると都からの権限移譲は特例的，部分的にとどまるし，広域自治体と市の役割が非常に曖昧なため，二重行政，二重監督の弊害が出てくる。そこから脱皮する意味で都と同格の「特別市」として独立した東京市をつくろうという提案で

ある。最近出てきている特別自治市の発想に近いと言えば近い。

　もとより呼び名は東京市としているが，それは何も戦前の東京に戻そうという話ではない。それとは全く違う。都から完全独立した基礎自治体をつくろうというものである。

　その理由について「提言」から引用すると，――（23区を母体として創設される東京市は）大都市としての役割を明確に規定し，道州の区域に包含されるが，市域内の問題は市が主体的，総合的に解決できるよう，包括的な事務権限と税財源を確保すべきである。(中略) 東京市はこれまで特別区であったこと，また規模が非常に大きいという特性を考慮した制度設計が必要である。(中略) わが国の国際競争力を高め，世界的地位向上を図るためには，一元的な社会資本整備，治安維持，危機管理対策を行える権限とそれに対する財源が確保される制度についても検討する必要がある。――（同提言2〜4頁）というのである。

　ただ，特別市（ないし特別自治市）とした場合，東京区部の850万人を一人の市長がマネージメントし，100名足らずの市議会議員で意思決定をしていく仕組みとなる。はたしてそれが基礎自治体として相応しいものかどうか。巨大な東京市に復活となるわけである。その割に内部の区が自治体になるわけではないので（仮に自治区と呼んでも），現在の自治体である23特別区制度より自治権（とりわけ住民自治）は後退するのではないかと考える。

　現在の23特別区を事実上，弱い自治区に変えない限りこの構想は実現しないわけだが，自治権を一度手にした現在の各23特別区がこの改革に応ずるのか。筆者にはそうは思えない。この点は佐々木信夫の前掲書でも指摘している。

《東京都市州構想》

　そこで第3の選択肢として考えられるのが，東京特別州構想である。これを都市州と呼んでもよい。つまり関東州なり南関東州なりと同格の都市州を，東京区部ないしプラス武蔵野，三鷹両市を対象に独立させるという考え

方である。佐々木信夫の構想とも言えるこの考え方について著書『新たな「日本のかたち」』を参照しながら論じてみたい。

　考えてみると，主要国で大都市制度がない国は日本だけである。日本の大都市がもてる力をフルに発揮できる制度が存在しないこと自体が，閉塞（へいそく）不況の大きな要因ともいえる。東京だけが栄えるといういびつな構造は，他の地域に都市州（例えば大阪）などの存在を認めず，すべての草木が「東京になびく」構造にあるところに日本の停滞があるといって過言ではない。しかも首都直下型地震の襲来を考えると，国家の危機管理上，これ以上危ない国土政策，統治政策はない。

　都区制度とは別に，大都市制度らしきものとして1956年から始まったのが政令指定都市制度だが，これは，戦後法律上認められながら実施されなかった「幻の特別市」制度と引きかえに，妥協の産物として生まれた「大都市に関する特例」にすぎない。現在，札幌から熊本まで20都市が指定されているが，ここでは地方自治法をはじめ個別法において，人口100万人以上の基礎自治体に行政裁量によって府県の権限の一部を上乗せする特例扱いを積み重ねてきている。東京，名古屋，大阪，横浜，さらに札幌，仙台，川崎，京都，神戸，広島，福岡といった日本有数の大都市の持つ潜在力を十分発揮するにふさわしい制度とは言いがたい。

　東京でいえば，大都市東京は首都であり，大都市として交通，道路，エネルギー，上下水，食糧，防災，犯罪防止，テロ対策など日常生活の安心，安全の確保や危機管理はもとより，企業活動をコントロールする経済的規制や産業政策，観光政策など多くの課題を抱えている。大都市経営の主体となる大都市自治体には，膨大で複雑な行財政需要に的確に応え，高い政策能力を発揮できる仕組みが必要である。

　それには，単に府県行政と大都市行政の二重行政の是正やその一元化，大都市に対する国・県の二重監督の解消といった旧来の「大都市の特例」のレベルではなく，明確に大都市を府県（州）区域の権限外と位置づけ，大都市（圏）をマネージメントするための権限を持った大都市制度が必要である。

現行の都区制度も，その点変則的な制度に止まるといえる。

　むしろ大都市経営が可能な制度にするには，固有の行財政権限を保障する，「大都市制度法」のような単独法で規定した「都市州」が必要ではないかと考える。東京23区部（場合によっては，武蔵野市，三鷹市を加え25区でもよい）を道州制のなかで，独立した特別州として扱う。この考え方が第三の選択肢として今後有力視されるとみている。

この考え方に沿って数年前，大都市制度構想研究会（横浜，名古屋，大阪市の共同設置，09年2月提言）が，道州制に移行するなら東京，横浜，名古屋，大阪といった日本を牽引する大都市を「都市州」に移行させるべきだと提言している（横浜，名古屋，大阪市共同設置の大都市制度構想研究会「日本を牽引する大都市─都市州創設による構造改革構想」（09年2月））。

　これはビッグ3といわれる人口200万以上の3大政令市がメンバーとなって構想したものだが，たまたま都区制度を採用する東京は入っていないが，考え方としてはビッグ4を都市州として扱うという捉え方も可能かもしれない。

　4つの都市州が多いというのなら，国土のバランスという国土形成の視点から言うと，横浜，名古屋は外して，首都，副首都の東京，大阪を特別州（都市州）とし，呼び名をそれぞれ東京都，大阪都としてはどうかということも考えられる。東京について，区部を東京特別州にすべきだという考え方はすでに経済同友会も提言している。大阪都構想を進める大阪市・府は前提として道州制移行を想定して大阪都をつくろうとしている。政府の28次地方制度調査会や「道州制ビジョン懇話会」も類似の考え方をとっていると言ってよい。

　筆者（江口）が座長を務めた道州制ビジョン懇話会は「中間報告」までしか出せなかったが（道州制ビジョン懇談会「中間報告」（2008年3月），筆者自身，「最終報告」が出せたなら，大阪特別州まで踏み込んで論じたに違いない。

　佐々木信夫の『日本のかたち』から引用すると，これは，国と地方双方の行政を効率化し，世界的な都市間競争にも対応して国の成長に貢献しようというものである。基本的には特別区の自治権は現行より強め，中核市並みにするが

(住民自治の強化)，それ以外の広域行政権限は都市州に包括すべきだと考える(団体自治の強化)。

都市州として東京区部が教育や警察，交通，河川管理などの権限を持てば，州知事(都知事と呼んでもよい)の判断で市民サービスの向上や行政コストの削減，危機管理が迅速に行えるようになる。大都市特有の政策を進めるため特別区税と道州税を一元化した「都市州税」を共有税として新設することも可能ではないか。

もとより，自民党などの中にはこれに反対する意見もある。都市州を独立させると，都市州のみが繁栄し，周辺州が財政上も苦しくなるという格差論を持ち出しての反対である。しかし，それは筆者からすると，近視眼的な見方と批判せざるを得ない。と言うのも，まず"稼げるところに稼がせる"。その"稼ぎ"は周辺道州へ税制や分配金制度を通じて水平調整する。稼ぎの果実が水平調整を通じて周辺を潤すなら，そう大きな問題にならないのではないか。要は格差是正は税財政を通じた方法論の話だからである。

さらに言えば，都市州の周辺州だけでなく，それら財源を全国に行きわたる道州間の水平的な財政調整の仕組みも構想する。国債費の元利払いも応分の負担を引き受けるなど，その成長の果実が全国に行きわたることが可能になる。

"角を矯めて牛を殺す"従来型の抑え込み自治制度をやめ，大都市が地域経済，産業，文化，学術等の外交を含めて，伸び伸びと大都市経営ができる仕組みを構想することが，これからの東京のあり方ではないか。

もとより，こうした都市州という方法をとらず，例えば東京の首都圏全体で「広域連合」をつくり，もっと広域に対応する方が現実的だという見方もある。すでに大阪府や兵庫県など関西圏の7府県(奈良県を除く)で「関西広域連合」を立ち上げ，産業振興，観光・文化振興，防災，医療，環境保全，資格試験・免許，職員研修の7分野で連携を強めている例がある。

大震災が起きれば防災の司令塔の役割を兵庫県が担い，バラバラに消防隊を派遣したり，救援物資を送ったりするのを防ごうというもの。7府県知事の互選で「連合長」を選び，広域連合議会も設置し，特別地方公共団体として活動

が始まっている。他の地域でも広域連合を組織しなくとも、広域連携のなかでドクターヘリなどを管理し、実績を上げている。

　こうした広域連合の動きは関西、九州、さらに関東へ波及する動きにあり、国からの権限移譲、国の出先機関の統廃合を促進する受け皿にする考えもある（以上、前掲・佐々木信夫著『新たな日本のかたち』（角川SSC新書、2013））。

　確かに、地域主権型道州制の前段階として広域連合を設置するというのもひとつの方法かもしれない。都市州、あるいは特別州を含め道州制実現までに一定の時間を必要とするから、その間、「つなぎ」としての府県間の広域連合ができることは評価されてよい。その点、先に紹介した東京23区の東京○○市連合も移行段階ではありうる形だとは思う。

　しかし、もともと広域連合には基本的な限界がある。広域連合の最大の問題は政治機関が一本化されていないことである。したがって圏域内での利害関係のある問題は処理能力が著しく下がるという点である。ある県にゴミ処分場を集めようとすれば反対する、空港機能を統合しようとすれば、各県一空港の原理に反するとして反対する。すると、広域連合という組織は、ある県や市の反対で全体が動かなくなる構造的な問題を抱えているのである。

　EU型広域連合は各自治体の自治権を奪わない点でつくりやすいが、連合長のリーダーシップが働かず、対立的な利害関係が想定される廃棄物処理とか基地問題、空港問題など広域政策の問題処理は避けようとするきらいがある。行政組織上も屋上屋を架すことになり、かえってコスト増になりかねないといった難点も抱えている。

　その点からすれば、都市州、あるいは特別州に代わって「広域連合を」という代替的な捉え方は選択肢にはないと考えるべきではないか。

5．東京圏を分断する問題

　ここまで東京都をどうする、とりわけ東京区部をどうするかについて考察してきた。しかし大都市と道州制の問題はこれに止まらない。政令市を多く抱え

た道州とそれを持たない四国州のような地域との兼ね合いをどうするかなど，検討課題は山ほどある（西尾勝・前掲『都政研究』の指摘も参考になる）。

筆者（江口）の認識は，東京だけが突出する一極集中型の日本を今後も続けるのは望ましくないというものである。むしろ多極分散型の拠点育成による日本づくりが望ましいと考える。だから，「地域主権型道州制」なのである。

ただ，この東京をどうするかという問題は，東京圏をどうするかと深くかかわる点も議論しておかなければならない。第28次地制調も道州制ビジョン懇も道州制の区割り案として東京圏を北関東州，南関東州と二分し，東京区部は別扱いにするという構想が出されている。東京区部を特別州にするかどうかはともかく，果たして一都三県（東京圏）を分断する考え方が，道州制導入の趣旨に合うかどうかよく考えておかなければならない。

確かに，一都三県をひとつの道州にするとイギリス並みの巨大な国が生まれ，その州知事が国政を支配してしまう。よって北と南に分割して経済力を殺いだ形の道州をつくるべきだというのが，これまでの多くの道州制議論である。それは経済面からみた議論としては確かに正しい。

しかし，東京大都市圏は相互依存関係のうえに成り立っている。日常の通勤通学，経済活動，さらに水や食糧，エネルギーなど生活のライフラインは一都三県が一つの大都市圏として機能している。埼玉県を北関東州に入れるのは他の北関東諸県では経済力が弱い点を補うためという理由のようだが，そうした理由だけで東京大都市圏を分断してよいかどうか。

かつて13年余続いた石原都政が首都圏メガロポリス構想をつくったことがある。その構想イコール関東州ということではなかったようだが，その考え方をみると，関東圏をぐるっと囲む圏央道などを整備し1都3県がさまざまな形で連携を強めれば，イギリスにも匹敵する経済力発揮できる。首都圏のそれぞれの地域がもつ特性をうまく生かしながら連携し，鉄道，道路，空港など都市インフラのネットワークを強力に進めるなら，東京都心部の通過交通は三割減，NOxやCO_2も一割減，年間1兆7,000億円の時間短縮効果が生まれると試算まで出している（佐々木信夫著『道州制』ちくま新書，2010年)[6]。

とするなら、まずメガロポリス構想を首都圏連合として組織し、一都三県が連携する管理主体となるよう権限、財源を付与することも現実的かもしれない。ただそれは一時的で、それを経て関東州へ移行することが望ましいのではないか。

このように大都市圏の統治主体として「道州」を構想するなら、多くの都市問題が解決していくように思う。道州間の「平衡の原則」に目を奪われると、何のために広域政策を可能とする道州制を採用するのか分からなくなる。大きい関東圏とはいえ、「自治の原則」を明確にするなら関東州という考え方も成り立つ。それが地域主権型道州制の考え方である。

ただ、関東州の中に東京特別州を独立させるという選択肢が現実的かも知れない。世界有数の大都市圏に核となる都市州すなわち東京特別州、道州が生まれる——これは新たな国のかたちを生む喫緊の大きな構造改革のテーマである。

いずれ、東京圏のあり方は道州制の設計段階で、大きな議論になろう。現在、国政で提案されている道州制国民会議の最大のテーマかもしれない。関東州として一つにまとめると巨大過ぎて国政を凌駕する政治力をもってしまう、他方、均衡をとるため北と南に分断すると大都市圏のメネージメント能力が殺がれてしまう、というジレンマを抱えている東京圏の問題。政府の道州制国民会議でもいずれを選ぶか、東京区部のあり方と並んで東京圏のあり方も大きな争点になるであろう。ここをうまく設計することが、道州制の大きな課題であることは確かである。

注
1) 第28次地方制度調査会「道州制のあり方に関する答申」(2006年2月)。
2) 佐々木信夫『新たな「日本のかたち」』(角川SSC新書、2013年) 225〜226頁。
3) 西尾勝「道州制ビジョン—東京圏をどうする」『都政研究』(09年12月)。
4) 佐々木信夫「大都市活性化に固有の行財政権限与えよ」『日本経済新聞／経済教室』(09年3月18日)。
5) 佐々木信夫『新たな「日本のかたち」』(角川SSC新書、2013年) 参照。
6) 佐々木信夫著『道州制』(ちくま新書、2010年) 参照。

第 10 章　道州制と社会的，経済的効果

1．道州は広域政策の中核

　明治維新以来続いてきた中央集権的な国家の統治システムから，地域が自己責任と独自の判断に基づいて政策を展開していく地域住民主体の体制へと根本的に変えていく，それが「地域主権型道州制」である。
　これには，①現在の行政単位は狭すぎる，②人口減少時代の到来，③中央集権体制がムダと堕落を生んだ，④国際社会で競争に敗れてしまう，といったさまざまな背景がある。
　繰り返すが，「地域主権型道州制」は，官主導の中央集権体制を前提に 47 都道府県の合併により広域ブロックにまとめる「中央集権型道州制」や，国の出先機関を統合する「国主導型道州制」ではなく，またアメリカのような各州が独自に憲法や軍を持つ「連邦制型道州制」でもない。「地域主権型道州制」は，中央政府の解体再編を前提に，基礎自治体を補完し，そこではやれない広域政策を展開する地域に根を下ろした広域行政地域・道州を複数つくっていくという，現行の日本国憲法下で実現可能な改革を指している。
　繰り返し述べているように，地域主権型道州制は，Subsidiarity（国の政府は地方レベルでできない活動にのみ管轄権を行使する主義，小さな政府主義，規制緩和主義）の原則に立つ。つまり，国民ができることは国民が担う，国民ができないことは基礎自治体が，基礎自治体ができないことは道州が担っていくという，小単位から大規模へと役割分担を決めていく「補完性の原理」に基づくものである。
　このことから，地域主権型道州制の制度設計は，基礎自治体，道州，国という行政単位それぞれの役割分担をしっかり行うよう役割を明確化したうえで，

これまで内政全般に関与してきた国の権限と財源を，道州や基礎自治体に移譲するのである。こうすることでそれぞれの行政機関が独立した権限と税財源をもって公共政策を企画立案できるようになる。

そこでまず基礎自治体は，これまで市町村が担当してきた業務のうち，企業やNPOなどに民営化あるいはアウトソーシングできるものはしていく一方，都道府県で行ってきた生活関連行政も含め，社会福祉（高齢者福祉，児童福祉など），消防・救急，保健衛生，教育文化，地域振興，まちづくり，公害対策など担うことが可能な生活関連行政は，すべて基礎自治体が担うようにしていくべきである。

国民に最も近い基礎自治体は，地域に密着したサービスが求められる分，全国である程度均一な人口単位，もっとも効率的な行政単位に漸次，再編すべきである。財政的自立と民主主義の拠点という2つの条件を満たす観点からみて，基礎自治体の人口規模は，1人当たりの行政コストがもっとも低下すると言われている15万〜40万人規模が望ましい。

ただし，地域によっては市町村合併などで広域化した地域もあるため，基礎自治体の内部に行政センターを配置，もしくはITを活用することで行政サービスの低下を防ぐことも検討すべきだろう。また，基礎自治体は，顧客主義の徹底の観点から地域のニーズやシーズに柔軟に対応しつつ，自己責任で選択と集中を行っていく必要がある。それだけに，大幅な権限と財源の移譲，つまり自治体の裁量権の拡大が必要である。

こうすることで，地域が自由で独創的な活動が展開できるようにし，地域の人々の生きがいや満足感を生む行政サービスが行われていく。

一方，財源や立法などの権限を国から大幅に移譲する広域圏の道州は，道路・空港・港湾などの広域社会インフラ整備，科学技術振興・高等教育，域内経済・産業の振興，対外経済・文化交流，雇用対策，域内の治安・危機管理，リージョナルな環境保全，広域的な社会保障サービス（医療保険）といった広範な公共サービスや仕組みづくりを担当する。

また現在の都道府県単位で整備されてきた社会資本の有効活用も可能となっ

てくる。道州内の社会資本（空港，道路，公共施設など）の有効活用を図るため，ファシリティ・マネージメント（facility management）の考え方を導入する。これらを執行管理する組織として，道州本庁の国土交通局の出先機関として基礎自治体単位に国土交通管理事務所（地域事務所）を置くのも，ひとつの考え方であろう。

日本には47都道府県に多くの空港や港湾，さらに高速道支線，国道，県道など多くの社会資本がある。佐々木信夫（同『新たな「日本のかたち」―脱中央依存と道州制』角川SSC新書，2013年）も指摘しているので引用するが，これをそれぞれの道州が有効に生かし，施設の新増設，改修，管理，廃止などを一体的に管理するファシリティ・マネージメントの施行が求められる。

例えば，現在東北6県に9空港があるが，州内のハブ空港は，既存の空港を拡張整備する形で太平洋側と日本海側に一つずつとし，他は州内の移動の利便性，経済活動の効率性を高める観点からコミュータ空港としてネットワーク化し，有効に生かすことも考えられるだろう。

佐々木信夫の構想（前掲『新たな日本のかたち』）によると，港湾も道州内の基幹港湾を太平洋側，日本海側に一つずつ指定し，整備拡張することで対外貿易の拠点性を高める。その他の港湾は国内産業，道州内産業の育成の視点で強化する。道路についても，基本的に基礎自治体が管理する生活道路を除いた，幹線道路や準幹線道路は高速道支線，国道，県道の区別なく道州道とし，一体的に管理し，ネットワークと拠点性を高めることで道路のもつ産業経済，国民生活にプラスに寄与することとなる。

このような社会資本の有効利用は今後の少子高齢化をにらんでも不可欠な措置であろう。

より広域の自治・行政組織を導入するため，道州の人口規模は，現行の都道府県・市町村をゼロベースで見直し，700万～1,000万人をベースに，例えば12道州に再編することができる。700万～1,000万人は，財政的自立が可能となりうる規模をみるうえで，経済社会として同等のレベルのEU加盟各国の人口規模がひとつの目安となる。

また，世界第3位の経済大国である日本は，地域経済圏でみた場合，経済圏それぞれがEUの1つの国に匹敵する経済規模，人口，面積を有している。国際競争力を維持するうえでの日本1州当たりの経済規模は，アメリカ1州当たりのGDP 2,500億ドル～EU1国当たりのGDP 4,500億ドルの規模であれば，世界の上位で十分通用するだろう。

　もとより，12道州の区割りはどのように行うのか，さらに国民の意見，識者の意見も十分に反映し，最終的な結論を得ていくべきことは言うまでもない。

　中央政府は，道州で担うことが困難な外交・国際協調，国家安全保障・危機管理，通貨・金融，通商政策・資源エネルギー政策，国家戦略を担うと同時に，内政については必要最小限の所得再分配・セーフティネットなど，国家として最低限必要なことに限って担当すべきだということである。

2．地域が変わる，日本にダイナミズム創出

　日本ではバブル経済崩壊後，ひたすら政府が主導して内需拡大政策をとれば（ケインズの有効需要政策），景気は回復し，日本経済は再生すると考えてきた。そのために毎年，国債，地方債を大量発行し，需要創出による"夢"を国民にばら撒いてきた。しかし，結果はどうか。ソビエトなど社会主義国家が崩壊したように，こうした行政社会主義的な政策志向が，日本の活力を失わせ，国民，地域の創意工夫の意欲を萎えさせ，もはや再起不能とさえ思われる「大借金国」をつくり出してしまった。「失われた20年」とされる所以である。

　この方法を何度繰り返しても，日本は再生しない。筆者はそう考えている。現在の安倍政権でも，先の民主党政権3年半の「コンクリートから人へ」政策の失敗の反動として，大胆な金融緩和，積極的な財政出動が功を奏しているように喧伝されるが，国民，民間，地域が元気になって成長のけん引力にならない限り，それはやはり「いつかきた道」に終わり，累積債務はさらに積もってしまう。政権の交代で政治家自身は免責されるのかもしれないが，そのツケは

すべて国民の負担へ返ってくる。原子力発電所の爆発事故処理の費用も一時的には電力会社が負担したように見えても，結局，電気料の値上げでそれを回収し，会社は生き延びようとするのと似ている。そにような観点からすれば，アベノミクスはカンフル剤に過ぎない。

ここは全く違う，日本再生の方法がいる。それが「地域主権型道州制への移行」なのである。では，地域主権型道州制へ移行することで，どのような変化が期待されるだろうか。

これを，日本経済の再生の面から論じてみよう。これまで述べてきたように日本経済の停滞が続いているため，疲弊する地方だけでなく，一極集中でこれまで唯一繁栄してきた東京の国際的地位やブランド力が低下してきている。このままでは日本経済の地盤沈下が進行する恐れすらある。グローバル化が深化していくなか，競争力を高め，全国各地が活気づかなければ，近い将来のうちにも日本経済は弱体化していく。

日本全体の統治の仕組みを大転換しなければならないのである。大増税，大借金という手法ではなく，本来資本主義の持つ優れた点，善政競争によってそれぞれの地域が燃え上がる状況をつくることなのである。「地域主権型道州制」を実現していくことで，東京だけでなく全国各地，少なくとも十数カ所に繁栄のための拠点をつくることとなる。

道州などが，拡大された条例制定権，法律の上書き権，徴税権などの権限と自主財源をもつことで地域戦略の自由度が増す。そこでは，顧客主義の観点から他道州より法人税率を下げて企業誘致を進めたり，人やモノ，情報など多様な資源と投資を地域に呼び込んでいくなど，これまで地方自治体では不可能だった取り組みができるようになる。地域の創意工夫により，日本全国で機動的かつ多様な経済活動が展開され，他道州との「競争と共創」を通じて相乗効果が生まれるならば，結果として日本全体を活性化させることが期待できるのである。さらに，グローバル化を踏まえ国際都市も多数形成し，地域の国際競争力を強化していけば，厳しい国際的な都市間競争で生き残っていく地方都市も数多く登場する可能性がある。

もうひとつは，道州や基礎自治体が地域のあり方を，地域の特性やニーズを背景に自己責任をもって決定するようにすることで，これまでの「国の支配，自治体の依存」という歪（いびつ）な関係を清算するきっかけになる点である。

これまで，官僚が情報を独占して政策の企画・立案など，政策決定プロセスを独占してきた。しかし，地域主権型道州制の導入により，道州や基礎自治体が競合していくことになれば，政策の立案・実施・評価の全プロセスにおいて，官と官，官と民，民と民のそれぞれが，否が応でも競合せざるをえなくなるだろう。国民と政治の距離が縮まることで，官僚による独占的な政策管理は難しくなり，国民の政策決定プロセスへの参加が容易になっていく。こうしたなかで行政や政治は，国民への説明責任も問われることとなるだろう。

変化が現場で常に起き，情報を共有しながら迅速かつ柔軟に意思決定していくことが求められている今日，こうした中央集権の階層化された統治構造では，機能不全に陥ってしまうのは必然である。道州や基礎自治体がお互いに競いあい，地域のニーズに対応していくには，官僚主義を排し，公的機関もフラットなネットワーク型統治構造へと変化することが求められているのである。

筆者が考える「地域主権型道州制」は，結論的に再度，列挙すれば，次のように日本中を元気にできる提案である。

① 成長，安心，安全，そして活力ある楽しい日本へ
② 各道州が道州外，海外との直接貿易，観光誘致を積極化できる
③ イノベーションと税対策による産業の日本回帰と外資の参入が起こる
④ 美しい国，道義道徳の再興，安心安全社会の回復へ
⑤ 自由な発想，自由な行動，自由な成果が得られる社会へ
⑥ 個人が人間的才能を十分に発揮できる社会へ
⑦ 楽しい生活，生きがいのある生活ができる
⑧ 国際社会を舞台に活躍，貢献できる日本国民に変わる

この中で少し詳しく述べたいのは，「地域主権型道州制」がもたらすメリットとして，地域経済が活性化し，日本経済を活性化させる手段として大きな効

果をもつという点である。

3．世界の競争に伍する道州競争

　整理して記述すれば，中央集権国家から脱却を図り，地方を元気にする。日本国民のすべてが幸せに安心して暮らせるための国づくり，それが「地域主権型道州制」への移行である。いままでの都道府県を解消して，新しく「道」と「州」をつくる。と同時に，市町村を広域化して新しい「基礎自治体」をつくり，「国」と合わせて三層構造で行政を行っていく。分かりやすく言えば，住民生活に直接かかわるようをことは「基礎自治体」に任せる。
　ゴミ処理などを例にとると，各自治体が一律に同じシステムで回収するのではなく，その土地に応じたやり方を考えなければいけない。お年寄りが多く住む町では回収場所を増やすとか，単身者が多いところでは，より有効な回収方法を考えるとか，ゴミ出し一つとっても地域ごとに要望はさまざまだと思う。また回収を有料とするのか，それとも回数を減らして無料とするのか，そういった細かい判断はすべて「基礎自治体」に任せてしまうことだ。そうすることでより細かな心配りをすることができる。
　そして，より広域的な性質を持つものについては「道」と「州」が権限を持つこと。「州」と「州」を結ぶ高速道路をつくるのか。本当にそれが必要なものなのか。互いの道州知事がよく話し合って決めればいい。それに関して「国」が口を挟むことはいっさいない。
　本当にその道路が必要かどうかは，そこに住む住民にしか分からない。それは単に通行量が少ないとか，住民の数が少ないという問題ではない。道路が不便なことで身に危険を感じたり，生活が成り立たなかったりするようなお年寄りがいるのなら，たとえ通行量が少なくてもつくる必要がある。しかし，いくら多くの通行量が見込まれても，すぐ隣に幹線道路があるような場所では，多少の我慢をしてもらう。
　いずれにしても「国」の考え方ではなく，それぞれの「道」や「州」が，そ

れぞれの住民の利益を第一に，議論をしながら意思決定をしていく。「環境破壊をこれ以上しないために，うちの道州は必要最低限の道路しか今後つくりません」。そう宣言する「道州」があってもいいと思う。住民の多くが賛成するのであれば，なによりも環境を優先させる道州がでてきてもいい。ヨーロッパのような美しい国づくりを目指す道州も出てくるかもしれない。「多少は生活が不便でもいい。環境の良いところに住みたい」。そう思う人たちが多く移り住むことにもなるであろう。

　こうしたことは，結果として中央省庁の再編・スリム化につながる。そして「国」がやるべきことは，国全体にかかわる公共財に関してのみである。具体的には省庁の再編が必要である。現在ある霞が関の「大帝国」を分割し，もっとスリムな省庁に編成し直すことである。具体的には一府六省で中央省庁を編成するという案がでている。総理府，外務省，防衛省，財務省，法務省，生活環境省，総務省がそれである。これは戦前のとりわけ日本の内閣制度が始まった明治18年の省庁体制に戻った印象を与える。農商務省や陸軍省，内務省といった省庁に代わって，生活環境省や総務省，防衛省が置き換わっているが，内政の主な省庁が各道州に移管された，新たな省庁体制をここに見て取ることができる。

　この編成をみれば一目瞭然。実にすっきりとした中央省庁の姿が浮かびあがる。「国」はこれだけのことをやってくれれば十分である。あとは「道州」，そして「基礎自治体」が自分たちの知恵と力でやればよい。当然，この省庁再編案に霞が関の官僚たちは反対するだろう。

　しかし，考えて欲しい。日本の国を繁栄させ，国民を幸せにするために，敢えてノブレス・オブリージュ（noblesse oblige），己に厳しい選択をする決断をすべきではないか。政府機構は国民のためにある。しかも，これは，霞が関の官僚から仕事を奪おうというのではない。それぞれが道州や基礎自治体に行って，そこで力を発揮してもらえばいい。本当に国民の視点に立って，仕事をしてもらえばいい。そのための編成であることを霞が関の官僚には忘れないで欲しいと願う。

4．新たな区割りと各道州の活力

　第7章で区割りについてはいろいろなケースを掲げたが，例えば12道州案について地域圏を見るとどのような変化が起こるだろうか。具体的なケーススタディとして図を示しながら私論を展開してみたい。ここでの話は10年後，日本が「地域主権型道州制」に移行したという想定での試論である。以下での地域政策，地域圏論は，江口克彦著『地域主権型道州制がよくわかる本』（PHP研究所，2009年）から引用する形で持論を展開する。

（1）　日本は12の州から構成され，市町村も大きく変化

　すでに，都道府県はなくなり，日本は新たな12の道州から構成されている。そして新しい市町村も「基礎自治体」として生まれ変わった。「地域主権型道州制」は，国，道州，基礎自治体が，各々の政策領域において独立した権限と税財源をもつという制度である。

　国の仕事は，外交・安全保障・通貨のほかに年金などの基本的な社会保障にとどまり，それまで国の仕事だった経済政策や社会資本の整備は道州の仕事になった。

　基礎自治体の仕事は，教育や福祉など住民に密着した行政サービスの提供を行う。

　12の道州，つまり「北海道」「東北州」「北関東州」「東京特別州」「南関東州」「北陸信越州」「東海州」「関西州」「中国州」「四国州」「九州」「沖縄州」は，それぞれ独特の政策を打ち出し，個性ある発展を見せている。

　また，基礎自治体は，15万～40万人の人口規模で再編されるなどして生まれ変わった。基礎自治体は，道州と連携をはかりながら，他の道州，他の基礎自治体とお互いに善政競争をするようになっているのである。

　こうして，あらゆるものが東京に一極集中し，地方を犠牲にしながら東京だけが繁栄を続けていた日本は生まれ変わる。全国各地に繁栄の拠点がいくつも

312　第 2 部　道州制の設計と分析

図 10-1　地域主権型道州制の全体イメージ

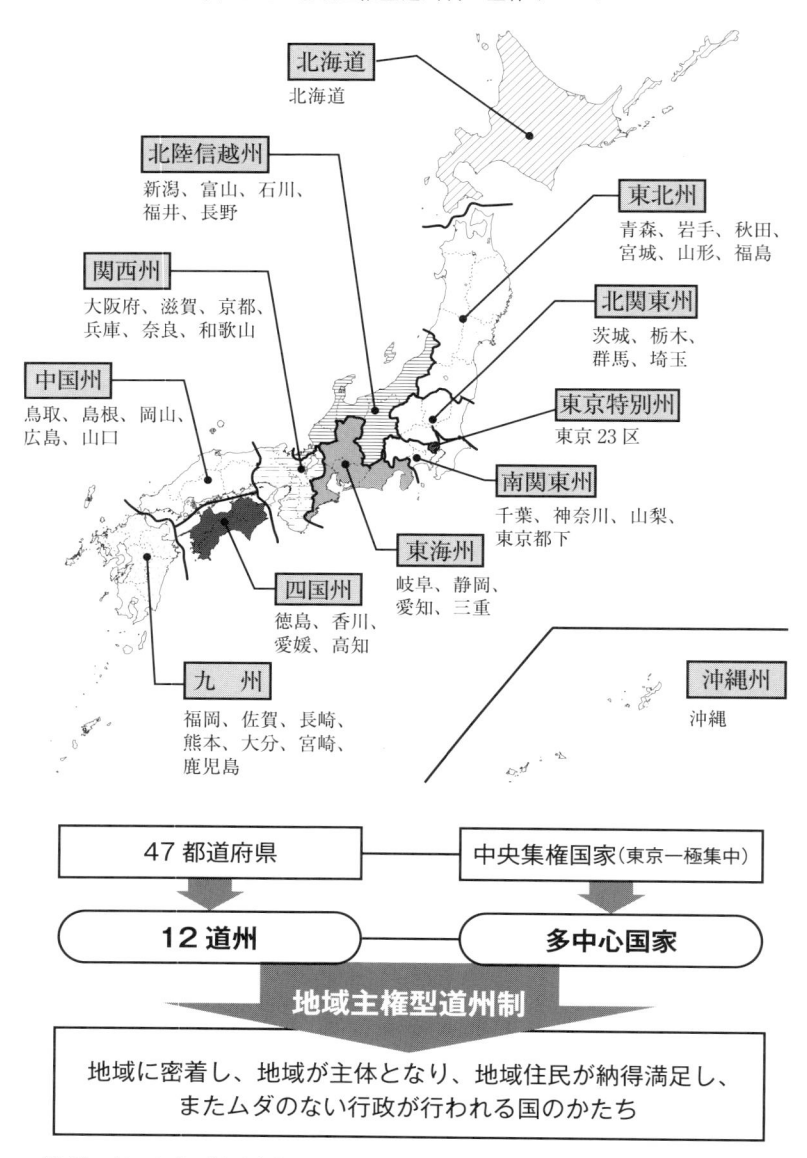

北海道
北海道

北陸信越州
新潟、富山、石川、福井、長野

東北州
青森、岩手、秋田、宮城、山形、福島

関西州
大阪府、滋賀、京都、兵庫、奈良、和歌山

北関東州
茨城、栃木、群馬、埼玉

中国州
鳥取、島根、岡山、広島、山口

東京特別州
東京 23 区

南関東州
千葉、神奈川、山梨、東京都下

東海州
岐阜、静岡、愛知、三重

四国州
徳島、香川、愛媛、高知

九　州
福岡、佐賀、長崎、熊本、大分、宮崎、鹿児島

沖縄州
沖縄

47 都道府県　→　12 道州

中央集権国家（東京一極集中）　→　多中心国家

地域主権型道州制

地域に密着し、地域が主体となり、地域住民が納得満足し、またムダのない行政が行われる国のかたち

（資料）　江口克彦　『地域主権型道州制がよくわかる本』PHP 研究所，2009 年

存在する「ポリセントリック・シティ（多中心）国家」に変貌する。それが地域主権型道州制という新しい国のかたちが実現された以後の日本の姿である。

「地域主権型道州制」が導入されると，政治や行政が自分たちの生活から遠ざかるのではないかという指摘があるが，そうではない。確かに，いくつかの県が合併して道州ができるから，そう感じるのは当然かもしれない。しかし，現実は全く逆で，むしろ政治も行政も身近になるのである。

なぜなら，これまで国が行っていた仕事の大部分を道州が行い，都道府県が行っていたことの大部分は基礎自治体が受け持つ事になり，基礎自治体の仕事の一部を NPO などの市民組織や民間企業が引き受けるようになるからである。

道州・基礎自治体がそれぞれ創意工夫をこらし，競争しながら地域経済の活性化をはかり，行財政を徹底的に効率化するだろう。

これによって，日本全体が活気に溢れ，国民は元気づく。世界が注目するような社会の安心，安全と楽しさが実現され，人々はいきいきと生活し，全国いたるところが活性化し，グローバル化のなか，日本全体で世界と競争できる強靭な国家に発展する。

以下，いくつかの地域主権型道州が導入された以後の姿を，研究プロジェクトに参加した有識者メンバーの提案，アイディアを下敷きにしつつ，仮想の具体例として取り上げ，「新しい日本の国のかたち」を参考として紹介してみたい（図 10-1）。

（2）「四国州」〜法人事業税，固定資産税は半分に，相続税は廃止。企業や富裕層が殺到。

四国州は，12州のなかで沖縄州に次いで人口も域内総生産も少なく，道州として自立できるかが懸念された州だった。反対も強い州だった。しかし，大胆な税制改革によって企業や富裕層が集まってくるようになった。

初代の四国州知事が，始めに手をつけたのは税制改革だった。消費税は 5% のまま，法人事業税，固定資産税を 2 分の 1 に，そして相続税は完全に廃止す

るという大改革である。

　まず，法人事業税の低さがインセンティブとなって，関西地域の大企業が次々と四国州に本社を移転した。それにともなって，関連の中小企業も進出していった。企業にとって，税金の減額はそのまま収益の増加になるため，移転費用の額は大きかったが，すぐに採算がとれる計算だった。

　しかし，進出企業の担当者に話を聞いてみると，税制上のメリットだけが進出の理由ではなかった。州知事は，税制改革を進めると同時に行財政改革を断行し，徹底的なIT化と効率化を行って行政手続きを簡素化した。これによって，意思決定と施策実行のスピードが何倍も速くなった。この行政の効率性が四国州に進出する決め手になったという。

　四国州には，全国から富裕層の高齢者も大挙集まってきた。固定資産税が半額になり，相続税が完全に廃止されたからである。四国の温暖な気候や歴史に育まれた風土も高齢者には魅力的だった。高齢者の多くは，東京や大阪，名古屋に家を持っていたが，本籍を四国州に移し，今まで住んでいた家を別荘にして，二つの家を行き来する事を楽しみにした。この生活様式が高齢者用の交通関連産業も発展させた。

　高齢者が全国から流入することで，行政サービスが増えて歳出は拡大したが，高齢者関連産業が拡大し，それに伴い，地域民，特に若年層の雇用も増大。さらに，消費も大きくなり，得られる税収の方が多くなった。州知事は，四国州に「元気な長寿大国」というキャッチフレーズをつけ，日本だけでなく世界に向けて積極的にPRをしている。

　四国州の経済成長率も毎年名目4％の伸びを示している。企業の進出と同時に，働く人達とその家族もやってきた。結果，人口減から人口増に転じた。人口は10％増加した。これが州内に新たな需要を生み，サービス産業を活性化させている。雇用が増えれば，その人材を育成しなければならない。そこで四国州は，州立大学（旧国立大学）に特別なカリキュラムを導入した。

　そのカリキュラムは，毎年，企業と大学で協議し，もっとも効果的なものにアップデートされている。大学教師だけでなく，企業で働くビジネスパーソン

第10章　道州制と社会的，経済的効果　315

たちも講義を担当し，有能な人材を社会に送り出している。
　こうした大学には，日本各地から若者が集まって来たため，四国州の各基礎自治体は若者達で活気にあふれている。税制改革，行財政改革，教育改革は，見事に四国州の可能性に花を咲かせ，住民を豊かにし，元気にしたのだった。かくして，四国州は，日本の四国から「世界の四国」と称されるようになった（図10-2）。

図10-2　四国州のイメージ

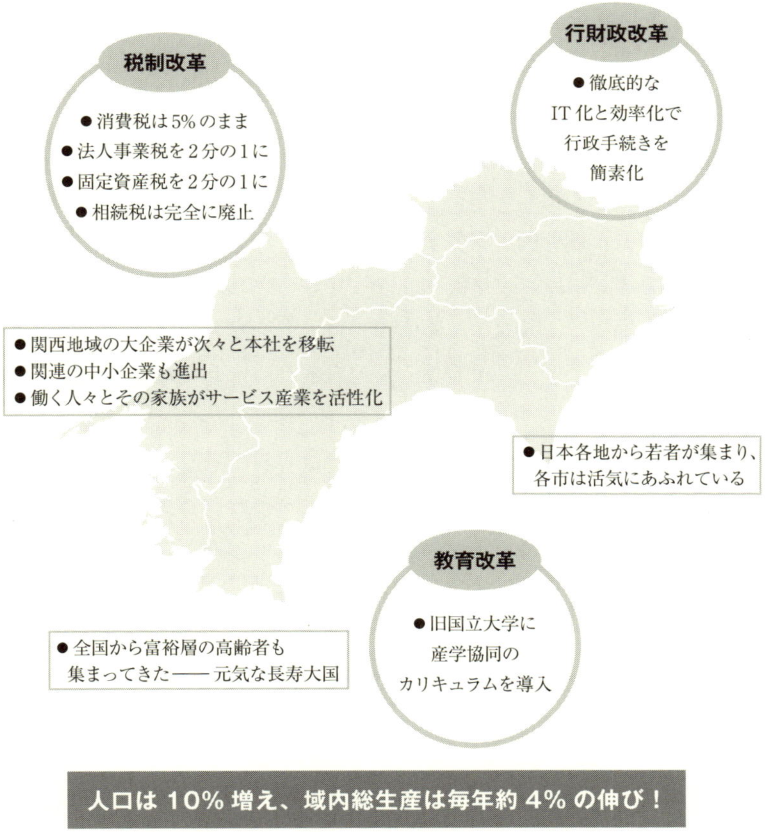

税制改革
- 消費税は5％のまま
- 法人事業税を2分の1に
- 固定資産税を2分の1に
- 相続税は完全に廃止

行財政改革
- 徹底的なIT化と効率化で行政手続きを簡素化

- 関西地域の大企業が次々と本社を移転
- 関連の中小企業も進出
- 働く人々とその家族がサービス産業を活性化

- 日本各地から若者が集まり，各市は活気にあふれている

- 全国から富裕層の高齢者も集まってきた——元気な長寿大国

教育改革
- 旧国立大学に産学協同のカリキュラムを導入

人口は10％増え、域内総生産は毎年約4％の伸び！

（資料）　江口克彦・前掲書

（3）「北海道」〜オールシーズン・リゾートに外国人観光客が続々とくる，観光立州へ。

　北海道は，いまやオールシーズン・リゾートとして世界各国からやってくる観光客で賑わいを見せている。「地域主権型道州制」が導入されたあと，その数は爆発的に増えた。その火付け役となったのが，道知事だった。

　そのスローガンは，「北海道の独立」。地域の特性を活かしながら，経済的な自立を目指すというものである。新千歳空港は拡充整備され，4,000mの滑走路を5本も有する世界有数のハブ空港となり，北米と東アジアの一大中継拠点になった。「条件は北欧と変わらない。ならば北海道は独立できるはずだ。」——これが道知事の信念である。

　道州制に移行してから，道知事が最初に行ったのは新千歳空港を東アジアの拠点（ハブ）にすることだった。これまで日本の国際空港の使用コストは，外国の主要空港の3〜4倍だった。そこで，着陸料・駐機料を韓国の仁川空港の半分程度に設定し，国際線の就航を原則自由化した。

　さらに，24時間の発着を可能にし，それまでの2倍の国際線の離着陸を実現した。また，旭川市，札幌市，帯広市，新千歳空港，北見市をつなぐリニアモーターカーで高速アクセスを整備した。もちろん，その路線に新しい州都も建設された。

　新千歳空港は，日本地図で見ると，北東のはずれにあるが，北米大陸から見るともっとも近いアジアの空港であり，東アジアの拠点となる好条件を備えている。そこに，アメリカやカナダの航空会社が次々と乗り入れ，日本各地はもとより，韓国，台湾，中国，ロシアの主要都市を結ぶ路線も大幅に拡大されたのだった。

　こうして外国人観光客が年々増加していったが，それは，北海道が外国人にとっては非常に便利だからである。まずビザを不要にした。出入国管理は国の管轄だが，「地域主権型道州制」の導入にともなって道知事が国と交渉し，北海道の外に出ないかぎり，すべての国の国民に対してビザの取得を免除したのである。

さらに，外国の自動車運転免許証をそのまま使えるようにした。交通標識，案内版なども多言語で表示するだけでなく，誰が見ても用意に識別できるデザインに統一した。

注目すべきは，ロシアのサハリン州に働きかけ，北海道と同様にビザと国際免許証を不要とする政策を打ち出してもらったことである。

この結果，外国人からは，北海道とサハリン（樺太）は一体化した観光地域とみられるようになった。日本の領土である北方領土問題は未解決だが，千島列島全体との行き来も容易になり，実質的に国境がなくなった。これも観光客が増加する要因になった。

外国からの観光客が増えたために，北海道の観光資源に対して，国の内外か

図10-3　北海道（州）のイメージ

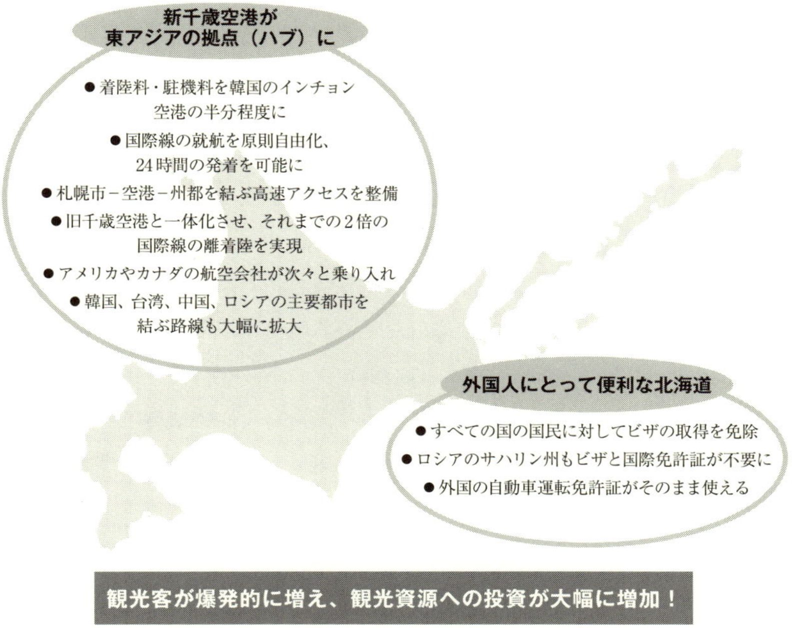

新千歳空港が東アジアの拠点（ハブ）に
- 着陸料・駐機料を韓国のインチョン空港の半分程度に
- 国際線の就航を原則自由化，24時間の発着を可能に
- 札幌市－空港－州都を結ぶ高速アクセスを整備
- 旧千歳空港と一体化させ、それまでの2倍の国際線の離着陸を実現
- アメリカやカナダの航空会社が次々と乗り入れ
- 韓国、台湾、中国、ロシアの主要都市を結ぶ路線も大幅に拡大

外国人にとって便利な北海道
- すべての国の国民に対してビザの取得を免除
- ロシアのサハリン州もビザと国際免許証が不要に
- 外国の自動車運転免許証がそのまま使える

観光客が爆発的に増え、観光資源への投資が大幅に増加！

（資料）　江口克彦・前掲書

らの投資が大幅に増加し，その経済効果は予想外に大きく，税収も確実に拡大している。財政も，道州制に移行後2～3年で黒字に転化した。加えて，北海道を日本全国の穀物，農産物の供給拠点にするとともに，世界に輸出，"HOKKAIDO"は世界的なブランド名となった。さらには，2008年，サミットが開催された旧洞爺湖虻田郡洞爺湖町には，世界に誇る「国際環境研究センター」が設立され，常時，世界的な環境学者が集まってきて，数十棟ある「研究者村」に長期滞在しながら，活発な活動をし，世界に研究成果を発信している。さらにIT，新素材，バイオ，医療などの研究センターも設立され，産業として，どう関連させて，根付かせ，成長させていくかなど，道知事には，課題が残されているが，「北海道の独立」は力強く遂行されつつある（図10-3）。

（4）「北陸信越州」～日本，ロシア，韓国，中国，北朝鮮の企業を結びつけ，環日本海構想で生まれ変わった

　北陸信越州には，実に多様な産業がある。もともと農業立国である新潟は洋食器や工具等の金属製品でも有名だった。富山は日本海側最大の工業集積地として知られ，特にアルミ工業が盛んであり，古くから製薬業も営まれている。長野には，精密機械，石川には農業のほかに機械工業や電気工業，福井には世界の20％のシェアを誇る眼鏡産業等がある。こうしたバラエティに富む地域の特性をどう活かしていくか。これが，北陸信越州の州知事の課題だった。

　日本海を挟んで企業の「国際結婚」を進める戦略に出た。州知事室には東アジアの地図が逆さに貼られている。日本海が，日本，ロシア，韓国，中国，北朝鮮に囲まれた湖のように見える。州知事は，かねて北陸信越で唱えられていた「環日本海構想」を実現していった。州知事は，州内の企業と環日本海諸国の企業のニーズを一手に集約し，その情報交換の場を提供することにした。日本海を挟んで，企業の「国際結婚」の仲人役を行ったのである。

　始めてみると，予想を超えた経済活動が展開された。中国の安価な労働力と日本の高度な技術力や豊富な資本力を背景とした提携が盛んに行われ，最近では，中国の大企業が，日本市場をターゲットに，国内に販売網を持つ日本企業

と提携や合併を行うケースが増えている。

　環日本海諸国の経済は，もはや垂直的分業ではなく，水平的分業が行われる程，大きく発展しているのである。農業にも大きな変化がみられる。この地域でとれる米，スイカ，ぶどう，なし，チューリップ，といった農産物が，輸送技術の高度化によって，高級農産物としてロシアや中国，あるいは遠く欧米にまで国内価格より，遥かに高い価格で爆発的に売れるようになったのである。

　州政府の金融支援策で事業に成功すれば，融資は無償にという独自政策を打った。北陸信越州では，州知事自らが環日本海諸国との経済交流を行う企業や農家に対して，積極的な金融支援策を行った。州は基金を創設し，その原資を活用して，当初は一定限度の融資と言う形で資金を提供し，雇用の拡大や税収への貢献となどで成果をあげた場合には，融資資金を投資や補助金に転換するという政策をとったのである。

図10-4　北陸信越州のイメージ

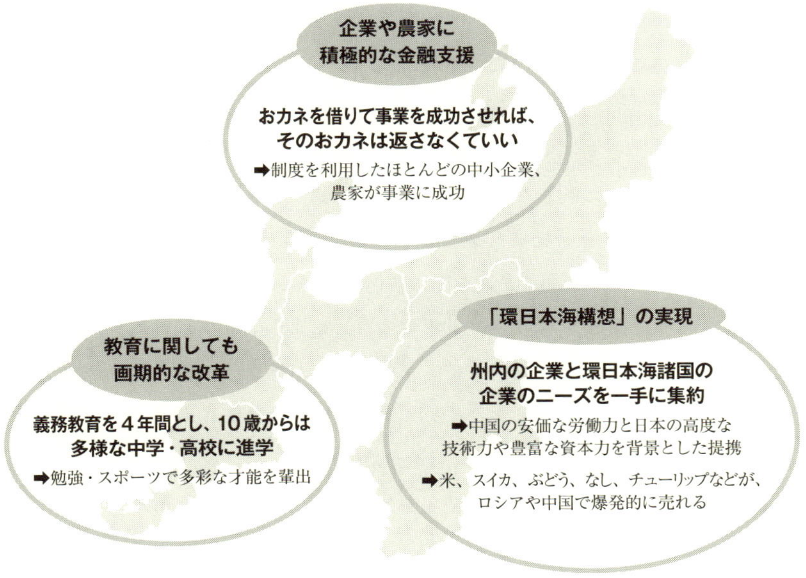

企業や農家に積極的な金融支援
おカネを借りて事業を成功させれば，そのおカネは返さなくていい
➡制度を利用したほとんどの中小企業，農家が事業に成功

教育に関しても画期的な改革
義務教育を4年間とし，10歳からは多様な中学・高校に進学
➡勉強・スポーツで多彩な才能を輩出

「環日本海構想」の実現
州内の企業と環日本海諸国の企業のニーズを一手に集約
➡中国の安価な労働力と日本の高度な技術力や豊富な資本力を背景とした提携
➡米，スイカ，ぶどう，なし，チューリップなどが，ロシアや中国で爆発的に売れる

（資料）　江口克彦・前掲書

つまり，お金を借りて事業を成功させれば，そのお金は返さなくていい，成功しなければきちんと返さなければならないという制度を設けたのである。

この制度を利用したのは，意欲に満ちた中小企業と農家だった。一件当たりの融資額は500万円程度の小規模なものだったが，どの借り主も事業を成功させることに精力を傾注した。失敗が許されないからだ。この制度を利用した80％の中小企業，農家が事業に成功し，法人事業税などの税金を余裕をもって払うようになったのである。

このようにして環日本海諸国とのビジネス関して，北陸信越州は他の地域より一歩先に進む事になった。さらに，北陸信越州は，教育に関しても，学制を自由化したり，義務教育を6歳から9歳までとするとともに，サッカー中学・高校，野球中学・高校とか数学中学・高校，英語国際中学・高校など多種多様な中高学校の設立を自由化し，あるいは中学生からの奨学金を充実するなど，画期的な改革を行っている（図10-4）。

（5）「東北州」～季節にかかわらず農作物を豊富につくれるようになった，農業立州としてアグリビジネスを展開へ

東北州で展開されたのは，アグリビジネスだった。農業の株式会社化によってアグリビジネスを展開したのである。

東北州は，基本的に四国州と同じように法人事業税を抑える戦略を取って企業誘致を進めているが，豊富な農産品については，北海道や北陸信越州と同様に，海外に向けて高級農産物の輸出を強化した。それまで県単位で小規模な農業試験場であったが，州になって世界に誇る大規模な農業試験場が造られ，そのため，いままで取り組められなかった高度な品種改良が行われ，大きな成果をあげられるようになった。とりわけ，米穀物生産は世界中から注目されている。コメの高級化と多様化である。例えば，寿司用のコメ，カレーライス用のコメなど用途別コメだけでなく，ASEAN向けのコメ，中国向けのコメ，欧米向けのコメなど，地域別，国別のそれぞれの国民の好みに合わせたコメを作るというような，きめ細かい米穀物生産に取り込み，いまや，州内の農業従事者

は，海外からの注文殺到に，嬉しい悲鳴を上げている．

　優良農家はそのまま事業を行い，後継者のいなくなった農家は，新設された農地売却に伴う終身年金（年6万円）と農地売却益で老後に備えられるということで農地を優良農業従事者に売却したり，地元企業，東京等の金融機関と一体となって株式会社を設立し，アグリビジネスを展開している．また，大抵の農業従事者が6次産業化に成功している．

　農業も広大な農地を使うだけでなく，農業工場のような，30階建ての，東京ドーム程もある巨大な建物を利用し季節に関係なく農産物を間断なく豊富につくれるようになった．

　こうした動きと同時に，東北にある州立大学（旧国立大学）ではアグリビジネススクールを新たに設置し，日本各地はもとより東アジアを中心に世界各国から留学生を迎え入れている．

　廃棄物の稲藁からバイオエタノールの抽出に成功し，エネルギー政策の革命を起こした．脱原発に貢献するとして，大学では，遺伝子技術，バイオ技術等を中心に農業技術開発も盛んに研究された．この結果，米やりんごといった古くからある特産品はもちろんのこと，水耕栽培等の技術を利用して，これまでには取れなかった商品作物も出荷できるようになった．また，原油高にともなって，バイオエタノールの使用がしばらく前から活発化していたが，一方では穀物の高騰を招いていた．

　そこで，東北州の各大学では，大手エネルギー関連会社との共同で開発を進め，2007年当時の100倍も効率がよいソーラーエネルギーの開発し，また廃棄物となる稲藁などからバイオエタノールの抽出に成功し，その実用化をいま進めている．

　こうしたエネルギー革命は，もちろん，州政府の主導によるところが大きかったが，州政府自体が大きな投資をするということはなかった．東北地域の優位性を検討し，それをフルに活用する戦略を立て，それを促進するように規制をなくし，需要と供給に関する情報の提供とマッチングを行っただけだった．

　東北州の例は，行政主導より，こうした民間活動に対する壁，規制を外すだ

図 10-5　東北州のイメージ

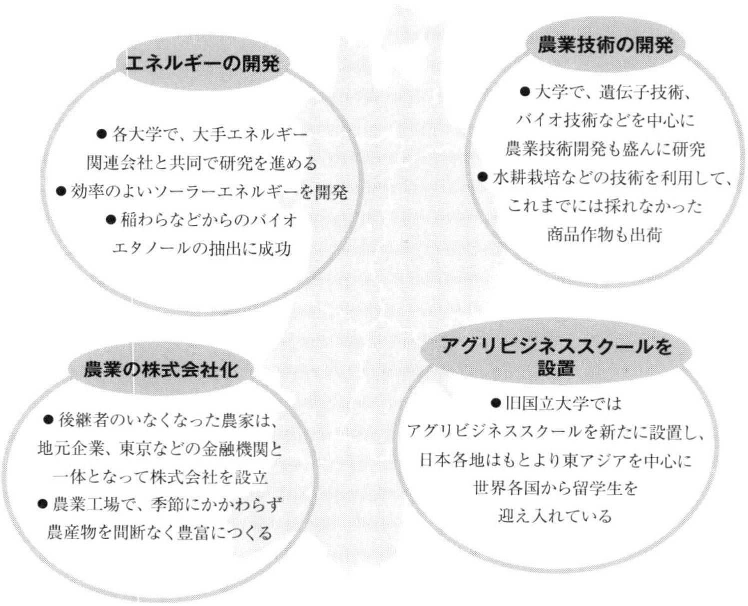

エネルギーの開発
- 各大学で、大手エネルギー関連会社と共同で研究を進める
- 効率のよいソーラーエネルギーを開発
- 稲わらなどからのバイオエタノールの抽出に成功

農業技術の開発
- 大学で、遺伝子技術、バイオ技術などを中心に農業技術開発も盛んに研究
- 水耕栽培などの技術を利用して、これまでには採れなかった商品作物も出荷

農業の株式会社化
- 後継者のいなくなった農家は、地元企業、東京などの金融機関と一体となって株式会社を設立
- 農業工場で、季節にかかわらず農産物を間断なく豊富につくる

アグリビジネススクールを設置
- 旧国立大学ではアグリビジネススクールを新たに設置し、日本各地はもとより東アジアを中心に世界各国から留学生を迎え入れている

（資料）　江口克彦・前掲書

けで活性化が起こる好例である（図 10-5）。

（6）「九州」～中国，台湾，韓国に向けて経済の連携を訴え，環東シナ海経済圏の中心として発展ている

　九州のとった戦略は，「環東シナ海経済圏構想」だった。中国，台湾，韓国と自由貿易協定を推進したのである。というのも，もともと九州は，歴史的に朝鮮半島や中国沿岸部と深いつながりがある。距離的にみても，九州最大の都市，福岡を中心にすると，上海と東京は変わらない。ソウルは名古屋より近く，台北は札幌より遥かに近い。

　21 世紀に入って，中国経済が驚異的に発展すると，九州はこの地域にいかに一体化した経済圏をつくっていくべきか検討を重ねていた。その実現を図る

インフラとして，熊本に韓国の仁川空港以上の，4,000mの滑走路4本を有する規模の，巨大なハブ空港が建設され，また，島原湾は千葉県と神奈川県を結ぶ東京湾アクアラインのように，長崎と熊本間に架橋され，アラウンド九州，九州一周ルート，すなわち，福岡，佐賀，長崎，熊本，鹿児島，宮崎，大分をリンクする高速道路が整備されていった。

連携の突破口を開いたのは，立命館アジア太平洋大学（APU）の卒業生たちだった。教員，学生の半数が外国人で，授業は英語で行われるという環境で育った卒業生たちの多くは，国籍を問わず，アジア太平洋諸国と日本を結ぶ仕事に従事していた。そうした彼らが各国の政界・経済界に大きな影響力をもつようになり，中国，台湾，韓国，九州に向けて経済の連携を訴えた。

具体的な政策は，関税や貿易に関する障壁の撤廃，労働力・資本などの移動の自由，規格や職業資格の相互認証，そして経済政策の調整などである。

関税と労働力の入国審査については現在，国と交渉中だが，その他については，九州本庁が独自に改革を進め，経済の連携を進めつつある。いわば，九州は州独自で自由貿易協定（FTA）を推進しているのである。こうした動きに伴って，「環東シナ海経済圏」では各地で水平的分業が行われるようになり，九州がその中心となっている。

また，福岡は，九州のマッハッタンとして，アジアの商業都市として繁栄しているし，大分は，温泉を中心にした開発整備を進め，世界中から，温泉客が集まるようになった。鹿児島は観光に力を入れるとともに，沖縄州と連携し，海上観光ルートを開設，那覇鹿〜児島間を，つねに船内のイベントが変わるクルージングで，リピーターを確保し，海上の観光事業に活路を開くことに成功している。宮崎は，シニア・タウンとして，高齢者用の環境を整備，いまや世界に誇る国際的シニア・コミュニティで発展を続けている。

九州は，それまでの，国からの干渉を受けることなく，自主的に州，基礎自治体の総合的な発展に挑戦，それに共鳴した若者たちが全国から集まり，「元気な九州」を実現している（図10-6）。

324　第2部　道州制の設計と分析

図10-6　九州（州）のイメージ

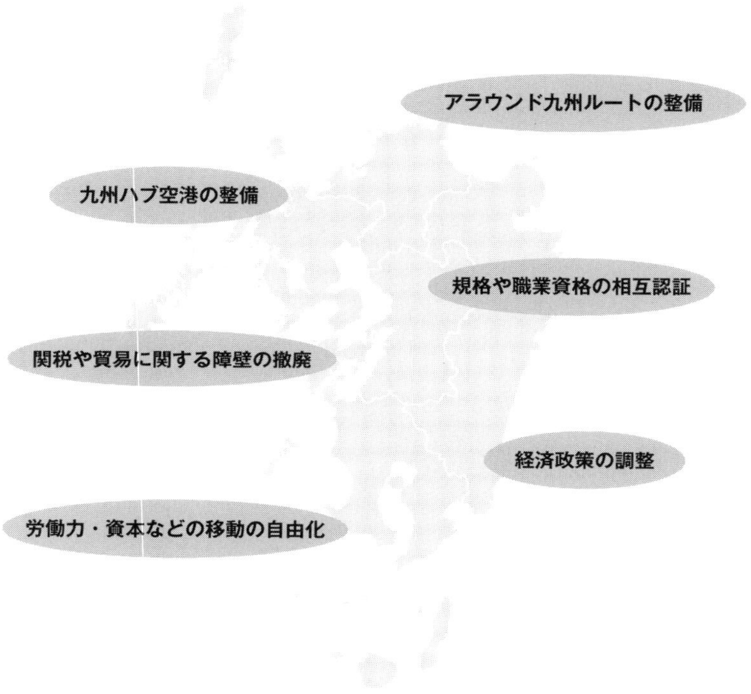

- アラウンド九州ルートの整備
- 九州ハブ空港の整備
- 規格や職業資格の相互認証
- 関税や貿易に関する障壁の撤廃
- 経済政策の調整
- 労働力・資本などの移動の自由化

（資料）　江口克彦・前掲書

(7)　「沖縄州」～沖縄は単独州としてカジノ，免税ゾーンを成功させ，一大リゾート地へ

　沖縄の人口は現在約136万人である。州として独立するには他の道州と比べて極端に少ない。しかし少ないとはいうものの，固有の歴史・文化，地理的特性をもっている。そうした個性を大切にしたいという地元の人々の熱意を受けて，沖縄は単独州になることが決まった。かつて沖縄が琉球王国と呼ばれた時代には，「万国津梁」（ばんこくしんりょう・世界の架け橋）となることが海洋国家としての生きる道だと考えられていた。

　その精神にならって，「地勢を活かしてアジア諸国と直結する沖縄」をコン

セプトに，普天間の米軍基地跡地を転用した国際貢献センターや，亜熱帯の環境や風土に適合した医療，衛生技術に関する拠点が整備された。

また，那覇から北端の辺戸岬周辺までリニアモーターカーが敷設され，その辺戸岬周辺に，中国や台湾の富裕層をターゲットにした，沖縄ディズニーランド（ODL），高級ホテル，国際会議場，イベントホール，そしてカジノや免税ショッピングセンターなどが予想以上の成功を収めている。近隣諸国の経済発展を取り込む形で，沖縄経済も徐々にではあるが，自立への道を歩み始めている。

さらに，その辺戸岬の沖合い 1 km に，関西新空港と神戸ポートアイランドを合わせた規模の，メガフロート（超大型浮体式構造物）方式の人工島が造られ，

図 10-7　沖縄州のイメージ

●米軍基地跡地を転用した
　国際貢献センターの整備

●熱帯・亜熱帯の環境や風土に適した医療・
　衛生技術に関する拠点を整備

●中国や台湾の高所得層をターゲットにした
　カジノや免税ショッピングゾーンなどが成功

（資料）　江口克彦・前掲書

辺野古の米軍基地はそこに移動している。ジェット機の騒音，あるいは事故の危険性は，大きく軽減されている。人工島の基地からの一本の橋によって出入が管理されるようになった米軍海兵隊の兵士たちも，休日は，辺戸岬周辺の施設で過ごしたり，リニアモーターカーを利用して，20分で行ける那覇に出かけ，過ごしている。それだけでなく，リニアモーターカーやカジノ，ODLが誘因となって，東南アジアからの観光客が3倍に増えている（図10-7）。

（8）「東京特別州」～アーティストをめざす若者に返済不要の奨学金を提供，芸術・文化の中心に変身

一極集中で繁栄を極めた東京も，今は別のかたちで快適な地域に変貌している。旧23区は，今は東京特別州となった。首都には変わりはないが，「地域主権型道州制」の導入によって，国の役割が，主に外交・安全保障と基礎的な社会保障だけになったため，霞ヶ関の官庁街は規模を大幅に縮小した。しかし，江戸から450年余続いた首都的な役割のさまざまな蓄積は，やはり強い東京を維持している。ただ，その強さの方向が違ってきた。

通勤地獄，交通渋滞が解消，騒音や大気汚染も軽減したのである。東京特別州の本庁は新宿副都心の旧都庁のなかにあるが，管轄が旧23区に限定されたために，建物の半分以上は民間企業の賃貸オフィスになっている。

人員の削減は時間をかけて行われる予定だったが，国・都の官僚の多くが，率先して早々に，各道州の行政や民間の事業に新た生きがいをみつけて旅立って行った。

東京には，依然として世界各国，日本全国の情報が集まってくるので，情報関連企業や金融関連企業は東京に拠点を置いたままだが，その他の多くの起業は情報収集機能だけを残して，税金，利便さ，快適さなど，自社にもっとも適した，もっともメリットのある政策を実施している道州へと分散していった。

東京にある大学のほとんどは，少子化に向けて新たな投資を控えてキャンパスを移転しなかったため，若い人口は相変わらず東京に流入しているが，企業が全国各地に移転したために，就職先としてはかつてほどの魅力はなくなり，

卒業生たちは自分に合った仕事を求めて各地域，各道州へ分散している。850万人ほどいた旧23特別区内の人口は今や600万人にまで減った。通勤地獄は解消され，首都高速の渋滞もなくなった。騒音や大気汚染も軽減された。また，住民のストレスが減り，心の病も少なくなって，「住みよい東京」になったのである。

東京特別州の州知事は，徹底的にソフトの世界で勝負，アジアの芸術・文化の都となる方向へ舵を切った。都心の地価は相変わらず高いが，住宅地の地価は下がり，サラリーマンでも23区内に家が買えるようになった。少し郊外に行けば，同じ金額で昔の2倍の広さの家が買える。それでも東京が世界的な大都市であり，日本最大のマーケットであることに変わりはない。

だが，「地域主権型道州制」が導入されてからは，各地域が税制改革や地域の特性を活かした経済政策を進めたため，東京も「生き残り」のための政策を打ち出す必要があった。

それは，徹底的にソフトの世界で勝負をするということだった。すでに美術館，コンサートホールといった文化施設はたくさんある。流行を生み出すノウハウも蓄積されている。東京には，文化人や知識人，芸術家たちが大勢住んでいるが，さらに「ソフト力」を高めるためには若手を育てなければならなかった。

そこで，特別州知事は，文化，芸術，学術の道を志す優秀な若者に返済不要の奨学金を提供する政策や，若手がみずからをプロモートできるように資金の援助や機会の提供を行う政策を打ち出したのである。

これによって，東京特別州は，アジアにおける芸術の都，文化の中心として世界の注目を浴びる存在になっている。ヨーロッパのパリに対抗する，華麗な「アジアのパリ」に変身した。それが地域主権型道州制移行後の東京の変化である（図10-8）。

328　第2部　道州制の設計と分析

図10-8　東京特別州のイメージ

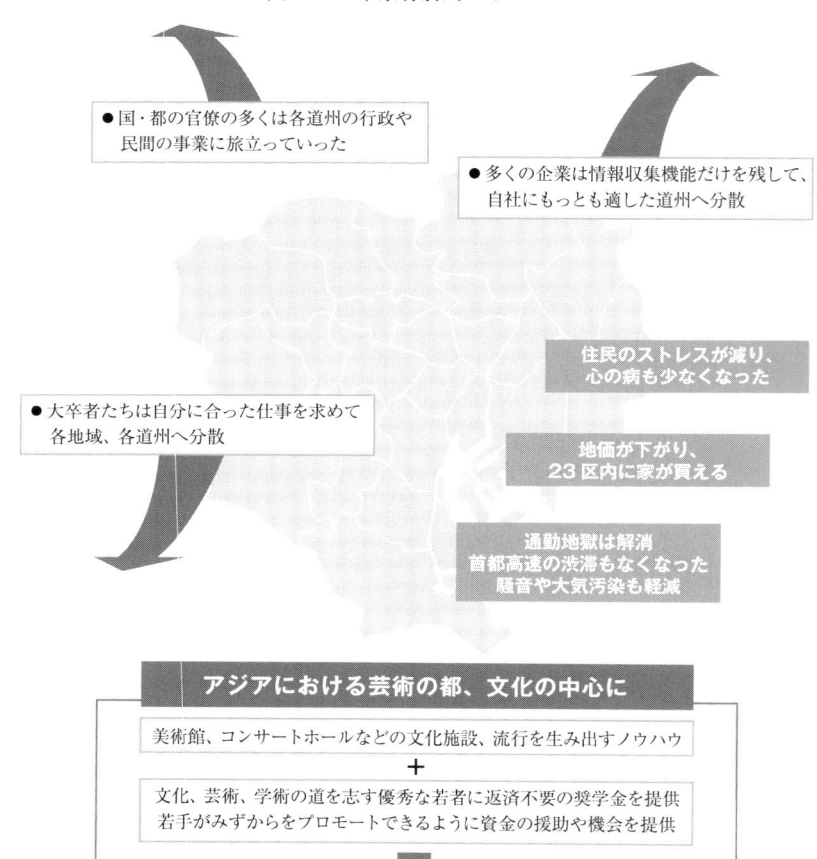

● 国・都の官僚の多くは各道州の行政や民間の事業に旅立っていった

● 多くの企業は情報収集機能だけを残して、自社にもっとも適した道州へ分散

● 大卒者たちは自分に合った仕事を求めて各地域、各道州へ分散

住民のストレスが減り、心の病も少なくなった

地価が下がり、23区内に家が買える

通勤地獄は解消
首都高速の渋滞もなくなった
騒音や大気汚染も軽減

アジアにおける芸術の都、文化の中心に

美術館、コンサートホールなどの文化施設、流行を生み出すノウハウ
＋
文化、芸術、学術の道を志す優秀な若者に返済不要の奨学金を提供
若手がみずからをプロモートできるように資金の援助や機会を提供

さらに「ソフト力」を高める

（資料）　江口克彦・前掲書

5．家はその土地の大工に建てさせよ

この7つの例を見ても，統治機構改革が日本再生の切り札であることが読み

取れるのではないか。いま日本に必要なのはこうした夢のあるビジョンである。現在のような，北は北海道から南は沖縄まで，一律の制度で一括りにする。このような馬鹿馬鹿しいやり方は早く終わりにしなければならない。例えば「災害対策基本法」というものがある。大きな災害に見舞われたとき，そこを復旧するには莫大なお金がかかる。とても地方自治体の財力だけでまかなえるものではない。そこで復旧にかかるお金を国が援助するという制度である。

国民の生命と財産を守ることは国家として当然のことである。ところがこの支援金なるものは，二年間という期間に決められている。災害が起きてから二年間は助けましょう，その後は自治体でやってくださいということである。

しかし，二年間の援助というのも，雪国にとっては一年分にしかならない。雪の降らない地方ならば二年間続けて工事ができるが，雪国はその半分しかできない。だから，工事が進まない。これではとても住民を助けるということにならないのである。

また家を災害でなくした人たちが新しく家を建てる。その際の援助額にしても，全国一律でいいはずはない。雪国で建てる家と，都会で建てる家は当然のことながらそのつくり方が違うはずだ。沖縄のように台風の被害が多い場所では，頑丈な家を建てる必要がある。地域によって建築方法も変わってくるはずである。

最近では援助の期間が延長される等，柔軟な対応も少しずつみられるようにはなったが，そういうことにも配慮できない国とは，国民にとってどれほど意味があるということか。そのことについてある知事が言った言葉。「地域によって，そこに合った対策をとってほしい」。すなわち，「家はその土地の大工に建てさせよ」ということである[2]。この一言こそが地域主権型道州制につながる，これは筆者の確信である。

注
1) 江口克彦『地域主権型道州制がよく分かる本』(PHP研究所，2009年) 参照。
2) 江口克彦『国民を元気にする国のかたち』(PHP研究所，2009年) 参照。

第 11 章　道州制の立法過程—現在と道州制批判への反論

1．立法過程に法案が提出

　明治以来中央集権体制で発展してきた日本だが，地方分権改革の必要性が叫ばれ，1993 年に地方分権推進の国会決議がなされて，ちょうど 20 年経つ（2013 年）。

　改革自体は遅々としたものがあり，ここまで述べてきたように不十分との評価を与えざるを得ないが，究極の地方分権は「道州制への移行」であるとの考え方は多くが共有している事のように思う。しかもそれは集権型でも連邦型でもなく，地域主権型の道州制であるべきだという考え方も多くが有している意見だと思う。その 20 年の節目に，奇しくも，「道州制基本法」が明治以来初めて，立法過程に提案されようとしている。

　本章では，本書のまとめの意図も込めつつ，そこまでの経緯と，今後の立法過程の動き，道州制実現までの手順，また道州制批判について論じてみたい。

　平成 19 年（2007 年），第一次安倍内閣は，内閣官房に『道州制ビジョン懇談会』を設置した。その座長に筆者が就任することになった。平成 19 年 1 月 26 日に報道発表され，第一回の懇談会は翌月 2 月 23 日，そして 32 回の議論を重ねた。平成 21 年 8 月 4 日が最後の懇談会になった。平成 20 年（2008）3 月には，中間報告書を総務大臣に提出した。

　しかし，平成 21 年 9 月，政権交代によって民主党政権が誕生すると，この『道州制ビジョン懇談会』は，政局の激変の影響を受けて廃止された。したがって，「最終報告」を提出することはできなくなった。そこで筆者は PHP 総合研究所から，多くの学者，有識者，研究員の協力を得て，『地域主権型道州制—国民への報告書』を，その最終報告書の代替としてまとめ，筆者が代表監修

者として上梓した。ある意味，未完の最終報告書ではあるが，これが「最終報告」に近いものである。道州制ビジョン懇談会の座長を務め，取りまとめに当たった筆者としての責任であるという意識もあり，また，これに対する強い思い入れで上梓したのである。本書でも随所でその考え方，データを引用し，地域主権型道州制の理論モデルの構築に努めてきた。

　ともかく，この『道州制ビジョン懇談会』は，賛成派と反対派が拮抗し，毎回激論の連続であったが，『中間報告書』は，事務方の官僚及び反対派の委員の抵抗のなか，筆者自身が自ら書き纏めた。この中間報告書及び『国民への報告書』は，その後の道州制議論の原点となったことだけは事実として記しておきたい。内閣に置かれた立法化を想定した初めての懇話会としては一定の成果を得，国民世論の形成にも，その後の政治への影響にも大きなインパクトをもたらしたと考えているし，自負もしている。

　「道州制」を「幻の改革構想」とする向きもあるが，決してそうではない。2000年の「地方分権一括法」の施行以降，実現可能な構想として見られるようになった。事実，憲政史上初めて2012年3月29日，一つの政党（みんなの党）が「道州制移行基本法」を国会に正式に提出，立法過程において制度設計が具体化する動きになってきた。2013年6月の通常国会のさなか，日本維新の会，みんなの党共同で，改めて「道州制基本法」が国会に出された。2014年に入り，与党の自民，公明両党も「道州制推進基本法」を共同提案する動きにある。

　このように道州制は「幻の改革案」でもなければ，実現不可能な構想でもない。事実，立法過程において制度設計が具体化する動きに入ってきたのである。

2．道州制への国民の合意

　もとより，そうは言っても，一足飛びに道州制へというのは少し乱暴であろう。関西7県や九州が「広域連合」を組織し，共同で広域行政を始めている。

一部国の業務受け皿にもなる動きである。こうした連合方式も過渡期として必要かもしれない。

いずれにせよ、国と地方の役割を見直し、この国の「かたち」をどう描き直すのか。道州制に行く前でも、この役割分担の見直しは大変重要な問題である。

各党の公約する道州制の立ち位置は微妙に違うが、大まかに言うと、国は外交や防衛、マクロ経済政策などに特化すべきであり、内政は都道府県を再編し道州と基礎自治体に委ねるという見方が一般的である。これは現在の都道府県割ができた明治以来の大改革を意味する。その実現へのハードルは高いであろう。ふだん「地方分権を進めるべし」を声高に主張している地方でも、道州制については慎重論が少なくない。特に市町村では「再び合併を強いられかねない」との危惧が強く、町村は反対を表明している。

平成の大合併が動き出す前の1999年（平成11）に3,232であった市町村は、現在1,719（平成26）とほぼ半減した。分権化すれば自治体の仕事が増えるので、市町村の規模拡大が必要と言う理由で政府が合併の旗を振った結果である。

もとより、これは以前の自公政権下での話で、民主党政権の3年余は、合併の旗も振られず、掛け声とは裏腹にほとんど分権も進むことはなかった。そうした合併疲れから開放された空気もあって、自治体側がだんだん合併再編に消極的な動きになっているのも事実である。

ただ、「新しい国のかたち」というなら、道州制については、国の役割をしっかりと絞り込み、それに伴う中央省庁や国会の新たな姿をまず示すことである。それを国民の間で広く議論してもらい、一定の理解が進んだところで道州制の区割りや基礎自治体のあり方などを議論してもらう、そうした手順を踏む必要がある。

道州制は分権国家の究極の姿であるが、まずは現在の都道府県制のままでもやれることは少なくない。法令で一律に縛る過剰な規制は4,000項目もある。そのうち、これまでに見直したのは約100項目にすぎない。国の補助金改革も道半ばにある。道州制の検討を理由に、今すぐできる改革をないがしろにして

はならない。道州制は，権限，財源，人間の3ゲンセットで分権化を進めながら，そのゴールとして設定すべき性格のものである。改革の工程表を分権化と道州制をセットで作成し公表する必要がある。

これまで政府のなかには，地方分権といいながら，中央集権タイプの道州制を志向しているフシも見え隠れしていた。確かに国のブロック支局と府県機能を合体し，省庁権限の大幅な道州への移譲を考えると，国の官僚が御しやすいのは中央集権型の道州制であろう。しかしそれだと，道州は国の地方機関となり，道州知事は大臣の部下と位置付けられてしまう。それでは何のための道州制か分からなくなる。これでは時計の針は逆戻りになる。戦前の府県制度に回帰してしまい，本当の意味で自治は存在せず，結局，官僚依存型の道州制となってしまう[1]。

そうではあるまい。道州制は単に統治機構の簡素合理化だけではなく，「民主化」が大きなポイントになる。税財政と政策形成を国民の近いところでコントロールし修正する。地方自治を強化し，国民主権を内実ともに実現するのが道州制なのである。

今後，「大増税」か「道州制移行」かが国政選挙の最大の争点になってこよう。その際，正しい判断を下すためにも，国民の多くも自分の問題として道州制について正しい理解を持つことである。それには，政府はオープン，かつ多くの有用な情報を提供しなければならない。その点，道州制の立法過程は国民参加の下で行われなければならない。

3．立法過程と道州制

立法過程における改革過程は，大きく改革案の作成（plan）→改革案の実施（do）→改革効果の検証（see）の三つに分けて捉えることができる。

一般論で言えば，それはある問題について課題を発見し，解決策を練り，解決策を実施し，その実施結果について評価を受けるという過程である。改革案の作成場面を少し細かく分けると「課題設定」→「改革立案」→「改革決定」

の3つの場面となる。改革に限らず，国会等で決められる「政策」で言えば，それを政策過程と呼ぶなら，課題設定→政策立案→政策決定→政策実施→政策評価の5つのプロセスすべてを経るということである（以下の説明について，佐々木信夫『日本行政学』学陽書房，2013年，181頁など参照）[2]。まずここでは，改革論を含む一般論としての「政策過程」について説明しておこう。

第1．課題設定（agenda setting）＝政府として公共政策の課題は何か，税金などを使って解決すべき問題（改革）は何かを認知する場面がここである。選挙や陳情・請願，利益団体の活動などを通じての争点提起や，住民，マスコミ，議会，政党などからの問題提起，あるいは世論調査や現地調査などに基づき課題の発見が行われ，課題設定が行われる。

ここでの主な担い手は，政党や国会，内閣，首相（あるいは首長）である。

第2．政策立案（policy making）＝政府が課題解決のために必要とするさまざまな手段，方法が検討され，複数の政策（改革）代替案の作成，最適案の選択，政府原案の確定作業が行われる。より合理的で，より効果的なもの，より実現可能性の高い解決案を作成するための作業が続けられる。その担い手として一部は国会（議員立法）も担うが，多くの場合，執行機関サイドに立つ内閣，及びその官僚機構が中心となる。

もっとも，議院内閣制の下では政府与党という言葉が使われるように，多数議席を与えられた与党勢力の考えを政策案に反映するため，たとえそれが執行部提案のものであっても形成過程で与党の了解を得る作業が必ず行われる。官僚サイドからすると，政府内の関連各省庁との調整のほか，政策に影響力をもつ族議員など与党議員への「根回し」という作業が不可欠となる。

第3．政策決定（policy decision）＝政府として公式に政策（改革）がオーソライズされる場面である。国会での審議・議決をへて，政策（改革）案から「政策」（改革）へ生まれ変わり，一般に公表される過程がこれである。第2段階で作成された政策（改革）案は，与党のみでなく各政党への根回しや外部団体（関連業界，医師会とか）との調整といった最終的な合意形成への手続きが行われ，議会審議の過程を経てオーソライズされる。

第4．政策実施（policy implementation）＝決定された政策（改革）が，具体的に執行されていく場面がこれである．法律の場合，具体的な実施に向けて政令や規則，あるいは内部の実施要綱が作成され，実施に移される．予算の場合，四半期毎の執行計画が立てられ，その計画に基づいて予算配当が行われる．道州制の実施法が成立すると，この過程を辿る．

この実施過程は公式に決定された政策の意図や目的を実現するために，社会に向けて具体的なアクションを起こす過程でもある．もちろん，政策（改革）として決められたことを単に機械的に実施すればよいと話ではない．状況の変化，世論の動向，さらに与党勢力の変化によって柔軟に変更が行われながら実行されていく．

第5．政策評価（policy evalution）＝実施済みの政策ないし改革はその受け手である国民からその効果性について評価を受けることになる．実施効果が当初の意図や目的通り実現できたか，その成果は政策課題の解決にどれだけ貢献したか，その実現過程における効率性，効果性はどうであったかなどが評価される．この過程での担い手は，ふたたび広く政治全体，国会，政党の役割となる．さらに制度的な監査，会計検査などのほか世論調査，マスコミ，関連団体などの非制度的評価も行われる．ことによっては政権交代すら起こるのである．

これを政治と行政の役割分担でみると，議員立法を除くと，一般的には「課題設定」，「政策決定」，「政策評価」の役割は政治の役割であり，「政策立案」，「政策実施」は行政の役割といえよう．おおざっぱには政治の役割を政治家（公選職）の役割，行政の役割を公務員（任命職）の役割ということもできる．もとより，政治（国会等）の役割は選挙で選ばれた人のみでなく，それを選ぶ選挙民も重要な政策選択のアクターであり，政治の担い手である．

また政策立案も政治主導がいわれる最近では，政党及び政党スタッフの役割（議員立法）も重要となってきており，政策実施に至っては民間委託やPFI方式など，民間主体で政策実施を行う機会も増えている．政策評価に至っては，民間のシンクタンクなどが事業仕分けやマニフェスト評価を行うなど，民間目線で厳しい評価を与える機会も多い．

また，いったん時の政権下でオーソライズされ，一部実施過程に移されている政策（改革）でも，選挙の結果，与党が交替したり，首相など政権の担い手が替わった場合には，政治公約に基づいてその政策が見直されたり，縮小，廃止，あるいは白紙撤回される場合もある。それは政策（改革）シナリオが別の視点からの評価を受け，否決されたとも理解することができよう。

こうした一連の政策過程（改革過程）に沿って，「地域主権型道州制」の実現過程をフローチャートとしてまとめると，道州制実現までの流れは次のようになるものと考えられる。

道州制実現までのフロー

❶ 国民へ啓発活動・世論喚起
❷ 首相の決断（内閣の統一）
❸ 道州制基本法の提案化・閣法（または議員立法）
❹ 道州制基本法の可決・成立
❺ 道州制担当大臣任命（内閣）
❻ 道州制諮問会議（国民会議）の設置
❼ 区割りの決定
❽ 税財政制度の決定
❾ 国民会議（諮問機関）の答申
❿ 道州制実施法の可決・成立（国会）
⓫ 都道府県の廃止・住民周知
⓬ 州知事・州議会議員選挙
⓭ 各道州の基礎自治体の体制整備
⓮ 道州制の移行

道州制移行までの実現目標を2022年とするなら，〈前期〉は国民会議での議論，〈中期〉は実施法案等の審議決定，〈後期〉は各道州の体制整備と国民への周知，基礎自治体の体制整備と大きく3つの段階を踏むことになろう。

4．道州制基本法の論点

このプロセスにおいて，いつくかの留意すべき点を述べておきたい。

（1） 現行制度下ですべきこと

地域主権型道州制は，地方分権改革，行財政改革とも連動する部分が多い。道州制の制度設計に必要な要素，導入に向けた課題等をより明確にするには，まずは地方分権改革や行財政改革を着実，迅速，効果的に推進すべきである。

そのためには，「地方分権一括法」，市町村合併，三位一体改革，構造改革特区，道州制特区など，これまで行われてきた地方分権を推進するための改革の効果，ならびに都道府県行政と国の出先機関の現状，さらには国の行財政改革の効果について早急に検証を行い，国と地方が共通認識をもち，信頼関係を構築し，修正すべき点は速やかに修正していくことが重要である。

（2） 国民理解の促進

道州制のなかでも，特に筆者の主唱する「地域主権型道州制」の導入は，国の統治体制を根幹から変えるものである。国主導ではなく，地域住民と地方自治体に自分たちの地域をどうしていくのかを主体的に考えてもらうことが望ましい。また，道州制特区の実践を通じて道州制への理解が深まるよう取りはからう必要がある。

したがって，全国的あるいは各地域の経済団体やNPOなどの各種団体，さらには組織再編となる地方自治体や中央省庁の関係者も含め，さまざまなグループとの意見交換を十分かつ積極的に行うべきである。また，普段はあまり政治や行政に関心をもたない人たちの間でも幅広く議論が行われ，理解されるよ

う，マスコミなどの理解協力も得て，分かりやすい情報発信を行う必要がある。

（3） 道州制特区制度の活用

重要なことは，国が主体となる結果，住民が受身になるような啓発にとどめることなく，地域主権型道州制実現の過渡段階において，住民が主体的に参画する改革実施の積み重ねを通じて，道州制の導入を実現することである。北海道道州制特区制度が現在存在するが，道州制特区制度は，現段階ではいくつかの問題があるものの，環境整備を進める効果を発揮する可能性をもっている。これを活用すれば，国民の道州制に対する理解を深め，道州制を実現させる環境作りの一助となるであろう。

（4） 政治のリーダーシップ

地域主権型道州制は，わが国の統治構造を変える大きな改革であり，その導入までには克服すべき多くの課題がある。こうした課題を克服し，道州制の導入を成功させるためには，国民的な議論を喚起して，道州制の意義について理解を深めてもらう必要があり，そのためには道州制特区の適用条件を緩和するなど，道州制特区の推進をさらに加速する必要がある。道州制実現には，政治によるリーダーシップが，強力に発揮されなければならない。

（5） 移　行　方　法

道州制への移行については，準備が整った地域から漸次移行するという考え方（提案）もあるが，しかし，地域主権型道州制は国の機構と権限の改革が一体で行われるものである。したがって中央集権型の現行制度からの転換に至る全体のビジョンと工程表を明示するとともに，広報を通じた国民への周知と実施に向けた準備期間を設けた上で，全国一律・一斉に移行することが望ましい。このため国は「道州制推進会議（国民会議）」のもとに，直ちに道州制に対する国民の理解を広げ深める広報活動に当たる機関を設置すべきである。

（6）「道州制基本法」の制定と検討機関の設置

　道州制の導入に当たっては，道州制の理念と目的，国，道州，基礎自治体それぞれの役割と権限，推進組織，導入の実施時期等を定めた「道州制基本法」を制定し，それにもとづき，内閣には，総理大臣を長とした，関係閣僚，地方代表，民間委員などからなる検討機関，例えば「道州制諮問会議（国民会議）」を設ける。その支援機関として，関係閣僚，地方自治体の代表，地域経済団体の代表，有識者からなる「道州制推進協議会（仮称）」を設ける。また各地域には，地方自治体の代表，市民・NPO代表，経済団体代表，有識者からなる道州制推進組織を設けることを検討すべきである。

　「道州制基本法案」については，2012年3月29日に，みんなの党が国会史上初めて参議院に，予算を伴わない「道州制への移行のための基本法案」を提出しているが，引き続き，筆者は，予算を伴う法案（「道州制移行のための改革基本法案」）を作成，みんなの党の合意を得て2013年6月，日本維新の会と共同して，修正法案を衆議院に提出している。

　その原案となった筆者の2012年3月29日提出の「道州制への移行のための改革基本法案」の条文を以下に掲げる。なお，この法案は，いまだ提出されていない自公案の「道州制基本法案」[3]の下敷きにもなっている。今後国会に出される4党の道州制の骨格は概ねこの条文に書かれたものが柱建てになると思料される。

　その点，法律からみた地域主権型道州制を理解するために，筆者が中心となって作成した改革基本法案の全文を掲載しておきたい。これは今後の議論のたたき台にもなる。

道州制への移行のための改革基本法（案）

目次

第一章　総則（第一条―第四条）

第二章　道州制への移行のための改革の基本方針（第五条―第十条）

第三章　道州の区域の決定（第十一条）

第四章　道州制への移行のための改革推進本部（第十二条—第二十二条）
附則

　　第一章　総則
　（目的）
第一条　この法律は，わが国の国のかたち（日本国憲法の理念の下における国と地方公共団
　体の全体を通じた統治の構造をいう。）を新たなものに転換することが喫緊の課題となっていることに鑑み，道州制への移行のための改革（この法律の規定に基づいて，地方自治の仕組みを広域の地方公共団体である道州と基礎的な地方公共団体である市町村（特別区を含む。以下同じ。）との二層制に移行するとともに，これに伴い国及び地方公共団体の組織及び事務，国と地方公共団体の税源配分等を抜本的に見直す改革をいう。
　について，その基本理念及び基本方針，その実施の目標時期その他の基本となる事項を定めるとともに，道州制への移行のための改革推進本部を設置することにより，これを総合的に推進することを目的とする。
　（基本理念）
第二条　道州制への移行のための改革は，道州において，個性豊かで活力に満ち，かつ，安心して暮らすことのできる地域社会が形成され，及び地域経済が自律的に発展するとともに，行政，経済，文化等に関する機能が我が国の特定の地域に集中することなく配置されるようにし，あわせて，国が本来果たすべき役割を重点的に担うことができるよう，次に掲げる事項を基本として行われるものとする。
　一　広域の地方公共団体である道州を設置して，道州においてその地域の特性に応じた独自性のある施策を展開することができる地方自治制度を確立すること。
　二　国が本来果たすべき役割に係る事務を除き，国が所掌する事務を道州に移譲するとともに，道州が施策の企画及び立案と実施とを一貫して行

う体制を確立することにより，道州が行政需要に的確に対応して効率的に事務を実施することができるようにすること。
三　道州の財政運営における自主性を確保し，道州が自主的かつ自立的にその役割を果たすことができる地方財政及び地方税に係る制度を確立すること。
四　住民に身近な行政はできる限り基礎的な地方公共団体が担い，道州がこれを補完するものとし，市町村について，基礎的な地方公共団体としてあるべき姿となる地方自治制度並びに地方財政及び地方税に係る制度を確立するとともに，行政需要に的確に対応して効率的に事務を実施することができるようにすること。
五　前各号に掲げる事項の実施に伴い，国の行政組織及び事務を簡素かつ合理的なものにすること。

（国及び地方公共団体の責務等）

第三条　国は，前条の基本理念にのっとり，道州制への移行のための改革を推進する責務を有する。

2　国は，道州制への移行のための改革を推進するに当たっては，地方公共団体の意見に配慮するものとする。

3　地方公共団体は，前条の基本理念にのっとり，国による道州制への移行のための改革の推進に協力する責務を有する。

（道州制への移行のための改革の実施及びその目標時期等）

第四条　政府は，次章に定める基本方針（第三項において「基本方針」という。）に基づき，道州制への移行のための改革を行うものとする。

2　道州制への移行のための改革は，その緊要性に鑑み，この法律の施行後七年以内に，道州を設置し，道州制への移行のための改革による新たな体制への移行を開始することを目標とするものとする。

3　政府は，この法律の施行後二年以内に，基本方針に基づく施策を総合的かつ計画的に実施するため，次に掲げる事項について必要な法制上の措置を講ずるものとする。

一　基本方針に基づく施策を実施するための方針
二　基本方針に基づく施策を計画的に実施するために必要な事項
三　その他基本方針に基づく施策の実施に関する重要事項
　　第二章　道州制への移行のための改革の基本方針
（道州の設置等）
第五条　市町村を包括する広域の地方公共団体として，全国の区域を分けて道又は州を設置するものとする。
2　道州の区域は，二以上の都道府県の区域を包括するものとする。ただし，北海道及び沖縄県についてはその地理的条件を踏まえそれぞれ一の道又は州とすることを妨げず，また，東京都についてはその区域に首都としての機能が存在することを踏まえその全部又は一部の区域をもって一の道又は州とすることを妨げないものとする。
3　道州の境界は，従来の都道府県の境界と異なるものとすることを妨げないものとする。
4　道州には，議会及び知事を置き，議会の議員及び知事は，住民が直接選挙するものとする。
5　道州の行政組織は，道州がその果たすべき役割を適切に遂行するにふさわしいものとなるように自主的に定めることができるようにするものとする。
6　道州の事務所の位置は，道州が自主的に定めるものとする。この場合には，住民の利用に最も便利であるように，従来の都道府県の事務所の位置にとらわれず検討されるものとする。
（国の事務の道州又は市町村への移譲等）
第六条　国は，次に掲げる事務については引き続き担うものとし，当該事務以外の事務（これに係る企画及び立案を含む。）については道州に移譲するものとする。
　　一　外交，安全保障，出入国管理，通貨その他の国際社会における国家としての存立に関わる事務

二　私法に関する法秩序の維持，公正取引の確保その他の全国的に統一して定めることが不可欠である国民の諸活動又は地方自治に関する基本的な準則に関する事務

　三　エネルギーの供給の確保，大規模な災害への対処その他の全国的な規模で又は全国的な視点に立って行わなければならない施策及び事業の実施

　四　その他国が本来果たすべき役割に係る事務

2　国による道州に対する事務の処理又はその方法の義務付け及びその事務に係る関与については，全国的に統一して定めることが不可欠な場合その他の国が前項各号に掲げる事務を行う上で特に必要な場合に限り行うことができるものとする。

3　第一項各号に掲げる事務以外の国の事務のうち，市町村において処理することができる事務は，同項の規定にかかわらず，市町村に移譲するものとする。

4　国の事務の道州又は市町村への移譲に伴い，当該移譲に係る事務の用に供していた国有財産のうち道州又は市町村がその事務を適切に行うために必要なものを道州又は市町村に譲渡するものとする。

（国及び地方公共団体の税財政制度の見直し）

第七条　道州及び市町村がその事務を自主的かつ自立的に執行することができるように，国，道州及び市町村の税源がそれぞれの事務に要する経費に応じて配分されるようにすること，道州及び市町村がその地域の実情に応じて自主的に課税を行うことができるようにすることその他の税制の抜本的見直しを行うものとする。この場合において，併せて，効率的かつ適正に徴税することができる仕組みを構築するようにするものとする。

2　国の事務の道州又は市町村への移譲に伴い，地方公共団体に対する国の負担金，補助金等の支出金は，廃止するものとする。

3　道州がその自主的な判断の下に地方債を起こすことができるよう，その制度の見直しを行うものとする。この場合において，道州が自らの財政運

営について透明性を確保するようにするものとする。
4 　道州間における財源の均衡化を図るため，これを目的とする財源を確保した上で，道州間の協議を基本として自律的にその財政の調整を行う制度を設けるものとする。
5 　道州の区域内の市町村間における財源の均衡化を図るため，道州がその区域内の市町村間の財政の調整を行う制度を設けるものとする。
（都道府県の廃止等）
第八条　道州の設置に伴い，都道府県は，廃止するものとする。
2 　都道府県が行っている事務のうち，広域にわたるもの及び市町村に関する連絡調整に関するものは，道州に移譲するものとし，その他の事務は，市町村に移譲するものとする。この場合において，その規模又は性質において市町村が処理することが困難なものについては，複数の市町村において共同して処理することができるようにするものとする。
（市町村の事務等）
第九条　市町村は，従来の市町村の事務に加え，都道府県の廃止に伴い都道府県から移譲された事務及び国から移譲された事務を行うものとする。
2 　国又は道州による市町村に対する事務の処理又はその方法の義務付け及びその事務に係る関与については，全国的に又は道州の区域内において統一して定めることが不可欠な場合その他の国又は道州がその事務を行う上で特に必要な場合に限り行うことができるものとする。
3 　市町村の規模の適正化及び市町村の事務処理の共同化については，道州において必要な措置を講ずることができるようにするものとする。
（国の行政組織の見直し）
第十条　国の行政組織に関し，第五条から前条までの規定に基づく施策の実施に伴い，国の府省の再編，地方支分部局の廃止その他の措置を行うとともに，国が本来果たすべき役割に係る行政機能を強化するものとする。
　　第三章　道州の区域の決定
第十一条　道州の区域は，道州がその果たすべき役割を適切に遂行するにふ

さわしい範囲となるように，併せて社会経済的条件，地理的条件，歴史的条件及び文化的条件を勘案し，定めるものとする。

2　道州の区域は，法律をもって定めるものとし，その法律案の作成に当たっては，別に法律で定めるところにより地方公共団体及び住民の意見を反映させるために必要な措置を講ずるものとする。

　　第四章　道州制への移行のための改革推進本部

（道州制への移行のための改革推進本部の設置）

第十二条　道州制への移行のための改革を総合的に推進するため，内閣に，道州制への移行のための改革推進本部（以下「本部」という。）を置く。

（所掌事務）

第十三条　本部は，次に掲げる事務をつかさどる。
　一　道州制への移行のための改革の推進に関する総合調整に関すること。
　二　道州制への移行のための改革の推進に関する法律案及び政令案の立案に関すること。
　三　道州制への移行のための改革の推進に関する施策の実施の推進に関すること。
　四　前三号に掲げるもののほか，他の法令の規定により本部に属させられた事務

（組織）

第十四条　本部は，道州制への移行のための改革推進本部長，道州制への移行のための改革推進副本部長及び道州制への移行のための改革推進本部員をもって組織する。

（道州制への移行のための改革推進本部長）

第十五条　本部の長は，道州制への移行のための改革推進本部長（以下「本部長」という。）とし，内閣総理大臣をもって充てる。

2　本部長は，本部の事務を総括し，所部の職員を指揮監督する。

（道州制への移行のための改革推進副本部長）

第十六条　本部に，道州制への移行のための改革推進副本部長（以下「副本

部長」という。）を置き，内閣官房長官及び道州制への移行のための改革担当大臣（内閣総理大臣の命を受けて，道州制への移行のための改革に関し内閣総理大臣を助けることをその職務とする国務大臣をいう。）をもって充てる。

2　副本部長は，本部長の職務を助ける。

（道州制への移行のための改革推進本部員）

第十七条　本部に，道州制への移行のための改革推進本部員（以下「本部員」という。）を置く。

2　本部員は，本部長及び副本部長以外の全ての国務大臣をもって充てる。

（資料の提出その他の協力）

第十八条　本部は，その所掌事務を遂行するため必要があると認めるときは，国の行政機関及び地方公共団体の長に対して，資料の提出，意見の開陳，説明その他の必要な協力を求めることができる。

2　本部は，その所掌事務を遂行するため特に必要があると認めるときは，前項に規定する者以外の者に対しても，必要な協力を依頼することができる。

（事務局）

第十九条　本部に，その事務を処理させるため，事務局を置く。

2　事務局に，事務局長その他の職員を置く。

3　事務局長は，道州制への移行のための改革に関する事務に関し必要な識見及び能力を有する者のうちから，内閣総理大臣が任命する。

4　事務局長は，本部長の命を受け，局務を掌理する。

（顧問会議）

第二十条　本部に，顧問会議を置く。

2　顧問会議は，道州制への移行のための改革の推進のために講ぜられる施策に係る重要事項について審議し，本部長に意見を述べる。

3　顧問会議は，顧問十五人以内をもって組織する。

4　顧問は，道州制への移行のための改革に関し優れた識見を有する者のうちから，内閣総理大臣が任命する。

5　顧問は，非常勤とする。

（主任の大臣）

第二十一条　本部に係る事項については，内閣法（昭和二十二年法律第五号）にいう主任の大臣は，内閣総理大臣とする。

（政令への委任）

第二十二条　この法律に定めるもののほか，本部に関し必要な事項は，政令で定める。

　　　附　　則

この法律は，公布の日から施行する。ただし，第四章の規定は，公布の日から起算して一月を超えない範囲内において政令で定める日から施行する。

　　　理　　由

我が国の国のかたちを新たなものに転換することが喫緊の課題となっていることに鑑み，道州制への移行のための改革について，その基本理念及び基本方針，その実施の目標時期その他の基本となる事項を定めるとともに，道州制への移行のための改革推進本部を設置することにより，これを総合的に推進する必要がある。これが，この法律案を提出する理由である．

5．道州制をめぐる否定的意見

さて，この道州制については，現在でもすでに賛成する意見，懸念する意見などさまざまな意見が出ている。例えば，佐々木信夫は著書（『新たな「国のかたち」』（角川SSC新書，2013年）の中で，道州制導入のメリットを①行財政基盤が強化される，②行政サービスが向上する，③魅力ある地域圏，都市圏が形成される，④経済生活圏と行政圏を一致させ，道州政府を中心に一元的な広域戦略が可能となる，⑤大都市圏の一体的運営が行われ，経済活力も向上する，と挙げながら，その一方でデメリットないし世の中で指摘されている懸念についても，次のように整理している。

第11章　道州制の立法過程―現在と道州制批判への反論　349

1．そもそも国民は，道州制を望んでいるとは考えにくい。
2．制度を変える前に，現行の都道府県で広域連合をつくったらどうか。
3．あまり区域を広げると，住民の声が届かなくなる。
4．各州の間で格差が広がり，勝ち組，負け組みがはっきりする。
5．あまり道州の権限を強くすると，国家全体がバラバラになる。

　ここで述べられているデメリットないし懸念について，機関として正式に表明しているのは全国町村会，全国町村議会議長会である。小規模自治体の多い町村（約900）は全国町村会という全国組織を通じ『道州制の何が問題か』（平成24年11月　全国町村会）[4]という声明（冊子）を発表し，上記に指摘したような懸念，デメリットとしてさまざまな角度から意見を述べている。道州制に関する反対の代表的な見解であるので，少し長くなるが，引用の形で掲げておきたい（一部，中略）。

　（以下，町村会の声明）
はじめに
　これまで，道州制に関する議論がさまざまに行われてきたが，次の衆院選を控え，自民党・公明党が「道州制基本法案」を国会に上程しようとしている。「道州制基本法案」がもし成立すれば，いよいよ道州制の実現に向けた具体的な制度設計を行わざるを得なくなる。こうした事態の進展は，町村にとって存亡にかかわる危機が差し迫っている事を意味している。
　現在の道州制議論は，国民的な議論がないなかで，道州制の下での町村の位置づけや税財政制度など，道州制が町村や町村住民にどのような影響をもたらすのか明らかにされないまま，あたかも今日の経済社会の閉塞感を打破しうるような変革の期待感だけが先行していると言わざるをえない。
　このような危険な状況に鑑み，この「手引き」では，町村の皆様の参考に供するため，道州制の実像を明らかにし，何が基本的な問題点なのかを簡潔にまとめた。

○道州制を巡る情勢はどうなっているか

（中略）

○全国町村会は，いままで，どのように主張してきたか

　以下のように，全国町村会は，再三にわたり，強制合併につながる道州制に反対の方針を示し，各政党・政府に要請活動を行っている。

- 全国町村会は，道州制の導入が町村の存亡にかかわると考え，「道州制と町村に関する研究会」を設置し，道州制推進の動向や構想の内容に監視，調査研究を重ねてきた。
- 2008年11月の全国町村長大会では，「これまで以上の市町村合併につながる道州制には断固反対する」という特別決議を行っている。この特別会議では，道州制への漠然としたイメージや期待感が大きく先行しており，国民の感覚から遊離している，道州制の導入によりさらに合併を強制すれば，農村漁村の住民自治は衰退の一途を辿り，ひいては国の崩壊に繋がって行く等の問題点を指摘した。

○現在，議論されている道州制の概要

- 道州制に関する議論の歴史は長く，一口に「道州制」と言っても，国の総合出先機関として道州を設置する案から，限りなく連邦制に近いものまで，内容は千差万別である。

　ここでは，自民党・公明党が国会上程に向けて準備を進めている「道州制基本法案（骨子案）」［平成24年9月6日現在］を用いて，道州制の概要を説明する。（道州の区割り案のみ第28次地方制度調査会答申を引用する）

① 道州制の基本的な仕組み
　1）都道府県を廃止して，代わりに「道」「州」を置く
　2）市町村の区域を基礎として，「基礎自治体」を置く
　3）道州と「基礎自治体」の二層制

（自民党基本法案より）
4．道州制の基本的な方向
① 都道府県を廃止し，全国の区域を分けて道州を設置する。
2．定義
② 「基礎自治体」は，市町村の区域を基礎として設置され，従来の市長村の事務及び都道府県から継承した事務を処理する基礎的な地方公共団体である。

② **権限の配分**
　1）国の役割を極力限定し，内政に関わる事務権限は道州へ移行する
　2）都道府県が行っている事務事業を，「基礎自治体」へ移行する
「基礎自治体」は，従来の市町村の事務に加えて，都道府県から継承する事務を処理する「地域完結性」を有する主体として構築される。

（自民党基本法案より）
3．基 本 理 念
③ 国の事務を国家の存亡の根幹に関わるもの，国家的危機管理その他国民の生命，身体及び財産の保護に国の関与が必要なもの，国民経済の基盤整備に関するもの並びに真に全国的な視点に立って行なわなければならない物に極力限定し，国家機能の集約，強化を図ること。
④ ③に規定する事務以外の国の事務については，国から道州へ広く権限を委譲し，道州は，従来の国家機能の一部を担い，国際競争力を持つ地域経営の主体として構築すること。

2．定義
② 「基礎自治体」は，市町村の区域を基礎として設置され，従来の市町村の事務及び都道府県から継承した事務を処理する基礎的な地方公共団体である。

3．基本理念
⑤ 基礎自治体は，住民に身近な地方公共団体として，従来の都道府県及び市町村の権限を概ね併せ持ち，住民に直接かかわる事務について自ら考え，自ら実践できる地域完結性を有する主体として構築すること。

③ 道州制を導入するねらい
　1) 地方分権体制を構築するため
　2) 国家機能を集約し，強化を図るため
　3) 地域間格差を是正するため

自民党基本法案より抜粋すると，
3．基本理念
② 中央集権体制を見直し，国と地方の役割分担を踏まえ，道州及び基礎自治体を中心とする地方分権体制を構築すること。
③ 国の事務を国家の存立の根幹に関わるもの，国家的危機管理その他国民の生命，身体及び財産の保護に国の関与が必要なもの，国民経済の基盤整備に関するもの並びに真に全国的に視点に立って行なわなければならないものに極力限定し，国家機能の集約，強化を図ること。
⑦ 東京一極集中を是正し，多様で活力ある地方経済圏を創出し得るようにすること。

④ 道州の区割り案（第28次地方制度調査会答申）

⑤ 道州制の問題点
　○道州制によって，地域間格差は是正されるのか
　○道州制によって，税財政はどうなるのか
　○道州制は，町村を合併・消滅に追い込み，自治を衰退させる
　○道州制は，国を弱体化させる

○道州制によって，地域間格差は是正されるのか

ⅰ　道州制は，税源が豊かで社会基盤が整っている大都市圏への富の集中を招き，地域間格差は一層拡大する。

　道州制推進論は，「道州制を導入すれば，日本の各圏域が経済的に自立し，さらに自らの創意と工夫で発展を追求する事が可能な国の統治体制ができる」と主張している。

　しかし，道州制の競争では，税源の豊かな東京に，既にインフラが整っている地域が明らかに有利である。道州制によって，一極集中が是正されるどころか，ますます加速し，地域間格差は拡大する。

ⅱ　道州内の中心部と周縁部の格差が拡大する

　道州内でも，州都への集権，投資の集中が強まり，州都以外の旧県庁所在地や，周辺の中小都市，農山漁村を多く抱える町村は衰退する。これにより，道州内の中心部と周縁部の格差も拡大する。

ⅲ　道州間競争によって経済的不利益を受ける地域も生まれる。道州制では，そうした地域へのセーフティネットは考慮されていない。

　地域間競争によって，大都市や道州の州都など経済的メリットを受ける地域が出る一方で，不利益を被る地域も必然的に生まれる。しかし，道州制論では，そうした地域に対するセーフティネットは考慮されていない。これまで格差を是正するセーフティネットを担って来た国は，道州制によって機能を大きく後退させる。地域間競争によって経済的不利益を被り，疲弊した地域を誰が救済するのか。切り捨てよと言うのであろうか。

ⅳ　見解

　道州制によって激しいパイの奪い合いが生まれ，地域間格差は，縮小するどころかむしろ拡大する。多くは大都市や道州の州都に集中し，周縁部

となる農山漁村は，ますます疲弊する。道州制では地域間競争によって疲弊した地域に対するセーフティネットは考慮されていない。道州制により，「選択と集中」の論理による「地域切り捨て」の時代が到来する。

そもそも，道州制という統治機構の変更を経済政策の一環として捉える議論は，経済問題を統治のかたちの問題にすり替えているのではないか。

○道州制によって，税財政はどうなるのか

・道州制推進論は，税財政をめぐる議論を先送りにしている。道州制の導入後，町村の財源がどこまで保障されるかは不明である。

これまでは，全国レベルで都道府県・市町村の財政調整・財源保障を実施してきたが，道州制導入後の制度設計について，道州制推進論は議論を先送りにしている。道州間の財政調整に関してはいくつかの案が提示されているが，町村の財源を「誰が」「どこまで」「どのように」保障するのかは，明らかでない。

仮に道州内の市町村の財政調整，財源保障が，道州庁の判断に委ねられるとすれば，道州によっては，選択と集中の論理により，都市部に手厚く財源を配分するところもあるだろう。財源の乏しい道州では，市町村に十分な財源保障ができない恐れがある。こうして，道州や市町村によって社会保障・社会基盤整備の格差が生じる可能性が大きい。

・税財源から国から地方に移ると同時に，700兆円を越える従来の国の債務の大部分も，地方に移管される可能性がある。

・国から地方に税財源が移転するのに伴い，700兆円を越える従来の国の債務の大部分も地方に移管される可能性がある。赤字国債，不足する交付税財源の穴埋めとして発行された臨税債を償還するための財源を，誰がどのように確保するのかも，大きな問題である。

また，これまでは国が暗黙の債務保証をする事によって地方債の信用力を

担保してきたが，道州制導入後はどうするのか。

・建設国債について，個々の事業単位で道州に移管すれば，開発の遅かった地方に，債務が集中する可能性がある。

　さらに建設国債に付いて言えば，開発の遅かった地方に債務が集中することとなる。なぜなら，早くから社会基盤整備が進んだ地方は，事業に伴って発行された国債の償還が進んでおり，継承する債務も少ないが，社会基盤整備が途上にある地方は，事業に伴って発行された国債の償還が進んでおらず，継承する債務も多くなるからである。

・見解

　これまで国が行ってきた財政調整・財源保障を，誰がどのように継承するのか。国の債務を誰が継承するのか。いずれも道州制推進論では明らかにされていない。

　特に，町村の財源がどこまで保障されるかは，全く明らかにされておらず，将来的に，道州や市町村によって，社会保障・社会基盤整備の格差が生じ，住民生活の混乱を招く可能性が大きい。

○道州制は，町村を合併・消滅に追い込み，自治を衰退させる

・都道府県の事務を継承できない小規模町村は，「基礎自治体」として認められず，「自主的な再編」と称して「合併」を強いられる。

　道州制が導入されれば，「基礎自治体」は，従来市町村が行ってきた事務に加えて，都道府県の事務も継承されることになる。逆に言えば，都道府県の事務を継承できない市町村は，「基礎自治体」たりえないこととなる。
　自民党の道州制基本法案には，「基礎自治体は，住民に身近な地方公共団体として，従来の都道府県及び市町村の権限をおおむね併せ持ち，住民に直

接関わる事務について自ら考え，自ら実践できる地域完結性を有する主体として構築する」と定義している。

「従来の都道府県及び市町村の権限を概ね併せ持つ」ような「基礎自治体」とは，実際には，人口30万以上の中核市や人口20万以上の特例市をイメージしたものである。「地域完結性」を強調すれば，「基礎自治体」間での事務の共同処理や広域連携は不要であるという考えにつながり，一定の人口規模と行財政能力を判断基準にして「基礎自治体」が整備される事になる。

合併とは明記されていないが，「基礎自治体」の設置基準が市町村合併を前提としている事は明白である。道州制のスタートまでに市町村合併が先行されるかどうかは定かではないが，事務権限の受け皿を整備するという名目で自主的な再編」を促すのであろうが，「平成の大合併」の経緯と結果を見ても，これまで以上に市町村の自主的合併を推進する事は不可能であり，事実上「強制合併」に近い方策がとられるだろう。

そもそも，自民党の道州制基本法案には，「市町村」ではなく「基礎自治体」という名称が用いられている。そこには，町村の存在意義を否定する危険な考え方が潜んでいる。

・道州制に伴う事実上の「強制合併」により，これまで町村で培われて来た自治は衰退する。

以上にように，道州制が想定している「基礎自治体」は，『基礎』と言う意味合いが曖昧になるほど大規模となり，本当に住民に身近な場所で自治を実現する「基礎的な地方公共団体』になりうるのか，極めて疑わしい。

自民党の道州制基本法案は，合併によって消滅する「従来の市町村の区域に置いて，地域コミュニティが維持，発展できるよう制度的配慮を行なう」としている。しかし，町村と異なり，「地域コミュニティ」には国や道州からの税財保障はなく，「地域コミュニティ」内の住民の判断を最終的にどう

扱うかは，合併によって新設された「基礎自治体」に委ねられることとなる。失われた町村の自治を「地域コミュニティ」に代替できるわけがない。

・都道府県を廃止して，人為的に道州という単位をつくっても，人々の誇りや愛着の単位とはならない。

都道府県は，明治以来120年も存続し，単なる行政区域ではなく，地方自治の営みに取って不可欠な帰属意識と県民性を共有する単位として根付いている。都道府県を廃止して，人為的に道州という単位を作っても，人々の誇りや愛着の単位とはならない。住民が仲間として支え合う社会的活力をわが国の社会的安定をつくってきたのであり，道州はこれを根底から壊す事になる。

市町村合併が進み，都道府県の役割が小さくなっているし，都道府県の区域を越える政策ニーズに適応できない，との見方が現役の知事や大都市の市長の中に在るのは事実である。確かに，「平成の合併」後の都道府県と市町村の役割関係を見直してみると必要はあるが，その際，両者の間に対等・協力の関係を築いていくことこそが求められているのではないか。

○道州制は，国を弱体化させる

・道州制推進論は，内政に関する事務は基本的に地方が担い，国の役割を，外交，防衛，司法などに極力限定すべきとしている。しかし，国の役割をこれ以上限定する事は，かえって国際競争力の低下を招くことにつながる。

道州制推進論は，国（外交・防衛・司法）と地方の役割（内政全般）を切り分け，国の役割を極力限定すべきとしている。

しかし，国の役割と地方の役割は，明確に切り分けられず，相互作用の上に成り立っている。内政と外交は切り分けられないのが国際政治の常識であ

り，国が内政に関与しないとするのは現実からかけ離れた空論である。内政を原則として地方自治体に委ねている国が，世界のどこにあるのだろうか。連邦制を敷く米国ですら，連邦政府が産業政策や社会保障政策に深く関与しており，先般の大統領選挙でも，外交より内政問題が主な争点となった。

　グローバルに活躍する日本企業でさえ，国内では関税や貿易ルールによる保護を受けている他，競争力強化に向けた産業基盤整備や研究開発への助成，省エネルギー製品に対する租税優遇措置などの形で，中央政府の強力な支援を受けている。産業政策や通商政策を道州に任せれば，日本経済が活性するなどというのは，グローバル経済における中央政府の役割を軽視しすぎた妄想といわざるをえない。

　道州制は，その実現性を欠いた国家像を振りまく事により，日本と競争関係にある他国にとっては好都合な日本国弱体化路線を招く可能性が高い。

・道州制によって国の役割を縮小すれば，外交力は低下し，安全保障上の問題も生じかねない。

　TPP問題に見られるように経済政策と外交政策は不可分であるし，食料安全保障上，一国として食品自給率向上の視点は不可欠である。そもそもグローバル化時代に，内政から手を引き国民生活のニーズに対応しないような国が，国際舞台で信用され，交渉能力を発揮できるとは考えられない。
　道州制は，安全保障上の大混乱につながりかねない。道州制は，「世界中から資本，企業，技術，人材，情報を呼び込む単位」，「そのための産業基盤を確立する単位」を作り出す事である等とする主張がある。しかし，仮に各道州が，外国人就労，外国為替・貿易の規制緩和，地域通貨の自由発行等を行えば，日本の国民的統合は大きく傷つき，日本は国家の体をなさなくなる。

・道州制はさらなる合併を伴い，各町村で営々と培われてきたと多様な暮らし，多様な自治の営みは消滅する。多様性なき国家は，持続可能ではない。

　住民の地域に対する愛着や誇りが，地域を磨き上げる原動力となり，地域ごとの多様な暮らし，多様な自治の営みを育んできた。こうして育まれた地域ごとの多様性が，日本という国を強靭なものにし，幾多の困難を乗り越え，永らえさせてきたのだ。
　人為的に道州という単位を作り，事務処理能力を基準に市町村を再編して「基礎自治体」を設けても，決して住民の愛着や誇りの対象とはならない。住民が愛着や誇りを感じない地域に，責任ある自治は生まれない。結局，道州制は，魂の抜け殻のような，「自治体」ならぬ「事務処理体」としての画一的な地方公共団体を作り出すだけであり，これまで育まれてきた多様な暮らしや自治の営みを一気に消滅させるものである。
　地域ごとの多様性が失われた均質的，画一的な国家は，ひとたび困難に直面すればあまりに脆く，持続可能ではない。

・道州制と地方分権改革は，似て非なるものである。
　道州制は，地方分権改革の目指した方向性とは全く逆の，「国→地方」への一方的な関与を通じて進められようとしている。
　自民党基本法案では，「住民に身近な事務は都道府県から基礎自治体へ大幅に承継させる」としているが，これは，補完性の原理及び近接性の原理に基づく本来の分権改革ではなく，「小さい国」を実現するための事務権限の下方的な押しつけである。いわんや，事務権限を継承できない小規模町村を，自主的な再編という名で，事実上の「強制合併」に追いやろうとしている。
　このように，道州制は，地方分権改革の名を借りた新たな集権体制を生み出すものであり，地方分権改革とは根本的に異なるものである。

・見解

　国の役割をこれ以上限定的にすることは，かえって外交力・国際競争力を削ぎ，安全保障上の問題を引き起こしかねない。道州制は，地方分権を装った国家分割であり，国の力を弱めるだけである。そして，道州制に伴う市町村合併により，多様な暮らし，多様な自治の営みは消滅する。」

　「道州制」というまやかしにとらわれず，「本来の地方分権」を進めて行こう。多様な暮らし，多様な自治を大事にして，しなやかで粘り強い，強靭な国を，子々孫々にまで受け継いでいこう。

まとめ（町村会の見方）

　道州制が導入されれば，農山漁村における自治の砦である町村は，合併を強いられ消滅に向かうであろう。失われた町村の自治を「地域コミュニティ」に代替できるわけはなく，各町村で営々と積み重ねられて来た多様なまちづくりや自治は消滅する。

　人為的に道州という単位を作っても，住民の誇りや愛着の単位とはならない。住民の地域に対する誇りや愛着を抜きにしては，本当の地方自治の営みは生まれない。

　このように，道州制は，地方分権による自治の充実どころか，魂の抜け殻のような，「自治体」ならぬ「事務処理体」としての地方公共団体を作りだすだけである。

　以上，長い引用となったが，しかし，ある意味，町村会の指摘は世論を代表している面があるとみる。現在の日本の基礎自治体は1,719市町村だが（2013年4月），そのうち約900が町村である。その多くは中山間部や沿岸部を抱え，総じて過疎問題に苦悩している地域である。人の住めない山間地域を除く国土面積の6割近くは，実はこうした町村が基礎自治体の役割を果たしていることは事実である。そこに，道州制導入となると，さらなる規模拡大（場合によっては強制合併）が求められるのではないかという，心配を小規模町村が抱いて

いる点は頷ける。

いま紹介した町村会の意見を要約すると，主張している点は次の5点と思われる。

(1) さらなる規模拡大（合併）を求められる懸念があり，町村の存亡にかかわり自治が衰退する。
(2) 道州制という漠然としたイメージが先行し，国民の感覚から遊離している。
(3) 道州制によって，ほんとうに地域間格差は是正されるのか，その保障が不透明である。
(4) 道州制によって，税財政はどうなるのか，地方税比率を高めると格差は拡大してしまう。
(5) 道州制は地域の自治を弱体化させ，ひいては国の弱体化，衰退につながるのではないか。

そのなかで，特に(1)のさらなる規模拡大（合併）について，平成の大合併の最中に出された西尾私案なるものがあるが，その再来を町村は心配しているのではないかと思料する。それはこうした経緯と内容からなる。

平成の大合併の推進過程において，政府の第27次地方制度調査会に西尾私案（西尾勝副会長の私案）なるものが提出され，話題となったことがある。内容は「さらなる合併を求めても残るであろう小規模町村に『特例町村制』を導入すべきだ」という提案である。これに1,000近くあった町村は一斉に反発した。町村の自治体ではなくする発想に抗議が相次ぎ大きな波紋を呼んだのである。

西尾勝はその時は詳しく解説しなかったが，その後の著書『地方分権改革』（東京大学出版会，2007年）のなかで氏の考え方を述べている[5]。

「自らの責任において合併しないと決断した町村等々，小規模町村が依然として相当数残存することは避けられない。これらの小規模町村に都道府県から更なる事務権限の移譲を行うことは不適切であるのみならず，これまで

にすでに国から義務付けられてきた広範囲の事務権限の執行を今後とも引き続き義務付けていくことは大きな無理が生じているように思われる。」

「そこで，これら小規模町村について，国から義務付ける事務権限の範囲を窓口業務等に限定し議員を無報酬にするなど総じて身軽な自治体に改める，特例団体制（特例町村制）の創設を検討すべきである。」「これら特例町村には義務付けないことになった市区町村の事務権限については，都道府県が垂直補完するか周辺市区町村が水平補完するか，いずれかの仕組みにすべきである。」（同書135〜136頁）。

　道州制に移行しようが，移行しまいが，日本の実態からして地理上の理由等から小規模町村が残ることは事実として認めざるを得まい。とすると，垂直補完か水平補完かの方式論はともかく，何らかの形で市町村業務の補完機能を果たさざるを得ないと思う。ただ，都道府県より広い道州という，いま以上に広域化した自治体に果たして補完機能を求めることができるかという疑問が生ずることは理の当然であろう。現行の府県業務の多くが市町村に移管されるとすれば，なおさらのことである。

　とすると，道州の出先機関（例えばカウンティ）をつくって小規模町村の業務を一部代行するか，あるいは補完するかの垂直補完の話は出てこざるを得ない。でなければ，もう1つの選択肢として，町村自身が広域合併をし，市の要件を満たすことで自前の業務として自主処理体制を構築するか，そうでなければ比較的規模の大きな近隣市に委託する形での水平補完を選択肢するか，いずれかの選択を迫られることになる。町村会は，強制合併を嫌っている。もちろん自治の精神からするとそれはやってはならない措置である。ただ，現行の小規模体制で業務処理ができないとなると迷惑するのは住民である。

　であるなら，第1に選択すべきは比較的規模の大きな近隣市への水平補完が現実的な選択となろう。そこから先，西尾が述べるような特例町村制へ移行するとか，すみやかに内部団体になるべきであるという話は，地元の意思を尊重しない上から目線の制度措置になる。筆者は，その点，小規模町村の規模拡大

は不可欠と考えるが，その方策は幾つかの選択肢の中から地元が選ぶということにすべきだと考える。国の役割は「選択肢を制度的に用意する」に留めるべきであると思う。

6．国民の疑問へどう答えるか

　確かに，道州制については，まだ実体のない統治機構改革構想だけにさまざまな賛成意見，反対意見，懸念する見方があるのはやむを得ないことである。むしろそれが健全かもしれない。中央集権体制は終焉させるべきだと唱えながら，地域間格差の生ずることを恐れているのが小規模市町村である。

　国民の間にも，地方分権を進めるべきだと観念では理解していても，国の出先機関を廃止しようとすると，国の支えがなくなると反対する人もいる。市町村の中でもそうで，特に東日本大震災の被害地域での声はそこにある。国がやった方が安心だと考えている人も結構多いのである。しかも大ぶりな統治機構改革となる道州制移行で，国民にはどんなメリットが具体的に生ずるのか，よく分からない，などさまざまな意見が存在することは事実である。

　全国町村会の意見も含め，当然の話と言った方がよいかもしれない。何しろ，現在生活する私たちは明治以降の中央集権体制の環境のなかで生まれ，育ち，生活してきたわけである。「政府」と言えば国，中央政府を指すものだと確信しており，地方政府があるのだということを実感として理解するのはむずかしい。

　先にも触れたが，道州制で県名がなくなり，ふるさとが失われるのではないかという意見をよくきく。この感覚は自分の故郷が変わるというのは，分かりやすくいうと府県という名称がなくなるという皮膚感覚である。確かに，新たな〇〇州という呼び名は定着するまでは違和感があるかもしれない。明治23年から始まった現在につながる府県制度も府県名は新たなものが多かった。福岡県にいくと，いまでも博多県がよかったという人がいる，といった具合だ。しかし，多くはこの140年近くの間に自分の「ふるさと名」になって定着して

いる。道州制も同じではないかと考えるし，もし世論が支持するなら，道州のなかに旧県名は残せばよいと思う。しかし，敢えて付け加えて言うが，明治維新の廃藩置県で，それでは藩の郷土意識は消えただろうか。祭りや行事は消え去っただろうか。いや，むしろ昨今，活発化，なかには再現再興している例は，数え切れないほどある。道州制になれば，今まで以上に，県名を大事にするのではないだろうか。まして，県名に固執して，わが国の，あるいは全国の地方，若者たちの元気，やる気，繁栄，発展を犠牲にしてもいいという発想が，筆者には理解しがたい。

　全国知事会も一枚岩ではなく，なかには道州制を強く批判する知事もいる。筆者はその知事の一人と雑誌『Voice』(2008年8月号，9月号) で何度か論争したことがある。同氏の「道州制は地方分権の切り札か—漠然とした期待に疑問」と題する論文 (同8月号，2008年8月号) に対し，筆者は「知事！それが反論ですか—現状に不安を感じない鈍感さ」(同9月号) という論文で反論した。批判，反批判の明快な論争なので，雑誌から要約する形ではあるが，批判の論旨と反批判の論旨を紹介してみたい。

　その知事からの筆者の考える「地域主権型道州制論」に対する批判 (道州制に関する7つの懸念) は，要点化すると次の7項目であった。

　第1．道州制に対する漠然とした期待が大きすぎないか。
　第2．(道州制を) 国の行財政改革や財政再建の手段として考えているのではないか。
　第3．中央政府の解体再編や国会の機能縮小にむけた合意形成はできるのか。
　第4．「国の総合出先事務所的」道州制による中央集権化が進むだけにならないか。
　第5．道州の自治の保障はあるのか。
　第6．民主主義の統制が行き届く範囲には，おのずから限界がある。
　第7．憲法上の位置づけをどう考えるのか。

これからの諸点は，単なる批判というレベルではなく，道州制を構想する際の重要な論点ともいえる。それはある意味で，国民に潜在する道州制に関する懸念（疑問）を代弁している面がある。そこで批判論者だけでなく，国民の批判に答える視点からも，筆者の考え方を述べておきたい。

　まず第1の「道州制に対する漠然とした期待が大きすぎないか」についてである。
　まず現状の認識についてだが，わが国の現在の都道府県の規模状況が，これでよいと考えているかどうかである。また，道州制をどのようなものと制度的に理解しているのかだが，そこが判然としないので，「漠然とした期待」と言っても明確に答える術を持たない。
　ただ，繰り返すまでもないが，筆者（江口）は地域主権型道州制がベストとは断言していない。何事においてもベストというものは存在しない。しかし，現在の中央集権を続けることを肯定するものではない。それに代わるものとして，国と地方を固定化して捉える地方分権型ではなく，地域の統治権を与えた「地域主権型道州制」を提案しているのである。もちろん，地域主権型道州制への移行がそう簡単にできるものではない点は重々承知している。
　江戸幕藩体制が崩壊した後の，中央集権体制もすぐできたわけではない。一定の時間を要している。また明治維新の志士たちに，絶対的に明治の新体制に対する緻密な考えが当初あっただろうか。坂本竜馬，勝海舟，西郷隆盛，大久保利通らに，中央集権体制確立の明確なビジョンがあったと言えるかどうか。彼らにあったのは，少なくとも封建体制の打破，鎖国の回避，そしてわが国を救わなければならないという，烈々たる思いだったのではなかったろうか。
　「維新体制は漠然としている。まあ，いまのままの幕藩体制，封建体制でいくか」。そのように彼らが考えて行動を起こさなかったら，とうの昔に，この日本はどこか列強の植民地になっていたのではないか。その点，改革に対する強い決意が今日の日本を創っている。でなければ，今日の日本はない。
　"角を矯めて牛を殺す"という諺がある。精緻を求め，それから実行などと

考えているうちに，事態の方が悪化する。これからの日本は大丈夫なのか。例えば，明治4年の廃藩置県も，最初3府302県あったものが，やがて3府72県になり，最終的には，昭和18年，現在の1都1道2府43県になったように，地域主権型動態過程で道州制も，成立後，微調整しながら対応し修正していけばよいのではないか。できるだけ精緻周到な準備をしつつ，制度もシステムも，走りながら折々の状況に対応し変更していく。目標を外さないように，舵をとっていく。そうしたものが政治と言うものだろう。完璧な図面ができ上がらなければ，動かない，変革しないと言うのでは，あまりにも対応が遅すぎる。

　もちろん，「国民のコンセンサスは必要」だと思う。しかし，明治維新において，どれほどの国民が明治維新を理解していたと思うのか。サンフランシスコ平和条約，日米安全保障条約にどれほどの国民が理解していたと思うのか。過激なデモが連日のように行われ，世論は騒然としたではないか。国民の意思を無視してもいいとは言わない。しかし，政治家たる者，国民の将来の幸福に繋がると思えば，固い信念と未来に対する責任感をもって改革を実行すべきではないか。その思いが戦後の，吉田茂，岸信介，佐藤栄作，中曽根康弘たちにはあったと筆者は考えている。

　政治家が，完璧な図面の完成まで，唯々諾々と現状に甘んじ，国民をゆでガエルにするのを，筆者は断じて容認することはできない。だから，道州制を進めるべきだと考える。

　第2の「「国の行財政改革や財政再建の手段として考えられているのではないか」という点についてである。

　筆者は機会ある毎に，口を酸っぱくしてまで「地域主権型道州制は，行財政改革や財政再建が第一義の目的ではないですよ。あくまでも日本全国，いたるところを活性化し，国民を元気にするのが第一の目的です」と述べてきている。

　もちろん，その結果として行財政改革や財政再建も行われることになるが，

いまの中央集権では東京圏だけが繁栄し，他の地域は，すべてと言っていいほどにさびれるのではないか。国民はますます元気を失っていく。筆者はそうした危機感を強く持っている。

　この衰退を食い止めなければならない。そのために，「地域主権型道州制」，すなわち，地域に密着した，地域民が納得し，地域それぞれが，自主的に政治行政を行える「新しい国のかたち」をつくらなければならない，と考えているのである。それにはまず，なによりも日本を丸ごと元気にする必要がある。筆者が座長を務めた道州制ビジョン懇談会の中間報告（以下「中間報告」）にも，このことは明確に書いてある。「中間報告」で道州制の目的の第一に挙げたのは，「繁栄の拠点の多極化と日本全体の活性化」である。どこにも「国の行財政改革や財政再建の手段」などという記述はない。

　筆者は，座長の頃，ほとんどの都道府県を回り，講演をし続けていた。そこでは，すべての地方といってよいが，講演が終わると必ず数人が駆け寄ってきて，「この地方を何とかしてください」と泣かんばかりに訴えられる。悲痛である。札幌で，金沢で，高松で，佐賀で，鳥取で，山口で，沖縄で，京都で，大阪で，その他いたるところで，国民が泣いているのである。このことを認識しないと，改革は語れない。とにかく，いま日本に求められているのは，「日本全国どこでも元気にする」ことが，喫緊の課題である。それゆえに，それに取り組むのが，優れた政治家というものであろう。国の行財政改革や財政再建は，「二の次」でよいと言っても言い過ぎではない。それは元気の後（成長後，活性化後）についてくるものではないかと思う。

　第3は「中央政府の解体再編成や国会の機能縮小に向けた合意形成はできるか」という点である。

　もちろん，これはなかなか難しい。それは認めざるを得ない。この「地域主権型道州制」に異議を唱える人たちが少なからずいることも承知している。

　しかし，筆者からすると，彼らは，日本の現状に対する危機感を本当にもっているのだろうか，という点に疑問がある。それが一般国民ならまだしも，わ

が国の将来に対しあまりにも危機感がない。異議を唱える者は選挙に弱い国会議員か首長，地方議員，そして中央と地方の官僚たちである。選挙に自信のない国会議員の反対，首長の反対，そして中央地方の官僚たちの反対は，言うまでもなく「地域主権型道州制」を行えば，国会議員も半減，官僚も半減するし，知事に至っては47人から10数人になるから，失職する知事が30人強となる。無論，地方議員も例外ではない。

　だから，抵抗するし，現に抵抗していると言えるだろう。彼らは，わが身大切とは考えても，国家国民が大切とは考えていないのではないか。それ言い過ぎなのか。

　しかし，このところ，自民党の多くの議員は国会議員半減，官僚半減を言い出しているし，中川秀直元幹事長などは，明確に衆議員480名を300名に，参議員を242名から50名に，都道府県会議員は2,783名から約1,500名に，市町村会議員は41,014名から約15,000人に削減すべきであると言っている。麻生太郎元外相も同じような発言をしている。民主党の国会議員にも徐々に賛同者が増えている。（小沢一郎代表も筆者には「地域主権型道州制」に賛成を表明している。）公明党の太田昭宏元代表などは，自身のブログで，拙著『地域主権型道州制』を絶賛している（当時）。実際に数年前まで政府の道州制ビジョン懇談会はなかったし，その担当大臣もなかった。したがって，担当審議官もいなかった。

　だが，現在はいる。繰り返すが，知事たちも数年前まで「わからない知事」が多かったが，今年初めの調査で23人，直近の，自民党道州制推進本部の知事に直接面接した調査では32人に増加している。全国の経済団体は，こぞって早期実現を訴えている。一般国民も，例えば「一新会」などNPOの人たちの熱心な活動が始まっている。良識ある地方議員も，ぜひ実現しなければならないという議員たちも出てきた。なかにはわざわざわが家まで訪ねてきて，資料を持ち帰る地方議員もいた。徐々にではあるが，合意形成が進んでいる。

　しかし，それにしても「合意形成はできるのか」などと，まるで他人事のように言う知事の政治感覚を疑う。さすが「元官僚」のDNAは引きずっている

ようだ。しかし，繰り返すが，難しかろうがなかろうが，「沈みかかった船」を拱手傍観，ただ眺めているようでは地域経営者としての知事の資格はないだろう。なによりも沈没を防ぐために，身命を賭すべきであり，地域主権型道州制に反対ならば，船の沈没を防ぐ方法を示すべきではないか。それをしないのはなぜか。今回も反論ではなく，「日本をどうするか─私の考え」という内容の論稿を出すべきであったろう。ないのなら，道州制を批判する資格はないとみずから表明すべきが賢明というものである。冒頭の「異議を唱えてなぜ悪い」は開き直りもほどほどにと，申し上げたい。まして思い込みで「異議」を唱えるのは，ルール違反。

　筆者の考え方に対する反論を期待するが，それよりも何よりもこの知事が考えている「日本救済方法」を提出してほしい。

　第4は「『国の総合出先事務所的』な道州制にならないか」という点である。
　これでいかにこの知事の理解不足，認識不足かが露呈してしまった。拙著『地域主権型道州制』においても，また道州制ビジョン懇談会の「中間報告」でも，そのようなことを完全否定している。
　「新しい体制（道州制）は『国の権限は国家に固有の役割に限定し，国民生活に関する行政責任は一義的には道州と基礎自治体が担い，広域的な補充は道州が行なう』という構造に転換するものである」，「国の役割は，国独自の権限であり，基礎自治体や道州の機能権限分野に関与するものであってはならない。国が道州や基礎自治体の役割を支配，管理，強制，拘束するような権限を持つのでは，これまでの中央集権体制と変わりない。
　このような従来の国が保持している権限は，地域主権型道州制という体制においては，原則否定する。」とあるように，国の出先機関的道州制を否定している。実は，官僚の中には，こうした国の出先機関的道州制を想定して，「道州制賛成」を唱える人も少なくない。いまの47単位に指示，強制するより，10前後の行政単位に指示，強制するほうがラク，というのが彼らの考え方である。しかし，これは冒頭でも記した「官僚型道州制」である。だからこそ，

筆者は「地域主権型」という形容詞をつけているのである。

　ここで分かることは，どうやらこの知事はこの「官僚型道州制」にコメントしているらしい。「幽霊の正体見たり枯尾花」。これはこの知事の道州制批判だが，しかしこれは現在，われわれが推進している「地域主権型道州制」ではない。この知事は，われわれの議論では，相手にもされない「官僚型道州制」で道州制を論じている。いかに，この知事の思い込み，勉強不足，認識不足かが分かる。国の出先機関にならないように，国の役割を16項目（「中間報告」）に限定し，「国は道州に助言すれど，統治せず」という原則のもと，「国が道州に対して命令や強制はいっさいできないこととする」（「中間報告」）としている。とうていこの禁止文があることからして，この知事のいう「国の総合出先事務所的道州制になる」可能性はない。

　第5は，「道州に自治の保障はあるのか」という点である。

　ここでは何を言おうとしているのか分からない。完全自治体，地方政府としての道州制をつくろうとしているのに「自治はあるか」と聞く感覚が理解できない。道州がほぼ完全な自治を確保するために，「自主立法権」，あるいは税財源の移譲が「中間報告」にも記述されている。自治権を保障するために，道州制ビジョン懇談会は話し合いを進め，また，自民党道州制推進本部もその方向で詰めようとしているのではないか。「保障はあるか」ではなく，新たに設定するのである。そのための多くの人たちが努力工夫をしているのではないか。

　ここでこの知事のいう「地方自治の本旨」とはなにか。確かに憲法92条に「地方自治の本旨」という用語はある。曰く「地方公共団体の組織・運営は，地方自治の本旨にもとづいて，法律でこれを定める」とある。しかし，その定義はない。もし，その用語をこの知事が使用するなら，「地方自治の本旨」を説明しなければならない。それがない。筆者（江口）の定義はこうである。

　「地方自治の本旨」とは①住民自治，②団体自治。すなわち，その地域の住民の意向に沿って地方行政が行われること，国とは別の地方に密着した固有の行政体の存在をみとめること。そのような解釈にしたがえば，現行憲法におい

ても，道州制は確実に，否，今以上に「地方自治の本旨」をまっとうすることができる。別に憲法を改正する必要もない。自治省の元官僚でありながら，とても信じられない論述をしている。

第6は，「住民自治の観点から民主主義の統制が行き届く範囲には，おのずから限界があるのではないか」という点である。

ここでも官僚用語が使用されている。「統制」という嫌な言葉がそれである。なぜ，民主主義という言葉に「統制」と言う言葉を使用するのか。そんなに住民を統制したいのか。

筆者（江口）からすれば，民主主義の美名のもと，管理，統制されるのは真っ平ごめんこうむりたい。その「範囲にはおのずから限界があるのではないか」，言い換えれば，道州の範囲が大き過ぎて，民主主義政策が浸透しないのではないかということだろう。しかし，規模が大きいから民主主義が貫徹できないということにはならない。例えば，カナダは人口3,163万人である。カナダは民主主義政策が行き届いていないと言うのか。オランダは1,610万人。オランダは民主主義政策が行き届かないと言うのか。アメリカ合衆国は2億8,142万人。アメリカは，民主主義の国ではないのか。

決してそうではないはずである。自治は小さい方がよい，という固定観念が上述の捉え方になっているのではないか。規模が大きくても，地域主権なら十分自治は確保される。

第7は，「憲法上の位置づけをどうするか」と言う点である。

これは前述した通りである。繰り返すまでもないだろう。「地域主権型道州制」，あるいは道州制ビジョン懇談会が提出した「中間報告」の地域主権型道州制は，現行憲法になんら抵触するものでない。むろん「地方自治法」においての多少の修正は要するかもしれないが，憲法云々は問題にする必要はない。

この種の大改革は，国民の間に現状に強い不満と将来への強い危機感の2つのエネルギーが充満しないとむずかしい。これだけの閉塞感が長く続く日本で

は，潜在エネルギーは充満していると見るがどうか．綿密に設計し国民の支持を得る，その点は全く同感である．

しかし，世界を広くみれば，中央政府，地方政府は役割の異なる，われわれの公共問題を解決する政策主体であると捉えているのが一般的である．身近な地方政府から順次国家の仕組みを組み立てていった国も多い．そうしたところは，税金は公共サービスの対価として払うもの，と割り切って捉えている．減税運動を起こすのも国民，市民の権利だと考えているわけで，それが民主主義のルールだとみているわけである．

以上，論争点を再現してみた．いろいろ懸念された指摘は国民への説明不足もあるし，誤解なども含まれている．しかし，これがひとつの見方，ある意味世論の一部であるとことを筆者（江口）は否定しない．ただ，懸念を全面に押し出して改革を進めないとすれば，この国の国家経営は深刻な危機を迎えることだけは確かである．

7．首相の決断・国会の議決

道州制における統治システムとその前提となる諸論点について述べてきたが，「地域主権型道州制」は日本の統治体制，すなわち「国体」を根本的に変革させるものであり，非常に大きな抵抗が，特に政治家・官僚，そして民間からでてくることは確実である．

そうしたなかで，首相は出された答申を元に，「地域主権型道州制」導入案を策定し，国会に提出する．衆参両院において，この「地域主権型道州制」こそが，これからの日本を救う，現在考えられる究極の「新しい国のかたち」であることを，信念をもって真摯に訴え，賛成多数を得なければならない．

郵政民営化では，与党内でも賛否が分かれ，衆議院では，可決されたものの，参議院では否決されている．そこで時の小泉純一郎首相は，理不尽と言われながらも衆議院を解散，いわゆる「抵抗勢力」を排除して総選挙に突入し，国民から圧倒的な支持を受け郵政民営化を断行した．優勢民営化には，首相の

大きな決断があったのである。

「地域主権型道州制」の導入にあたっては，「抵抗勢力」の力はもっと大きなものになる可能性がある。その時の首相は小泉首相以上の決断をしなくてはならないだろう。しかし，日本救済のため，国民の生活，社会のため，そして，われわれに続く子ども達，孫達のために，ここは毅然とした姿勢，敢然とした対応が求められる。

この「地域主権型道州制」という「新しい国のかたち」に，自己保身のため，個人の権益のため，省益のため，あるいは感情的に反対するか，それともわが国の将来のため，明るい未来をつくるため，あるいはわれわれに続く子や孫のために賛成するかということになる。そこにおのずと，国民，首長，地方議員，国会議員，首相，それぞれの見識と品格が問われることになる。

注
1) 江口克彦『地域主権型道州制がよくわかる本』PHP 研究所，2009 年）参照。
2) 佐々木信夫『日本行政学』（学陽書房，2013 年）181 頁。
3) 自民党，公明党「道州制基本法案」（2013 年）。
4) 全国町村会『道州制の何が問題か』（全国町村会，平成 24 年 11 月）。
5) 西尾勝『地方分権改革』（東京大学出版会，2007 年）133 ～ 136 頁。

終　　章

　本書では，道州制問題を公共部門の経済学（公共経済学）の視点から取り上げてきた。公共部門にある意味で市場メカニズムが働くよう地域間競争の原理を入れ，道州政府間の政策競争，各道州広域圏の圏域間競争が起こるよう，仕組みを変えることを論じてきた。そこで，水平的な競争関係を生み出す統治システムへの転換を「地域主権」という概念を打ち建て，国民生活を豊かにし，地域経済の活性化により日本全体を豊かさにする切り札として「地域主権型道州制」を提唱し，その意義と設計の意図を論証してきた。

　その意味するところは，中央集権体制を解体し，内政に関する権限，財源を国から地方へ移し，地域圏の統治権を確立することで，各圏域が自立的な政策主体として活動する地域主権型国家に代えることである。これは経済学的な観点でいう，競争型の資源配分という点から極めて重要なことである。140年近く経つのに地域割が不変となっている47都道府県体制に代わる，約10の区域割りに統合し，そこの道州政府に権限，財源，人間の3ゲンを与え地域主権型道州制へ移行することが急務であると述べてきた。公共部門に地域間競争を興し，公共部門に道州間の市場メカニズムが働くよう改革措置を講ずることが，公共領域を設計する政治の役割と考えているからである。筆者の言う地域主権型道州制移行の肝はそこにある。高速道，新幹線，ジェット空港網などハードインフラはよく整備されている。そのねらいは，職住近接型の分散型国土の形成にあったはずである。

　しかし，血管，血流にあたるソフト・インフラが旧来の中央集権型のままであるため，むしろ整備されたハード・インフラを通じて，地方の経済果実も労働力もストロー効果により東京大都市圏に集まるようになってしまった。東京一極集中の構造はこうしてでき上がっている。そのソフト・インフラを分権

型，地域主権型に代えることで，初めて分散型国土形成の流れができてくる。ハード・インフラに続くソフト・インフラの分散型整備，これが筆者が経済学的視点から述べようとした地域主権型道州制である。

そのように分権，分散型国土の形成に寄与する，国民を元気にする地域主権型道州制というソフト・インフラの整備こそが，旧来の硬直化した競争原理の全く働かない中央集権型国家体制に代わるものとしてふさわしいと考える。そこで筆者が本書で明らかにした点は，要約すると次の4点である。

第1に，「地域主権」という用語を，筆者の手で確立したことである。わが国ではじめて平成9年（1997）使用した。それまで「地方主権」「地方分権」という用語が一般的であったが，筆者は，もともと「地方」という言葉自体が，「中央」に対して「下位の立場」を意味すると考え疑問を抱いていた。また，「分権」という用語が，「国から分与される権限」を意味するとも考えていた。全国各地域の住民が主体になるとともに，幸せになり，国家が繁栄発展する「新しい国のかたち」をつくりには，国と地方が対等な地方政府（道州政府）の形成が不可欠と考え，「地方」「分権」という言葉は使うべきではないと考えた。そこで生み出した用語（表現）が「地域主権」である。これは，「地域にも主権がある」というトックビル Tocqueville（仏）やワイツ Waitz（独）の「分割主権論」を根拠にしている。

第2の点は，道州制論は多くの場合，「財政再建」が第一の理由とされる。道州制論者の多くがそうである。しかし，筆者のいう道州制はそこに主眼はない。筆者の「地域主権型道州制」は，自由競争の原理を公共部門に入れる経済学的な視点に立つ。水平的競争関係を生み出すことで「国民を元気にすること」を第一の理由にしているのである。日本にいくつかの繁栄拠点をつくり，地域住民を元気にすること。それによって，道州の財政基盤が確立し，住民の意志と地域の特性が創れること。結果として，地域の特性を活かした独自の制度や独特の政策が生まれ，各地域に適した国際競争力のある産業や人材が育つ

こと。また，全国一律の官僚規格，官僚支配を廃することで，行財政を簡素化し，財政赤字体質を払拭できることである。国民の元気→国民のやる気→国民の豊かさ→財政の再建というシェーマが筆者の考える地域主権型道州制移行の意義なのである。

　第3に，各政府レベルの役割分担の明確化である。身近な政府（基礎自治体）を第1の政府と考え，「補完性の原理」を前提に「国の役割」を明確にすること。つまり16項目（皇室，外交，防衛，通貨，移民政策（移民の可否，外国人参政権の禁止，外国人による不動産売買，及び麻薬や向精神薬の取り締まりなど），最低限の生活保障等に限定し，広域行政，住民行政は，道州，基礎自治体に完全委譲する，地域主権の考え方を徹底していることである。このため，道州，基礎自治体に，役割に即した権限，財源に関する租税権の移譲，そして法律に対し条例の上書き権を求めるということ点も主張している。

　第4点は，道州の区割りについて白紙から構想しようということである。多くの道州制論者は，都道府県の合併を前提にしているが，筆者は，都道府県の枠をはずし，白地図に新たに道州制の区割りをすべきと述べている。その意味は，経済的，財政的自立が可能な規模，人，物の移動，歴史・文化・地理の一体性・地域の人々の一体性等を前提に，道州の区割りを考えるべきだということ，これが「新たな国のかたち」を創る意味であるということである。

　明治維新，戦後改革に次ぐ，第3の大改革がこの道州制移行である。人間はもともと保守的な動物である。道州制のあり方をめぐっても，賛否両論，いろいろな見方がある。これを否定する必要は全くない。むしろそれは健全な姿だと思う。慣れ親しんだ47都道府県制度を廃止するなど，考えてみ見たことがないという国民も多かろう。それらを十分くみ取りながら，新たな国家の設計をしていく，その起点に我々は立たされているのである。

　そのために日常生活から，地域から，市町村から，都道府県から，そして国

家，さらに国際社会の中でどうあるべきか，われわれ一人ひとりが真剣に考えていく必要がある。

終わりに，「地域主権型道州制」に実現とそれに向けた課題，そして道州制をめぐる学術研究の今後について筆者なりの考え方を述べておきたい。

まず第1は，本文の中で市町村とは言わず基礎自治体と言う表現を使ってきたが，それは現行の市町村と違うという意味から述べてきたわけではない。ただ，国家行政の5割近くを担える基礎自治体というのは，どのような体制であるべきか，絞り切れていないのである。今後，この基礎自治体の具体的イメージを構築しなければならないということである。

道州制実現には，住民に密着した基礎自治体が行政に中心になる。近接性の原理と言われるゆえんで，なるべく住民の身近なところで政策形成が行われ，行政サービスが提供され，そこに住民の参画があることが望ましい。そこでは結果責任，アカウンタビリティ（説明責任）も明らかにされなければならない。ただ基礎自治体に行政の重心を移していく場合，住民に今までと比較して，具体的にどれほどのメリットが生まれるか，これまでのところを明確にしなければならない。現在の市町村，とりわけ前章で述べた小規模町村等の不安，懸念はそこが明らかにされない点に起因している部分が大きいと考える

この点，道州制移行の際の基礎自治体のあり方について，幾通りものシュミレーションを行うことが研究上の課題となる。

第2は，道州及び基礎自治体の職員のレベルアップの方法と自主性の発揮できる組織風土の醸成を具体的に考えるべきであるということである。

これまでの中央集権体制に組み込まれ慣れ親しんできた自治体の職員は，困った時は国に照会し，補助金等財政保障を求める陳情・請願を繰り返す傾向にあった。事実，そうしなければ，事業官庁としての役割を果たすことができなかった。しかし，今後，地域主権型道州制の下では，道州はもとより基礎自治体も自立性が求められる。かりに枠組みとして地域主権型の体制ができても，

内部で働く職員が変わらなければ，器作って魂入らずになってしまう。政策能力の高い，政策官庁としての道州及び基礎自治体ができていかなければならない。自立性の高い，ハイレベルの地方政府職員，その人材育成は道州制移行の大きな課題になると言わざるを得ない。

　第3は，国のキャリア公務員をはじめ，霞が関で働いてきた多くの官僚の道州ないし基礎自治体への異動をいかにしてスムーズに実現するかという点である。

　キャリア，ノンキャリアを問わず，国家公務員として採用された職員（現在65万人）は，国の機関で働くことを前提に公務員に採用されている。その彼ら（彼女ら）を新たな統治機構の枠組みに乗じて，道州ないし主な基礎自治体（政令指定都市など）に大幅に異動させなけれならない。これ自体，大きな抵抗勢力として異動を拒否する可能性がないともは言えない。

　そこで，道州へなぜ異動しなければならないか，その方が特に内政にかかわる省庁職員はより力を発揮できるとの動機付けをしなければならない。それには，道州制自体の理解を進めると共に，府県職員から合流する地方公務員と省庁職員から合流する国家公務員の事前交流研修を数年かけて体系的に行う準備が必ず必要となる。このマニュアルづくり自体の道州制研究のひとつの課題として横たわっていると考える。

　第4は，道州間格差の是正に関し，特に財政調整のルールの具体例を検討すべきであるという点である。

　国が道州間の財政調整を行う垂直的財政調整より，道州間の水平的財政調整が望ましいと本書では述べてきたが，旧西ドイツなどの水平的財政調整の経験を持たない日本に果たして水平的財政調整ができるのか。大都市と地方都市，農村都市を抱えるそれぞれの道州間で自主調整ができるのか，少なくもこれまでのわが国では自治体間調整の経験がない。

　水平的財政調整を基本としながらも，一部垂直的財政調整を組み合わせると

いう考え方もあるのかもしれない。いずれにせよ，国土の不均衡発展してきたわが国の現状からして，財政調整は不可欠である。ナショナルミニマムの保障などをどうするか，それにかかわる財政調整をどこまで徹底するのか，それらを含め，具体的な検討が必要である。

　この面での財政学の研究，税財政面からみた道州制研究が急がれるところである。

　第5は，道州内の基礎自治体の規模を道州の任意にするのか，それともある程度の基準（ルール）を示すか，検討すべきであるという点である。

　明治の大合併，昭和の大合併，平成の大合併と近代国家日本が誕生してから半世紀単位で，3度の国主導（ないし国がインセンティブを与える）の市町村合併が繰り返されてきた。4度目の強制合併があるのではないか──特に小規模町村の不安はそこにある。町村会などから，そこが道州制移行反対の理由ともなっている。

　各道州が基礎自治体のあり方については責任をもつとしても，基礎自治体の規模に極端なアンバランスが生じることをよしとする風土が日本にあるかどうか。かりに合併という方法を取らないとして，広域連合や広域連携，隣接自治体への委託とした水平連携を採用して果たしてうまく機能するかどうか。一部事務組合方式の広域行政に慣れ親しんできた，これまでの市町村とはいえ，基礎自治体の役割のウエイトを上げていく道州制の考え方からして，水平連携の方式でバーチャルな規模拡大を果たすことでうまくいくかどうか。

　いずれ，地域主権型道州制の研究において，この基礎自治体の役割，規模などのあり方は大きなテーマとなろう。

　そのほか実際に道州制を実現しようとすると，そこに至る現実問題としての課題は山積している。以下，項目のみを掲げる。

　① 道州内における基礎自治体間の格差是正のため，どのような方法があるのかを検討すべきである。

② 国と道州・基礎自治体に関連する事業，つまり垂直連携事業にどのように対応すべきか検討すべきである。

③ 巨大な「東京都」の扱いをどうするか，これ自体，大論争になる可能性を秘めているが，その扱いをさらに深く検討すべきである。

④ 税財源の体系をどうするか，本稿でもいくつかのシミュレーションに基づいてパターンを示してみたが，それは一例に過ぎない。新たな税目のあり方も含め地域主権国家にふさわしい新たな税財政制度を検討し絞り込むべきである。

⑤ 道州制移行は内政の拠点を道州に移す大改革であるが，その場合，当然国会を含む省庁再編，省庁廃止など国の統治機構の改革が不可欠となる。それが実現できる政権，それだけ強いリーダーシップを持った指導者をどう選び，持続的にそれをどうバックアップする体制，第3次臨時行政調査会といった大ぶりな改革機構など検討する必要はないのか。

⑥ 国民にどのようにして道州制の必要性を認識させるか，理解を深めて貰うか，その方法を具体的に検討すべきである。

さらに，道州制の必要性に理解を示す学者，有識者を拡大する方法も検討すべきである。また，国有財産をどう処理するか，どのように検討をすべきか，国債残高，いわゆる，国の借金をどう処理するか，道州などに一部の支払いを依存するのかどうか，検討すべき課題は山ほどある。

このように道州制実現に残された課題は多い。これは裏返すと，道州制に関しさまざまな提言は多かったが，実現可能性を論ずる学術的な研究が乏しかった一面を露呈しているともいえよう。今後も筆者は道州制研究を続け，このような課題を解決する方向を見出し，実践の過程を通じて世に問うていきたい。

本書を閉じるに当たり，もう一度最後に筆者の考えを強調しておきたい。「地域主権型道州制」の移行で日本はすっかり生まれ変わる。地域は生き生きとし，それぞれの地域が持つ潜在的な力をフルに発揮できるようになる。まさ

に,「家はその土地の大工に建てさせよ」の言葉通りである。「地域の事情に精通した者こそが,最も優れた地域経営ができる」,考えてみれば当たり前のこと,このことが「地域主権型道州制」によって日本でも可能になるということを強調しておきたい。

「地域主権型道州制」を導入すれば,凋落に歯止めがかかり,経済はV字回復して,繁栄する日本に復帰することができると考える。筆者の主観的見方かもしれないが,世界はこれを「日本の奇跡」と呼び,「日本モデルに学べ」が各国の合言葉になるだろう。そうした夢を秘めた大胆な国家全体の統治機構改革,それが「地域主権型道州制」なのである。

以上,学術書の結論としてはいささか主観的な結論とも言えなくもないが,経済界にも深くかかわってきた筆者からみて,そこまで日本は危機的な状況にあり,大胆な改革なくしてこの国を救うことはできない,そうした強い危機感から本書を書いた。以上の論証は拙い部分も多いが,松下幸之助の抱いた危機感を「地域主権型道州制」の導入で克服できるのではないか,そう考えての筆者の研究であり,本書の一貫した主張であり結論である。

なお,本書の元となった本学位論文は,筆者にとって初めての学術論文の執筆であった。ひとこと,論文執筆に関し指導を戴いた学者,研究者らに謝意を表す機会を戴きたい。

筆者が数十年にも及ぶ間取り組んできた本学術研究であるが,その過程で道州制問題に詳しい行政学,経済学,財政学,比較政治学,地域政策の学者らに多くの研究指導をいただいた。

そして筆者が以前社長を務めていたPHP総合研究所の研究スタッフからも,在籍中,随分と多くの協力と研究成果をいただいた。

そのような方々の指導,示唆を受けながら筆者として渾身の努力をし,まとめたのが本書(本論文)である。改めてこれらの方々にお礼を申し上げ,感謝の気持ちを表わしたい。

初 出 一 覧

　本書のもとになった各章の筆者の著作，論文等は，以下の通りである。ただし，いずれも一部の引用と大幅な加筆修正を加えた関係で，原型とは大きく異なっている。

第 1 章　拙著『地域主権型道州制』（PHP 新書，2007 年 11 月）第 1 章の一部
第 2 章　拙著『地域主権型道州制』（同上）第 3, 4, 5, 6 章の一部
第 3 章　拙著『地域主権型道州制』（同上）第 5, 6, 7, 8 章の一部
第 4 章　拙著『地域主権型道州制』（同上）第 5, 6, 7, 8, 9 章の一部
第 5 章　拙著『地域主権型道州制』（同上）第 3, 5 章の一部
第 6 章　拙著『地域主権型道州制』（同上）第 1, 6 章の一部
第 7 章　筆者監修『地域主権型道州制〜国民への報告書』（PHP 研究所）第 3, 4 部の一部
第 8 章　拙著『地域主権型道州制がよくわかる本』（PHP 研究所）第 5 章の一部
第 9 章　拙著『国民を元気にする国のかたち』（PHP 研究所）第 2, 3, 4 章の一部
第10章　拙著『地域主権型道州制がよくわかる本』（同上）第 1, 6 章の一部，拙著『国民を元気にする国のかたち』（同上）第 9 章の一部
第11章　拙著『国民を元気にする国のかたち』（同上）第 9 章の一部

参 考 文 献　（一部引用文献を含む）

（１）　単著ほか関連文献

赤井伸郎「地方分権下における国の地方補助に関する理論分析—最適課税の理論の地方補助金制度への応用」『日本経済研究』No.34，1997 年

阿部齋ほか編著『地方自治の現代用語（新版第 1 次改訂版）』（学陽書房，2000 年）

安倍晋三『新しい国へ美しい国へ完全版』（文春新書，2013 年）

天川晃「変革の構想—道州制論の文脈」（大森彌・佐藤誠三郎編『日本の地方政府』（東京大学出版会，1986 年）

天野光三『国土再編計画　リニア・遷都・道州制による 21 世紀のグランドデザイン』（PHP 研究所，1994 年）

井堀利宏『公共経済の理論』（有斐閣，1996 年）

石　弘光『財政理論』（有斐閣，1984 年）

伊藤元重『はじめての経済学（上）（下）』（日本経済新聞社，2004 年）

新政治研究会『日本の連邦制』（鹿島平和研究所，1992 年）

牛嶋　正『現代の地方自治』（有斐閣，1988 年）

池田恒男「「全総の黄昏」と首都移転計画」原田純孝編『日本の都市法Ⅱ』（東京大学出版会，2001 年）

磯崎初仁「都道府県制度の改革と道州制」『変革の中の地方政府』（中央大学出版部，2010 年）

礒崎初仁「道州制構想の検討」『法学新報』（第 118 巻第 3・4 号，2011 年）

井戸敏三「道州制に代えて広域連合を提案する」（『Voice』371 号，2008 年 11 月）

岩崎美紀子『分権と連邦制』（ぎょうせい，1998 年）

岩崎美紀子「分権と中央—地方関係」日本行政学会編『分権改革』（年報行政研究 31）（ぎょうせい，1996 年）

小西砂千夫『日本の税制改革』（有斐閣，1997 年）

上山信一『大阪維新　橋本改革が日本を変える』（角川 SSC 新書，2010 年）

江口克彦『地域主権型道州制　日本の新しい「国のかたち」』（PHP 新書，2007 年）

江口克彦『［図解］地域主権型道州制がよくわかる本』（PHP 研究所，2009 年）

江口克彦『国民を元気にする国のかたち　地域主権型道州制のすすめ』（PHP 研究所，2009 年）

江口克彦監修『地域主権型道州制—国民への報告書』（PHP 総合研究所，2010 年）

大阪維新の会『［図解］大阪維新　チーム橋本の戦略と作戦』（PHP 研究所，2012 年）

大前研一『平成維新』（講談社，1989 年）

大橋洋一ほか「座談会（日本国憲法研究(5) 道州制）」（『ジュリスト』1387 号，2009 年 10 月 15 日）

大森彌監修・特別区協議会編『東京 23 区自治権拡充運動と「首都行政制度の構想」』（日

本評論社，2010 年 7 月）
大森彌「道州制が地方を衰退させるは当然。なのに，なぜ彼らは導入を叫ぶのか」文藝春秋編『日本の論点 2012』（文藝春秋，2012 年）
岡山県 21 世紀の地方自治研究会編『連邦制の研究報告書』（1991 年）
小倉裕児「1950 年代における道州制構想の形成——町村合併政策との関連で——」（『一橋論叢』第 97 巻第 2 号，1987 年）
小沢一郎『日本改造計画』（講談社，1993 年）
川西誠『広域行政の研究』（評論社，1966 年）
片木淳『徹底討論，決断そして実行　地方主権の国ドイツ』（ぎょうせい，2003 年）
片木淳「地方制度調査会の道州制答申とドイツ連邦制度改革」（『都市問題研究』669 号，2006 年 9 月）
金井利之『自治制度』（東京大学出版会，2007 年）
金井利之『財政調整の一般理論』（東京大学出版会，1999 年 6 月）
神野直彦『財政学』（有斐閣，2002 年）
川崎市総合企画局「川崎市大都市制度等調査研究報告書」（2009 年 3 月）
川村仁弘『地方自治制度（自治行政講座 1）』（第一法規，1986 年）
関西経済連合会「分権改革と道州制に関する基本的な考え方」（2008 年 7 月）
関西経済連合会「地方行政機構の改革に関する意見」（昭和 32 年 6 月）
関西経済連合会「地方制度の根本的改革に関する意見」（昭和 44 年 10 月）
神戸正雄「地方財政の自主性と道州制問題」（『都市問題研究』1 月号，1954 年）
久世公堯「道州制を考える(4)——都道府県改革論序説」（『自治研究』第 78 巻第 11 号，2002 年）
久保田治郎「アメリカにおける政府間関係とその動態——連邦制は究極の分権か？——」（『自治フォーラム』第 513 号，2002 年）
経済同友会「道州制移行における課題——財政面から見た東京問題と長期債務負担問題」（2010 年 5 月）
経済同友会『2020 年の日本創生』（2011 年）
高寄昇三『地方分権と大都市』（勁草書房，1995 年）
越田崇夫「道州制をめぐる動向と展望」（『レファレンス』614 号，2002 年 3 月）
小西敦「連邦制と道州制(95・完)」（『自治実務セミナー』第 35 巻第 7 号，1996 年）
西川一誠「道州制にメリットなし——地域格差は拡大し，行政はむしろ肥大化する」文藝春秋編『日本の論点 2009』（文藝春秋，2009 年）
財団法人自治体国際化協会『韓国の地方自治』（2000 年）
財団法人自治体国際化協会『スペインの地方自治』（2002 年 a）
財団法人自治体国際化協会『フランスの地方自治』（2002 年 b）
財団法人自治体国際化協会『ドイツの地方自治』（2003 年）

財団法人自治体国際化協会ニューヨーク事務所『米国の地方公共団体の種類と機能』」
　　（クレアレポート　No. 29，1991 年）
財団法人自治体国際化協会パリ事務所『イタリアの地方自治』（クレアレポート　No.
　　176，1998 年）
財団法人自治体国際化協会パリ事務所『フランスの新たな地方分権その 1』（クレアレ
　　ポート　No. 251，2003 年）
堺屋太一『第三の敗戦』（講談社，2011 年）
堺屋太一『「維新」する覚悟』（文春新書，2013 年）
榊原英資「「この国のかたち」変えるには」『産経新聞』2008 年 10 月 15 日
佐々木信夫『現代地方自治』（学陽書房，2009 年）
佐々木信夫『道州制』（筑摩書房，2010 年）
佐々木信夫『新たな「日本のかたち」―脱中央依存と道州制―』（角川マガジンズ，
　　2013 年）
佐藤功「地方制案と憲法改正問題」（『都市開発研究』，1958 年 1 月）
佐藤俊一「広域行政とリージョナリズムの概念」（『東洋法学』第 43 巻第 2 号，2000 年 a）
佐藤俊一「戦前昭和期の広域行政（道州制）」『東洋法学』第 44 巻第 1 号，2000 年 b）
自治庁編『改正地方制度資料第 13 部』（自治庁，1958 年）
下中弥三郎編『政治学事典』（平凡社，1954 年）
新藤宗幸「言葉が独り歩きする道州制。まずは現行法で可能な広域連合を活用せよ」文
　　藝春秋編『日本の論点 2005』（文藝春秋，2004 年）
杉原泰雄『憲法Ⅱ　統治の機構』（有斐閣法学叢書）（有斐閣，1989 年）
杉村章三郎「府県の憲法上の地位について」（『都市問題研究』，1954 年 4 月）
全国市長会「府県制度改革案」（昭和 32 年 6 月）
全国町村会「現行都道府県制度に関する意見」（昭和 32 年 7 月）
全国町村議会議長会「第 52 回町村議会議長全国大会」（平成 20 年 11 月）
全国町村長大会「特別決議」（平成 20 年 11 月）
全国知事会編『府県政白書―その現状と明日への課題―』（第一法規，1967 年）
全国知事会『地方自治の保障のグランドデザインⅡ―自治制度研究会報告書―』（2006
　　年）
全国知事会「府県制度改革に関する意見」（昭和 32 年 10 月）
全国知事会「道州制に関する基本的考え方」（平成 19 年 1 月）
全国知事会自治制度研究会『都道府県制度論―新時代の地方自治のために―』（1995 年）
全国知事会自治制度研究会『地方分権下の都道府県の役割―自治制度研究会報告書―』
　　（2001 年）
全国都道府県議会議長会編『全国都道府県議会議長会史(2)』（1973 年）
全国都道府県議会議長会「府県制度の改革に関する意見」（昭和 32 年 11 月）

総務省『平成 15 年度地方財政白書』(財務省印刷局, 2003 年)
第二次特別区制度調査会報告 (2008 年 12 月)
第 28 次地方制度調査会「道州制のあり方に関する答申」(2006 年 2 月)
第 4 次地方制度調査会「地方制度の改革に関する答申」(昭和 32 年 10 月)
第 9 次地方制度調査会「行政事務再配分に関する答申」(昭和 38 年 12 月)
第 10 次地方制度調査会「府県合併に関する答申」(昭和 40 年 12 月)
第 18 次地方制度調査会「地方行財政制度のあり方についての小委員会報告」(昭和 56 年 11 月)
第 27 次地方制度調査会「今後の地方自治制度のあり方に関する答申」(平成 15 年 11 月)
第 28 次地方制度調査会「道州制のあり方に関する答申」(平成 18 年 2 月)
(第 1 次) 臨時行政調査会第 2 専門部会「「地方庁」案」(昭和 38 年 10 月)
竹下譲監修『新版・世界の地方自治制度』(イマジン出版, 2002 年)
竹下譲・横田光雄・稲沢克裕・松井真理子『イギリスの政治行政システム』(行政, 2002 年)
武光誠『藩と日本人』(PHP 研究所, 1989 年)
田中二郎『地方制度改革の諸問題』(有信堂, 1955 年)
田中二郎「府県制度改革案の批判」『府県制度改革批判』(有斐閣, 1957 年)
田中二郎「地方自治の本旨」(『地方自治』第 322 号, 1969 年)
田中二郎・俵静夫・原竜之助編『道州制論』(評論社, 1970 年)
田中二郎「道州論を排す」鎌田要人編『自治論集第 2 集』(大阪自治研究会, 1954 年)
田村秀『道州制・連邦制』(ぎょうせい, 2004 年)
田村秀『道州制・連邦制―これまでの議論・これからの展望』(ぎょうせい, 2004 年)
地方分権推進委員会「最終報告―分権型社会の創造：その道筋―」(平成 13 年 6 月)
『地方自治百年史』地方自治法施行 40 周年・自治制公布百年記念会, 1992 年・1993 年 (全 3 巻)
東京商工会議所「道州制と大都市制度のあり方」(2008 年 9 月)
東京商工会議所「道州制と大都市制度のあり方検討状況報告」(2010 年 9 月)
東京市制調査会編『自治 50 年史 (制度篇)』(良書普及会, 1940 年)
土岐寛・加藤普章編『比較行政制度論 (第 2 版)』(法律文化社, 2006 年)
内閣府大臣官房政府広報室編『全国世論調査の現状 平成 20 年版 (平成 19 年 4 月～平成 20 年 3 月調査分)』(2009 年)
中田宏『改革者の新贋 さらば！「決断できない政治」』(PHP 研究所, 2012 年)
名古屋市総務局企画部企画課「道州制を見据えた「新たな大都市制度」に関する調査報告書」(2007 年 2 月)
那須俊貴『地方自治の論点』(シリーズ憲法の論点⑩調査資料 2005-2-b) 国立国会図書館調査及び立法考査局, 2006 年

西尾勝『行政学』（有斐閣，2001年）
西尾勝「基調講演『道州制』について，私はこう考える」『都道府県制に未来はあるか』（東京市制調査会，2004年）
西尾勝『地方分権改革』（東京大学出版会，2007年）
西尾勝「道州制ビジョン―東京圏をどうする」（『都政研究』第四九五号，2009年12月）
西尾勝「講演要旨　憲法構造として考える地方分権改革」（『読売クオータリー』15号，2010年，秋号）
日本商工会議所「地域活性化に資する地方分権改革と道州制の推進について」（平成21年4月）
日本経済団体連合会「道州制の導入に向けた第2次提言」（2008年2月）
日本青年会議所社会システム室編『変えてしまえ！日本』（1990年）
野中俊彦ほか『憲法Ⅱ（第5版）』（有斐閣，2012年）
萩田保「道州制の批判（上・下）」（『自治研究』第32巻第12号，第33巻第1号，1956年，1957年）
橋本徹・堺屋太一『体制維新―大阪都』（文春新書，2011年）
林宜嗣・21世紀政策研究所監修『地域再生戦略と道州制』（日本評論社，2009年）
福田穀「道州制に関する議論の状況について―道州制ビジョン懇談会中間報告を中心に―」（『地方自治』730号，2008年）
堀場勇夫『地方分権の経済分析』（東洋経済新報社，1999年）
穂坂邦夫監修『地方自治・自立へのシナリオ　国と地方を救う「役割分担明確化」の視点』（東洋経済新報社，2007年）
細谷英二「インタビュー領空侵犯「廃藩置県」で地域主権を」（『日本経済新聞』2005年12月19日）
持田信樹『都市財政の研究』（東京大学出版会，1993年）
増田寛也「道州制こそ地方分権と住民主権への切り札―首都・東京は国の直轄に」文藝春秋編『日本の論点2007』（文藝春秋，2006年）
松下幸之助『遺論・繁栄の哲学』（PHP研究所，1999年）
松本英昭監修『道州制ハンドブック』（ぎょうせい，2006年）
松本英昭「道州制について(1)」（『自治研究』(82) 5，2006年5月）
松本英昭『自治制度の証言』（ぎょうせい，2011年）
松本英昭監修・地方自治制度研究会編『道州制ハンドブック』（ぎょうせい，2006年）
地方制度調査会「道州制の制度設計に関する論点」（第28次地方制度調査会第8回専門小委員会配布資料）（平成16年10月1日）
道州制ビジョン懇談会「道州制ビジョン懇談会中間報告」（平成20年3月）
「道州制特別区域における広域行政の推進に関する法律」（平成18年法律第116号）
「道州制特別区域基本方針」（平成19年1月30日閣議決定）

横山彰『財政の公共選択分析』（東京経済新報社，1995 年）
宮沢俊義著・芦部信喜補訂『全訂日本国憲法』（日本評論社，1978 年）
村松岐夫，稲継裕昭編著『包括的地方自治ガバナンス改革』（東京経済新報社，2003 年）
森田朗「地方政府のかたち」（『自治体学研究』97 号，2009 年 1 月）
山下健次・小林武『自治体憲法』（自治体法学全集 2）（学陽書房，1991 年）
山下茂ほか『比較地方自治―諸外国の地方自治制度―』（第一法規出版，1994 年）
和田八束（編著）『地方分権化と地方税財政』（日本評論社，1993 年）
行政調査部「広域地方行政制度に関する諸案」（昭和 23 年 3 月）
行革国民会議「地方主権の提唱」（平成 2 年 11 月）
横浜・大阪・名古屋市 3 市による大都市制度構想研究会「日本を牽引する大都市」（2009 年）
PHP 総合研究所編『日本再編計画』（PHP 総合研究所，1996 年）
自由民主党道州制推進本部「道州制に関する第 3 次中間報告」（2008 年 7 月）
昭和 39 年内閣憲法調査会編『憲法調査会報告書』（2000 年，財務省印刷局）
21 世紀の関西を考える会『21 世紀の関西のグランドデザイン』2000 年
瀬脇一「地方公共団体の区域・規模の現状と適正規模」伊藤祐一郎編『広域と狭域の行政制度』（ぎょうせい，1997 年）
読売新聞社編『21 世紀への構想』（1997 年）
法学協会編『注解日本国憲法　下巻』（有斐閣，1954 年）
木佐茂男「連邦制と地方自治を巡る法制度と実務の比較考察」（『公法研究』第 56 号，1994 年）
臨時行政改革推進審議会「国と地方の関係等に関する答申」（平成元年 12 月）
月刊誌『PHP』1969 年 5 月号「続・廃県置州論」

（2）　政党，経済団体等
関西経済連合会『地方行政機構の改革に関する意見』（1955 年）
中部経済連合会『東海 3 県統合構想』（1963 年）
関西経済連合会『阪奈和合併構想』（1963 年）
日本商工会議所『道州制で新しい国づくりを』（1970 年）
関西経済連合会『国と地方行政の変革について』（1981 年）
日本商工会議所『新しい国づくりのために』（1982 年）
関西経済連合会『国と地方制度改革に関する提言』（1989 年）
中部経済連合会『望ましい国と地方のあり方』（1989 年）
行革国民会議『地方主権の提唱』（1990 年）
日本青年会議所『地方分権へのいざない』（1990 年）
関西経済連合会『都道府県連合制度に関する提言』（1991 年）

『地方政府の確立に向けて（PHP 政策研究レポート）』（1999 年）
民主党・道州制実現推進本部『連邦制地域主権・連邦型国家を目指して』（2000 年）
自由民主党・道州制を実現する会『道州制の実現に向けた提言』（2000 年）
PHP 総合研究所『日本再編計画 2010』（2002 年）
東京商工会議所『真の地方分権の実現を通じた日本の再生を目指して』（2002 年）
新しい日本をつくる国民会議（21 世紀臨調）『国の統治機構に関する基本法制上の問題』
　　（2002 年）
経済同友会『自ら考え，行動する地域づくりを目指して』（2002 年）
中部経済連合会『道州制移行への提言―自立型行政体制の確立に向けて―』（2002 年）
自由民主党・国家ビジョン策定委員会『「地域活性化」についての報告』（2002 年）
日本経済団体連合会『活力と魅力溢れる日本を目指して』（2003 年）
関西経済連合会『地方の自立と責任を確立する関西モデルの提案』（2003 年）

（3）地方六団体，その他
全国知事会『行政事務再配分に関する意見』（1950 年）
5 大市『特別市制理由書』（1951 年）
5 大府県『特別市制反対理由書』（1952 年）
全国市議会議長会『特別市制要望の理由』（1952 年）
全国知事会『地方制度改革意見』（1954 年）
全国知事会『府県制度・道州制に関する意見』（1954 年）
全国都道府県議会議長会『地方制度改革に関する意見』（1954 年）
全国市長会『地方制度改革意見』（1954 年）
全国市議会議長会『道州制要綱』（1954 年）
全国町村会『地方制度改革に対する意見』（1954 年）
全国町村議会議長会『府県制度―道州制に関する意見』（1954 年）
全国知事会『府県制度改革に関する意見』（1957 年）
全国都道府県議会議長会『府県制度改革に関する意見』（1957 年）
全国市長会『府県制度改革案』（1957 年）
全国値議会議長会『地方制度改正意見』（1957 年）
全国町村会『現行都道府県制度に関する意見』（1957 年）
岸大阪府知事『近畿における広域行政についての考え方』（1990 年）
岡山県 21 世紀の地方自治研究会『連邦制の研究報告書』（1991 年）
平松大分県知事『「九州府」構想』（1995 年）
全国知事会自治制度研究会『地方分権下の都道府県の役割』（2001 年）
北海道道州制検討懇話会『道州制：北海道発・分権型社会の展望』（2001 年 2 月）
岐阜県憲法改正試案研究会『憲法改正について』（2001 年 4 月）

岩手県地方分権研究会『「あるべき地方の姿」報告書』（2001 年 11 月）
三重県の分権型社会を推進する懇話会『三重県の分権型社会の推進に関する提言』（2002 年 11 月）
秋田県「道州制」等に関する研究会『分権型社会における地方の姿』（2002 年 12 月）
石川静岡県知事『内政制度改革試案　地方分権の確立に向けて』（2003 年 1 月）
青森県県の未来研究会『青森県の地方自治の姿—北東北 3 県合体に向けて—』（2003 年 2 月）
新潟県県のあり方研究チーム『広域行政のあり方と地方自治の未来—地方分権時代の新潟県の姿に関する研究報告書—』（2003 年 3 月）
神奈川県分権時代における自治体のあり方に関する研究会『分権時代における都道府県のあり方について』（2003 年 3 月）
富山県『越の国構想』（2003 年 3 月）
岡山県 21 世紀の地方自治を考える懇談会『21 世紀の地方自治を考える懇談会報告書』（2003 年 3 月）
広島県分権改革推進研究会『分権改革推進に関する中間論点整理—都道府県のあり方を中心として—』（2003 年 3 月）
新しい大都市自治システム研究会『新しい大都市自治システム研究会中間整理』（2003 年 6 月）
大阪府地方自治研究会『「大阪都市圏にふさわしい地方自治制度」中間論点整理』（2003 年 6 月）
北海道『分権型社会のモデル構想—北海道から道州制を展望して—』（2003 年 8 月）
北東北広域政策研究会『北東北広域政策研究会報告書—地域主権の実現に向けて—』（2003 年 8 月）
福岡県 21 世紀の地方自治制度研究会『21 世紀の地方自治制度研究会報告書』（2003 年 8 月）
静岡県内政改革研究会『静岡県内政改革研究会報告書』（2003 年 11 月）
北海道『道州制プログラム—北海道を道州制の先行地域に—』（2004 年 4 月）

索　引

あ行

アカウンタビリティ　378
新しい国のかたち　372, 373
アベノミックス　284
天下り　93
新たな国のかたち　377
新たな区割り　311
新たな区割り案　196
アルプス型　276
家はその土地の大工に建てさせよ　328
移行手順　159
一割自治　117
一定税率　111
一府六省　310
上書き権　32
NPM　271
NPO　239, 271
円卓会議　256
追いつき追い越せ近代化　127
大阪都構想　278
大幅な権限と財源の移譲　304
沖縄州　324
親方日の丸　91

か行

改革の1丁目1番地　123
概括例示方式　77
会計検査院　163

外国人参政権　84, 240
外部監査制度　272
格差調整　159
課税自主権　169
課税の3原則　206
合併特例債　121
合併特例債制　254
合併特例法　121
借入金　88, 108
関西経済連合会　44, 47
関西広域連合　299
官選知事　35
関与の見直し　135
官僚依存　127
議員連盟　12
機関委任事務　8, 77, 102, 117
機関委任事務制度　82, 130, 135
機関委任事務制度の廃止　135
基幹税　108
危機管理体制　93
基準財政収入額　112
基準財政需要額　112, 179
規制　92
規制や保護　93
基礎自治体　378
基礎自治体の規模　380
基礎自治体の人口　253
基礎自治体の役割　168
基礎自治体連合　295
既得権益　93
キャリア　379

九州　322
旧都道府県の呼称　236
狭域自治体　276
協議　133
行政委員会制度　119
行政監視監査住民会議　272
行政官僚制　119
行政事務　102
行政事務再配分に関する答申　43
行政社会主義　306
行政調査部　42
業績主義　266
競争と共創　307
協調的連邦主義　161
共同財源　217
許可　133
許可制　116
区域割りの考え方　187
空洞化した府県制度　152
国主導型道州制　303
国地方係争処理委員会　133
国・道州・基礎自治体の役割分担　210
国・道州・市で機能を分担　238
国の過剰介入　83
国のかたち　126
国の関与　115
国の事務　154
国の省庁廃止，再編　163
国の役割　168, 377
国への依存財源　109
クラッセン　66
区割り　14, 155, 377
区割り案　155
軍国主義　288
軍国主義国家　71
経営感覚　269
経営能力　268
景気の調整　206

経済安定機能　105
経団連　47
圏域間競争　4
権限の移譲　136
権限の所在　78
源泉徴収制度　70
広域自治体　35, 237, 276
広域な行政課題　164
郊外化　66
郊外空洞化　66
公共財（public goods）　104
公共部門の経済学　4
構造改革特区　143
公的債務共同管理機構　181
交付税　8
国債　108
国際的機能　53
国土型公務員　273
国土審議会　193
国費分担金　169
国民経済の活性化　149
国民主権　29
国民主権国家　29
国民の疑問　363
国民の貯蓄額　88
護送船団　6
国家公務員　72
国家主権　28
国家総動員法　70
国家の役割　29
国庫委託金　106, 114
国庫支出金　106, 114
国庫負担金　106, 114
国庫補助金　106, 114
固有事務　102
混合財（mixed goods）　104
コンパクトシティ　203

さ　行

財源保障　112
財源保障型　219, 220
歳出充足型　219
財政再建　13, 376
財政再建団体　264
財政需要額　256
財政調整　112
財政調整のルール　379
財政的自立　199
財投債　88
歳入補完型　219
歳費（給与）　241
細部にわたる補助条件　115
Subsidiarity　303
参加なければ課税なし　71
参議院法制局　32
参議院無用論　171
3層制の政府体系　72
三位一体改革　82, 106
三無主義　266
三割自治　23, 76, 117
GLA　73
GLC　73
資源の最適配分　206
資源配分機能　104
四国州　313
自主合併　159
自主財源　109
自主独立の気概　145
事前協議制　139
自治事務　131
自治体間関係　72
自治体の起債　117
自治体の事務　154
自治の原則　99, 127, 207

「自治の原則」(principle of autonomiy)　99
自治の3大原則　9
市町村合併　121
シティー・マネージャー　259
事務の帰属　78
シャウプ勧告　100
シャッター通り　65, 141
集権型道州制　153
集権国家　30
集権的システム　74
集権的分散システム　74, 101
集権・分離型　128
集権・融合型　128
集権・融合型システム　75
集積が集積を呼ぶメカニズム　280
「集中」(concentration)　56
集中的なシステム　74
州庁設置案　7, 34
州都　202, 240
州都争い　204
自由な競争　92
住民投票　261
首相の決断　372
首長，議員の多選を禁止する　258
首都圏メガロポリス構想　301
首都直下型地震　66
準公共財 (quasi-public goods)　104
消費税の地方税化　125
情報 X, Y　56
情報操作　288
条例制定権の拡大　239
職員の人員規模　119
職員のレベルアップ　378
殖産興業　70
職住近接型の分散型国土　375
所得再配分機能　104
所得の再分配　206
審議会　118

シンクタンク　267
人材育成　265
人材採用　265
垂直型統制システム　18
垂直型統治機構論　3
垂直的財政調整　178
垂直的政府間関係　72
水平型競争システム　18
水平型統治機構論　3
水平調整会議　13
水平的政府間関係　72
水平的な競争関係　149
水平的な財政調整システム　179
ストロー効果　85
スポンジ現象　85
聖域なき構造改革　142
生活消費機能　53
税還元率　160
政・官・財（業）　5
政権　30
税源移譲　140
制限税率　111
税源の重複　111
制限列挙方式　77
税財政調整システム　218
政策・事業評価　272
政策立案能力　264
生産業務機能　53
成長の機関車　285
制度疲労　6, 51
政府短期証券　88
政府の失敗　5
政令市　158
責任の所在　115
攻めの行政　263
選挙期間　247
全国知事会　40
全国町村会　41, 47

全国町村議会議長会　47
全国土一様の戦略　125
全国都道府県議会議長会　40
善政競争　246
占領軍（進駐軍）　71
創造型公務員　273
租税民主主義　160

た　行

第一次安倍内閣　32
ダイエー中央集権の失敗　126
大規模小売店舗法　65
体制疲労　31
大都市機能　53
大都市制度法　298
大都市地域特別区設置法　278
大都市独立州案　204
大都市特例制度　204
大都市の一体性　292
第2次安倍内閣　37
第4次地方制度調査会　42
台湾大地震　90
多選禁止　248
正しい競争　246
縦型調整の排除の原則　13
縦割り行政　93, 115
妥当性　113
田中義一内閣　42
単一言語　86
単一民族　86
単純性　113
団体委任事務　102
地域間競争　149
地域間の格差　178
地域コミュニティ　239
地域主権　4, 12, 25, 375, 376
地域主権（regional sovereignty）　26

索　引　397

地域主権型国家　6
地域主権戦略大綱　46
地域主権と道州制を推進する国民会議　48
地域主権型道州制　3, 11, 154, 187, 268, 303, 382
地域分権　12
治権　30, 31
知藩事　69
地方　27, 36
「地方」案　36
地方議会　118
地方交付税　112, 160
地方交付税制度　107
地方公務員　72
地方債　108, 116
地方財政縮減　106
地方主権　376
地方政府　81
地方政府間関係　72
地方税法　109, 209
地方総監府設置案　7, 34
「地方庁」案　7, 43
地方出先機関　131
地方発展の阻害要因　86
地方分権　8, 17, 376
地方分権（decentaralization）　26
地方分権一括法　3, 11, 76, 81, 130
地方分権改革　185
地方分権推進委員会　80
地方分権推進法　44
地方分権の推進に関する決議　3, 31
地方分権のメリット　76
中央　27
中央集権型道州制　10, 303
中央集権体制　3
中央集権体制の功罪　149
中央集権のメリット　76
中央省庁等改革基本法　170, 243

中央省庁の再編　243
中核市　158
中間報告　213
中枢管理機能　53
懲戒処分　270
長期債務残高　87
調整型公務員　273
町村会の声明　349
提案権　146
抵抗勢力　373
出先機関の改革　124
天皇主権　30
天皇主権国家　29
同意を要する協議　133
東京一極集中　51
東京一極集中のメカニズム　56
東京市　295
東京特別州　47, 191, 326
東京特別州構想　296
東京発　287
東京問題　288
道州議会と道州議員，国会議員　240
道州高等裁判所　162
道州公務員　249
道州条例と法律　238
道州制　6, 33, 150
道州制移行改革基本法案　11
道州制基本法　3, 7, 31, 338
道州制懇話会　12
道州制実現までの流れ　337
道州制推進会議（国民会議）　339
道州制推進基本法案　39
道州制推進本部　38
道州制特区推進法　45, 144, 146
道州制に関する基本的考え方　201
道州制のあり方に関する答申　277
道州制の基本原則　236
道州制の導入に向けた第 1 次提言　47

道州制の導入に向けた第2次提言　39
道州制の立法過程　331
道州制ビジョン懇話会　11, 33
道州制批判　331
道州制への移行のための改革基本法　340
道州制への移行のための基本法案　38, 39
道州制法　249
道州制をめぐる否定的意見　348
道州知事　247
道州知事（執行機関）の補助機関　248
道州と国（省庁）との関係　237
道州の行政機構　250
道州の公共財　215
道州の役割　168
同時履行の抗弁　108
統治機構の簡素合理化　334
統治システム　4
統治の単位　9
東北州　250, 320
都区財政調整制度　291
特殊法人　91, 93
特殊法人等改革基本法　92
特別交付税　112
特別職　270
特別地方公共団体　101
特例型　159
特例市　158
都市国家　275
都市州　156
都市特別州　293
都心回帰　66
都心空洞化　66
都心集中　66
都制　291
トックビル Tocqueville　13
都道府県別人口の推移　283
都道府県連合　48
届出　133

都の区　294

な 行

ナショナル・ミニマム　107, 213
七割自治　23
難問中の難問　288, 289
ニア・イズ・ベター　96
二元代表制　235, 241
二層制　34
二層の広域圏　193
日本官僚制　6
日本国憲法　235
日本再編計画　45, 191
日本に元気を取り戻す　175
日本の奇跡　382
認可　133
ねじれ現象　105
ノブレス・オブリージュ　310
ノンキャリア　379

は 行

パーキンソン　86
廃県置州　18, 21
廃県置州論　11
廃藩置県　35, 69
バブルが崩壊　63
版籍奉還　69
PFI　271
PPP　271
ビジョン懇談会「中間報告書」　33
必置規制　117, 137
一人一職制　119
ひも付き補助金　83
標準型　159
平等社会　72
開かれた議会　260

ファシリティ・マネージメント（facility management）　305
複雑性　113
副首都　275
府県合併に関する答申　43
富国強兵　70
富士山型　276
普通交付税　112
普通交付税額　112
普通地方公共団体　101
プライマリーバランス　89
ふるさと意識　183
フルセット型行政　87
分割主権論（divided sovereignty）　13, 28
分権改革と道州制に関する基本的な考え方　47
分権型の道州制　154
分権国家　30
分限処分　270
分権的システム　74
分権・分離型　81, 128
分権・分離型国家　79, 129
分権・融合型　128
分権・融合型国家　79
分散的システム　74
弊害の根源　94
平衡の原則　99, 127, 207
「平衡の原則」（principle of equalization）　100
平成の大合併　17, 121, 151
ヘッドハンティング　266
法制局　242
法定外普通税　132, 139
法定外目的税　132, 139
法定合併協議会　254
法定交付税率　113
法定財源　107
法定受託事務　131
法律上書き権　214
法律修正請求権　214
「補完性」の原則　157
補完性の原理（principle of subsidiarity）　13, 30, 213, 377
北陸信越州　318
補助金　8, 92
補助金制度　107
北海道　316
ポリセントリック　203

ま　行

マートン　87
マックス・ウェーバー　86
松下幸之助　19
マニフェスト　120
守りの行政　263
身近な政府　101
身分保障　271
民主主義の拠点　199
民主党政権　124
民選知事　35
無税国家プロジェクト　199
無駄と堕落を生む元凶　166
無駄な社会資本整備　93
明治維新　69
モンタナ州　153

や　行

柔らかな広域行政　11
予算消化主義　120
47都道府県体制　9
四位一体　143

ら 行

吏員型公務員　273
利益誘導　115
立憲政友会　42
リニアモーターカー　326
琉球王国　200
良識の府　171

量出制入　104
量入制出　104
理論なき道州制　8
連邦制型道州制　10
労働三権　250

わ 行

ワイツ Waitz　13

著者紹介

江口克彦（えぐち　かつひこ）

1940 年　名古屋市生まれ
1964 年　慶應義塾大学法学部政治学科卒業
1964 年　松下電器産業株式会社入社
1967 年　PHP 総合研究所（〜 2009 年）勤務，専務，副社長，社長を歴任
1999 年　内閣総理大臣諮問機関　経済審議会　特別委員
2000 年　内閣総理大臣諮問機関　経済審議会構造推進部会　部会長代理
2007 年　内閣官房道州制ビジョン懇談会　座長
2010 年　参議院議員，現在に至る
2014 年　中央大学博士（経済学）取得

現　在　参議院議員，経済学博士

著　書
『日本政治の過去・現在・未来』【共著】（慶應義塾大学出版会　1999 年）
『脱「中央集権」国家論』（PHP 研究所　2002 年）
『地域主権型道州制』（PHP 研究所　2007 年）
『国民を元気にする国のかたち』（PHP 研究所　2009 年）
『[図解] 地域主権型道州制がよくわかる本』（PHP 研究所　2009 年）
『地域主権型道州制―国民への報告書』【監修】（PHP 研究所　2010 年）
『こうすれば日本はよくなる』（自由国民社　2011 年）
ほか，著書，論文多数

地域主権型道州制の総合研究
――社会経済分析の視点から――

2014 年 6 月 30 日　初版第 1 刷発行

著　者　　江　口　克　彦
発行者　　神　﨑　茂　治

郵便番号192-0393
東京都八王子市東中野742-1
発行所　中 央 大 学 出 版 部
電話 042(674)2351　FAX 042(674)2354
http://www.2.chuo-u.ac.jp/up/

Ⓒ 2014　Katsuhiko Eguchi　　印刷　㈱千秋社

ISBN 978-4-8057-1151-4